Burghard Bock
Wil Tondok

Palästina
Reisen zu den Menschen

Ein Reiseführer als Antwort auf den Ruf *„Kommt und seht…!"* des Kairos-Palästina-Dokuments und auf das Motto vom Siedlungsbau bedrängter Menschen *„Wir weigern uns, Feinde zu sein"*.

Der Erlös dieses Buches kommt als Spende dem Frieden fördernden Projekt *Cinema Jenin* zugute, das unter anderen vom Goethe-Institut und dem Auswärtigen Amt gefördert wird.

IMPRESSUM
Burghard Bock
Wil Tondok

Palästina
erschienen im
Reise Know-How Verlag
www.tondok-verlag.de

© Alle Rechte vorbehalten
Wil Tondok
Nadistraße 18
D-80809 München
info@tondok-verlag.de
www.tondok-verlag.de

ISBN 978-3-89662-483-3
1. Auflage 2011

Gestaltung und Herstellung
Umschlagkonzept: Günther Pawlak, Peter Rump, Bielefeld, Realisierung Carsten Blind
Lektorat: Christa Epe
Karten: Elke Krauß, Bernhard Spachmüller (Umschlagkarten)
Druck und Bindung: Wilhelm & Adam OHG, Heusenstamm

Dieses Buch ist in jeder Buchhandlung der BRD, Österreichs, der Niederlande und der Schweiz erhältlich. Auslieferung für den Buchhandel: **Prolit Verlagsauslieferung GmbH**, 35463 Fernwald sowie alle Barsortimente (BRD), **AVA-buch 2000**, CH-8910 Afoltern (Schweiz), **Mohr Morawa GmbH**, A-1230 Wien (Österreich), Willems Adventure, Postbus 403, NL-3140 AK Maassluis (Niederlande).

Fotonachweis
Alle Abbildungen von Burghard Bock, außer
Christa Epe, München: S. 121; Fotoalia _ 13510208, S. 13, Fotolia_18603502 S. 42, Fotolia_22282281 S.75, Gesine Janssen, Uttum, S. 204, Br. Miro Matekic OFMcap, Innsbruck, S. 210, ; Sigrid Tondok, München, S. 84, 108, 110, Hans Werner v. Wedemeyer, Gernsbach, S.169, 170, Michael Wohlrab, Jerusalem: S. 71.

Titelabbildung (Burghard Bock): Blick auf die südliche Altstadt Jerusalems mit den Kuppeln des Felsendoms, der Dormitio Mariae-Kirche und der Hurva-Synagoge.

Zu diesem Buch

Hans Werner von Wedemeyer, der sich seit vielen Jahren eng mit dem Nahen Osten und seinen Schwierigkeiten verbunden fühlt, fragte beim Verlag an, ob man das Palästina-Kapitel aus dem Reise Know-How Führer ISRAEL UND PALÄSTINA als Sonderdruck herausbringen und um detaillierte praktische Angaben zum Reisen in der Westbank erweitern könne. Wir nahmen die Idee gern auf, denn sie zielt ausschließlich darauf, den Menschen in den besetzten Gebieten direkte Hilfe zu bringen, indem man deren Dienstleistungen in Anspruch nimmt und ihnen zeigt, dass sie nicht vergessen sind. Darüberhinaus wollen wir von Verlagsseite nicht nur indirekt dem palästinensische Volk helfen, sondern auch – wie auf der Innentitelseite schon mitgeteilt –, Hilfsprojekte in Palästina direkt unterstützen.

Hans Werner von Wedemeyer schreibt weiter:
Warum gerade jetzt nach Palästina reisen?
• *Weil dieses Land einfach wunderschön ist mit seiner blühenden Wüste im Frühjahr, mit seinen weiten Höhenzügen, seinen fruchtbaren Ebenen, seinen steinigen Schluchten,*
• *weil man kostengünstig reisen, in sehr schönen Hotels übernachten und von dort auf Erkundungen ausgehen kann,*
• *weil man herzliche Gastfreundschaft erfahren und das menschliche Erleben mit dem Helfen verbinden kann,*
• *weil Palästina zum Ursprung, zum Heiligsten für die drei monotheistischen Weltreligionen gehört,*
• *weil sich dort Orient und Okzident begegnen,*
• *weil man die komplexen Zusammenhänge generationenlanger Auseinandersetzungen an deren Ausgangspunkt besser verstehen lernt.*
Mich, der ich mich für das Gelingen dieses Reiseführers einsetzte, fasziniert Palästina außerordentlich. Nirgendwo sonst werden wir mit den Folgen unserer nationalsozialistischen Vergangenheit so konfrontiert wie in dem Land, in dem die Opfer des Holocaust ihrerseits die Pa-lästinenser aus ihren Besitzungen vertrieben. Soll dieser fortschreitende Prozess der Zerstückelung, der Enteignungen, des Siedlungsbaues hin zu einem unwürdigen Apartheidsystem von der Welt, von uns, toleriert werden?
Wenn ich den Ursachen der Katastrophe im Deutschland der 30er Jahre nachgehe, dann ist es der Mangel an Zivilcourage Vieler, der den Erfolg der Unterdrücker ermöglichte.
Die Geschichte meiner Familie, die mit mehreren Mitgliedern dem 20. Juli-Geschehen verbunden ist, prägt verstärkt mein Nachdenken. Muss man jetzt schweigen, weil unsere Vätergeneration damals schwieg?
So hoffe ich, dass dieses Buch mehr ist als ein üblicher Reiseführer, dass es zum Nachdenken über den Nahen Osten anregt.

Hans Werner v. Wedemeyer

Über die Autoren

Wil Tondok (Dipl.-Ing.) fuhr mit seiner verstorbenen Frau Sigrid (Fotografin) 1971-1974 im VW-Bus um die Erde und verfasste darüber ein viel gelesenes Buch, das sich damals als eine Art Kultbuch für individuelle Fernreisen entwickelte. 1985 war er Mitgründer der Reihe Reise Know-How und schreibt noch heute Reiseführer über den Nahen Osten, insbesondere Ägypten. 1996 erschien „Israel, Jordanien und Ostsinai", von dem 1999 der Jordanien-Teil als eigenständiger Führer abgetrennt wurde. Wegen der innenpolitischen Situation Israels kam die nächste Neuauflage erst 2010 heraus. Nun fand eine erneute „Zellteilung" statt, aus der dieser Palästina-Reiseführer hervorgeht.

Burghard Bock aus Bremen hat Theologie und Archäologie studiert. Er verbrachte ein Studienjahr in Jerusalem, leitete eine Saison das Spätbronzezeit-Areal bei der Ausgrabung auf Tel Bet Shean und hat auch die umliegenden Länder bereist. Darüber hinaus kennt er sich auf Geige und Mandoline mit jiddischen Liedern und klassischer arabischer Musik gut aus.

Abkürzungen

Allgemeine Abkürzungen

JD – Jordanischer Dinar
Jh – Jahrhundert
LE – Ägyptisches Pfund
NIS, ₪ – Neue israelische Shekel
PA – Palästinensische Autonomiebehörde
$ – US-Dollar
St – Straße, Street, Boulevard
vC – vor Christi Geburt
nC – nach Christi Geburt

Abkürzungen bei Hotelangaben

AC – Aircondition
B – Bad
B&B – Bed & Breakfast, Übernachtung mit Frühstück
D – Doppelzimmer
Dorm – Dormitory (Schlafsaal)
E – Einzelzimmer
mF – mit Frühstück
pP – pro Person

Öffnungszeiten sind in Klammern nach dem Namen der Sehenswürdigkeit angegeben (soweit diese bekannt sind). Der Einfachheit halber wurde das Wort *Uhr* fortgelassen: So-Do 9-12, 13-16 bedeutet, dass Sonntag bis Donnerstag von 9 bis 12 Uhr und von 13 bis 16 Uhr geöffnet ist; falls keine Tagesangabe vorkommt, ist täglich geöffnet. Sofern bekannt, folgt nach den Zeitangaben der Eintrittspreis, erkenntlich durch das vorangestellte Shekelzeichen ₪ bzw. die frühere Bezeichnung NIS, die in palästinensischen Gebieten bevorzugt wird.

Kilometerangaben zwischen den jeweils beschriebenen Orten bzw. Kreuzungen sollen lediglich ein Gefühl für die zurückzulegenden Entfernungen vermitteln; die Angaben entstammen dem *Atlas HaSahav 2011* von Mapa; www.mapa.co.il.

Als Entscheidungshilfe finden Sie vor jeder Route unter **Sehenswertes** eine bewertete Übersicht.

Die **Sehenswürdigkeiten** wurden von uns klassifiziert – subjektiv natürlich. Wir meinen, dass man an Orten mit der Markierung
****auf keinen Fall vorbeigehen sollte, dass
***wertvolle Bereicherungen darstellen und
**ebenfalls den Besuch lohnen. Aber auch die Sehenswürdigkeiten, die nur mit
*bewertet sind, sollte man beim Planen nicht außer Acht lassen.

• **Schreibweisen**: Arabische und hebräische Wörter und Namen auf Deutsch oder Englisch umzuschreiben ist kompliziert, weil die Alphabete unterschiedlich viele Konsonanten und Vokale haben, die noch dazu unterschiedlich ausgesprochen werden. Z.B. findet man das Wort *Zion* findet auch in Versionen wie *Tzion, Ziyyon, Ziyon*.

• Die **Ortsnamen** stellen einen Kompromiss dar aus sprachlicher Richtigkeit und der Wiedererkennbarkeit auf Plänen oder Verkehrsschildern (die leider auch nicht immer einheitlich sind). Schließlich sollen Sie als Deutsche/r die Namen auch möglichst erkennbar aussprechen können.

• Beachten Sie bitte, dass sich **Preisangaben** auf das Frühjahr 2011 beziehen und sich entsprechend der aktuellen Wirtschaftslage schnell ändern können. Das gilt insbesondere für Übernachtungspreise.

• Alle **Informationen** entsprechen dem uns bei Redaktionsschluss im März 2011 bekannten Stand.

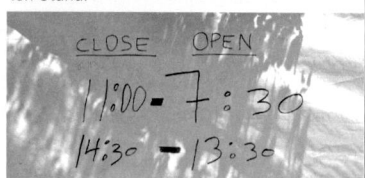

Öffnungszeiten des Tempelplatzes – arabisch/hebräisch von rechts nach links gedacht

Vorwort

„Kommt und seht…!"

Im Dezember 2009 wurde in Bethlehem das **Kairos-Dokument der Christinnen und Christen in Palästina** vorgestellt mit dem Zusatz: „Die Stunde der Wahrheit – Ein Wort des Glaubens, der Liebe und der Hoffnung aus der Mitte des Leidens der Palästinenser und Palästinenserinnen". Die Unterzeichner wenden sich damit an ihre Schwestern und Brüder in aller Welt und ebenso an die Juden und Muslime. Es ist ein Aufruf, sich an die Seite der Unterdrückten zu stellen.

Sie fragen die internationale Gemeinschaft, die Politiker und die Kirchen weltweit nach ihrem Beitrag zur Beendigung der seit 1967 andauernden israelischen Besatzung ihres Landes. Sie beklagen die leeren Versprechungen und unerfüllten Ankündigungen von Frieden und Freiheit für Palästina und erinnern an die Trennmauer, die tief in palästinensisches Gebiet eingreift, an die Blockade von Gaza und daran, dass israelische Siedlungen auf palästinensischem Gebiet errichtet wurden und werden.

Mit „Kommt und seht…!" zeigen uns die Palästinenserinnen und Palästinenser, wie man anstelle von leeren Versprechungen Solidarität und Unterstützung einbringen kann: Nicht mit noch mehr Hilfsprojekten („davon haben wir genug"), sondern „Kommt und seht…!" die Schönheit unseres Landes, schmeckt die Gastfreundschaft unserer Menschen, fühlt die Liebe zu unserem Land, das uns wie eine Mutter ist. Nehmt wahr, wie unsere Olivenbäume zu unserem Lebensalltag gehören, helft uns diese vor der Zerstörung zu bewahren. Erlebt die Schönheit, die Vielfältigkeit und Spiritualität unserer Landschaft. Horcht mit uns auf die Stimmen unserer Geschichtsschreiber und lasst Euch anrühren von unserer Kultur und Geschichte.

Aber Sie als unsere Besucher werden auch der Zerrissenheit in den politischen Auseinandersetzungen begegnen und den Lebensumständen in einem unter Besatzung und Militärrecht stehenden Gebiet, in dem seit Jahrzehnten Hoffnungslosigkeit und Ohnmacht herrschen.

Die Sorge um die Sicherheit während des Aufenthalts in Palästina lässt manche Menschen zögern, eine Reise zu unternehmen. Unsere Antwort: Das überschaubare Risiko liegt nicht höher als eine deutsche Autobahn zu befahren.

Dieser Reiseführer richtet sich daher an alle – Individualreisende wie Gruppen – die bereit sind, festgefügte Bilder zu verändern, sich auf Neues einzulassen und Menschen zu begegnen. Er geht über die normalen Beschreibungen und Informationen hinaus und weist auf Besuchs- sowie Gesprächsmöglichkeiten in Gemeinden, Friedensprojekten, bei Menschenrechtsorganisationen und politische Gruppierungen hin.

Zeigen wir den Palästinensern unsere Solidarität!

Gesine Janssen   Hans Werner v. Wedemeyer
Reiseleiterin   Unternehmer
Uttum / Emden   Gernsbach / Baden

8

Buch-Konzeption

Die nebenstehende Karte ermöglicht einen schnellen und
einfachen Zugriff auf das Gebiet,
über das man gerade etwas wissen will.

• Kapitel 1 informiert über **Reisen in Palästina**, ab S. 13

• Viele **praktische Ratschläge**,
wie man in der Reiseregion
zurechtkommen kann, finden Sie
in Kapitel 2, ab S. 33

• **Hintergrundinformationen** über Land und Leute, über
Geschichte und Gegenwart
erleichtern ein besseres Einden-
ken/Einfinden in die manchmal
nicht unproblematische Situation
Ihres Reisegebietes, Kapitel 3,
ab S. 55

Die eigentlichen Orts- und Rou-
tenbeschreibungen beginnen
nach diesen Kapiteln:

• **Jerusalem**, Kapitel 4, ab
S. 85

• **Nördliche Westbank,**
Kapitel 5, ab S. 147

• **Jericho, Jordangraben
& Totes Meer,** Kapitel 6, ab
S. 173

• **Südliche Westbank,**
Kapitel 7, ab S. 191

• **Gaza,** Kapitel 8, ab S. 215

Wenn Sie genauere, aktuel-
lere oder nützlichere Angaben machen können, teilen
Sie uns Ihre Erfahrungen
bitte so frisch wie möglich
mit, siehe Seite 234

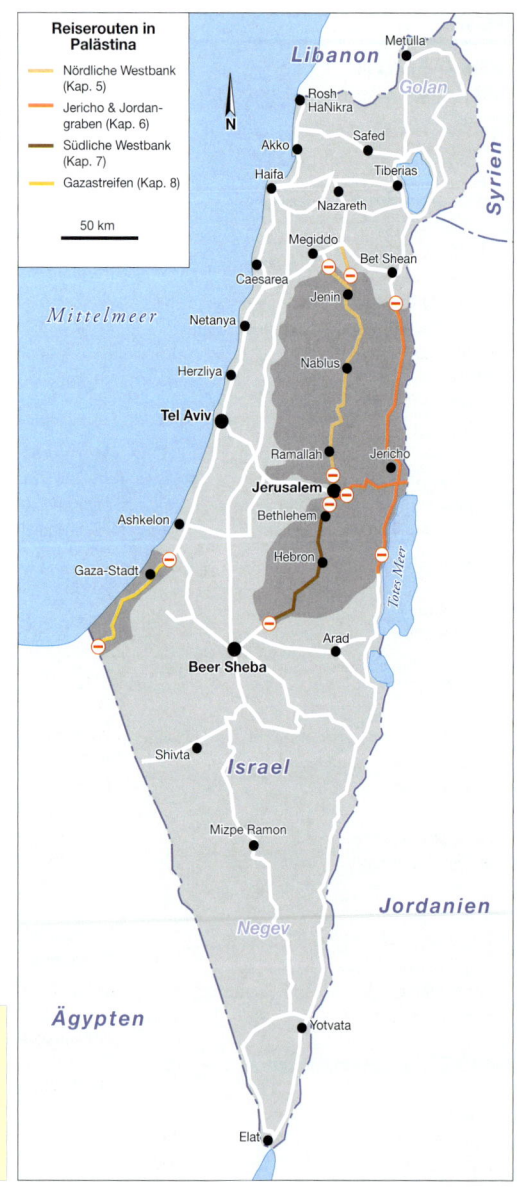

**Reiserouten in
Palästina**

━━ Nördliche Westbank
(Kap. 5)

━━ Jericho & Jordan-
graben (Kap. 6)

━━ Südliche Westbank
(Kap. 7)

━━ Gazastreifen (Kap. 8)

50 km

Libanon Metûlla

Golan

Rosh
HaNikra

Akko Safed

Haifa Tiberias

Nazareth

Megiddo

Caesarea Bet Shean

Mittelmeer Netanya Jenin

Herzliya Nablus

Tel Aviv

Ramallah Jericho

Jerusalem

Ashkelon Bethlehem

Gaza-Stadt Hebron

Arad

Beer Sheba

Shivta *Israel*

Mizpe Ramon

Jordanien

Negev

Ägypten Yotvata

Syrien

Totes Meer

Elat

Inhalt

Inhalt

Verzeichnis der Karten und Pläne

Verstehen und Verständnis

Überblick

Reisen im Nahen Osten, mitten hinein ins Pulverfass? Statistisch betrachtet sind Touristen nicht oder kaum stärker gefährdet als zu Hause oder in anderen Gebieten der Welt. Man muss dieses Risiko ganz nüchtern sehen, vielleicht auch die Tatsache, dass man im Heiligen Land eher aus purem Zufall in eine Gefahr für Leib und Leben verwickelt werden kann. Doch wer schützt Sie zu Hause gegen Raser auf der Autobahn oder einen brutalen Raubüberfall? Lesen Sie bitte mehr zum Thema Sicherheit auf S. 43. Außerdem hat es mit den Mechanismen des Nachrichtengeschäfts zu tun, dass wir vor allem über Hitzköpfe und Terroristen informiert werden, statt über den friedliebenden Großteil der Bevölkerung.

Die überwiegende Mehrheit der Palästinenser sind in der Tat freundliche und hilfsbereite Menschen, die Gäste schätzen und denen das Gastrecht etwas bedeutet. Dies zeigt sich vielleicht weniger aufdringlich als in vielen orientalischen Ländern – eine manchmal wachsende, manchmal aber auch spontan-herzliche Angelegenheit, die sich im Restaurant, auf der Straße oder bei zufälligen Begegnungen ergibt. Wer sich in ein Gebiet begibt, in dem der Tourismus erst langsam aufblüht, kann sich der sowieso schon sprichwörtlichen orientalischen Gastfreundschaft sicher sein!

Auf einer Fläche von der Größe Hessens drängen sich historische und kulturelle, aber auch landschaftliche Eindrücke in einer Vielfalt zusammen, wie sie kaum ein anderes Stück Erde so kompakt aufzuweisen hat. Jericho im Jordangraben gehört zu den ältesten bekannten Stadt- bzw. Gemeinschaftsansiedlungen der Menschheit. Vor etwa 10 000 Jahren taten sich dort Jäger und Sammler zusammen und bauten eine befestigte Siedlung.

Doch Jericho ist nur der Anfang. Es gibt eine ganze Reihe Orte, deren Geschichte zwar nicht so weit zurückzuverfolgen ist, die aber bereits auf ein paar Jahrtausende vor der Zeitenwende zurückblicken können. Besucherinnen und

Besucher haben also mehr als genug Gelegenheit, sich alte und uralte Steine oder Gemäuer anzuschauen und dabei über die menschliche Vergänglichkeit nachzudenken.

Das sogenannte *Heilige Land* ist der Ursprung dreier Religionen: Judentum und Christentum entstanden hier und wurden so entscheidend geprägt, dass der Prophet Mohammed aus ihnen schöpfte, als er den Islam formulierte. So stellt Jerusalem die drittheiligste Stadt der Muslime dar, und für Juden ist die Westmauer ihres ehemaligen Tempels (hebräisch *Kótel*, auch *Klagemauer* genannt) in der Jerusalemer Altstadt das wichtigste Ziel der ganzen Welt.

Der Hügel Golgatha und das Grab Christi, ebenfalls in der Altstadt Jerusalems gelegen, die Bethlehemer Geburtskirche und die Verkündigungskirche in Nazareth sind heilige bzw. die historisch bedeutsamsten Stätten der Christenheit.

Während der letzten beiden Jahrtausende fand also – salopp formuliert – ein Wettbewerb zwischen den drei Religionen in diesem sogenannten *Heiligen Land* statt. Zählt man jedoch die Toten, Verstümmelten, die Zerstörungen an Besitz und Natur aufgrund dieser Rivalitäten, dann kann man die Gegend eigentlich nur als unheiliges bzw. unheilvolles Land bezeichnen. Laut hebräischer Bibel schlugen bereits die alten Israeliten grausame Schlachten gegen die Vorbesitzer des Landes, wurden jedoch ihrerseits von neuen Eroberern furchtbar verprügelt, vertrieben und wieder zurückgelassen. Nicht minder schlugen die Christen auf die Juden ein, weil sie in Letzteren „Gottesmörder" sahen. Die **Muslime** gingen bei und nach ihrer Schnelleroberung des Nahen Ostens kaum weniger zimperlich mit den ihnen doch nahe stehenden Anhängern der Buchreligionen um. Der Boden des Nahen Ostens ist wahrlich durch und durch mit Blut getränkt.

Was man alles unternehmen kann

Palästina bietet den Besucherinnen und Besuchern eine verlockende Vielfalt an Unternehmungen, sportlichen Betätigungen und auch Erholungsmöglichkeiten.

Besichtigungstouren nach den unterschiedlichsten Kriterien: religiös (jüdisch, christlich, islamisch), historisch und kulturhistorisch (u.a. jüdisch, griechisch, römisch, christlich, muslimisch-arabisch), landschaftlich (fruchtbar, wüstenhaft, gebirgig)

• Teilnahme an kulturellen Veranstaltungen (Konzerte, Theateraufführungen, Tanz, Festivals, Folklore-Veranstaltungen Kunstausstellungen etc.)

• Menschen begegnen, deren Einfallsreichtum und Heiterkeit kaum zu ihrer Lage zu passen scheinen

• Märkte erkunden, Gewürze erduften und mit den Händlern feilschen

• Entspannen in einem Resort oder einem traditionellen Hamam

• Baden im Toten Meer

• Wandern in den Bergen, Trekking zu den Wüstenklöstern

• Radfahren oder Reiten

• Vögel beobachten – vor allem Zugvögel auf der Durchreise

Verantwortungsbewusst unterwegs sein

In Palästina wird von verschiedener Seite, häufig mit kirchlicher Initiative oder Beteiligung, aus unterschiedlichen Gründen darüber nachgedacht, dass nicht jede Form von Tourismus gleichermaßen erwünscht ist. Das hat sich in den vergangenen Jahren in verschiedenen Kodizes niedergeschlagen, die darüber reflektieren, wie man sich nachhaltigen Tourismus vorstellt und welche Rolle Land und Leute dabei spielen sollen – beiden begegnen und nicht über sie hinweg- oder an ihnen vorbeireisen. Ein wichtiges Thema ist dabei auch Gerechtigkeit zwischen dem israelischen und dem palästinensischen Tourismussektor, wobei man ersteren dem letzteren das Wasser abgraben sieht.

Die *Palästinensische Initiative für verantwortungsvollen Tourismus* (PIRT) hat 2008 einen ausführlichen Verhaltenskodex vorgelegt. Er wendet sich sowohl an Reisende vor, während und nach der Reise, als auch an Mitarbeitende im palästinensischen Tourismusbereich.

Das sehr reflektierte Dokument steht auch in deutscher Version zur Verfügung; www.pirt.ps > Code of Conduct > German version (pdf). Die genannten Erstunterzeichner sind ein kleines *Who is who* aktiv gestaltender Institutionen in Palästina.

Der Ökumenische Tourismus-Verband (*Ecumenical Coalition On Tourism*, ECOT), eine kirchliche Initiative der Synode aller Kirchen im Nahen Osten (Middle East Council of Churches), stellt im Sommer 2009 Fragen, die bei der Vorbereitung einer Pilgerreise nützlich sein können. Dieser angriffslustige Text thematisiert die Übervorteilung durch Israel im Tourismusbereich deutlich. Eine gekürzte deutsche Fassung: www.tourism-watch.de/node/1286.

Ende 2009 schließlich erschien das *Kairos Palestine Document*, das die Situation in Palästina und die Lage der Christen dort schildert; www.kairospalestine.org. Eine gelungene Einführung zu dem Text bietet C. Grünenfelder, Die Debatte um das *Kairos Palästina* Dokument, Berlin 2011. Die Empfehlung in dem Dokument, das von allen christlichen Kirchen im Nahen Osten unterzeichnet wurde, an die Weltgemeinschaft lautet: Betet für uns und „Kommt und seht!" Dieser Aufruf war auch Anlass zur Herausgabe des vorliegenden Reiseführers. In der Folge erschien ein Heft mit Hinweisen zur Gestaltung einer Reise: *„Come and See!"* mit der wenig intuitiven Adresse www.kairospalestine.ps/sites/default/Documents/Guidelines%20for%20 Christians%20Contemplating%20a%20Pilgrimage%20to%20the%20Holy%20Land.pdf

In diesem Heft gibt es wiederum einen Auszug aus dem PIRT-Verhaltenskodex für Reisende in 14 Punkten, und darüber hinaus acht Vorschläge zu Begegnungen mit Menschen in Palästina, die als „lebendige Steine" bezeichnet werden. Eine Zusammenfassung daraus:

• *Besuchen Sie palästinensische Kirchen und Gottesdienste und feiern Sie mit. Bleiben Sie hinterher und unterhalten Sie sich. Eine der vielen Konfessionen wird zu Ihnen passen.*

• *Schließen Sie sich einer palästinensischen Gruppe und/oder einem palästinensischen Reiseleiter für wenigstens einen Teil Ihrer Zeit an. Israelische Tourguides dürfen zwar in die Westbank kommen, aber scheinen laut Rückmeldungen von Touristen die palästinensische Realität sehr eigen zu interpretieren und vermeiden Begegnungen mit „Arabern".*

• *Israelische Touren zeigen in Bethlehem die Geburtskirche und fahren wieder weg, sodass die Wirtschaft vor Ort nichts davon hat. Bleiben Sie lieber und essen Sie in den Restaurants, kaufen in den Läden und schlafen in den Hotels zur Unterstützung der palästinensischen Wirtschaft.*

• *Besuchen Sie palästinensische soziale, kulturelle, und Bildungs- oder theologische Institutionen.*

• *Treffen Sie sich mit einer der vielen Gruppen oder Organisationen der palästinensischen Zivilgesellschaft, die sich auf die Stellung von Frauen, Kindern, Behinderten oder Menschenrechte konzentrieren. Fragen Sie, ob Sie bei deren Arbeit zuschauen dürfen.*

• *Suchen Sie Unterkunft bei einer palästinensischen Familie oder besuchen Sie Menschen zuhause. Örtliche Reiseveranstalter werden sich freuen, Sie an eine Gastfamilie für vielleicht eine Mahlzeit oder mehrere Tage Übernachtung zu vermitteln.*

• *Besorgen Sie sich einen palästinensischen Reiseführer wie das Palästina Reisehandbuch der ATG oder Palestine. A Guide (beide siehe unten) für neue Ideen bei Ihrem Weg durch das Land.*

• *Erwandern Sie sich das Land. Eine Reise auf wenig betretenen Pfaden ermöglicht Begegnungen mit der Natur, der Landschaft und der Kultur, zu denen ein Fahrzeug keinen Zugang gefunden hätte.*

Vorbereiten der Reise, sich informieren

Literatur

Die folgenden Titel aus einer Vielzahl von Nahost-Büchern sind als erste Informationen anregend.

• Finkelstein, I./Silberman, N.A., *Keine Posaunen vor Jericho*, München 2002; glänzendes

Palästinensische Bücher

Nadja Odeh, studierte Islamwissenschaftlerin und Hörfunkredakteurin beim SWR, beschäftigt sich seit ihrer Kindheit mit dem Nahostkonflikt - ihr Vater ist Palästinenser. Sie arbeitete mehrere Jahre in Beirut und der Westbank. Wir baten die Nahost-Expertin um Literatur-Vorschläge, die besonders informativ für das Anliegen dieses Buches sind.

Es gibt kaum einen Konflikt auf der Welt, zu dem so viel Literatur produziert worden ist wie zum Nahostkonflikt. Man könnte zig Regale damit füllen. Daher soll die folgende Auswahl das Anliegen dieses Reiseführers in Literatur übersetzen, nämlich die persönliche Begegnung mit den Menschen in Palästina. Es sind fast ausschließlich auf Deutsch verfügbare Bücher palästinensischer Autorinnen und Autoren ausgewählt. Ihre Stimmen sollen für sich sprechen. Ganz oben steht für mich **Raja Shehade.** Er lebt und arbeitet als Rechtsanwalt und Schriftsteller in Ramallah. 1979 hat er die unabhängige Menschenrechtsorganisation „AlHaq" (www.alhaq. org) gegründet. Seine Bücher sind feinsinnig analytisch und um ehrliche und kritische Auseinandersetzung bemüht.

• Shehade, Raja: *Aufzeichnungen aus einem Ghetto. Leben unter israelischer Besatzung,* Bonn 1983

• Shehade, Raja: *Fremd in Ramallah. Mein Leben als Sohn im besetzten Palästina,* Hamburg 2003

• Shehade, Raja: *Wanderungen in Palästina. Notizen zu einer verschwindenden Landschaft,* Zürich 2011

Es gibt eine ganze Reihe christlich palästinensischer Autorinnen und Autoren, die durch ihr Studium und kirchliche Netzwerke einen besonders engen Kontakt zu Deutschland haben. Sie sprechen Deutsch und richten sich mit ihren Büchern direkt an eine deutsche Leserschaft. Zu ihnen gehören Stimmen wie Sumaya Farhat Naser, Faten Mukarker oder die Geschwister Mitri und Viola Raheb.

• Farhat-Naser, Sumaya: *Thymian und Steine – Eine palästinensische Lebensgeschichte,* Basel 1999

• Farhat-Naser, Sumaya: *Verwurzelt im Land der Olivenbäume, Eine Palästinenserin im Streit für den Frieden,* Basel 2005

• Farhat-Naser, Sumaya: *Disteln im Weinberg,* Basel 2007

• Mukarker, Faten: *Leben zwischen Grenzen. Eine christliche Palästinenserin berichtet,* Karlsruhe 2002

• Raheb, Mitri: *Bethlehem hinter Mauern. Geschichten der Hoffnung aus einer belagerten Stadt,* Gütersloh 2005

• Raheb, Viola: *Geboren zu Bethlehem: Notizen aus einer belagerten Stadt,* Berlin 2003

• Raheb, Viola/ Abado, Marwan: *Zeit der Feigen: Die arabische Küche von Bethlehem bis Damaskus,* Wien 2009

Hanan Ashrawi ist vielen als Sprecherin der Palästinenser seit der ersten Nahost-Friedenskonferenz in Madrid 1991 bekannt

• Ashrawi, Hanan: *Ich bin in Palästina geboren. Ein persönlicher Bericht,* Berlin 1995

Sari Nusseibeh gehört einer alteingesessenen palästinensischen Notabelnfamilie an. Die Nusseibehs sind seit Jahrhunderten Wächter der Grabeskirche. Sari Nusseibeh ist studierter Philosoph, eine immer wieder provokante politische Stimme und seit 1995 Präsident der Jerusalemer AlQuds Universität.

• Nusseibeh, Sari mit Anthony David: *Es war einmal ein Land. Ein Leben in Palästina,* München 2008

Ali H. Qleibo lebt als Dozent für Anthropologie, Autor und Maler in der Altstadt von Jerusalem.

• Qleibo, Ali H.: *Wenn die Berge verschwinden. Die Palästinenser im Schatten der israelischen Besatzung,* Heidelberg 1993

Suad Amiry hat Architektur studiert. Sie lebt in Ramallah, wo sie das Riwaq-Zentrum gegründet hat, das sich um den Erhalt der traditionellen palästinensischen Architektur bemüht. Außerdem ist sie Dozentin an der nahegelegenen Birzeit Universität. Sie gehört zu den Erstunterzeichnern des Aufrufs zum Stopp der Selbstmordattentate.

• Amiry, Suad: *Sharon und meine Schwiegermutter. Tagebuch vom Krieg aus Ramallah,* Palästina,Frankfurt am Main 2004

• Amiry, Suad: *Wenn dies das Leben ist. Geschichten aus Palästina,* Frankfurt a.M. 2006

Farid Abu Gosh ist Sozialpädagoge und engagiert sich in verschiedenen Erziehungsprojekten in Ostjerusalem und in der Westbank

• Abu Gosh, Farid: *Palästinenser, Israeli, Pädagoge. Ein Leben im Spagat,* Weinheim und Basel 2004

Amira Hass ist Israelin und Korrespondentin der Tageszeitung Haaretz. Seit 1997 lebt sie in Ramallah und ist damit die einzige Auslandskorrespondentin, die palästinensischen Alltag lebt und erlebt. Deshalb ist sie in diese Bücherliste aufgenommen ebenso wie Yehudit Kirstein Keshet

• Hass, Amira: *Bericht aus Ramallah. Eine israelische Journalistin im Palästinensergebiet.* Beck, München 2004

• Hass, Amira: *Morgen wird alles schlimmer. Berichte aus Palästina und Israel,* München 2006

• Hass, Amira: *Gaza. Tage und Nächte in einem besetzten Land,* München 2003

• Kirstein Keshet, Yehudit: *Checkpoint Watch. Zeugnisse israelischer Frauen aus dem besetzten Palästina,* Hamburg 2007

Als wichtige politische Grundlagenlektüre seien hier die Essays des 2003 verstorbenen **Edward Said** erwähnt. Er ist gebürtiger Palästinenser und zählt zu den bedeutendsten Intellektuellen des 20. Jahrhunderts. - Das Buch des israelischen Historikers **Ilan Pappe** über die *Nakba,* wie die Palästinenser ihr Trauma der Vertreibung von 1948 nennen, die mit der Gründung des Staates Israel einherging, ist das zentrale Thema palästinensischer Geschichtserfahrung und Identität.

• Said Edward: *Frieden in Nah-Ost? Essays über Israel und Palästina,* Heidelberg 1997

• Pappe, Ilan: *Die ethnische Säuberung Palästinas,* Frankfurt 2007

Buch darüber, was die Bibel und archäologische Ergebnisse bedeuten können und was nicht

• Grossman, D., *Das Lächeln des Lammes,* München 1988 (Hebr. 1983); *Eine Frau flieht vor einer Nachricht,* München 2009; der 2010 mit dem Friedenspreis des deutschen Buchhandels ausgezeichnete Autor schreibt Kinderbücher, Romane und Politisches zum Nahostkonflikt – sein erster Roman thematisiert 1983 erstmals die Rolle Israels als Besatzungsmacht

• Nusseibeh, S., *Es war einmal ein Land.* Ein Leben in Palästina, Frankfurt a.M. 2009; sehr lesenswerte Autobiografie des palästinensischen Diplomaten und Präsidenten der Jerusalemer AlQuds-Universität

• Odeh, N., *Palästinensisches Tagebuch,* Tagebucheinträge von Westbank-Bewohnern 2000-2002, Freiburg 2002

• Peace Research Institute in the Middle East (PRIME), *Learning Each Other's Historical Narrative: Palestinians and Israelis,* Bet Jala 2006; Geschichtsbuch-Projekt arabisch-israelischer Lehrer, das den Konflikt von beiden Seiten schildert – moderiert in Braunschweig, dort als PDF-Datei für € 5 zu haben: www.gei.de oder Download unter www.vispo.com/PRIME

• Weizmann, E., *Sperrzonen. Israels Architektur der Besatzung,* Hamburg 2009; detaillierte, gut lesbare Studie über Abgrenzungen Israels seit 1967 – auch unterirdisch und in der Luft

• Flug, N./Schäuble, M., *Die Geschichte der Israelis und Palästinenser,* München 2007; das Entstehen des Nahostkonflikts anhand vieler Zitate von Zeitzeugen, gute Medientipps

• Avidan, I., *Israel.* Ein Staat sucht sich selbst, Kreuzlingen/München 2008; eine Innen- wie Außenperspektive jenseits des Schwarz-Weiß der täglichen Nachrichten: Die innerisraelische Diskussion über den jüdischen Staat und dessen Verhältnis zu arabischen Israelis und Palästinensern hat viele Graustufen.

• Bröning, M., *The Politics of Change In Palestine.* State Building and Non-Violent Resistance, London 2011; diese Studie erläutert das politische System Palästinas und zeigt, dass der Friedensprozess nicht an unzulänglichen

18

palästinensischen Politikern scheitert, sondern dass der Wille zu Veränderung und Gewaltfreiheit sehr präsent ist

• Brunswig-Ibrahim, M., *KulturSchock Vorderer Orient*, Bielefeld 2007; stimmt auf die fremde arabische Welt der östlichen Mittelmeerküste mit nützlichen Hinweisen ein

• Sacco, J., *Palestine*, Seattle/WA 2001 (deutsch 2009); vom Begründer der Doku-Comics eine gut recherchierte Schilderung der Situation in den besetzten Gebieten – 2009 erschien auch der Band *Footnotes in Gaza*

• Rees, M.B., *Der Verräter von Bethlehem* & *Ein Grab in Gaza* & *Der Tote von Nablus*, München 2009/2010; brillante Palästina-Krimis des ehemals Jerusalemer *Time*-Korrespondenten, in deren ungeschminkter Schilderung der palästinensischen Gesellschaft der Konflikt mit Israel Nebensache ist

• Raheb, V./Abado, M., *Zugvögel*. Eine lyrisch-musikalische Reise nach Palästina (Hörbuch), Berlin 2010; Texte von V. Raheb, M. Darwish und S. Masalha, vertont durch M. Abado ('Ud) und M. Liebermann (Gitarre)

Andere Reiseführer

• Tondok, W./Bock, B., *Israel und Palästina*, München 2010; auch über Israel informieren die Autoren des vorliegenden Bandes umfangreich und kompetent

• Alternative Tourism Group (ATG), *Palästina Reisehandbuch. Geschichte, Politik, Kultur, Menschen, Städte, Landschaften*, Heidelberg 2011; existiert bereits in anderen Sprachen – ein ausführlicher Reiseführer Palästina-Israels aus der Sicht von Palästinensern, nämlich der preisgekrönten ATG aus Bet Sahur. Das Warten auf die deutsche Ausgabe lässt sich mit der 2. englischen Auflage verkürzen: Palestine & Palestinians, 2008. Hier nicht erhältlich – direkt bei der ATG bestellen, siehe S. 22.

• Shahin, M./Azar, G., *Palestine. A Guide*, Northampton/MA 2007; ein Reiseführer mit bestechend schönen Fotos, insgesamt touristischer ausgelegt als das Buch der ATG

• Yaron, G., *Jerusalem. Ein historisch-politischer Stadtführer*, München 2007; die Stadt

aus der Perspektive von Judentum, Christentum und Islam und der Nahostkonflikt bis zum Mauerbau nebst drei aufschlussreichen Spaziergängen

• Eine kostspielige, weil wissenschaftliche, aber gut lesbare Reihe der Autoren O. Keel, M. Küchler und C. Uehlinger heißt *Orte und Landschaften der Bibel* und erscheint in Göttingen. Gute Pläne und Karten; (fast) alle historischen und baugeschichtlichen Fragen werden beantwortet. Bd. 1: *Geografisch-geschichtliche Landeskunde* 1984; Bd. 2: *Der Süden* 1982; Bd. 4 (1,5 kg!): *Jerusalem*. Handbuch u. Studienreiseführer 2006

• Eine konzentrierte, preiswerte und vorzügliche Einführung zu weltweiten Reisezielen bieten die **Sympathie-Magazine** des Studienkreises für Tourismus und Entwicklung e.V., Ammerland, Tel 08177 1783, www.sympathie-magazin.de (€ 3,60). Für unsere Region erschienen *Palästina verstehen*, *Islam verstehen* und *Judentum verstehen*.

• Der seit 1852 bestehende Jerusalemsverein, der arabisch-evangelische Christen unterstützt, gibt jährlich dreimal *Im Lande der Bibel* heraus – selten zu biblischen Themen. Die Hefte sind kostenfrei zu abonnieren, Tel 030 24344195, oder man lädt sie herunter: www.jerusalemsverein.de > Publikationen.

Filme

Viele Filme können zur Einstimmung auf eine Vor- und/oder Nachbereitung einer Reise durch Palästina dienen:

• *Curfew – die Ausgangssperre*, ISR/F/PAL/D/NL 1994, R: R. Masharawi; palästinensischer Alltag in Gaza unter der Besatzung

• *Private*, I 2004, R: S. Costanzo; ein authentischer Fall: Das Haus einer palästinensischen Familie im Niemandsland wird 1992 von der israelischen Armee beansprucht. Da die Familie nicht auszieht, wird das Haus in zwei Sektoren geteilt

• *Arnas Kinder*, PAL/ISR/NL 2004, R: J. Mer Khamis/D. Danniel; Dokumentation der Entwicklung von Kindern aus dem Flüchtlingslager Jenin in den 1990er Jahren von hoffnungsvollen Schauspielern im Freedom Theatre zu Kämpfern und Attentätern gegen Israel

• *Knowledge Is the Beginning*, D 2005, R: P. Smaczny; Dokumentation über das West-Eastern Divan Orchestra mit jungen Musikern aus dem Libanon, Syrien, Ägypten, Palästina und Israel und seine Begründer Daniel Barenboim und Edward Said

• *Paradise Now*, PAL/F/D/NL/ISR 2005, R: H. Abu Assad; zwei Palästinenser sollen in Tel Aviv ein Selbstmordattentat ausführen – Oscar-nominiert

• *The Iron Wall*, PAl 2006, R: M. Alatar; Dokumentation über die israelische Sperranlage und das Siedlungsprogramm

• *Alles für meinen Vater*, D/ISR 2008, R: D. Zahavi; arabischer Selbstmordattentäter verliebt sich in Tel Aviv in eine Jüdin

• *Das Herz von Jenin*, D 2008, R: L. Geller/M. Vetter; ein palästinensischer Vater besucht die jüdischen Familien, deren Kinder eine Organspende seines Sohnes erhalten haben, der von der israelischen Armee erschossen wurde

• *Im Haus meines Vaters sind viele Wohnungen*, D/CH 2010, R: H. Schomerus; Dokumentation über das Konfessionswirrwarr in der Jerusalemer Grabeskirche

• *Miral*, F/ISR/I/IND 2010, R: J. Schnabel; ein verwaistes Mädchen wächst mit dem israelisch-arabischen Konflikt auf – ein Film mit starken Frauen

• *Susya*, ISR/PAL 2011, R: Y. Gross/D. Rosenberg; Kurzfilm über einen 60-jährigen Palästinenser und seinen Sohn, die per Eintrittskarte die archäologische Ausgrabung besichtigen, an deren Stelle vor 25 Jahren noch ihr Haus stand

Auch ein **Computerspiel** ist zu empfehlen:

• Zwei Settings der Reihe *Global Conflicts* der dänischen Firma *Serious Games Interactive* spielen in Jerusalem – *Military Operations* und *Checkpoints*. Man lernt als Journalist in einer 3D-Umgebung beide (gut recherchierten) Seiten des Nahostkonflikts und seine alltäglichen Probleme kennen, weiß nicht, wem man trauen kann, und muss sich ein Urteil bilden – nicht nur für Jugendliche geeignet: www.globalconflicts.eu.

Karten

Zur genaueren Planung und zum Autofahren im Land empfiehlt sich die Karte *Israel* von 2010 aus dem Reise Know-How Verlag, Bielefeld. Maßstab 1:250.000, reiß- und wasserfest, beschriftbar und mit u.a. deutscher Legende.

Eine gute Ergänzung dazu sind die etwa halbjährlich aktualisierten Karten des **OCHA** der Vereinten Nationen, die die Situation unter der Besetzung Israels mit Checkpoints und Straßensperren dokumentiert – als PDF-Datei gratis erhältlich auf www.ochaopt.org.

Atlanten sind rar: Nur auf Hebräisch gibt es den knapp 400-seitigen Atlas *HaSahav* (Gold-Atlas) von Mapa, der für ₪ 180 Städte auf 1 : 10 000-23 000 vergrößert und Autobahn-Durchfahrtskizzen bietet. Für die Westbank wird jede jüdische Siedlung genau dargestellt, aber arabische Orte werden nicht über die Überblickskarten hinaus vergrößert.

Abhilfe schafft dem in Kürze die Bethlehemer Firma **PalMap** (www.palmap.org), die von immer mehr palästinensischen Städten Stadtpläne fertigt. Im Druck ist gerade ein Taschenatlas für Jerusalem, und auch ein Atlas für die gesamten palästinensischen Gebiete soll bald erscheinen.

Am einfachsten erhält man die PalMap-Produkte vermutlich in der demnächst eröffnenden Touristeninformation in Ramallah (nahe beim Rathaus), im Educational Bookshop in der Jerusalemer Nablus Road sowie im Bethlehemer Peace Center am Manger Square.

Die schöne Landschaft lädt zum **Wandern** ein, wenngleich dies in der Wüste und in der Nähe von jüdischen Siedlungen am sichersten mit einem erfahrenen Führer ist. Eine Einstimmung auf eine mittelschwere Höhlentour oder den zehntägigen *Nativity Trail* („Geburtspfad") von Nazareth nach Bethlehem bieten Di Taylor und Tony Howard, *Walks in Palestine and the Nativity Trail*, Milnthorpe 2001. Außerdem entstehen bei den Denkmalschützern von RIWAQ in Ramallah ausgezeichnete Karten für (geführte) Wanderungen zu sehenswerten Gebäuden in der Umgebung von

20 Ramallah und Birzeit; Tel 02 2406887, www. riwaq.org.

Schließlich sei noch auf zwei historische Kartenwerke hingewiesen: *Palestine Alive. Let's Remember* von PalMap zeigt die 1948 entvölkerten arabischen Dörfer und Städte auch auf einer langen Liste. Der *Tübinger Bibelatlas*, Stuttgart 2000, entstammt dem wissenschaftlichen Mammutwerk *Tübinger Atlas des Vorderen Orients* und bietet exzellente, großformatige Karten vom 3. Jahrtausend vC bis 1920.

Verständigung

Englisch ist die Basis der internationalen Verständigung auch in Palästina. Individualreisende sollten auf jeden Fall ein Verständigungsminimum an Englisch beherrschen. Noch besser wären z.B. im Taxi oder auf dem Basar ein paar Worte der Landessprachen, die sich mit den Büchlein aus der Reihe **Kauderwelsch** des Reise Know-How Verlags Peter Rump, Bielefeld, leicht erlernen lassen: *Palästinensisch- und Syrisch-Arabisch*, ISBN 978-3-89416-265-8, sowie *Hebräisch*, ISBN 978-3-89416-002-9. Das Wichtigste steht jedoch auch im Minilexikon, im Anhang S. 222, dem Sie darüber hinaus die Aussprachehinweise für dieses Buch entnehmen können.

Internet

Ressourcen des *World Wide Web* werden in diesem Band an Ort und Stelle aufgeführt, sodass hier nur auf Adressen von allgemeinem Interesse hingewiesen wird. Alle genannten arabischen Seiten haben mindestens irgendwo einen *English*-Button.

- www.auswaertiges-amt.de/diplo/de/Laenderinformationen/PalaestinensischeGebiete/Sicherheitshinweise.html – Reisehinweise des deutschen Auswärtigen Amtes, im Zweifel eher vorsichtig statt risikofreudig
- www.tel-aviv.diplo.de – Deutsche Botschaft in Tel Aviv
- www.ramallah.diplo.de – Deutsches Vertretungsbüro in Ramallah

- www.eda.admin.ch/telaviv – Schweizerische Botschaft in Tel Aviv
- www.aussenministerium.at/telaviv – Österreichische Botschaft in Tel Aviv
- www.palestine-pmc.com – das Palestine Media Center macht Public Relations für die PLO und die palästinensische Autonomiebehörde
- www.travelpalestine.ps – halboffizielle Seite, nicht immer ganz aktuell
- www.visitpalestine.ps – gut gemachtes Informationsportal, auch für's Auge
- www.palaestina.org – die palästinensische Generaldelegation in Deutschland bietet breit gefächerte Information über Land, Leute, Kultur, Tourismus und den politischen Prozess in Dokumenten und Landkarten
- www.palestinechronicle.com – englischsprachige palästinensische Tageszeitung aus den USA, Zeitungen aus Palästina erscheinen nur auf Arabisch
- www.aljazeera.com – das Nachrichtenmagazin zum Fernsehsender http://english.aljazeera.net aus den Arabischen Emiraten bietet im Hauptmenü *Verschwörungstheorien* an
- www.passia.org – der Nahostkonflikt aus wissenschaftlich fundierter, palästinensischer Sicht, gute Landkarten
- www.unrwa.org – die Präsenz der Vereinten Nationen in den besetzten Gebieten
- www.ochaopt.org – UN-Abteilung, die z.B. zum Gazakrieg qualitätvolle Landkarten als israelkritisches Material bereitstellt
- www.pirt.ps – Zusammenschluss palästinensischer Institutionen für nachhaltigen Tourismus
- www.thisweekinpalestine.com – sehr gute Internetpräsenz des monatlich gedruckten Veranstaltungsmagazins mit breitem redaktionellen Teil und Stadtkarten. Kann man auch als pdf-Datei herunterladen
- www.palestinehotels.ps – der palästinensische Hotelverband macht Appetit darauf, die arabische Kultur kennenzulernen
- www.alternativenews.org – die kritische Stimme des Alternative Information Center zur

israelischen Palästinapolitik, wochenaktuelle Berichte und Analysen
- www.btselem.org/English – israelischer Informationsdienst zu Menschenrechtsverletzungen von wem auch immer in den besetzten Gebieten, viele weitere Links
- www.icahd.org – israelische Bürgerinitiative gegen die Zerstörung palästinensischer Häuser durch die Armee, mit weiterführenden Links
- www.bitterlemons.org – gute Texte zum Nahostkonflikt

Deutsche Informationsportale
- www.alsharq.de – Blog zum Nahen Osten von Christoph Dinkelaker aus Stuttgart
- www.info-middle-east.com – Portal zu den Schriften mit Schwerpunkt Israel von Gil Yaron
- http://liportal.inwent.org/palaestina.html – Länderportal InWEnt – Internationale Weiterbildung und Entwicklung gGmbH (jetzt GIZ) zu Palästina von Petra Schöning mit mit vielen Hintergrundinformationen und Links
- www.palaestina-initiative.net – Seite eines Vereins aus Hannover
- www.medico.de/projekte/israelpalaestina – ein guter erster Einstieg dazu, was es alles für humanitäre Projekte gibt
- www.palaestina-heute.de – Portal von Renate Dörfel-Kelletat und Frank Dörfel aus Hamburg
- www.palaestina-portal.eu – Portal von Erhard Arendt aus Dortmund

Touristische Informationen

Der Weg nach Palästina führt immer über Israel, sei es in der Luft oder am Boden. Auch wenn man über **Jordanien** anreist wird man am Grenzübergang an der King-Hussein- bzw. Allenby-Brücke israelische Soldaten beim Vollziehen hoheitlicher Aufgaben treffen, nähere Informationen siehe S. 186.

Einige Fluglinien nach Tel Aviv

Manche hier nicht aufgeführte osteuropäische Fluggesellschaften bieten günstige Tarife an,

die meist mit Warten und Umsteigen nachts sowie später Ankunft in Israel verbunden sind.
- **Arkia**, www.arkia.com
Polo-Reisen, Amalienstr. 42, 80799 München, Tel 089 2870080, www.poloprogress.de; fliegt von München und Berlin
- **Air Berlin**, www.airberlin.com, Berlin, Service-Tel D 01805 737800, A 0820 737800, CH 0848 737800; fliegt direkt von Berlin, Düsseldorf, Köln/Bonn und München
- **Polo Progress Reisen**, München, Tel 089 28808000, www.poloprogress.de
- **EL AL Israel Airlines**, www.olal.co.il Flughafen Schönefeld, Tel 030 2017790 Frankfurt/Main, Tel 069 929040, München, Tel 089 2106920, A 01 700732400 CH 044 2257171,
- **Hamburg International**, www.hamburg-international.de, Tel 030 3198819-12/14/17, fliegt von München und Weeze (Niederrhein), Buchung derzeit nur per Reisebüro
- **Israir**, www.israir.com, Mörfelden-Walldorf, Tel 06105 206090
- **Leiserowitz Reiseagentur**, Berlin, www.leiserowitz.de, Tel 030 20962280
- **Lufthansa**, www.lufthansa.com Frankfurt/Main, Tel 01805 838426; A 0810 10258080, CH 0900 900922
- **Swiss International Air Lines**, www.swiss.com, Basel, Tel CH 0848 700700, D 01803 000337, A 0810 810845
- **TUIfly**, www.tuifly.com c/o Hapag-Lloyd Express GmbH, Langenhagen, Tel D 01805 757510, CH 0848 000271, A 0820 820033

(Teil)Organisierte Reisen

In Palästina kann es schwierig sein, auf eigene Faust zurechtzukommen: Sprach- und Bewegungsbarrieren, der Abgleich von Landkarte und Realität, Einschätzen unterschiedlicher Situationen usw. Wohl dem, der dann einen Fremdenführer hat. Die folgenden Organisationen schlagen Mehrtagestouren vor, können einem eine komplette Reise auch ganz nach

22 Wunsch zusammenstellen, aber man könnte auch lediglich einzelne Tage, Besichtigungen oder Gesprächstermine buchen.

Alternative Tourism Group (ATG), Bet Sahur (Tel 02 2772151, www.patg.org), bietet verschiedene Gesamtpakete an, z.B. zusammen mit dem Ostjerusalemer YMCA Olivenbäume pflanzen und Oliven pflücken, inklusive Kulturprogramm. Hier sind auch die richtigen Ansprechpartner, wenn man Gespräche mit verschiedensten Personen des öffentlichen Lebens wünscht, auf palästinensischer wie auf israelischer Seite. Infrastruktur auch für Gruppen kann ohne Probleme organisiert werden. Um eine Vorstellung zu haben: Eine Reise für 8 Tage kostet um 700$ (Einzelzimmerzuschlag $30), Unterbringung in Familien, von Deutschland aus müsste dann lediglich der Flug organisiert werden.

Alternative Tours & Transport, Jerusalem (im Jerusalem Hotel, Tel/Fax 02 6283282, www.alternativetours.ps), unterscheidet schon auf der Website zwischen eher touristischen und eher politischen Angeboten und hängt mit der ATG zusammen.

Green Olive Tours (Tel 03 7219540, vormals Alternative Tours in English, www.toursinenglish.com), ist ein ähnlicher Allrounder – neuerdings bieten sie auch eine Exkursion in eine jüdische Siedlung an, um die Leute dort kennenzulernen. Auf der Website werden außerdem verschiedene reizvolle Unterkünfte vermittelt.

Israeli Committee Against House Demolitions, United Kingdom (www.icahd.org/icahdukdev/eng), veranstaltet zweimal jährlich Rundreisen zum Thema Hauszerstörung und Vertreibung von arabischen Israelis und Palästinensern

Mount of Olives Tours, Jerusalem (Tel 02 6271122, www.mountofolivestours.com), richtet sich vor allem an christliche oder muslimische Pilgergruppen, die eine Rundfahrt von der König-Hussein-Brücke aus starten möchten – für Abstecher von Jordanien aus sehr praktisch.

Near East Tourist Agency, Jerusalem (NET, Tel 02 5328720, www.netours.com), operiert international und wäre gut, wenn man Jordanien und Palästina verknüpfen will. Die vorgeschlagenen Reisen sind vor allem historisch orientiert.

Palestinian Association for Cultural Exchange, Ramallah (PACE, Tel 02 2407611, www.pace.ps), hat dank vieler deutscher Kunden auch deutsches Material. Auch hier gibt es eine große Bandbreite von touristischen bis politischen Möglichkeiten.

Holy Land Trust, Bethlehem (Tel 02 2765930, www.holylandtrust.org), organisiert mit der U.S. *Middle East Fellowship* das sogenannte *Palestinian Summer Encounter* – ein bis drei Monate Leben in einer Gastfamilie, Voluntariat und Arabisch Lernen, leider nicht ganz billig; www.palestinesummer.org.

Reiseveranstalter

Wer lieber auf Deutsch planen möchte, findet auch von hier aus Veranstalter oder Planer, die die Arbeit abnehmen oder bereits erledigt haben. Ein paar Beispiele: Die **taz-Reisen** in die Zivilgesellschaft sind für Palästina fast schon ein Klassiker und finden 2011 auch mit dem Thema Architektur und Regionalplanung statt. Die Berliner *tageszeitung* nennt ihr Angebot *Gruppenreisen für Individualisten* (Tel 030 25902-117, www.taz.de > tazreisen). Die Organisation **pax christi** engagiert sich seit Jahrzehnten für einen gerechten Frieden in Palästina und Israel. Sie organisiert u.a. Fahrten nach Palästina. In Bethlehem gibt es drei mit pax christi affiliierte Organisationen, eine davon ist das Arab Educational Institute, das Gäste empfängt. www.paxchristi.de.

Die **Reisemission Leipzig** hat Palästina gar nicht eigens als Reiseziel aufgeführt, stellt jedoch problemlos eine Tour ausschließlich in die Westbank für unterschiedlichste Interessen zusammen (Tel 0341 3085410, www.reisemission-leipzig.de). Mit guten Kontakten zur Friedensarbeit kann **Gesine Janssen** eine Reise besonders zu Orten der Graswurzelinitiativen zusammenstellen und leiten (Tel 04923 200, gesine-anna.janssen@t-online.de). Begegnungen mit Einheimischen sind auch **Johannes Zang** besonders wichtig; er ist Autor des Buches *Unter der Oberfläche. Erlebtes aus Israel und Palästina* (Tel 06021 4512167, info@jerusalam.info). **Musa'ade** (arabisch: Hilfe) heißt eine Straubinger Initiative, die Bethlehem auch außerhalb der Weihnachtsfeiertage im Blick behält; Pater **Rainer Fielenbach** leitet zwei Pilgerreisen im Jahr auch zur aktuellen Lage, (Tel 09421 84370, musaade.bethlehem@karmelitenorden.de). Schon medial wendet sich der Blog **www.alsharq.de** eher an jüngere Leute. Es werden Reisen in den Orient angeboten, aber es werden auch Touren nach Wunsch organisiert (**Christoph Dinkelaker**, Tel 0177 9729057, christoph.dinkelaker@gmail.com).

Wandertouren

Wandern in der Westbank ist sehr schön, aber ohne geeignetes Kartenmaterial, kaum markierten Wegen und fehlender Infrastruktur ohne Führung kaum zu empfehlen. Mit Führung dagegen umso mehr:

Kultour-Service, Ludwigsburg, Tel 07141 975 4321, bietet u.a. eine 12-tägige, geführte Pilgerwanderung von Jenin nach Bethlehem an, www.kultour-service.de.

RIWAQ – Centre for Architectural Conservation, Ramallah (Tel 02 2406887, www.riwaq.org, www.riwaqregister.org/en, www.riwaqphotoarchive.org): unter dem Motto *Re-Walk Heritage* ist gerade eine Wanderkarte für den Ramallah Highland Trail entstanden. Die auf zwei Tage angelegte Wanderung (jeweils 3-4 stündige Wanderung) wird mit GPS empfohlen, aber mit Führung von Riwaq hat man mehr von den historischen Gebäuden am Wegesrand, vor allem aus ottomanischer Zeit.

Rozana Association, Birzeit/Altstadt bei der griechisch-orthodoxen Kirche (Tel 02 2819850 oder 059 9868914, www.rozana.ps), hat ihr Feld in der ganzen mittleren Westbank. Gestartet im prähistorischen Wadi Natuf im Westen gilt die besondere Aufmerksamkeit derzeit den Hinterlassenschaften der Sufi-Kultur wie Maqame oder Sheikh-Gräber. Tourleiter werden ausgebildet und die Infrastruktur wird von Leuten, die am Wegesrand wohnen, gestellt – ein Mehrfachklang von Natur, Kultur, sozialer Situation

und Spiritualität. Touren lassen sich für jede Altersstufe und Fußläufigkeit gestalten. Es gibt auch Führungen in der Jerusalemer Altstadt.

Abraham Path/Masar Ibrahim AlKhalil – dieser Fernwanderweg, der auch durch die Türkei, Jordanien und Israel führt, findet sein Ende in Hebron, entsprechend dem, was die Bibel über Abraham berichtet (www.abrahampath.org, Tel 02 2749264). In Palästina führt er von Jenin über Nablus, Jericho und Bethlehem nach Hebron. Der Weg wird häufig in Vier-Tages-Abschnitten gewandert. Diese Wanderung wird von denselben Institutionen angeboten wie der **Nativity Trail** – der Weg von Nazareth nach Bethlehem durch die Westbank wird in zehn Tagen erwandert, plus ein Tag für An- und Abreise. Man könnte auch Abschnitte der Strecke laufen. Veranstalter für diesen sicherlich erlebnisreichen Wanderpfad sind die ATG, das Bet Sahurer Siraj Center for Holy Land Studies (Tel 02 2748590, www.sirajcenter.org) sowie das Palestinian Center for Rapprochement between People (www.pcr.org). Über das Siraj Center gelangt man auch zum Portal www.walkpalestine.com mit Hinweisen auf den Abrahams- und Geburtspfad sowie eine Samaritaner-Strecke, und wer nicht mehr laufen mag, klickt www.bikepalestine.com.

Reiseleiterinnen und Reiseleiter

Die palästinensischen Tour Guides sind in der Holy Land Incoming Tour Operator Association organisiert, www.holylandoperators.com, zu deren Mitgliedern auch ATG und NET gehören. Über diese Institution sollten sich deutsch- oder englischsprachige Reiseleiter leicht finden lassen. Für einen halben Tag kann man $ 100, einen ganzen Tag $ 200 veranschlagen. Einige meist deutschsprachige lizensierte Personen, die Führungen anbieten:

Hassan AlAkhmad, Jenin, Tel. 04 2430817 oder 052 2433424, hassan_fz66@yahoo.com. Herr AlAkhmad ist auf Gruppenreisen spezialisiert und kennt sich besonders in der nördlichen Westbank gut aus.

Shaul Arieli, Re'ut, nur über Website: www.shaularieli.com. Herr Arieli war Fallschirm-

Reisen im Grünen Bereich

Da der Staat Palästina erst im Werden begriffen ist, fragt sich, auf welches Gebiet sich der vorliegende Reiseführer eigentlich bezieht. Die Ostgrenze ist klar – Jordan und Totes Meer, die Grenze zu Jordanien. Die weitere Grenze soll die berühmte **Grüne Linie** sein, die 1948-1967 die Grenze zu Jordanien darstellte, weil sie 1948 als Waffenstillstandslinie entstanden war. Es ist unbekannt, wer sie bei den Waffenstillstandsverhandlungen eigentlich eingezeichnet hat. Jedenfalls ist sie da: zunächst als vorläufige Grenze zwischen Israel und Jordanien, und nach dem Sechs-Tage-Krieg 1967 immer wieder nicht anerkannt, aber doch auch immer wieder als Referenz in Anspruch genommen.

Wenn es beim Bau des Zauns bzw. der Mauer um die Westbank – auf Hebräisch: *Sicherheitsanlage*, auf Arabisch: *Apartheitsmauer* – darum geht, dass sie die Westbank als künftiges Staatsgebiet für Palästina um 10 % verkleinert, ist der Vergleich dazu natürlich das Gebiet innerhalb der Grünen Linie. Interessant dabei ist, dass der Großteil der Israelis gar nicht weiß, wo die Grüne Linie verläuft, weil sie in den letzten Jahrzehnten weder in den meisten Schulbüchern vorkam noch auf israelischen Karten gedruckt wurde. Die Entscheidung dazu traf 1967 Arbeitsminister Allon. Es ist ein scharf diskutiertes Politikum ebenso die Idee der linken Bildungsministerin Tamir 2006, die Grüne Linie wieder in die Schulbücher zu bringen. Die Palästinenser könnten helfen, sie wissen genau, wo ihre Bewegungsfreiheit endet.

Dabei ist auch die Bewegungsfreiheit innerhalb der Westbank eingeschränkt. Seit den Osloabkommen 1993 sollte der Übergang zum palästinensischen Staat innerhalb mehrerer Zonen erfolgen, die heute noch existieren. Dabei steht jedoch die gesamte Westbank nach wie vor unter israelischer Militärhoheit. Zu Area A gehören die palästinensischen Städte, in denen die Palästinensische Autonomiebehörde volle zivile Hoheit genießt (Ausnahme Hebron, in der Altstadt mit der Area H2 hat seit dem Massaker durch einen jüdischen Arzt in einer Moschee allein das israelische Militär das Sagen). Den Übergang zu Area B mit etwa 450 Dörfern kann man im Alltag kaum bemerken. Hier teilen sich die PA und Israel die hoheitlichen Aufgaben. Bleibt noch Area C, ca. 60 % der Westbank: hier herrscht nach wie vor israelische Autonomie, die Palästinenser müssen Anträge stellen, um – vielleicht – die Oliven ihrer Bäume pflücken zu können. Zu Area C gehören alle wichtigen Straßen wie etwa der ganze Jordangraben mit der Straße 90, die drei Nationalparks Sebaste, En Prat und Herodeion, die Nature Reserves und natürlich die jüdischen Siedlungen.

Trotz der heftigen Abschottung zur arabischen Umwelt versuchen auch diese Siedlungen, ein weitgehend normales Leben zu ermöglichen. Dazu gehört, um Touristen zu werben, gern auch nach israelischen Standards. Fragt man jedoch bei der offiziellen israelischen Touristen-Information nach, gibt es dort keinerlei Unterlagen zu touristischen Angeboten jüdischer Siedler in der Westbank. Es gibt nicht viel zu erleben, was es in Israel selber nicht auch gäbe, nur die Anbieter sind einfach krass: Wer auf der Website des Hotels Eshel HaShomron bei Ariel, nördliche Westbank, nachschaut – sogar auf Deutsch – findet außer Infos über das „einzige" Hotel im biblischen Israel (immerhin 722 vC durch die Assyrer untergegangen...) Links auf Touren zu biblischen Stätten, einen biblischen Park, Bücher über biblische Wurzeln in Samaria sowie eine Schießbahn mit Waffenmarkt; www.eshelhashomron.com.

In Ariel gibt es außerdem eine recht große Universität (www.ariel.ac.il), auf der jedoch 165 israelische Professoren keine Veranstaltungen halten wollen, weil sie die Siedlung für illegal halten. Und es gibt einen Überblick, was sich sonst im samarischen Bergland so tut; www.shechem.org. Der große Siedlungsblock Gush Ezion bei Bethlehem/Bet Jala („Your Sons Have Returned", www.gush-etzion.org.il) bietet ebenfalls allerhand touristische Aktivitäten an, aber wir empfehlen, lieber auf die palästinensischen Angebote einzugehen.

Informationen für die Praxis – unterwegs in der Westbank

Die Westbank wurde im Zuge der Oslo Vereinbarungen in die Zonen A, B, C und Sperrgebiete aufgeteilt. Die ursprüngliche Regelung wurde in der Westbank inzwischen vereinfacht. Änderungen sind laufend zu erwarten. Nachfolgend der Stand April 201.

• **Für alle 3 Zonen** A, B und auch C ist derzeit die palästinensische Verwaltung verantwortlich. D.h. Schulen, Krankenhäuser Ausweiserstellung etc. liegen bei den palästinensischen Behörden.

• In der **A-Zone** hat die Palästinensische Autonomiebehörde die Verwaltungs- und Polizeigewalt einschließlich Baugenehmigungen. Was nicht ausschließt, dass israelische Militäreinsätze z. B. zur Personensuche vorkommen.

• In der **B-Zone** obliegt der Autonomiebehörde die allgemeine Verwaltung einschließlich Baugenehmigungen.

• In der **B- und C-Zone** hat im Wesentlichen nur die israelische Polizei das Sagen. Jedoch arbeitet sie bei Verbrechensverfolgungen mit der palästinensischen Polizei auch vor Ort zusammen.

• In der **C-Zone** hat Israel auch die Verwaltungshoheit über Baugenehmigungen (siehe S. 185). Darunter fällt u.a. das gesamte Jordantal.

• Die **Bewohner der C-Zone** leiden am meisten unter der Besatzung. Agressive Siedler versuchen den Palästinern ihr Acker- und Weideland streitig zu machen. Man geht inzwischen von 290 000 israelischen Siedlern in der Westbank und 200 000 in Ost-Jerusalem aus.

• Derzeit können alle **Straßen im Westjordanland**, auch die sogenannten Siedlerstraßen, von Palästinensern und palästinensischen Mietwagen befahren werden. Allerdings nur, wenn die Straßen nicht direkt in Siedlungen hineinführen oder aus militärischen Gründen gesperrt sind. Palästinenser meiden darum solche Straßen aus Sorge vor Steinwürfen aggressiver Siedler.

• Ein **Wechsel auf den Straßen** zwischen den Zonen B und C ist meist nicht mehr nachvollziehbar und für PKW-Verkehr auch unbedeutend, der Wechsel von Zone B + C in die Zone A ist zumeist mit noch mit großen roten Schildern (1 x 2m) gekennzeichnet, um Siedler davon abzuhalten nicht versehentlich in die Zone A zu fahren. Zum Teil sind diese Übergänge auch noch mit großen Betonquadern (1,5 x 1,5 x 1,5 m) im Straßenbereich gekennzeichnet. Diese sind mit Dreiecken in brauner und gelber Farbe bemalt.

• **Sperrgebiete** sind extra bezeichnet bzw. die Straßen sind nicht passierbar.

• **Israelische und palästinensische Polizisten** tragen beide dunkelblaue Uniformen (auch die privat organisierten Hilfskräfte an den Grenzkontrollen). Palästinensische Polizisten begegnen einem normal nur in der Zone A. Es gibt auch eine palästinensische Naionalgarde mit dunkel braunen oder schwarzen Uniformen für repräsentative Anlässe. Bei grün uniformierten Soldaten handelt es sich durchweg um Israelis. Israelische Militär- und Polizeifahrzeuge sind mit roten Nummernschildern mit weißer Schrift, palästinensische Polizeifahrzeuge mit weißen Nummernschildern mit roter Schrift gekennzeichnet.

• **Tipps für Kenner:** Sie fahren mit israelischen **Mietwagen** kurz über die Grenze – sofern sie ihn dort unterstellen können – und in der Westbank mit den deutlich billigeren palästinensischen Leihwagen weiter.

Ein Tipp: Man kann mit israelischem **Taxi** z. B. von Tel Aviv nach Jenin bis zum Checkpoint *Kafriat* bei Tulkarm bringen und sich dann mit einem vorbestellten palästinensischen Taxi dort abholen zu lassen, gleiches gilt in umgekehrter Richtung. Z.B. organisiert Jakoub Salameh, Tel 0599 525466, beide Teile einer solchen Fahrt.

springer, kennt sich mit Grenzen und der Sperranlage bestens aus und begleitet beide Seiten des Nahostkonflikts kritisch.
Tamar Avraham, Jerusalem, Tel 054 5622532, tamar-av@013.net. Frau Avraham führt an

politisch instrumentalisierten archäologischen Stätten und Krisenherden mit Schwerpunkt Jerusalem, zeigt in der Westbank (außer Area A) Reibungspunkte zwischen eingeschränkten Palästinensern und jüdischen Siedlern, die mit

26 allen Mitteln ihre biblischen Wurzeln finden und verteidigen wollen.

Hijazi Eid, Bethlehem, englischsprachig, Tel 059 9523844, hijeid@yahoo.com, www.hijazih. wordpress.com. Herr Eid hat mehrere Jahre auf dem Abrahamspfad geführt, zeigt natürlich auch Städte und vermittelt Unterkunft in Gastfamilien.

Karl-Heinz Fleckenstein, Bet Jala/Jerusalem, Tel 02 5855732 oder 050 550827, fleckens@za-hav.net.il, http://klfleckenstein.webs.com. Herr Fleckenstein lebt seit drei Jahrzehnten im Land und hat Emmaus/Nikopolis ausgegraben.

Monika Hazboun, Bethlehem, Tel 02 2742280 oder 050 5535458, andalus@p-ol.com. Frau Hazboun arbeitete jahrelang in der Jerusalemer Altstadt, sie führt in Bethlehem und Umgebung.

Faten Mukarker, Bet Jala, Tel/Fax 02 2741341 oder 059 7963756, faten_mukarker@ hotmail.com. Frau Mukarker und ihr Mann Kamal führen in Bethlehem, Hebron und Jericho. Sie kann besonders eindrücklich den Alltag in Palästina schildern, lädt in ihr Haus zum Essen ein und zeigt Orte, die die Situation plastisch vor Augen führen. Sie ist Autorin des Buches *Leben zwischen Grenzen*, siehe S. 16.

Ibrahim Salameh, Bethlehem, Tel 02 2751732 oder 059 9772703. Herr Salameh bietet Führungen in der gesamten Westbank an zu einem Tagessatz von $ 180, falls sein Pkw benötigt wird plus weitere $ 200.

Weitere deutschsprachige Reiseleiter aus Bet Jala, die alle in Bethlehem und Umgebung führen können: **Saleh Damous**, Tel 02 2799987, **Ibrahim Jaber**, Tel 052 2666719, **Shibli Fawaghna**, Tel 052 2315583, **Majid Nasrallah**, Tel 052 2974215.

Papierkram – Pass, Visum

Israelische diplomatische Vertretungen

• **Deutschland**: Botschaft des Staates Israel, Auguste-Viktoria-Str. 74-76, 14193 Berlin, Visaabteilung Tel 030 89045523, Fax 030 89045519, visa@berlin.mfa.gov.il

• **Österreich**: Botschaft des Staates Israel, Anton-Frank-Gasse 20, 1180 Wien, Konsular-abteilung Tel 01 47646501, Fax 01 47646575, consular@vienna.mfa.gov.il

• **Schweiz**: Botschaft des Staates Israel, Alpenstr. 32, 3000 Bern 6, Konsularabteilung Tel 031 3563587, Fax 031 3563555, info@bern.mfa.gov.il

Visabestimmungen

Zur Einreise nach Israel/Palästina benötigt man einen Pass, der mindestens noch 6 Monate gültig ist. Ältere deutsche Staatsbürger, die vor dem 1. Januar 1928 geboren sind, benötigen ein Visum, das kostenfrei bei der israelischen Botschaft in Berlin erhältlich ist.

Jüngere Deutsche brauchen kein Visum, d.h. sie bekommen es automatisch an der Grenze bei der Einreise. Dasselbe gilt für Österreicher und Schweizer, ältere Reisende dieser Länder benötigen kein vorheriges Visum. Kinder unter 16 brauchen einen Kinderpass, unter 10 Jahren genügt ein Eintrag im Elternpass. Bei Aufenthalten, die länger als drei Monate dauern sollen, ist generell ein vorheriges Visum erforderlich. In einer Reihe größerer israelischer Orte können Visa bei den Dienststellen des Innenministeriums zu ₪ 125 verlängert werden.

Verlässt man das Land für einen Kurzbesuch z.B. Jordaniens, erlischt das Visum und man erhält bei der Wiedereinreise an der Grenze nur einen Monat. Wer noch in arabische Länder ohne Friedensvertrag weiterreisen möchte, derzeit also alle außer Jordanien und Ägypten, sollte einen zweiten Pass dabeihaben oder bei der Einreise nach Israel sagen, dass er keinen israelischen Stempel im Pass wünscht. Andersherum verhindern arabische Stempel im Reisepass die Einreise nach Israel keineswegs, nur das Einreise-Gespräch könnte lang ausfallen.

Autopapiere

Bei der Einreise mit dem eigenen Fahrzeug (oder beim Mietwagen) akzeptieren die Israelis den heimischen Führerschein und auch die Kfz-Zulassung. Ein Internationaler Führerschein kann, muss aber nicht dabei sein. Die heimische Versicherung muss auch für Israel einschließlich Palästina gültig geschrieben sein (im Zweifel erkundigen Sie sich bei Ihrem Versicherer), sonst zahlt man in Israel erhebliche Beträge für eine lokale Haftpflichtversicherung. Die grüne Versicherungskarte deckt allerdings nur Personenschäden ab, für Sachschäden sollte man noch eine Kaskoversicherung abschließen.

Studentenausweis

Mit einer *International Student Idendity Card (ISIC)* erhält man bei Sehenswürdigkeiten bis zu 30 Prozent, z.B. auch in öffentlichen Verkehrsmitteln 10 Prozent Rabatt, auf Überlandstrecken eventuell noch mehr. Der Ausweis kostet in Deutschland € 12 und wird gegen Vorlage von Studienbescheinigung und Passfoto ausgestellt. Adressen für die Ausweisausstellung siehe unter www.isic.de, at oder ch. Der Ausweis ist in Palästina nicht überall bekannt, aber auf der Website kann man sich informieren, welche Hotels, Restaurants und Geschäfte mitmachen.

Schwerbehinderte

Palästina erkennt den Schwerbehindertenausweis an. In vielen Fällen gibt es erhebliche Ermäßigungen. Auch Rentner können eventuell mit Vergünstigungen rechnen.

Einfuhrbestimmungen

Grundsätzlich gelten die Bestimmungen der Europäischen Union analog in Israel/Palästina. Bei Geschenken für palästinensische Freunde sollten Sie an die Obergrenze von $ 150 pro Person denken; alles darüber ist zu verzollen. Persönliche Dinge wie Kamera, Fahrrad, 2 Liter Wein, 1 Liter Schnaps und 250 Zigaretten sind frei. Wenn Sie besonders wertvolle Geräte wie Videokamera oder Laptop für den persönlichen Bedarf einführen wollen, müssen Sie eventuell eine Kaution hinterlegen (auch per Kreditkarte möglich), die bei der Ausfuhr erstattet wird. Diese Bestimmung wird allerdings sehr selten angewendet.

Reiseziele und -routen

Obwohl Palästina, d.h. die Westbank, als Reiseziel handlich und kompakt ist, bieten sich so viele faszinierende Ziele, dass man schon einige Zeit benötigt, um wenigstens die wichtigsten anzufahren. In einer Woche kann man schon Einiges

mitbekommen, aber zwei Wochen machen den Urlaub entspannter. Wer dann noch einen Abstecher nach Jordanien einlegen will, sollte drei Wochen als geringsten Zeitbedarf vorsehen. Andernfalls hetzt man mit heraushängender Zunge von einem Ort zum nächsten.

Die Westbank ist gerade deshalb ein reizvolles Reiseziel, weil sie touristisch weniger erschlossen ist. Alles nicht allzu weit von Jerusalem entfernt: Jericho, die Oase im Jordangraben und eine der ältesten Städte der Welt, das quirlige Ramallah, Nablus und das ursprünglich gebliebene Hebron.

Die Top-Ten-Ziele der Region

1. Jerusalem

Diese Stadt ist mit Sicherheit der Höhepunkt einer jeden Reise nach Palästina. Für ein flüchtiges Kennenlernen sowohl der Altstadt (ein Tag) als auch der wichtigsten anderen Sehenswürdigkeiten auch in West-Jerusalem sind zwei Tage als das absolute Minimum einzuplanen.

2. Das Tote Meer

Israel/Palästina und Jordanien teilen sich den tiefstgelegenen See der Erde, in dem eine hochkonzentrierte Salzbrühe jegliches Leben im Keim erstickt. Die Grüne Grenze erschließt nur den nördlichen Teil für Palästina, allerdings ohne Zugang für palästinensischen Tourismus. Wer die landschaftliche Faszination und die Überraschung, schwimmend Zeitung lesen zu können, erleben will, sollte in die gleich südlich der Grünen Grenze liegende israelische Oase En Gedi fahren. Dort gibt es Süßwasser zum Abduschen der Salzbrühe am Strand und diverse Hotels.

3. Bethlehem/Bet Jala/Bet Sahur

Die stark christlich geprägte Dreistadt mit einer der ältesten Kirchen, in der der Geburt Jesu gedacht wird, hat ungleich mehr zu bieten: beeindruckendes soziales Engagement und Bildungsangebote, aber auch eine bunt bemalte Mauer, die dasselbe Schicksal wie die in Berlin ereilen möge.

4. Wanderung zu den Wüstenklöstern

Manche sind noch in Betrieb, andere längst verlassen. Die Wüste zu erleben und wie sich

Menschen auf die unwirtliche Umgebung eingelassen haben, lässt niemanden aus dem grünen Mitteleuropa kalt.

5. Ramallah

In Ramallah, der palästinensischen Quasi-Hauptstadt, ist am meisten „los". Wer eine entspannte arabische Stadt kennenlernen möchte, in der es Shopping, Kultur und Nachtleben gibt, sollte hier beginnen, sich auf Palästina einzulassen. Ramallah macht es einem leicht.

6. Wandern im Hochland von Ramallah

Die Umgebung von Ramallah und Birzeit lädt zu Exkursionen ein, am besten zu Fuß – siehe oben die Angebote von Riwaq und Rozana.

7. Jericho

Die tiefstgelegene und älteste durchgängig bewohnte Stadt feiert gerade ihr 10 000-jähriges Bestehen. Eine Oase mit dem höchsten Sauerstoffgehalt der Welt mit allerhand Archäologie, charmanten Restaurants und einer Seilbahn zum Kloster der Versuchung.

8. Nablus und Jenin

Hier ist die Westbank touristisch weniger erschlossen, aber es geht gerade los: Fühlen Sie sich wohl im Haddad Tourist Village bei Jenin, schauen Sie einen Film im Cinema Jenin und erkunden Sie die Landschaft im Umkreis, statten Sie dem großen Basar in Nablus und den Samaritanern dort einen Besuch ab oder lassen sich in einem der beiden traditionellen Hamams der Altstadt pflegen. Nicht zu vergessen die Ruinen von Sebaste.

9. Hebron

Auch Hebron hat einen lebhaften Basar, aber nicht mehr dort, wo er vor wenigen Jahren noch war. Über Hebrons Sehenswürdigkeiten hinaus kann man hier am besten die Absurditäten des Nahostkonflikts kennenlernen: jüdische Siedlungen im Stockwerk über arabischen Geschäften, die wiederum Netze über die Basarstrasse gezogen haben, um den Abfall „von oben" aufzufangen.

10. Qalqiliya

Wie lebt es sich im Zonenrandgebiet? Die Bewohner Qalqiliyas müssen selbst noch erkunden, wie man mit fast Rundum-

Ummauerung zum Schutz der israelischen Maut-Autobahn eigentlich klarkommt. Trotzdem gibt es einen beachtlichen Zoo in dieser Stadt.

Pilgerreisen

Wer sich für religiöse Fragen interessiert, hat viel zu tun: Palästina hat für die drei monotheistischen Religionen das meiste zu bieten. Außerhalb der Grünen Linie findet man zwar Nazareth mit der Verkündigungskirche und dem See Genezareth für Christen; Tiberias, Safed und Beer Sheba für die Juden; vielleicht ein paar Sheikh-Gräber für die Muslime. Alles nicht uninteressant, aber der Nahostkonflikt wird nicht leichter zu lösen sein wegen der folgenden wichtigsten heiligen Stätten: Für *Muslime* Jerusalem mit Felsendom und AlAqsa Moschee, den Patriarchengräbern in Hebron, dem Nabi Mussa Richtung Jericho; für *Christen* Jerusalem mit Grabeskirche und Via Dolorosa, Bethlehem mit der Geburtskirche, dem Judäischen Bergland mit den Wüstenklöstern; für *Juden* Jerusalem mit der Westmauer des herodianischen Tempels, Hebron mit den Patriarchengräbern, Bethlehem mit dem Rahelgrab. Auch die *Samaritaner* mit ihrem heiligen Berg Garizim in Nablus verdienen erwähnt zu werden.

Was man außerdem noch unternehmen kann

Vögel beobachten

Der Jordangraben ist einer der wichtigsten Rastplätze für Zugvögel. Der Botanische Garten von Jericho bietet die beste Beobachtungsmöglichkeit auf der Westbank. In der *Jericho Wildlife Monitoring Station*, www.wildlife-pal.org auf JWMS klicken.

Olivenbäume pflanzen und Oliven ernten

Die Zeit für die Olivenernte im Oktober/November ist kurz. Manchmal kommen Palästinenser nicht zu ihren Hainen wegen der Westbank-Sperranlage, Ausgangssperre, oder weil jüdische Siedler das zu verhindern versuchen. Gemeinsam mit Gästen aus dem Ausland geht

1

es einfacher oder ist dadurch manchmal überhaupt erst möglich. Der Ostjerusalemer YMCA und die ATG aus Bet Sar bieten einwöchige *Olive Picking Programs* an inklusive Kultur, Vorträgen und ein paar heiligen Stätten. Im Februar kann man zum Olivenbäume einpflanzen kommen; www.jai-pal.org > visits and trips.

Volontär werden

In Palästina gibt es jede Menge lohnender Initiativen und Institutionen, die alle Hilfe gebrauchen können. Eine zentrale Anlaufstelle dafür gibt es nicht. Informieren Sie sich im Reiseteil, was für Sie in Frage kommen könnte, wenn Sie Zeit übrig haben und sinnvoll investieren möchten, ähnlich wie beim genannten Olivenpflücken.

Klima und Reisezeit

Klima

Die Region Israel/Palästina teilt sich in drei deutlich unterschiedliche Klimazonen. Die israelische Küstenzone wird vom Mittelmeer geprägt: Hier regnen sich im Spätherbst, Winter und Frühjahrsbeginn von Westen anziehende Wolken ab, die Temperaturen bleiben auch im Winter mild. Im Sommer kann es ganz schön warm und auch feucht-schwül werden, doch fächelt die Mittelmeerbrise Abkühlung zu.

Die zweite Klimazone besteht aus den Mittelgebirgen diesseits des Jordans, in denen der Besucher leicht auf 1000 m Höhe kommt. Dort kann es im Winter sogar schneien.

Im tief liegenden Jordantal treffen wir auf die dritte Klimazone, die in etwa auch für den Negev gilt (dort allerdings mit krasseren Tag/Nacht-Unterschieden). Im Winter hat man es mit milden, sehr angenehmen Temperaturen zu tun, im Sommer kann es richtig heiß werden. Doch für alle drei Gebiete sind Temperaturen bis knapp 40 Grad nichts Ungewöhnliches.

Reisezeit

Wann ist nun die beste Reisezeit? Der für das Auge schönste Zeitabschnitt beginnt Ende Februar, wenn vor allem in den vegetationsstarken Gebieten der Frühling ausbricht. Nachteil dieser Zeit ist die noch unsichere Wetterlage, die

Jericho: Zuckermühlen-Ruinen, im Hintergrund der stein- und bronzezeitliche Tell AsSultan

Regen und durchaus noch Kälteeinbrüche bescheren kann. Wir froren z.B. in Jerusalem noch in der zweiten Aprilhälfte, zwar ausnahmsweise, aber doch bitter.

Das spätere Frühjahr, der Frühsommer wie auch der Frühherbst sind vom Wetter her vorzuziehen. Dann herrscht allerdings auch schon Saison, die Preise steigen, je näher man die Sommer-Ferienmonaten kommt.

Ausrüstung

Palästina erfordert theoretisch keine besonderen Vorkehrungen hinsichtlich Ausrüstung, zumal man Vergessenes entweder dort oder in Israel nachkaufen kann. Trotzdem sollte man sich ein paar Gedanken machen:

Kleidung

Grundsätzlich gilt für den Sommer: leichte luftige Kleidung, d.h. komfortable leichte Hosen und Shorts, Hemden bzw. Blusen und T-Shirts. Jeans trägt man überall, obwohl sie im Sommer zu warm werden können. Für bessere oder teurere Gelegenheiten – falls man sie denn sucht – sollte Frau mit entsprechender Ausstattung vorbereitet sein, Mann ein Jackett einpacken. Für den etwas kühleren Sommerabend (Berge, Wüste) kann man mit einem leichten Anorak oder Ähnlichem vorbeugen. In der Übergangszeit kann es kühl, im Winter unangenehm kalt werden, vor allem in den Gebirgsregionen, in denen auch Jerusalem liegt. Für diese Gegenden benötigt man dann warme Kleidung wie Pullover, dicken Anorak oder einen entsprechenden Mantel.

Packen Sie unbedingt eine Kopfbedeckung gegen die unbarmherzige Sonne ein, natürlich auch Sonnenschutzcreme und Sonnenbrille.

Die Schuhe richten sich nach dem, was man unternimmt. Wer wandert, braucht Trekkingschuhe, für die Salzbrühe im Toten Meer Badesandalen oder alte Turnschuhe, die man anschließend entsorgt. Für die Besichtigungswege eignet sich leichtes, bequemes Schuhwerk.

Radio

Ein Kurzwellenradio hält die Verbindung zur Heimat (z.B. Deutsche Welle, siehe S. 54) aufrecht.

Fotografieren

Bringen Sie am besten genügend Speicherkarten oder Filme mit. Für eine Digitalkamera wäre ein zusätzliches Speichermedium (z.B. Laptop) vorteilhaft; man kann sich aber auch in Internetcafés z.B. CDs brennen lassen. Bei der vermutlichen Fülle von Aufnahmen wird es sich lohnen, sich unterwegs Notizen über die Motive zu machen, um sie später besser zuordnen zu können.

Fotografieren darf man alles außer militärischen Anlagen, auch öffentliche Gebäude wie Flughäfen oder Busterminals können ausgenommen sein. In religiösen Institutionen sollte man unbedingt die Vorstellungen und Gefühle der Besitzer und anderen Besucher respektieren. Personen sollte man generell um Erlaubnis bitten, muslimische Frauen mit Kopftuch werden sie meist nicht geben.

Ausrüstung für Radfahrer

Normale Basis ist ein stabiles Tourenrad mit entsprechenden Gepäckträgern. Bei den diversen Steigungen wird man sich über eine „großzügige" Gangschaltung freuen. Ein Minimum an Werkzeugen (Knochen oder entsprechende Schlüssel), Speichenspanner, Ersatzspeichen, Kettenschloss, ein paar Ersatzmuttern, eine Solar-Taschenlampe und Flaschenhalter mit Jumboflaschen sollten mitgenommen werden. Weiterhin sind eine Schirmmütze, eine Sonnen-/Gletscherbrille auch als Staubschutz, für die Nacht (im Gebirge) ein Leichtschlafsack und eventuell ein Leichtzelt empfehlenswert. Für die Ernährung ist Müsli bei vielen Radlern eine wichtige Basis. Ein Fahrrad muss bei jeder Fluggesellschaft als Gepäckstück angemeldet werden; kostengünstig es z.B. bei TUIfly (bis 30 kg extra € 25). Unterstützung und ganze Touren bietet www.bikepalestine.com.

Luft-Durchschnittstemperaturen in Grad Celsius		Jan	Feb	Mrz	Apr	Mai	Jun	Jul	Aug	Sep	Okt	Nov	Dez
Jerusalem	min.	6	6	8	13	16	18	19	20	19	17	12	8
	max.	12	13	15	22	25	28	29	29	28	25	19	14
Totes Meer	min.	13	14	17	21	25	28	30	30	28	25	19	14
	max.	21	22	25	30	34	38	40	39	37	32	27	22

Anreise

Abflughäfen im deutschsprachigen Raum finden sich in der Liste der **Fluggesellschaften**, siehe S. 21. Die Preise für die gut vier Stunden Flug schwanken zwischen € 150 und € 1200.

Wenn Sie mit EL AL fliegen, erleben Sie gleich eine Einführung ins tägliche israelische Leben, denn mit dieser Linie erwartet den Israeli sozusagen ein Stück Heimat. Nicht nur, dass die Mitreisenden manchmal blitzartig alle Gepäckfächer vollstopfen, sondern man erlebt auch bald die Kommunikationsfreudigkeit lautstark und nahe am Ohr. Auf dem Gang herrscht reger Betrieb, man hat sich irgendwo beim Einchecken vielleicht flüchtig kennengelernt und muss nun die Kontakte vertiefen. Kinder spielen zwischen den Beinen der Essen austeilenden Stewardessen und diesen scheint es jedes Mal ein ganz neues Ereignis zu sein, die vorhandene Nahrung gerecht zu verteilen, mal hier, mal dort, bis schließlich jeder etwas vor sich stehen hat. Bei der Landung auf dem Ben Gurion Airport wird nicht nur wie häufig bei Charterflügen geklatscht, sondern richtig gejubelt, vor allem von der jüngeren Generation.

Andererseits werden gerade bei El Al die Sicherheitsvorkehrungen besonders streng gehandhabt, sie gilt als sicherste Fluglinie der Welt. Mit der Fragerei der meist sehr jungen Sicherheitsmenschen wird es jedoch häufig zuviel des Guten: Da Individualreisende nicht immer in die Routine-Fragekataloge passen und sich der weitere Verlauf des Gesprächs schnell im Grotesken verliert, ziehen wir den geringeren Sicherheitsstandard der Mitbewerber von El Al vor.

Wer die **Reise mit dem Schiff** vorzieht, und keine eigene Jacht hat, mit der er zur Einreise in Haifa, Herzliya, Tel Aviv, Ashkelon oder Elat anlanden könnte, muss sich zunächst nach Italien begeben. Die Grimaldi Lines laufen mit ihren Frachtschiffen, die Passagiere und Fahrzeuge mitnehmen können, Ashdod und Haifa an. Buchung über

• Neptunia Cruises & Ferries, Bodenseestraße 3 a/I, 81241 München, Tel 089 89607367, Fax 089 89664737, grimaldi@neptunia.de, www.grimaldi-lines.de

Auf dem **Landweg** kann man Israel von Jordanien und Ägypten aus erreichen bzw. verlassen. Ein israelischer Mietwagen darf jedoch nicht außer Landes, auch nicht in die Gebiete der Palästinensischen Autonomiebehörde. Wer außerdem einen israelischen Stempel im Pass hat, kann derzeit nicht von Jordanien aus über Syrien zurück in die Heimat reisen. Selbst wenn die Israelis keinen Stempel in den Pass drücken, geht dies meist aus den Ein- und Ausreisestempeln der Nachbarländer oder bei Autofahrern aus den Fahrzeugpapieren hervor.

Wie man gesund bleibt

In Palästina herrschen ähnliche hygienische Bedingungen wie in Mitteleuropa, d.h. man kann bedenkenlos alles essen, was das Land zu bieten hat. Wer sicher gehen will, kauft nur Früchte, die man pellen kann.

Wer generell unter Hitze leidet, sollte mit seinem Arzt sprechen und sich medizinisch entsprechend ausrüsten. Speiseeis kann in einem empfindlichen Magen einen Temperatursturz auslösen, der die Verdauung durcheinander bringt, das gilt übrigens auch für eiskalte Getränke: Die ersten Schlucke im Mund anwärmen. Denken Sie besonders daran, viel zu trinken. Denn besonders im trockenen Wüstenklima verdunstet der Körper durch fast unbemerktes Schwitzen sehr viel Feuchtigkeit, die ersetzt werden muss. Spätestens dann, wenn der Urin sehr gelb bzw. dunkel wird, sollte man dies als Alarmzeichen werten, dass der Körper unter Wassermangel leidet.

Man sollte eine den individuellen Bedürfnissen angepasste Reiseapotheke mitnehmen, in der zunächst alle Medikamente, die man zu Hause regelmäßig einnimmt, in ausreichender Menge vorhanden sein müssen. Packen Sie nur das ein, was aus Ihrer persönlichen Sicht während der Reisedauer notwendig sein könnte; im Zweifel sollten Sie mit Ihrem Hausarzt sprechen. Kopieren Sie für alle Fälle das Rezept Ihrer Medikamente, damit Sie einer Apotheke klarmachen können, was im Fall von Verlust benötigt wird.

Als pauschale Empfehlung: Medikamente gegen Erkrankungen des Magen-Darm-Traktes, gegen Insektenstiche, Erkältungskrankheiten (relativ häufig wegen der Temperaturwechsel); fiebersenkende Mittel, Antibiotika, Schmerzmittel, Verbandszeug, Fieberthermometer, Desinfektionsmittel.

Empfehlenswert ist der Abschluss einer Auslandsreiseversicherung, denn unser Krankenversicherungssystem gilt nicht oder nur eingeschränkt (vor der Abreise erkundigen). Ärzte verlangen von Ausländern meist Vorauskasse.

In Notfällen leistet Erste Hilfe der
► **Rote Halbmond (Hilal AlAkhmar),**
erreichbar unter **Tel 101**. Dieser Notruf scheint noch nicht in allen Städten ausgebaut zu sein:
- Jenin 250 2601
- Jericho 232 1170
- Nablus 233 0601/238 0399
- Tulkarm 267 2140

Impfungen
Der Nachweis spezieller Impfungen wird nicht verlangt. Allerdings empfiehlt sich der auch bei uns übliche Impfschutz wie Tetanus, Polio etc. bzw. dessen Auffrischung. Aktuelle Hinweise zu Israel und Palästina gibt es auf www.travel-med.de.

Behinderte
Bei Fragen zur Mobilität u.a. können Sie versuchen, die *Disabled Without Borders Organization* zu errechen, Tel 02 2954453 oder 059 7232009, barakatdw@yahoo.com.

Badevergnügen in AlBadan

In Palästina zurechtkommen

Ankunft und Einreise

Derzeit gibt es zwei internationale Flughäfen im Reisegebiet, Ben Gurion bei Tel Aviv und Ovda im Bereich von Elat. Es gab noch kurzzeitig den von der EU finanzierten Gaza Airport, der von den Israelis zerstört wurde und nie in Betrieb ging; und das wird bis auf Weiteres so bleiben. Ein Tipp für Leute, die zum ersten Mal ins Ausland fliegen: Wer noch mit Filmen fotografiert, sollte erst nach der Ankunft in Israel einen Film in die Kamera einlegen. Falls Sie das Gehäuse bei der Flughafenkontrolle öffnen müssen, wäre der Film ruiniert.

Ben Gurion Airport (Tel Aviv)

Flugreisende treffen normalerweise auf dem Flughafen Ben Gurion (in Israel auch mit dem Akronym *Natbag* bezeichnet) ein, Charterflüge gehen von Europa auch direkt nach Elat. Wenn möglich, vermeiden Sie den Shabbat (Samstag) als Ankunfts-/Abreisetag, weil der öffentliche Verkehr auf ein Minimum reduziert ist und häufig teure Taxis anstelle von Bussen angeheuert werden müssen.

Vor der Ankunft – im Flieger oder auf dem Schiff – wird man Ihnen ein Formular aushändigen, in dem die üblichen Fragen nach Name, Geburtsdatum etc. zu beantworten sind. Gleichzeitig wird nach einer Anschrift in Israel gefragt. Geben Sie eins der großen Hotels, z.B. das Dan Panorama im Charles Clore Park in Tel Aviv, an. Niemand prüft die Angabe nach, schließlich können Sie sich ja auf dem Weg zum Hotel anders entschieden haben.

Wenn Sie noch in arabische Staaten außer Ägypten oder Jordanien reisen wollen, kann ein israelischer Einreisevermerk im Pass eine unüberwindliche Einreisehürde sein. Daher empfiehlt sich, am Passschalter ausdrücklich um **keinen** Stempel zu bitten. Sie bekommen dann ein gestempeltes Blatt in den Pass gelegt, das Sie bis zur Ausreise aufheben müssen. **Achtung**: Da alle Einreisenden aus Kontrollgründen sowieso ein gestempeltes Blatt in den Pass gelegt bekommen, das jedoch 20 Meter weiter postwendend wieder eingesammelt wird, muss man auf zwei gestempelten Blättern bestehen! Wenn Sie nämlich später nicht nachweisen können, dass Sie ein Touristenvisum haben, wird bei der Automiete keine Steuer erlassen und man bekommt z.B. an Checkpoints ein Problem. Alternativ kann man sich zu Hause einen zweiten Pass ausstellen lassen, was zwar Geld kostet, aber vielleicht Ärger erspart.

In der Regel verläuft die Ankunftsprozedur relativ unkompliziert und zügig. Während man auf die Gepäckausgabe wartet, kann man im Ben Gurion Airport noch vor der Zollabfertigung Geld tauschen (siehe weiter unten), um später nicht zahlungsunfähig vor dem Taxi zu stehen. Allerdings ist der Kurs ungünstiger als in der Stadt. Gleich neben den Geldwechslern warten Damen der israelischen Touristeninformation darauf, Ihnen einiges an Papier in die Hand zu drücken; erwarten Sie aber nicht, dass komplizierte Fragen dort eine Antwort finden.

Sollten Sie Schwierigkeiten haben, sich am Ben Gurion Flughafen oder darüber hinaus zurechtzufinden, dann können Sie beim **Voluntary Tourist Service**, einem ehrenamtlichen Touristen-Hilfsservice, um Unterstützung bitten. Im Flughafen stehen von 6 bis 20.30 Uhr Helfer zur Verfügung; fragen Sie beim Tourist Information Office.

Busse von *Mazada Tours* aus Ägypten kommen an deren Head Office in Tel Aviv, 141 Ibn Gvirol St an. In Jerusalem: 15 Yafo St, www.mazada.co.il/English.

Zoll

Zollfrei können eingeführt werden: bis zu 1 Liter Spirituosen und 2 Liter Wein, bis zu 250

Zigaretten oder Tabak pro Person, persönliche Bekleidung, Foto- und/oder Filmkamera, Radio, Fernglas etc., Geschenke bis zu einem Wert von $ 150 pro Stück.

Sicherheitskontrollen

Die Probleme Israels lernt der Reisende schon vor dem Abflug auf dem Heimatflughafen kennen. Vor allem, wenn man mit EL AL unterwegs ist, wird man einer äußerst peniblen Gepäckkontrolle und bis weit in die Privatsphäre reichenden Fragen ausgesetzt. Wenn das Durchleuchten des Koffers irgendwelche Zweifel erweckt, muss er total ausgeräumt werden, jedes einzelne Inhaltsstück wird überprüft und eventuell erneut geröntgt. Man muss sich klarmachen, dass die Sicherheitsvorkehrungen letztlich auch der eignen Person gelten und daher geduldig ertragen werden sollten. Der hohe Zeitbedarf erfordert in der Regel, dass man bei EL AL-Flügen oder anderen ähnlich vorgehenden Gesellschaften, z.B. Lufthansa, am besten drei Stunden vor Abflug erscheinen muss. Andere Linien gehen mit diesem Problem großzügiger um.

Schlimmer noch kann es **Auto- oder Wohnmobilfahrern** bei der Ankunft ergehen. Im Ankunftshafen oder beim Grenzübergang aus den arabischen Nachbarländern kommen die Sicherheitsleute auf die seltsamsten Ideen. Als wir uns vor Jahren bei der Einreise von Ägypten her weigerten, die Innenverkleidungen abzuschrauben, rückte einer der forschen jungen Männer mit einer Bohrmaschine an...

Am Ausgang des Flughafens am Taxistand wird man nach seinem Reiseziel befragt. Der Festpreis und Zielort wird dem Fahrer mit einem Zettel direkt übergeben.

Vom Flughafen weiterkommen

Von Ben Gurion geht es per **Bus** oder Zug nach Tel Aviv, Egged-Bus 5 bringt einen zunächst Richtung Airport City – an der El Al Junction aussteigen. Von dort geht es mit Bus 475 weiter (So-Do ca. 5-22 Uhr, Fr bis ca. 16, Sa ab ca. 18 Uhr, tagsüber alle 20-30 min, ₪ 13) zum neuen Tel Aviver Busterminal am HaHagana-Bahnhof,

wo es Anschluss in alle Himmelsrichtungen, www.egged.co.il, gibt.

Der **Zug** nach Jerusalem ist von hier aus relativ umständlich zu erreichen: Man muss mindestens einmal umsteigen, und der neue Bahnhof liegt, anders als der alte, weit draußen beim Teddy-Kollek-Stadium. Tagsüber wäre allerdings die Fahrt über 700 m Höhenunterschied durch das judäische Gebirge reizvoll; in Fahrtrichtung am besten links sitzen. Die künftige Schnellzugtrasse wird effizienter, aber mit Tunnelblick. Per Bus 423 und 947 geht es bis zum neuen Busbahnhof von Jerusalem (So-Do ca. 6-22.30, etwa halbstündig, Fr bis ca. 17, Sa ab ca. 18-0 Uhr, ₪ 20,50).

Sherut-Taxis fahren u.a. nach Jerusalem; dort wird man zum Preis von $ 10 direkt vor dem Hotel oder z.B. am Jaffator abgesetzt.

Auch für normale **Taxis** gibt es vor der Halle bei Ausgang 8 einen Buchungsstand; nach Jerusalem bezahlt man rund $ 120. Wer es ganz eilig hat, kann mit einem Taxi auch **direkt in die Westbank** fahren. Vermutlich wird das Flughafen-Taxi Sie jedoch nicht in die Westbank hineinbringen. Dann gehen Sie zu Fuß durch den Checkpoint und nehmen auf der anderen Seite ein palästinensisches Taxi. Falls keins da ist, könnten Sie auch im Vorfeld schon mit Ihrem Hotel vereinbart haben, dass ein Taxi für Sie geschickt wird – fragen Sie gleich nach dem Preis, um eine Vorstellung zu haben. Oder Sie lassen sich durch das Hotel direkt vom Flughafen abholen, man wird Sie mit Namensschild in der Halle erwarten; siehe auch S. 25.

Falls Sie ein **Auto mieten** wollen, aber nicht vorgebucht haben, sind Sie in der Lobby der Ankunftshalle richtig: Kurz vor dem Ausgang links die Treppe hoch kommen Sie zu den verschiedenen Schaltern der Verleiher.

Wenn Sie zu Hause bereits gebucht haben, müssen Sie aus der Halle hinaus und sich rechts halten: Hier fährt ein kostenloses Shuttle alle 15 min zu dem allen Vermietern gemeinsamen Areal etwas außerhalb. Dort wird Ihr Voucher unkompliziert in einen Wagen umgewandelt. Falls Sie jedoch ein Mietauto ab Flughafen wollen, sollten Sie noch zwei Dinge überlegen: Dass Sie hier einen Flughafenzuschlag entrichten müssen, der in Jerusalem wegfällt, ist das kleinere Problem. Sie sollten vielmehr unbedingt geklärt haben, ob Ihr Wagen auch in der Westbank versichert ist. Das könnte am Flughafen schwierig sein, daher empfiehlt es sich, doch erst in Jerusalem bei entsprechenden Anbietern zu mieten, siehe S. 38 und S. 135. Diese Jerusalemer Firmen unterhalten auch einen Shuttle-Service, der Sie vom Flughafen zu Ihrem Mietwagen bringt.

Aufenthaltsdauer

Automatisch erhält jeder Einreisende eine maximale Aufenthaltserlaubnis von drei Monaten. Eine Verlängerung ist im Allgemeinen problemlos möglich. Zuständig ist das Innenministerium (Misrad HaPnim); in Jerusalem im Generali Building, 1 Shlomzion HaMalka, Tel 02 228211. Wer nach Ablauf des Vierteljahres aus- und wieder einreist, erhält erneut drei Monate.

Ausreise

Abflug

Vergessen Sie nicht, Ihren Rückflug 72 Stunden zuvor von Ihrer Fluggesellschaft bestätigen ("confirmen") zu lassen. Angeblich soll das nicht mehr nötig sein, aber theoretisch kann der Platz andernfalls storniert werden. EL AL-Flüge lassen sich 24 Stunden lang unter den Telefonnummern 02 6246725-28 oder 03 9722333 bestätigen.

Die Abflug-Zeremonie ist nicht weniger von Sicherheitschecks begleitet als die Abfertigung beim Flug nach Israel (siehe oben). Dies beansprucht Zeit, die man vor dem Abflug auf jeden Fall mit drei Stunden einkalkulieren muss.

Für den Sicherheitscheck empfiehlt es sich, Hotelrechnungen, Busfahrscheine oder Prospekte bereitzuhalten, damit die unerbittlichen Kontrolleure die Reiseroute einfach nachvollziehen können, zumindest kann dies dem Kofferausräumen vorbeugen. Und unabhängig von der Fluglinie wird Ihr Handgepäck sehr genau

auseinandergenommen werden. Behalten Sie bei diesen Sicherheitsaktivitäten die Ruhe und wundern Sie sich höchstens über den Aufwand, der getrieben wird. Damit Sie ahnen, was Sie erwartet: Man wird auf Ihren Pass zunächst eine Ziffer von 1-6 kleben. Einsen sind Israelis vorbehalten, Rucksack-Hippies bekommen eher eine Fünf und damit vermutlich ein ausführliches Gespräch vor der Rucksack-Durchsuchung; eine Sechs bedeutet zusätzlich eine hochnotpeinliche Leibesvisitation. Bleiben Sie entspannt.

Beim Abflug ist eine sogenannte Ausreisesteu-

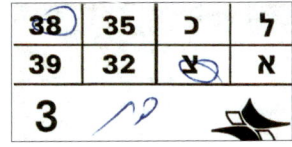

Die Drei auf dem Pass verheißt ein langes Gespräch und genaue Gepäckuntersuchung

er in Höhe von $ 15 zu zahlen, die allerdings in den meisten Flugtickets bereits enthalten ist.

Ausreise auf dem Landweg

Intensiver noch fallen die Checks aus, wenn Sie auf dem Landweg ausreisen. In diesem Fall setzen die Israelis auch bei dem blondesten Menschen voraus, er könne oder müsse gar ein arabischer Terrorist sein – cool bleiben.

Den Abschied auf der Straße lässt sich der israelische Staat recht teuer bezahlen, pro Person sind in der Regel ₪ 88 (rund € 19) fällig. Autofahrer sollten bei der Verschiffung wissen, dass die Ausreisegebühr normalerweise ebenfalls im Ticketpreis inbegriffen ist.

Ein- und Ausreise auf dem Seeweg

Der Fährbetrieb aus Griechenland und Zypern ist zugunsten von Kurzurlaubern zurückgegangen, deren Mittelmeerkreuzfahrt auch ein Tage Landgang in Israel beinhaltet. In Ashdod und Haifa bringen manchmal die *Grimaldi Lines* (siehe S. 31) ein paar Individualtouristen samt Wohnmobil vorbei, die hier wieder Land unter die Räder nehmen. Doch die Ankunft bedeutet erst einmal ein penibles Ausfragen durch die Security nach Sinn und Zweck der Reise, Bekannt- und Freundschaften in Israel oder Arabien, nach Sprengstoff oder sonstigen, die Allgemeinheit bedrohenden Gütern. Wenn dann gar ein Fahrzeug richtig verdächtig ist und gründlich untersucht wird, kann die Einreise ins Gelobte Land ein bis zwei Stunden dauern.

Wer mit dem eigenen Auto einreist und seine **grüne Versicherungskarte** nicht für Israel gültig gekennzeichnet hat, muss eine relativ teure Haftpflichtversicherung abschließen.

Auch bei der Ausreise findet eine penible Befragung durch die Security statt. Für all das muss man schließlich satte Gebühren von derzeit ₪ 88 pP bezahlen.

Schiffsagenturen in Tel Aviv

- Allalouf & Co, 6 Engel St, Tel 03 5640202, www.allalouf.com/eng
- Mano Maritime Ltd., www.mano.co.il

Einreise/Abstecher nach Jordanien

Ein Besuch der Westbank ließe sich auch mit einem Blick über den Jordan verbinden. Für den besseren Überblick finden Sie alle wichtigen Informationen hier zusammengefasst:

Ein- und Ausreise nach bzw. von Jordanien

Zwei Personen-Grenzübergänge gibt es derzeit nach Jordanien, die jedoch für Touristen mit ungleichen Bestimmungen und Kosten aufwarten. An den Festtagen Yom Kippur und Id AlAdha ist die Grenze überall geschlossen (Ausnahme: anstatt Id AlAdha ist die „Jordan River Crossing" am muslimischen Neujahrstag und an sonstigen jüdischen Feiertagen nicht passierbar).

Allenby Bridge

(Jordanisch *King Hussein Bridge*), Übergang bei Jericho (So-Do 8-20, Fr/Sa 8-15), Tel 02 5482600.

Da diese Grenzstelle im besetzten Gebiet liegt, erkennen die Jordanier den Übergang nicht als Grenzpassage an. Wer von Jordanien her ausreist, erhält keinen Ausreisestempel, sondern

wird nach wie vor als im Land befindlich betrachtet. Man kann also über diesen Übergang mehrfach ein- und ausreisen, ohne ein neues Visum für Jordanien zu benötigen (es sei denn, man hätte inzwischen Israel verlassen). Andererseits kann man hier auch kein Visum erwerben, für die Ersteinreise muss man es mitbringen (von zu Hause oder von der jordanischen Botschaft in Tel Aviv, Tel 03 7517722). Wer auf israelischer Seite nur ein *PA only*-**Visum** erhält, sollte sofort **protestieren**: Die Weiterreise nach Jerusalem oder Ausreise über Israel ist damit unmöglich!

Nach dem Zoll fährt man an der jeweiligen Grenzstation mit einem Shuttlebus (₪ 5) auf die andere Seite weiter. Gebühren: Ausreise Jordanien JD 10, Einreise wie Ausreise Israel ₪ 157.

Von Jerusalem per Bus 961 (966 ist teurer), Central Bus Station bis Allenby Bridge ca. 30 min, ₪ 12,50, So-Do 8-22, Fr/Sa -13. Der Reiseveranstalter ABDO vom Damaskustor, Tel 02 6283281 und auch jedes andere Taxiunternehmen bringt einen zu den Öffnungszeiten des Checkpoints von 7 bis 12.30 Uhr zum Grenzübergang und holt auch wieder ab...

Von Amman zur King Hussein Bridge nimmt man einen Minibus (ab 6 Uhr), der ca. JD 4 kostet und etwa 1 Stunde unterwegs ist. Von der Grenzstation über die Brücke fährt man nach der Abfertigung mit einem Shuttlebus (Stundentakt, Fahrzeit 15 Minuten, Fahrpreis JD 2) zu einem auf der anderen Seite wartenden Bus; Leser beklagen sich über lange Wartezeiten, u.a. auch auf den Bus. Die Jordanier verlangen eine Ausreisegebühr von JD 20, die Israelis arbeiten neuerdings kostenlos.

Der Übergang ist **nicht für Autofahrer** zugelassen.

Jordan River /Bet Shean Crossing

(Jordanisch *Sheikh Hussein Bridge*), bei Bet Shean (So-Do 6.30-21, Fr/Sa 8-20), Tel 04 6093400. Ebenfalls ein „normaler" Grenzübergang mit Ausreisekosten von ₪ 90. Ohne eigenes Gefährt kommt man nur per Taxi hin, im Niemandsland verkehrt ein Shuttlebus (₪ 4-6). Lässt man das eigene Auto zurück, sind täglich ₪ 24 Parkgebühren fällig; nimmt man das Fahrzeug mit, wird für eine Woche Versicherung JD 45 erhoben, für zwei Wochen JD 66. Das jordanische Visum kostet JD 10. Auf der anderen Seite kann man per Bus (1 km entfernt an der Hauptstraße) über Irbid nach Amman zu etwa JD 2,50 fahren oder direkt per Taxi zu ca. JD 25-35. Daneben existiert noch ein Übergang namens **Adam Bridge** am Ende der Straße 57, die von Nablus herunterkommt. Hier ist kein Personen-, sondern nur Warenverkehr zugelassen.

An allen drei Übergängen können Sie Geld tauschen, um z.B. die Grenzgebühren zu bezahlen.

Sich fortbewegen – unterwegs in Palästina

Busse/Eisenbahn von Tel Aviv nach Jerusalem

Über ganz Israel ist ein sehr enges Busnetz gelegt. Überregional ist vor allem die Gesellschaft EGGED unterwegs, aber auch DAN fährt über längere Distanzen. Das System der Fernverbindungen entspricht etwa dem unserer Eisenbahnnetze mit „ICE-Strecken" und lokalen Bummel-Verbindungen. Solche Schnellbusse können Sie in der Westbank in gepanzerter Ausführung über die gut ausgebauten Straßen brausen sehen. Man könnte diese Verbindungen nutzen, aber vom Busbahnhof einer Siedlung wegzukommen und palästinensische Orte zu besuchen, gestaltet sich sicherlich nicht so leicht.

Fast jede israelische Stadt besitzt einen Busbahnhof oder, modern ausgedrückt, einen Busterminal, in dem die Fäden

zusammenlaufen und von vielen innerörtlichen Linien angefahren wird. Die Fernlinien starten und enden ausschließlich in den Busterminals. Man muss also meist einen städtischen Bus zum Terminal nehmen.

In den Städten fahren die Busse meist im Fünf- oder Zehnminutentakt, der Fahrpreis beträgt etwa ₪ 6. Im innerstädtischen Verkehr halten die Busse nur auf Aufforderung per Knopfdruck. In der Regel fahren am Shabbat, also von Freitag- bis Samstag-Sonnenuntergang, keine oder nur wenige Busse. Bedenken Sie dies, wenn Sie z.B. von Jerusalem zum Ben Gurion Flughafen fahren müssen.

In der Regel erhalten Studenten und Rentner (Ausweis mitnehmen) etwa zehn Prozent Ermäßigung. Diese Tickets sollte man immer am Ticketschalter kaufen, weil der Fahrer entweder die Preise nicht kennt oder einfach keine Lust auf das Prozedere hat.

Informationen und Übersichtsfahrpläne etc. erhält man in jedem Busbahnhof. Sie können aber auch die Zentrale anrufen:

• **EGGED Information Center**, 142 Petah Tikva St, Tel Aviv, Tel 03 6948888 oder landesweite Servicenummer *2800

Für Ihren Palästina-Besuch kommt praktisch nur der Bus von Ben Gurion Airport nach Jerusalem

Ostjerusalem – palästinensische Busse warten auf Fahrgäste nach Ramallah

(₪ 20,50) infrage. Oder die Eisenbahn, die 10 Verbindungen täglich anbietet.

Taxi

Als Alternative zum Busreisen kann man auch mit **Service-Taxen** (Araber sprechen das *Ser-wieß*), d.h. Sammeltaxen für sieben bis zwölf Fahrgäste, fahren (die Israeli nennen die langen Mercedesse oder Kleinbusse *Sherut)*. Diese Taxis fahren von jeweils festgelegten Plätzen in den Städten zu festen Preisen und erst dann, wenn der Wagen voll ist. Man kann mit etwa zehn Prozent geringeren Kosten als beim Bus rechnen und hat beste Chancen, nicht nur Touristen zu treffen. Sie können diese Taxen auch unterwegs einfach heranwinken. Von Bethlehem nach Hebron kostet eine Fahrt im Service-Taxi NIS 8.

Normale Taxis sind – verglichen mit Deutschland – relativ preiswert. Man nennt sie *Special Taxis*. Jeder Fahrer in Israel ist gesetzlich verpflichtet, den Taxameter einzuschalten. Bestehen Sie darauf; auch wenn angebliche Sonderangebote gemacht werden, ist der per Taxameter ermittelte Preis allemal günstiger.

Auf der Westbank sieht es allerdings anders aus: Viele Taxis besitzen so etwas 'Unnötiges' wie einen Taxameter überhaupt nicht. Hier hilft nur zähes Feilschen, tunlichst bevor die Fahrt beginnt. Fahrten im Ort sollten in der Westbank nicht mehr als NIS 25 kosten, Fernfahrten pro Stunde nicht mehr als NIS 80-100.

Wenn Sie ein Taxi mit englischsprachigem Taxifahrer, der sich einigermaßen auskennt, länger mieten wollen, sollten Sie für einen halben Tag NIS 300, für einen ganzen Tag NIS 450 ansetzen.

Mietwagen

Wenn Sie den Ostteil Jerusalems oder die palästinensischen Gebiete besuchen wollen, ist dies mit einem israelischen Mietwagen zwar nicht verboten, es besteht aber dort keinerlei Versicherungsschutz. Dies Problem überwinden Kenner, indem Sie mit dem israelischen Wagen kurz über die Grenze fahren, dort den Wagen bei Bekannten unterstellen und mit einem palästinensischen Mietwagen weiterfahren.

Für Trips in die Westbank eignen sich Autos palästinensischer Anbieter aus Ostjerusalem (mit Shuttle-Service vom Ben Gurion-Flughafen oder von der Allenby-Bridge; Adressen siehe S. 135). Diese haben in der Regel gelbe Nummernschilder, können also in Israel fahren. Steinwurf-Attacken kommen deswegen weder von jüdischen Siedlern noch von Palästinensern (wegen der palästinensischen Firma) praktisch nicht vor. Besonders wichtig: Immer mehr dieser Firmen versichern Ihr Auto sowohl in Palästina als auch in Israel. Das hat seinen Preis ($ 60-70 pro Tag), aber es lohnt sich.

Achten Sie beim Preisvergleich und bei der Anmietung darauf, dass die Versicherung in Höhe von $ 15-20 im Preis enthalten ist und nicht zusätzlich berechnet wird. Schließen Sie keine Verträge auf Arabisch oder Hebräisch ab, es sei denn, Sie verstehen es. Und: Je nach Saison lassen sich die Mietpreise kräftig herunterhandeln.

Bei Vertragsabschluss ist ein ganz kritischer Punkt zu beachten und möglichst zu verhandeln: Im Kleingedruckten steht irgendwo, dass man auch für unverschuldete Unfälle bis zur Haftungsgrenze von meist $ 400 in Regress genommen werden kann bzw. wird.

Es gibt mehrere Vermieter. Die größeren bieten in der Regel den besseren Service, sind aber teurer. Bei kleineren Firmen wird es im Falle eines Unfalls oder einer Reparatur u.U. schwierig, ein Ersatzfahrzeug zügig zu bekommen. Wie immer in südlichen Ländern sollten Sie Ihr Auto gut abschließen und etwa mit leerem, geöffneten Handschuhfach zeigen, dass es wenig Anlass gibt, das Auto aufzubrechen.

Autofahren

Selber Autofahren in Palästina ist keine Mutprobe. Die israelischen Soldaten am Checkpoint bei Nablus mögen zwar ungläubig lächeln, wenn man nachts etwa die 60 km bis Jerusalem fahren will, aber es gab keinerlei Probleme dabei. Die größeren Verbindungsstraßen wurden in den letzten etwa drei Jahren von US AID gut ausgebaut, und es gibt zur Orientierung immer mehr Ortsschilder. Das Verkehrsaufkommen ist übersichtlich; Staus gibt es in den Städten vor

Stadt Nähe Checkpoint	Checkpoint-Name	Besonderheiten
Jenin, nördlich	AlJalama	nur 8-18 Uhr
Jenin, nordwestlich	Salem DCL	Einreise manchmal schwierig
Tulkarm	Kafriat	
Nablus, westlich	Qalqiliya North	
Ramallah, westlich	Ni'lin	(unsichere Information)
Ramallah, südlich	Qalandiya	immer offen nach Jerusalem
Jerusalem, östlich	Zaitun	St. 1 nach Jericho, meist offen
Bethlehem/Bet Sahur	AnNuman	für Nachbarort Bet Sahur
Bethlehem	Rachelgrab/Gilo	offen, für Fußgänger und Fahrzeuge getrennt
Bethlehem /Bet Jala	Tunnel der St. 60	für Nachbarort Bet Jala
Hebron, westlich	Tarqumiya	
Hebron, südwestlich	Meitar	St. 60 nach Beer Sheva
Totes Meer	Mizpe Shalem	fast immer offen
Jordantal, Mitte	Adam Bridge	ausschließlich Güterverkehr
Jordantal, bei Jericho	Allenby Bridge	Einreise manchmal schwierig

Grenzübergänge zwischen der Westbank und Israel sowie Jordanien (Adam und Allenby Bridge)

allem wegen Baustellen und über Land an den Checkpoints. GPS-Navigation hat es nicht leicht, weil viele Straßen keinen Namen und viele Häuser keine Nummern haben. Aber sie nützt auch nicht immer: Ob Checkpoints geschlossen sind oder Straßen frisch blockiert wurden, weiß auch die aktuellste Software nicht. Wenden Sie sich an Taxifahrer, die kennen sich meistens aus. Oder Sie lassen das Auto zuweilen stehen und nehmen gleich ein Taxi.

Die wichtigsten Regeln entsprechen denen in Israel: **Nullpromillegrenze** und 50 km/h in Ortschaften, 80-90 km/h außerhalb. Umsichtig fahren sollte selbstverständlich sein, weil man auf der Fahrbahn immer mal Tieren oder anderen Hindernissen begegnen kann. Weitere Auskünfte erteilt der

• Palestine Automobile Club, Ramallah, Tel 02 2987395 oder 2954403, rani.khalil@hotmail.com

Schließlich noch eine kleine **Nummernschild-Kunde**:

• Gelb: in Israel oder einer Siedlung zugelassener Wagen

• Grün auf weiß: Wagen von der PA zugelassen

• Weiß auf grün: Palästinensisches Taxi, Bus

• Blau (selten): In den besetzten Gebieten zugelassen, bevor es die PA gab (vor 1994)

• Rot auf weiß: Offizielles Fahrzeug der PA

• Weiß auf rot: Israelische Polizei

• Weiß auf Schwarz: Israelische Armee [oder kürzer: IDF]

• Schwarz auf Weiß: UN oder Diplomatisches Corps

Wohnmobil

Unseres Wissens bietet kein Autoverleiher Wohnmobile an. Wer auf seine rollende Wohnung nicht verzichten will, muss auf den eigenen vier Rädern anreisen: entweder auf dem Landweg durch die Türkei, Syrien und Jordanien oder per Fähre ab Italien (siehe S. 31). Auf Campingplätze mit dem gewohnten Komfort muss man weitgehend verzichten. In der Westbank sind Sie eher die Ausnahme.

Fahrrad

Die Straßen gehören ganz eindeutig den Autofahrern, Radfahrer gelten eher als Exoten. Man darf selbst auf vierspurigen Schnellstraßen radeln, fühlt sich aber ziemlich deplaziert. Doch auf den Regionalstraßen kommt man gut voran. Zwar hupen Autofahrer meist kurz, wenn sie überholen wollen. Aber das dient der Sicherheit. Fahrradwege gibt es praktisch nicht.

Von Jerusalem Richtung Jericho/Totes Meer benötigt man fast nur Bremsen, weil die Straße steil ist und ständig bergab führt; dafür ist der Rückweg eine Strapaze. Das Bergland in der Westbank ist eigentlich nur für hartgesottene Mountainbiker ein Vergnügen.

Beim Mieten also außer den Bremsen auch prüfen, ob die Schaltung vernünftig funktioniert. Schließlich muss man auch auf andere Interessenten am eigenen Drahtesel vorbereitet sein – ein massives Schloss und an belebten oder gar bewachten Plätzen Parken hilft. Man könnte natürlich auch das eigene, vertraute Rad mitbringen. Die Lufthansa verlangt dafür allerdings € 150 statt sonst € 70 pro Strecke, weil Israel für diesen Fall zur Flugziel-Region Asien zählt. Manche Fluggesellschaften befördern Fahrräder nur in einem Karton verpackt. Dieser muss geöffnet werden können. Am Flughafen sind solche Verpackungen nicht erhältlich.

Vor allem im Sommer ist die Hitze zu berücksichtigen. Man sollte sehr früh aufbrechen, eine lange Mittagspause einlegen, um dann bis weit in den Abend zu radeln – was wegen der frühen Dämmerung jedoch auch seine Grenzen hat. Neben entsprechend sonnenschützender Kleidung sind ausreichende Mengen Trinkwasser überlebenswichtig. Weitere Auskünfte gibt www.bikepalestine.com, vermutlich hilft auch der West-Jerusalemer Cyclist Club, Tel 02?5619416, bei Fahrradvermietung und mit Ratschlägen weiter.

Hitchhiking, Trampen

Hitchhiking (oder Trampen) ist zumindest für Frauen ohne männliche Begleitung überhaupt nicht empfehlenswert, auch wenn wir Berichte über geglückte Versuche erhalten. Auch Leute mitzunehmen, kann zu einem unerwünschten Verlauf der weiteren Reise führen. Obwohl

man immer wieder Leute winkend am Straßenrand stehen sieht, sollte man auch als alleinreisender Mann diese Transportmethode aus Sicherheitsgründen möglichst nicht in Betracht ziehen. In der Westbank kommt hinzu, dass Palästinenser und jüdische Siedler jeweils unter sich gern bereit sind, ihresgleichen einen Lift zu geben. Touristen hilft da am ehesten, wie auch sonst am besten als Tourist erkennbar zu sein. Aber wenn schon trampen, dann nicht wie bei uns mit aufgestelltem Daumen: keine feine Geste. Man lässt den Arm hängen und winkt lässig nach unten.

Organisierte Touren

Wer noch während der Reise nach Touren Ausschau hält, wird in den meisten Hostels und Hotels Ansprechpartner finden, die unterschiedliche Angebote bereithalten. Natürlich werden auch die oben für die Reiseplanung genannten Institutionen und Personen sofort tätig, siehe S. 21. Organisierte Touren können erheblich Zeit sparen, da man sich zum einen nicht alles selbst zusammensuchen muss, zum anderen keine Zeit dadurch verliert, dass die geplante Ausflugsstrecke evtentuell gesperrt ist und man Umwege fahren muss.

Ein Platz für die Nacht

Hotel-Beschreibungen in diesem Buch

Bei den Ortsbeschreibungen in diesem Buch finden Sie die wichtigsten Angaben zu einem Großteil, wenn nicht zu allen der jeweils vorhandenen Unterkünfte. Luxushotels beschreiben wir nur kurz, denn wir gehen davon aus, dass sie sauber sind und auch sonst alles funktioniert. Sehr viel mehr Wert legen wir auf Angaben zu dem Rest der Unterkünfte, weil Einzelreisende in der Regel in Mittelklasse- oder Billighotels absteigen. Daher wurden nahezu alle beschriebenen Unterkünfte von uns persönlich gecheckt, nur bei einigen wenigen verließen wir uns auf Leserangaben.

Die jeweiligen Hotellisten sortierten wir immer nach den Preisangaben, d.h. die teuerste aufgeführte Unterkunft steht am Anfang und die billigste am Ende. Sortierkriterium ist der Preis für ein Einzelzimmer, es sei denn, diese werden nicht angeboten. Die meisten Preise beziehen sich auf $, wenn jedoch der Hotelier NIS-Angaben vorzog, haben wir diese übernommen. Versuchen Sie dennoch, das ist wichtig, wegen der Mehrwertsteuerersparnis in ausländischer Währung zu bezahlen.

Hier noch einmal die Bedeutung der **Abkürzungen** (siehe auch S. 6):

E+B – Einzelzimmer mit Bad

D+B – Doppelzimmer mit Bad

Dorm – Dormitory, Begriff für Schlafsaal

pP – pro Person

mF – mit Frühstück

B&B – *Bed and Breakfast* (Übernachtung mit Frühstück).

Übernachten

In der Westbank trifft man hauptsächlich auf Mittelklassehotels, wirklich billige Herbergen wie in den Nachbarländern sind weniger häufig anzutreffen. Eine Klassifikation etwa mit Sternen ist schwierig, weil die PA bisher keine Richtlinien dazu erlassen hat. Rechnen Sie etwa mit mitteleuropäischen Kosten.

Die (wenigen) **Luxushotels** orientieren sich am internationalen Standard dieser Klasse.

In den **Mittelklassehotels** kann man auch Aircondition und Heizung, Telefon, TV, Radio, Kühlschrank und einigermaßen brauchbare Zimmer mit Bad voraussetzen. Ein Restaurant und eine Bar gehören manches Mal dazu, wie auch ein Swimmingpool, Sportmöglichkeiten etc.

Hotels dieser beiden Kategorien sind in der

• Arab Hotel Association, Jerusalem, Tel 02 6283140, www.palestinehotels.ps

zusammengeschlossen. Dort können Sie – nicht immer aktuelle – Informationen abrufen.

Eine besondere Einrichtung vor allem in Jerusalem und Bethlehem/Bet Jala sind die **christlichen Hospize**, die von den verschiedenen Religionsgemeinschaften betrieben werden. Wer sich eine ärmliche Unterkunft darunter vorstellt, muss sich bei Bezug seines meist komfortablen

Zimmers mit Bad, AC und Telefon, allerdings häufig ohne TV, eines Besseren belehren lassen bzw. wird es spätestens bei Begleichung der Rechnung bemerken. Gerade in Jerusalem sind die Hospize eine Ergänzung der Standardhotels, denen sie in Komfort und Service meistens kaum nachstehen. Auf der Website des *Jerusalemer Christian Information Center*, www.cicts. org, gibt es eine Liste dieser Gästehäuser.

Der palästinensische Jugendherbergsverband harrt noch seiner Gründung, aber es gibt vor allem in der Jerusalemer Altstadt, vereinzelt aber auch in Jericho, Nablus und Jenin jugendherbergsartige Unterkünfte, meistens **Hostels** oder **Guest House** genannt. Diese Häuser werden meist privatwirtschaftlich betrieben.

Hier muss man zwar häufig Zimmer, Dusche und Toilette mit anderen Gästen teilen, dafür spart man Geld. Der Einzelreisende kann in der Regel für ₪ 60-150 sein Haupt in einem Mehrbettzimmer *(Dormitory*, *Dorm* abgekürzt) zur Ruhe legen. Oft gibt es wie in großen Hotels keine Einlassbeschränkungen (Curfew), aber man sollte sich darüber informieren. Manchmal lässt die Sauberkeit zu wünschen übrig, dennoch kann man nicht von schmuddelig oder gar schmutzig sprechen, zumal auch Mittelklassehotels in dieser Beziehung Defizite aufweisen. In den besseren Unterkünften gehört zu jedem Dormitory eine Toilette mit Dusche, aber bei der Mehrheit muss man die sanitären Anlagen für den ganzen Flur benutzen. Gespart wird zuweilen an Handtüchern und Bettwäsche. Wer also auf die billigsten Unterkünfte angewiesen ist, sollte sein eigenes Handtuch, Seife und zumindest einen Leinenschlafsack mitnehmen, will er nicht zusätzlich für diesen Service zahlen.

Wichtig sind auch abschließbare Schränke oder Schließfächer *(Lockers*, für manche braucht man ein eigenes Vorhängeschloss im Gepäck), die zwar meistens zur Verfügung stehen, aber in den ganz billigen Unterkünften selten oder nicht zu finden sind. Sicherlich aus Erfahrung ist in solchen Hostels Vorkasse üblich, und Kreditkarten werden nicht überall akzeptiert.

Nahezu alle Hostels stellen recht gute Küchen oder Kochgelegenheiten zur Verfügung. Häufig tun sich Traveller zusammen und brutzeln gemeinsam; einige Hostels erlauben sogar, dass der Koch an hungrige Mitbewohner verkauft. Bei anderen Hostels muss man jede Tasse Tee bezahlen.

Da Klimaanlagen selten zum Standard gehören, haben viele Hostels Schlafmöglichkeiten auf dem Dach geschaffen – wohl das Beste, was einem passieren kann. Denn über das Dach streicht nahezu immer ein kühler Nachtwind. Wer nicht schlafen kann, zählt die vielen Sterne am wolkenfreien Himmel.

Essen und Trinken

Speziell auf der Westbank kann man die Vielfalt der arabischen Küche genießen. Typische Gerichte, die man fast überall bekommt, sind:

Hubs: das typische, dünne Fladenbrot
Tabun-Brot: dickeres Fladenbrot aus dem traditionellen Tabun-Ofen
Felafel: Gemüsefrikadellen auf der Basis von Kichererbsen, mit Kräutern angereichert und scharf gewürzt; meist mit Tahina und Salat in Fladenbrot serviert
Shauwarma: Fleischstreifen (Lamm oder Geflügel) vom türkischen Drehspieß, zusammen mit Salat und Sauce in Fladenbrot gerollt
Kebab: Fast wie Shauwarma, hier besteht der Spieß jedoch aus Hackfleisch
Hummus: Pikant gewürztes Kichererbsen-Püree mit Knoblauch und Zitronensaft

Tahina: Dicksämige Sauce aus Sesamöl und feingemahlenen Hülsenfrüchten; viel Knoblauch, Zitrone, Salz und Pfeffer geben die nötige Würze
Tabule: Salat aus glatter Petersilie, Tomaten und Weizengrieß
Foul: Getrocknete braune Bohnen werden viele Stunden gekocht (Foul hält sich trotz des heißen Klimas über mehrere Tage); gewürzt und endgültig zubereitet wird jedes Gericht erst kurz vor der Mahlzeit
Baba Ghannush: Mus von gebackenen Auberginen
Mtabbal: Mus von gebackenen Auberginen mit Tahina
Sfiha: kleiner Teigfladen mit orientalisch gewürztem Hack
Sambusek: halbmondförmige Teigtasche mit Käse- oder Fleischfüllung, als Dreieck meist mit Spinat
Kibbe oder **Kubbe:** kleiner zitronenförmiger Mantel aus Weizengrieß mit Lammhack-Pinienkern-Füllung
Mussakhan: traditionelles Gericht aus Tabun-Brot, darauf viele Zwiebeln, das Gewürz Sumakh, und Hähnchen-Teile
Maqlube: Ein Gericht in Schichten aus Reis, Fleisch und Auberginen und Blumenkohl
Kusa Mashwi: Zucchini mit Reis und Fleisch gefüllt
Mashwi: „Gegrilltes" unterschiedliches Fleisch, dazu Reis, Salate und Brot
Mansaf: beduinisches Gericht mit in Joghurt gekochtem Fleisch, das mit Pinienkernen auf Reis serviert wird

Die meisten der genannten Speisen gehören zu den reizvollen Vorspeisen. Wollen Sie gleich mehrere bestellen, fragen Sie nach einer **Mese**. Bestellen Sie jedoch nicht zu viel, sonst geht es dem Koch oder der Köchin an die Ehre, wenn Sie kein Hauptgericht bestellen. Wenn Fleisch zu einem Gericht gehört, ist es meist Lamm oder Huhn; es gibt auch viele vegetarische Möglichkeiten.

Nachspeisen sind meistens ziemlich süß. Versuchen Sie die Spezialität aus Nablus, **Knafeh**,

Frischkäse in Fadenteig, warm gegessen und sehr lecker. **Baqlawa** sind unterschiedliche Gebäckteilchen mit Nüssen und Sirup gefüllt, **Qatayif** kleine gerollte Pfannkuchen mit verschiedenen Füllungen, gern im Ramadan verspeist. Eine Oster-Spezialität sind **Ma'amul**, Grießgebäck mit Füllungen aus Datteln, Walnüssen oder Pistazien.

An **Getränken** gibt es meistens alles, was das Herz bzw. der Durst begehrt. Sehr beliebt sind die frisch gepressten **Fruchtsäfte**, die man an vielen Straßenecken erhält. Auch **Kharub** ist einen Test wert, Grundlage ist Lakritze. Wasserflaschen werden überall angeboten und als Softdrinks gibt es ebenfalls verschiedene Sorten. Die traditionellen und zu jeder Gelegenheit gereichten Getränke sind jedoch schwarzer **Tee** mit frischer Minze (*shay*) sowie Mokka-**Kaffee** (*qahwa* oder *'ahwa*) mit Kardamom – beides aus kleinen Gläsern oder Tassen mit viel Zucker, falls Sie nicht Einhalt gebieten.

In Bereichen mit nennenswerter christlicher Bevölkerung gibt es auch **Alkohol**. Daran können Sie z.B. unterscheiden, ob Sie sich in der zusammengewachsenen Stadt nördlich von Jerusalem gerade im christlichen Ramallah oder im muslimischen AlBireh befinden. Im muslimischen Bereich finden Sie Alkohol höchstens in Hotelbars.

Probieren Sie unbedingt **Taybeh Bier** (hell, dunkel oder bernsteinfarben – häufig gibt es nur das helle), es wird in der Westbank gebraut – eine gute Abwechslung zwischen den vielen notwendigen Softdrinks, die den Wasserhaushalt aufrecht erhalten müssen. Häufig findet man auch internationale Biersorten.

Einheimische rote und weiße **Weine** werden vor allem aus den Klöstern Cremisan bei Bet Jala (David's Tower) und Latrun an der Autobahn 1 angeboten. Die schmackhaften Trauben aus der Gegend um das muslimische Hebron werden kaum zu Wein verarbeitet.

Hochprozentigeres heißt in Palästina meistens **Arrak**, ein zwei- bis vierfach gebrannter Trester, dem Kräuter, vor allem Anis zugesetzt werden. Er wird kaum nach dem Essen getrunken, sondern davor und währenddessen mit Eiswasser vermischt, was den klaren Schnaps weiß eintrübt. In Ramallah wird Golden Arrak und der auffallend süßliche Ramallah Special hergestellt. Unser Favorit ist Arrak Sabat aus Bethlehem.

Sicherheit

Keine Angst

Dieses Buch handelt vom Reisen durch die Westbank aufgrund vielfältiger positiver Erfahrungen. Dennoch, wenn man jüdischen Israelis von dieser Absicht erzählt, werden vermutlich mehr als 95% der Gesprächspartner davon dringlich abraten. Diese Sorge speist sich aus dem Umstand, dass es jüdischen Israelis grundsätzlich untersagt ist, in die Westbank zu reisen. Sie werden aus Sicherheitsgründen sogar mit Strafen bedroht. Es sind nur wenige, die diesen Ärger in Kauf nehmen. So fehlen den meisten Israelis positive Erfahrungen im Umgang mit ihren engsten Nachbarn.

Üblicherweise passiert dem Normalbürger nichts in den palästinensischen Gebieten. Als ganz normaler Tourist wird man von der palästinensischen Bevölkerung sehr freundlich und sehr offen willkommen geheißen. Es ist deutlich zu spüren, dass sich die Menschen über ausländische Besucher freuen.

Unangenehm bis gefährlich können jüdische Siedler werden, die sich – beschützt von der Armee – quasi in einem rechtsfreien Raum bewegen und dies die Palästinenser spüren lassen. Besonders aktiv sind die Jugendgruppen der sogenannten *Hilltop Youth (hilltop:* Die Siedlungen liegen meist auf Hügelkuppen) mit einer unangenehmen Mischung aus rechtsradikal-religiösen Ansichten und Gewaltbereitschaft. Meiden Sie am besten die jüdischen Siedlungen.

Die Non-Government Organisation *B'tselem* versucht, Menschenrechtsverletzungen in der Westbank wenigstens per Foto oder Video zu dokumentieren, www.btselem.org.

**Wie schützt man sich gegen
unliebsame Überraschungen?**

• Die wichtigste Regel besagt, akute Unruhegebiete tunlichst zu meiden. Für die Reiseplanung erfährt man die aktuelle Situation bei den eigenen Botschaften, auch bei israelischen und unbedingt bei palästinensischen Stellen, siehe weiter unten. Beachten Sie, dass diese Büros gewissen Einflüssen unterliegen, dass sich ihre Adressen geändert haben können oder sie nicht mehr existieren. Versuchen Sie, aus der Interpretation möglicherweise unterschiedlicher Aussagen über die aktuelle Lage konkrete Schlüsse für Ihre Reisepläne zu ziehen.

• Vor Ort haben sich Gespräche mit Taxifahrern (z.B. am Taxistand schräg gegenüber dem Damaskustor) als Quelle aktueller Informationen sehr bewährt. Da sie ihre Fahrgäste und Wagen nicht unnötig gefährden wollen, sind sie zumeist sehr gewitzt, Gefahren durch z.B. Umwege aus dem Weg zu gehen.

• Bleiben Sie als Tourist erkennbar: Kamera vor dem Bauch, Frauen am besten in Hosen.

• Unkompliziert und sicher bewegt man sich mit öffentlichen Verkehrsmitteln bzw. Taxis vorwärts. Die Busfahrt von Jerusalem z.B.

Bombenmülleimer Nähe Grabeskirche – kein Witz

nach Bethlehem/Hebron verläuft in der Regel äußerst gemütlich und relaxt, im Service-Taxi geht es etwas hektischer zu.

• Wenn Sie am Zielort selbstsicher und mit Ihrer umgehängten Kamera im Touristenlook auftreten, dann schwimmen Sie in der Masse mit, immer freundlich begrüßt. Eine Deutsche, die seit Jahren in Ramallah lebt, erzählte, dass sie einfach ins nächste Geschäft flüchtete, bevor der Besitzer bei einem Schusswechsel auf der Straße den Rolladen hinunterließ. Dort wurde sie sehr freundlich aufgenommen, bis sich die Lage wieder beruhigt hatte.

• Sie sollten Kontakte mit israelischen Soldaten und Siedlern vermeiden und nicht als pro-israelische(r) Missionar(in) auftreten.

• Passen Sie vor allem im Menschengewühl auf Hand-, Umhänge- und Fototaschen auf; am besten ohne solche Taschen, sondern mit einem Bauchgurt und dem Geld lose in einer Hosentasche, über die Hemd oder Bluse hängen, dann werden die meisten Taschendiebe abgehalten. Wenn Sie Ihr juwelenbesetztes Halsband unbedingt mitnehmen müssen, so legen Sie es in den Hotelsafe. Das gilt natürlich auch für alle anderen Wertsachen.

Ein wichtiger Tipp: Nehmen Sie stets Ihren Pass mit, um sich bei irgendwelchen zufälligen Problemen ausweisen zu können. Und für den Fall, dass die Papiere doch einmal verloren gehen sollten, können Sie vorbeugen: Scannen Sie Ausweise und Reiseunterlagen. Die Dateien können Sie in einem Freemail-Account lagern, der auch Datenspeicherung zulässt (z.B. bei www.gmx.net oder www.arcor.de), und haben dann weltweit Zugriff darauf.

Praktische Informationen

▶ Beachten Sie bitte die sehr vorsichtigen Warnungen des **Auswärtigen Amts:**
www.auswaertiges-amt.de > Reise&Sicherheit > Reise- und Sicherheitshinweise: Länder A-Z
Israelische Infos in Jerusalem
▶ **Polizei,** Tel 100
▶ **Stadtverwaltung,** Hotline Tel 106, von außerhalb der Stadt Tel 02 5314600

▶ **Tourist Information Office**, Jaffator, Tel 6271422

▶ **Christliches Informationszentrum**, Jaffator, Tel 6272692, kann speziell bei Reisen zu christlichen Stätten (z.B. Bethlehem) beraten

▶ **Humanitäres Call Center**
tel 02 9977733/318/ 312/747
Diese Nummer soll Probleme lösen helfen, wann und wo auch immer in der Westbank sie auftreten, z.B an einem Checkpoint.

▶ **Palästinensische Infos in Jerusalem**
▶ **aic – Alternative Information Center**, 4 Shlomzion HaMalka St (Nähe Jaffa St/Stadtverwaltung), Tel 6241195, www.alternativenews.org, kritische israelisch-palästinensische Stimme mit guten Kontakten

▶ **Jerusalem Media and Communication Center**, Khalil AsSakakini St (Nähe Mount Scopus Hotel), Tel 5838266, www.jmcc.org

▶ **Palestine Monitor**, Ramallah, eine Internet-Zeitung aus den besetzten Gebieten, www.palestinemonitor.org

▶ **This Week in Palestine**, monatliches Veranstaltungsheft aus Ramallah mit Themenschwerpunkt und einer Vielzahl von Informationen, www.thisweekinpalestine.com

▶ **Tours in English** betreibt einen Blog, der tagesaktuell sein soll:
http://blog.toursinenglish.com

▶ Ganz unorthodox: Unterhalten Sie sich mit **Bus-** oder **Taxifahrern** am Damaskustor, die wissen zumindest über Sperren etc. Bescheid

Alleinreisende Frauen, Homosexuelle

In den palästinensischen Gebieten sind jüngere Frauen grundsätzlich nicht oder nur sehr selten allein auf der Straße zu sehen; es gehört zur Selbstverständlichkeit einer Araberin, nur in Begleitung einer älteren Frau oder eines männlichen Familienangehörigen aus dem Haus zu gehen.

Normaltouristinnen sollten in der Altstadt Jerusalems und auch in Ostjerusalem aufpassen. Wer in Palästina reist, sollte sich nicht aufrei-

zend anziehen, also eher bedeckende als betonende Kleidung tragen.

Eine Leserin schreibt, da besonders die Altstadt und Teile Ostjerusalems für alleinreisende Frauen schwierig seien, sollte frau sich lieber einer Gruppe anschließen. Zweckmäßig sei, nicht oder nur selten zu erzählen, dass sie allein unterwegs sei. Starrer Blick und zügiger Schritt sind in Jerusalem und anderen Großstädten angebracht. Anmache sollte total ignoriert werden, bei Handgreiflichkeiten sollte frau sich laut und energisch wehren und Hilfe eher bei älteren Männern als bei Frauen suchen (Verständigung siehe S. 222). Statt eines Hilferufs schreien Sie am besten das arabische Wort: 'Aib!!! Es bedeutet soviel wie „Schande" und wird jeden ehrenhaften Menschen in der Nähe dazu bringen, sich für Sie einzusetzen.

Diese Hinweise sollten keine Frau abhalten, allein nach Palästina zu reisen. Es geht hier nur darum, Sie auf mögliche Probleme aufmerksam zu machen.

Schwule und lesbische Besucher
Gleichgeschlechtliche Liebe wird in Palästina praktisch nicht toleriert. Man sollte sie niemals öffentlich zeigen, denn nach Meinung (orthodoxer) Muslime darf es sie nicht geben, weil sie Sünde sei. Auch palästinensische Christen laufen nicht auf jedem Christopher Street Day mit. Aber es gibt sie, die LGBTs (lesbian, gay, bi- & transsexuals): Erste Infos bei der www.aswatgroup.org, in der ernsthaften Facebook-Gruppe Gay Palestine auf www.facebook.com/group.php?gid=80437437769 (Arabisch-Kenntnisse helfen), oder hier: www.gaymiddleeast.com/country/palestine.htm. Am effizientesten sind natürlich mündliche Nachrichten.

Geld und Währung

Das israelische und palästinensische Zahlungsmittel ist der **Neue Israelische Shekel** (₪ oder **NIS**), der sich in 100 **Agorot** unterteilt. Der Kurs des Shekel orientiert sich sehr stark am US-Dollar, demgemäß ist er heftigen Schwankungen gegenüber anderen Währungen unterlegen. Bei Redaktionsschluss im April 2011 kosteten 100 Schekel € 20,09. Umgekehrt betrachtet: Für € 1 erhält man 4,98 NIS. Dividieren Sie also Shekel-Angaben durch fünf, um eine grobe Euro-Vorstellung zu entwickeln. Für den US-Dollar – die „Zweitwährung" des Landes – sollte man knapp ₪ 3,5-4 ansetzen.

Kaufen Sie Shekel am besten bei der Einreise nach Israel. Der Kurs in Europa ist um etwa 20 Prozent ungünstiger, vor allem beim Rücktausch. Sie sollten auch nicht zu große Mengen eintauschen, denn offiziell ist nur ein Rücktausch bis zum Wert von $ 1000 möglich. Andernfalls müssen Sie per Umtauschquittungen nachweisen, dass Sie zuvor entsprechende Mengen Fremdwährung in Shekel eingetauscht hatten.

Es ist kein Problem, per Kreditkarte (am einfachsten) zu bezahlen oder Travellerschecks (die allerdings langsam auszusterben scheinen) zu tauschen; verlorene Amex-Schecks melden: 180 09438694. In der Jerusalemer Altstadt und auch sonst kann man meistens in $ oder € bar bezahlen – aber es lohnt sich, im Kopfrechnen so gut wie der Händler zu sein.

Geldwechsel

Geldwechseln bzw. an **Bargeld** heranzukommen, könnte manchmal schwierig sein. Wenn es klappt, könnte sich ein weiteres Problem ergeben: Der Automat (ATM: *Automated Teller Machine)* könnte lediglich Jordanische Dinare ausgeben. Western Union Zweigstellen schaffen Abhilfe gegen Vorlage einer Visakarte. JD sind die offizielle Währung der Westbank, weswegen auch die Briefmarken entsprechend ausgezeichnet werden. Bis zum Palästinensischen Pfund wird es noch ein weiter Weg sein.

Man kann direkt bei der Ankunft auf dem Flughafen Tel Aviv gleich nach der Passkontrolle, noch während man auf das Gepäck wartet, Geld wechseln, allerdings mit extra hohen Flughafen-Gebühren. Dort gibt es Bankschalter und Wechselautomaten, die auch Euro-Scheine akzeptieren. Diverse Banken unterhalten Wechselautomaten, die 24 Stunden lang an unterschied-

lichen Orten Banknoten von zehn verschiedenen Ländern (u.a. Euro) zu sogar günstigeren Kursen als am Schalter tauschen. Ein englisches Display muss man manchmal suchen. Die Banken verlangen Kommissionen von etwa ₪ 20 oder 0,15 Prozent; wenn Sie also kleine Mengen tauschen, könnte die Kommission den größten Teil auffressen. Auch für den Rücktausch von Shekel in andere Währungen sind Mindestgebühren von ₪ 15-20 zu zahlen, allerdings gibt es einen etwas besseren Kurs als zu Hause.

In Jerusalem sollte man sein Glück bei den Wechslern in der Altstadt beim Damaskus- und beim Jaffator versuchen – feilschen Sie um den günstigsten Kurs. Die **Öffnungszeiten der Banken** in der Westbank sind Sa-Mi 8.30-12.30/15-16.30, Do nur vormittags. In Jerusalem sind sonnabends nur die Wechselstuben in der Altstadt geöffnet – bei meist deutlich ungünstigerem Kurs.

Kredit- und EC-Karten

Auch für Kreditkartenbesitzer ist gesorgt:
• **American Express Büro**: Jerusalem, 18 Shlomzion HaMalka St, Tel 02 6240830. Verlorene Karte melden: 180 09403211.
Verlorene andere Kreditkarten meldet man bei:
• **Diners**, Tel 03 5723666,
• **Eurocard/Mastercard**, Tel 180 09418873 (gebührenfrei).
• **Visa**, Tel 180 9411605 oder 180 09416384 (gebührenfrei).
An vielen Geldautomaten kann man mit der EC-Karte Geld ziehen, in einigen Geschäften auch bezahlen. Kalkulieren Sie die nicht unwesentlichen Gebühren ein. Achten Sie auch bei Barabhebungen mit der EC-Karte in Palästina darauf, dass Schekel ausgezahlt werden und keine jordanischen Dinare.

Trinkgelder

Die üblichen Hotelrechnungen enthalten 15% Service Charge, d.h. man hinterlässt in der Regel beim Auschecken kein zusätzliches Trinkgeld, es sei denn, das Personal war in einer besonderen Situation sehr hilfreich. Auch

Ein Museum im Portemonnaie: die antiken Vorbilder der aktuellen israelischen Münzen

Beschreibung von rechts, jeweils Vor- und Rückseite:

10 Agorot: siebenarmiger Leuchter nach einer Münze des Mattathias Antigonus (40-37 vC)

½ Neuer Schekel: Lyra eines Siegels der Königstochter Ma'adana (spätes 7. Jh vC), Haifa, Privatbesitz

1 Neuer Schekel: Lilie mit dem Wort Jehud in althebräischer Schrift nach einer Münze aus persischer Zeit (4. Jh vC), Jerusalem, Israel-Museum

2 Neue Schekel: zwei Füllhörner und ein Granatapfel nach einer der ersten jüdischen Münzen unter Hyrkan I. (135/4-104 vC)

5 Neue Schekel: proto-ionisches Kapitell, israelitische Zeit (10-7 Jh vC), Jerusalem, Israel-Museum

10 Neue Schekel: Palme mit sieben Wedeln, zwei Dattelkörben und dem Motto für die Befreiung Zions nach einer Münze aus der Zeit des ersten jüdischen Aufstands (69 nC)

viele Restaurantrechnungen enthalten 15% Service Charge. Ist dies nicht der Fall, was auf der Rechnung meist freundlich handschriftlich vermerkt wird, sollte man den entsprechenden Betrag dem Bedienpersonal geben. Es wird auf jeden Fall gern gesehen. Taxifahrer erwarten übrigens kein Trinkgeld. Gruppenreisende erhalten in der Regel bereits zu Beginn der Reise eine Trinkgeld- Empfehlung von 5 $ pro Tag, wobei ein Teil der Omnibusfahrer, ein weiteres Teil das Hotelpersonal und den Rest der Reiseleiter erhält.

Shopping, Öffnungszeiten

Supermärkte sind in der Westbank selten, aber im Aufbau. Für den täglichen Bedarf stehen allerdings sehr praktisch kleinere und typische „Läden um die Ecke" bereit, die auch zu einem kleinen Schwätzchen einladen. Das Treiben auf Marktplätzen findet meist von 7-16 Uhr statt. Orientalische Souvenirs erwirbt man am besten und bei größter Auswahl in der Altstadt von Je-

rusalem oder in anderen Orten (mit geringerer Auswahl, aber günstigeren Preisen). Entsprechende Geschäfte sind in der Regel von 9-18 Uhr geöffnet.

Als Tourist, der seine Souvenirs ausführt, kann man sich die **Mehrwertsteuer (V.A.T.** *Value Added Tax)* in Höhe von 16 Prozent bei der Ausreise **erstatten** lassen, wenn man in entsprechend ausgewiesenen Geschäften für mehr als $ 100 eingekauft hat. Die Waren werden in einer durchsichtigen Einkaufstüte verpackt und versiegelt. Nur bei unversehrtem Siegel kann man im Ben Gurion Airport oder im Hafen von Haifa jeweils bei der LeUmi Bank im Abreisebereich die V.A.T. zurückhalten. Auch Rechnungen für Hotels, Mietwagen, Rundreisen etc., für die man V.A.T. zahlte, fallen unter diese Bestimmung. Einfacher jedoch ist es, direkt in Devisen, z.B. per Kreditkarte zu zahlen, dann wird die Steuer erst gar nicht berechnet.

Grundsätzlich sollte man stets versuchen, um Preise zu feilschen. Besonders bei teureren Souvenirs lassen sich häufig Rabatte erzielen.

Gezielt einkaufen

Am 2.3.2010 erging ein Urteil des Europäischen Gerichtshofes (EuGH), demzufolge Waren aus israelischen Siedlungen keine EU-Zollvergünstigungen erhalten dürfen. Das Urteil ist eine deutliche Stärkung des Verbraucherwillens nach ethisch korrekten Produkten und eine Absage an Waren, deren Herstellung mit Völkerrechtsverstößen in Verbindung steht.

Derzeit ist es dem Verbraucher nicht möglich, Waren aus den besetzten Gebieten von solchen "Made in Israel", zu unterscheiden. – alle sind gleichermaßen im Strichcode beginnend mit 729 gekennzeichnet.

Deshalb fordert die Nahost-Kommission von pax christi eine klare Kennzeichnung von Waren aus israelischen Siedlungen, um die irreführende Herkunftsangabe "Israel" zu beenden. Solange diese Transparenz bei der individuellen Einkaufsentscheidung nicht gegeben sei, müsse man derzeit "notgedrungen auf den Kauf sämtlicher Produkte aus Israel verzichten," erklärt die Kommission in ihrer Presseerklärung zum EuGH-Urteil.

Nach dem Scheitern der letzten Friedensverhandlungen riefen 26 europäische ehemalige Staatsoberhäupter, Minister und Parteiführer – darunter Alt-Kanzler Helmut Schmidt sowie Alt-Bundespräsident Richard von Weizsäcker – am 2.12.2010 die Europäische Union dazu auf, israelische Waren aus Siedlungen in den besetzten Gebieten zu boykottieren. Es ginge nicht mehr an, dass Israel entgegen den Resolutionen der UNO weiterhin (und verstärkt) Jerusalem und das palästinensische Gebiet mit Mauern zerstückelt, palästinensisches Land und Ressourcen raubt, Siedlungen weiterbaut, und widerrechtlich mit Produkten dieser Siedlungen Steuervorteile aus dem bevorzugten Handelsabkommen mit der EU zieht. Die Zeit der Anreize sei vorbei, jetzt könne man nur noch mit festen Konsequenzen, unter anderem mit diesem Boykott, Israel zum friedlichen Einlenken bewegen.

Jeder Boykottaufruf gegen Israel ist für uns Deutsche schwierig. Was bleibt, ist die persönliche Abwägung der Beweggründe für die individuelle Kaufentscheidung. Was zu Hause als Konsument am Obstregal ein Konflikt sein mag, ist für den Touristen in Palästina ein zusätzlicher Anreiz für einen beherzten Einkauf!

Einige typische Preisbeispiele fürs tägliche Leben:

1,5 l Coca Cola	₪ 7
1/3 l Bier	₪ 5,50
1,5 l Mineralwasser	₪ 3-4
Shauwarma	₪ 15-20
Felafel	₪ 10-15
1 Tee (Straße)	₪ 1,50-3
Fladenbrot	₪ 0,50-1
1 kg Äpfel ab	₪ 8
1 kg Tomaten	₪ 3-4

Öffnungszeiten

Üblicherweise sind Geschäfte vpn 8-16 Uhr geöffnet, außer Freitagnachmittag. Muslimische Institutionen sind freitags oft ganztags geschlossen, die christlichen natürlich sonntags. Im jüdischen Bereich ist Freitagabend bis Samstagabend tabu. Supermärkte und Kaufhäuser verzichten auf die Mittagspause, kleinere Geschäfte können durchgängig geöffnet sein. Banken sind Sa-Mi von 8.30-12.30/15-16.30, Do nur vormittags geöffnet. Die Postämter öffnen 8-12.30, 15.30-18, Fr 8-12.30 Uhr.

Leider gibt es kein durchgängiges System der Öffnungszeiten von Sehenswürdigkeiten, das noch dazu auf die Bedürfnisse der Touristen abgestimmt wäre. Wenn Sommer- und Winteröffnungszeiten angegeben sind, kann man davon ausgehen, dass von April bis Ende Oktober bis 17 Uhr, von November bis Ende März bis 16 Uhr geöffnet ist. Ansonsten empfiehlt sich gerade in Jerusalem, aus den in diesem Buch angegebenen Öffnungszeiten ein Programm so zusammenzustellen, dass man nicht plötzlich ausschließlich vor verschlossenen Türen steht.

Ein Hinweis: Leider ändern sich diese Zeiten sehr häufig, wir können daher keine Garantie für die Gültigkeit der angegebenen Zeiten übernehmen. Der aktuelle Stand geht aus den lokalen Informationen der Tourismusbranche hervor, aber auch die können nicht über jede Änderung auf dem Laufenden sein. Die Monatsbroschüre *This Week in Palestine* gibt entsprechende Informationen (siehe S. 53).

Feier- und Festtage

Feiertage sind für die arbeitende Bevölkerung eine Erholung, für den Reisenden sehr häufig ein Handicap. Daher sollte man wissen, wann auch außerhalb des Wochenendes Geschäfte, Banken oder Reisebüros geschlossen sind. Die jüdischen Feiertage sollte man besonders für An- und Abreise sowie natürlich für Ausflüge nach Israel im Blick haben.

Jüdische Feiertage

Der jüdische Kalender beginnt mit der Schöpfung im Jahr 3760 vC, d.h., die Juden schreiben 2011 tatsächlich das Jahr 5771/72. Der Kalender basiert auf einem lunar-solaren System, das einigermaßen kompliziert ist und eine Jahresdauer von 354 Tagen hat. Zum Ausgleich der Verschiebungen zum Sonnenjahr gibt es innerhalb eines 19-jährigen Zyklus sieben Schaltjahre. Auch der Jahresanfang verschiebt sich damit gegenüber dem bei uns fixierten Neujahrstag ständig.

Ein jüdischer Tag – wie auch Woche, Monat und Jahr – beginnt bei Sonnenuntergang und endet beim nächsten Sonnenuntergang; auch alle Festtage wie der Shabbat oder die anderen Feste. Bei mehrtägigen Feiertagen ist jeweils der erste und letzte Tag der heilige Hauptfeiertag.

Der **Shabbat** (gesprochen: *Schabbát*) ist der religiöse und staatlich geschützte Wochenfeiertag am Samstag, der allerdings deutlich strenger gehandhabt wird als der Sonntag bei uns. Nach den Regeln der Orthodoxen darf von Sonnenuntergang am Freitag bis Sonnenunter-

gang am Samstag nicht gearbeitet und kein Feuer angezündet, d.h., z.B. auch keine elektrische Energie verbraucht werden. Der Beginn des Shabbats wird mit einem festlichen Mahl und dem Anzünden von zwei Kerzen zelebriert. Für Reisende bedeutet der Shabbat ziemlich unpraktische Einschränkungen. Geschäfte, Restaurants und Cafés schließen z.B. freitags ab 15 Uhr, die Innenstädte sterben aus, der Busverkehr wird weitgehend eingestellt. Ab Dunkelheit wird es schwierig, noch etwas zu essen zu bekommen, nur wenige Lokale bleiben geöffnet. Samstag erwacht das Leben wieder mit hereinbrechender Dunkelheit und mit dem Sonntag geht die neue Woche los.

Das **Purim-Fest** (im Februar oder März) ist eine Art ausgelassener Karneval, bei dem sich die Menschen verkleiden und kostümiert durch die Straßen ziehen.

Das **Pessach-Fest** (Passah), das einen Monat nach Purim stattfindet, erinnert an den Auszug der Kinder Israels aus Ägypten und die dann folgenden Wunder.

Yom HaShoá ist der im April seit 1951 stattfindende staatliche Holocaust-Gedenktag. Am **Yom HaSikharon** wird der gefallenen Soldaten und ziviler Terroropfer gedacht. Abends geht der besinnliche Tag in die fröhlichen Feierlichkeiten zum Unabhängigkeitstag, dem **Yom HaAzma'ut**, über. An diesem dritten staatlichen Feiertag sind die Läden geschlossen, aber alle Stätten öffentlicher Unterhaltung haben geöffnet.

Ein weiterer, seit 1998 nationaler Feiertag, den auch die Haredim mitfeiern, ist der Jerusalemtag oder **Yom Yerushalayim**. Er erinnert an die Einnahme der Altstadt im Sechs-Tage-Krieg 1967. Da die Westmauer des Tempelplatzes für Juden seitdem wieder frei zugänglich ist, versammeln sich vor allem Siedler und Nationalreligiöse an diesem Ort; großes Feuerwerk gegen 22 Uhr. Manche sprechen von der Wiedervereinigung Jerusalems, aber nach wie vor gehen Leute aus dem Westen kaum in den Osten und umgekehrt. Beim **Shavuot**, dem Erntedank- oder Frühlingsfest, werden die Synagogen mit Blättern und Zweigen geschmückt.

Tish'a BeAw ist ein Trauertag, denn schreckliche Ereignisse der israelitischen und jüdischen Geschichte wie die Zerstörung des ersten und des zweiten Tempels geschahen oft um den neunten Tag des Monats Aw herum.

Das zweitägige Neujahrsfest **Rosh HaShana** wird im Herbst begangen. Dann bläst man das Shofar (Widderhorn), das den Sünder aufrütteln soll, seine Taten zu bereuen.

Zehn Tage nach Rosh HaShana findet das Versöhnungsfest **Yom Kippur** statt. Es ist das heiligste Fest, gläubige Juden fasten 24 Stunden lang und trinken in dieser Zeit nichts; die Zeit wird mit Gebeten ausgefüllt.

Sukkot, das Laubhüttenfest, wird vier Tage nach Yom Kippur in Erinnerung an die Wüstenwanderung nach dem Auszug aus Ägypten sieben Tage lang gefeiert.

Beim achttägigen Lichterfest **Chanukka** gedenkt man der Reinigung und Neu-Einweihung des Tempels von Jerusalem durch die Makkabäer 165 vC nach der Entweihung durch den syrisch-griechischen Herrscher Antiochos IV.

Islamische und palästinensische Feiertage

Die fünf Tagesgebete werden nach dem Gebetsruf vom Minarett in kleinen, schlichten Moscheen quasi zwischendurch verrichtet, die sich in muslimischen Vierteln an vielen Stellen befinden. Am auffälligsten ist es in Jerusalem, wenn die Muslime freitagvormittags zum Freitagsgebet zur AlAqsa-Moschee auf den Tempelplatz strömen. Der Freitag ist deshalb zwar nicht von vornherein arbeitsfrei, aber muslimische Geschäfte und Institutionen können geschlossen sein.

Die jährlichen Feste verschieben sich im Vergleich zum westlichen Kalender jedes Jahr um elf Tage nach vorn, weil der Koran einen reinen Mondkalender vorsieht. In den nächsten Jahren beginnt das „normale" Kalenderjahr mit dem Geburtstag des Propheten Mohammed, **Mauwlid AnNabi**, zu dem von außen wahrnehmbar vor allem in den Bäckereien ein bestimmtes Gebäck angeboten wird.

Der **1. Ramadan** ist der Beginn des neunten Monats und damit der Fastenzeit, die zu den fünf Säulen des Islam gehört und als von Gott geboten gilt (Koransure 2,183 u. 185). Gedacht wird der Offenbarung des Korans an den Propheten Mohammed. Der Verzicht auf Nahrung, Trinken und Rauchen dauert den ganzen Monat von Tagesbeginn bis Tagesende und wird täglich mit einem kleinen, aber dennoch verschwenderischen Fest gebrochen. Der Ramadan endet mit dem **Id AlFitr**, dem dreitägigen Fest des Fastenbrechens, bei dem die köstlichsten Speisen serviert werden.

Es gilt als zweithöchstes islamisches Fest, nur übertroffen vom Opferfest **Id AlAdha**, das vier Tage lang dauert und den Höhepunkt des Pilgermonats markiert. Der Name stammt von der Geschichte, in der Abraham auf Gottes Anordnung hin seinen Sohn Ismael geopfert hätte (Koransure 37,100ff.; in der Bibel: Isaak). Anstelle Ismaels wurde, laut Koran am Platz des Jerusalemer Felsendoms, ein Widder dargebracht.

Das islamische **Neujahr** wird zwar nicht gefeiert, aber gedenkt des Ereignisses, mit dem die islamische Jahreszählung beginnt: die **Hidjra**, Mohammeds Flucht aus Mekka nach Medina im Jahr 622 nC. Momentan schreiben wir das Jahr 1431.

Die folgenden offiziellen palästinensischen Feiertage sind meist aus Aktionen Israels in der Vergangenheit hervorgegangen. Öffentlich äußern sie sich häufig in Demonstrationen und führen dadurch häufig zu Zusammenstößen mit der israelischen Polizei oder Armee. Daher sind sie touristisch eher nicht zu empfehlen. Auch die Festlegung der Termine ist nicht einfach – meist halten sich die Daten an den westlichen Kalender.

8. März: Die palästinensischen Frauen engagieren sich recht stark beim von der UNO geförderten **Internationalen Tag der Frauen**. 1994 wurde dieser Tag von den Palästinenserinnen gestaltet.

30. März: Der **Land Day** (*Yaum AlArd)* erinnert an die großflächige Enteignung palästinensischen Landes in Galiläa durch die israelische

Regierung im Jahr 1976. Die Reaktion darauf war ein Generalstreik und ließ die Palästinenser erstmals deutlich als gemeinsam handelnde Zivilgesellschaft erkennen. Es gibt regelmäßig meist gewaltfreie Demonstrationen, die manchmal jedoch auch von Ausschreitungen begleitet werden.

17. April: Am **Tag der palästinensischen Häftlinge** wird der schätzungsweise 7000 Palästinenser gedacht, die in israelischen Gefängnissen aus unterschiedlichen oder nicht bekannten Gründen einsitzen.

1 Mai: Der internationale **Tag der Arbeit** wurde in früheren Jahrzehnten des Staates Israel als Anlass genutzt, von Seiten der kommunistischen Partei der Palästinenser Missfallen gegenüber der Regierung zu äußern.

15. Mai: 1948 wurde Israel am 14. Mai für unabhängig erklärt. Die Palästinenser nennen den folgenden Tag **AnNakba**, die Katastrophe – Flucht aus dem Land und Verlust bzw. Zerstörung ihres Eigentums (siehe S. 67). Er wird seit 1998 durch öffentliche Ansprachen und Demonstrationen begangen, manchmal mit Ausschreitungen, auch von den Palästinensern im Ausland. Israel feiert diesen Tag jedoch nach dem jüdischen Kalender, sodass der Yom HaAzma'ut nur alle 19 Jahre auf den 15. Mai fällt. So erinnern sich Palästinenser *in Israel* an den Tag der Nakba vorwiegend am jeweiligen israelischen Unabhängigkeitstag (siehe oben) mit entsprechenden Gegenveranstaltungen. Ein wichtiges Symbol stellen die Schlüssel dar, die viele Palästinenser von ihren verlorenen Häusern nach wie vor aufbewahren.

15. November: An diesem Tag verlas Jassir Arafat als „König ohne Land" in Algier die einseitige Unabhängigkeitserklärung Palästinas. Mangels eines souveränen Staatsgebildes spielt der Palästinensische Unabhängigkeitstag jedoch keine größere Rolle.

Christlich-orthodoxe Feiertage

Von Ausnahmen wie bestimmten Heiligengedenken abgesehen, feiern Ost- und Westkirchen vor allem gleiche Feste. Allerdings trennt sie der Kalender, seit Papst Gregor XIII. 1582 den heutigen westlichen Kalender in Gang setzte, der in Israel *political correct* einfach *common era (CE)* genannt wird. Die Ostkirchen allerdings datieren noch nach Julius Caesar, dessen Kalenderjahr jedoch ein klein wenig länger dauert als der gregorianische. Deswegen hat er sich gegenüber dem Sonnenjahr um mehrere Tage verschoben und wird das auch weiter tun. Somit wird **Weihnachten** gewissermaßen am selben Termin, nämlich der Wintersonnenwende gefeiert, aber wegen der julianischen Verschiebung zu unterschiedlicher Zeit: „erst" am 6./7. Januar statt „schon" am 24./25. Dezember.

Die armenische Kirche feiert Weihnachten sogar erst am 19. Januar, sozusagen am Epiphaniasfest nach dem julianischen Kalender. Die orientalischen Kirchen (Kopten, Syrer, Äthiopier) feiern dagegen am 18. Januar schon das Tauffest Jesu an der Taufstelle am Jordan östlich von Jericho, bislang die einzige Gelegenheit, zu diesem Ort jenseits der israelischen Grenzbefestigungen Richtung Jordanien zu kommen (siehe S. 186).

Ostern ist dagegen ein bewegliches Fest, sodass sich der Terminabstand zwischen Ost und West immer wieder ändert. Praktischerweise hat jemand zur Berechnung bis zum Jahr 3000 einen Algorithmus gefunden – man kann also gut im Voraus planen. Laut www.smart.net/~mmontes/ec-cal.html fallen die Osterfeste 2014 und 2017 zusammen (was aber schon ab 2698 nicht mehr vorkommt!). 2012, 2015, 2018/19/20 liegt Ostostern eine Woche nach dem westlichen Pendant, 2013 und 2016 wird sogar erst fünf Wochen später gefeiert.

Telefon, Internet, Post, Elektrizität

Telefon

Öffentliche Telefone sind in Palästina kaum vorhanden. Man sollte zum Telefonieren ein eigenes **Handy** mitnehmen. Informieren Sie sich im Vorfeld bei Ihrem Anbieter, wie viel die

Roaming-Abkommen mit Palästina und Israel kosten, aber vermutlich wird Ihnen das auch per SMS mitgeteilt, wenn Sie im entsprechenden Netz Ihr Handy einschalten.

Auf jeden Fall günstiger ist es, vor Ort eine **SIM-Karte** zu kaufen und diese mit **Prepaid-Karten** aufzuladen, die sich quasi an jedem Kiosk nachkaufen lassen. Auch die SIM-Karte können Sie zum Beispiel im Kiosk am Jaffator in Jerusalem erstehen. Lassen Sie sich die Karte gleich einbauen, denn das Umstellen der Menüs von Arabisch auf Englisch ist sicherlich eine wichtige Voraussetzung dafür, dass Sie Ihr Gerät weiter benutzen können. Achten Sie unbedingt darauf, dass Ihr Handy (auf Englisch *mobile* oder *cell phone*) **kein SIM-Lock** hat und damit keine Anbieter anderer Netze zulassen kann.

Der verbreitetste palästinensische Mobilfunkanbieter heißt **Jawwal**, www.jawwal.ps, und ist auch in Israel gut vernetzt. Vermutlich sind die Minutenpreise innerhalb von Jawwal günstiger als zu anderen Netzen, ein guter Grund, ebenfalls hier zuzugreifen. Seit neuestem betreibt die Firma **Wataniya** ein eigenes Netz mit verschiedenen Verträgen für Privatleute, www.wataniya.ps. Die Vertragsmodelle wechseln immer mal wieder, die Preise nehmen sich nicht allzu viel. Beide Mobilfunker tragen wesentlich zur Wirtschaft in Palästina bei, gehören jedoch Firmen in Kuwait und Qatar.

Sollten Sie eine SIM-Karte einer israelischen Firma bevorzugen, soll **Cellcom** (Vertragsmodell: Talkman) die beste Netzabdeckung in der Westbank haben.

Mit **Telefonzellen** in Jerusalem kommt man auch auf jeden Fall günstiger davon als im Hotel. In Postämtern (am billigsten) und einigen Zeitungs- und Papierwarengeschäften gibt es **Telefonkarten** ab ₪ 20 für öffentliche Fernsprecher zu kaufen, was schon für einige Minuten nach Deutschland ausreicht.

Die **Vorwahl von Europa nach Israel** beginnt mit **+972**. Mit dieser Nummer erreichen Sie auch die Nummern in den palästinensischen Gebieten (Call-by-Call Israel: ca. 1 ¢;

Palästina: ca. 10 ¢); wenn Sie die offizielle Landesvorwahl **+970** für Palästina verwenden, ist die Vermittlung nicht immer zuverlässig, aber prinzipiell gibt es günstigere Call-by-Call-Vorwahlen.

Wenn Sie von Palästina nach Israel telefonieren wollen (oder umgekehrt), benötigen Sie keine Ländervorwahlen.

Landesweite Notrufnummern

▶ **Polizei** 100
▶ **Notfall**, **Krankentransport** 101
▶ **Hilal AlAkhmar** *(Roter Halbmond)*
▶ **Feuerwehr** 102
▶ **Humanitäres Call Center**
  02 9977733/318/312/747

Diese Nummer soll Probleme lösen helfen, wann und wo auch immer in der Westbank sie auftreten. Für Touristen könnten das Probleme an einem Checkpoint sein.

▶ **Auskunft** (auch Englisch) 144

Vorwahlen der wichtigsten Städte

Zur Orientierung: Jerusalem & Umgebung 02, Gazastreifen 08, Sharon-Ebene 09

Bethlehem	02
Hebron	02
Jenin	04
Jericho	02
Jerusalem	02
Nablus	09
Ramallah	02

An der Vorwahl 05x oder 06x können Sie **Mobilfunknummern** erkennen; **gebührenfreie Nummern** beginnen mit 018.

Internet

Wie man unterwegs an das **Internet** und **Mail**-Postfach herankommt, wird immer unspektakulärer. Datendienste erledigt mittlerweile fast jedes Handy. Die Websites mit Listen der Internet-Cafés weltweit veralten vor sich hin, denn inzwischen führt fast jedes Hostel und Hotel ein paar **Computerplätze** als Kundenservice, ca. $ 6 für 30 Minuten. Um einen Laptop oder ein reisefreundlicheres

Netbook an ein **Wireless LAN** (WLAN, auch Wi-Fi) anzuschließen und loszusurfen, ist man wahrscheinlich ebenfalls in der Lobby des nächsten Hostels oder im nächsten Café mit eher jungem Publikum gratis dabei. In gehobenen Hotels kostet WLAN dagegen extra. Wer ein *Headset* dabeihat, kann so über die Software **Skype** sicherlich am erschwinglichsten nach Hause **telefonieren**.

Wer unterwegs mal schnell in einem Internetcafé seine **Emailbox** checkt oder seinen **Kontostand** zu Hause prüft, kann durch Spyware aller Art böse Überraschungen erleben – im schlimmsten Fall ein leeres Konto. Man sollte daher nur im wirklichen Notfall von öffentlich zugänglichen PCs z.B. Flüge per Kreditkarte buchen, Rechnungen überweisen oder ein E-Bay-Account nutzen.

Muss es denn sein, dann löschen Sie so bald wie möglich alle temporären Dateien des benutzten Browsers; beim **Internet Explorer** über >*Extras > Internetoptionen > Allgemein > Löschen*, bei **Firefox** >*Extras > Private Daten löschen*. Wenn man sich auf Internetseiten als User einloggte, unbedingt auch wieder ausloggen.

Um **Missbrauch des Emailkontos** zu vermeiden, sollte man sich ein (temporäres) Email-Account für unterwegs anlegen, über das man nur während der Reise kommuniziert. Dorthin kann man auch die eingehende Post der Heimat-Box weiterleiten und dann bearbeiten. Kostenlose Accounts gibt es z.B. bei www.arcor.de, www.gmx.de, www.hotmail.de, www.web.de oder de.yahoo.com. Alle bieten weitere Features wie zusätzlichen Speicherplatz, um Fotos hochzuladen, Bildbearbeitung, SMS- oder Faxversand etc. Wer trotzdem in seine Standard-Mailbox schaute, sollte gleich nach der Rückkehr das Zugangspasswort ändern.

Sie können auch Ihr eigenes kleines **Emailprogramm auf einem Stick** oder einer Diskette (einfacher in vielen Internetcafés benutzbar) mitnehmen und hinterlassen damit keine Spuren auf dem Internetcafé-Computer. Das pfif-

fige, schnelle Gratisprogramm *Popcorn* lädt man unter www.tucows.com/preview/333653 herunter. Damit schaut man sich nur die eingegangene Post an, kann sie auch bearbeiten und speichern, aber man lässt sie trotzdem auf dem Server des Providers und hat alles bei der Rückkehr parat.

Post

Gute Chancen auf ein geöffnetes Postamt bestehen zwischen 8.30 und 14 Uhr. Die Palästina-Post zeichnet ihre Briefmarken in JD aus, rechnet beim Verkauf jedoch in NIS/₪ um. Postlaufzeiten sind sehr lang (etwa 3 Wochen), da über Israel verschickt wird und Sendungen dort z.T. genau untersucht werden.

Elektrizität

Die elektrische Versorgungsspannung beträgt 220 Volt bei 50 Hertz. In fast allen Hotels finden Sie Steckdosen, in die deutsche Gerätestecker (wie z.B. an Rasierapparaten) passen. Alternativ wird manchmal noch das britische Steckdosensystem verwendet, d.h. für Schukostecker wird ein Adapter (z.B. in Jerusalem erhältlich) benötigt.

Die Medien

Presse

Es gibt keine englischsprachige Tageszeitung. Verbreitet ist die Zeitung *AlQuds* (Jerusalem), die jedoch auch auf www.alquds.com nicht zu erkennen gibt, dass sie außerhalb der arabischen Welt gelesen werden möchte. Ähnlich steht es um AlHayat. Wöchentlich erscheint die englischsprachige *Jerusalem Times*. Im Internet könnte man den www.palestinemonitor.org verfolgen. Tagesaktuelles also am besten in der israelischen Jerusalem Post nachlesen.

Am informativsten ist das gratis ausliegende, aber nur monatlich erscheinende, gratis ausliegende Veranstaltungsmagazin **This Week In Palestine**, www.thisweekinpalestine.com.

Jeden Monat gibt es Beiträge zu unterschiedlichsten Themenschwerpunkten, die sich auch im Archiv für die letzten Jahre abrufen lassen. Im Serviceteil gibt es außer den Veranstaltungen lange Listen von Hotels und Restaurants, die aber nicht immer aktuell sind. Auch ein paar Stadtpläne sind immer dabei.

Rundfunk

**Englischsprachige Zeitungen
und Nachrichten**

Es gibt keine englischsprachige Tageszeitung. Verbreitet ist die Zeitung AlQuds (Jerusalem), die jedoch auch auf www.alquds.com nicht zu erkennen gibt, dass sie außerhalb der arabischen Welt gelesen werden möchte. Ähnlich steht es um AlHayat. Wöchentlich erscheint die englischsprachige Jerusalem Times. Im Internet könnte man den www.palestinemonitor.org verfolgen. Tagesaktuelles also am besten in der israelischen Jerusalem Post nachlesen.

Am informativsten ist das oben erwähnte Veranstaltungsmagazin *This Week In Palestine*, www.thisweekinpalestine.com. MittelwellenRadio: Israel Radio (576 und 1458 kHz) um 7 und 17 Uhr; BBC (1323 kHz) immer zur vollen Stunde. Fernsehnachrichten von Israel TV Channel One: So-Do 18.15, Fr 16.30, Sa 17 Uhr; AlJazeera English zu fast jeder vollen Stunde, http://english.aljazeera.net.

Deutsche Nachrichten

Wer in der Ferne über die Heimat auf dem Laufenden bleiben will, kann dies häufig per Satellitenfernsehen, RTL und Sat 1 sind meist vertreten. Unabhängiger ist man mit einem kleinen Weltempfänger, auf dem man überall Nachrichten hören kann. Die Sendefrequenzen werden häufig geändert, daher am besten den aktuellen Frequenzplan beschaffen, für die Deutsche Welle unter www.dw-world.de/empfang.

- Deutsche Welle 6075, 9565, 13780, 15275, 17845 MHz
- Österreich 11670 und 11715 kHz
- Schweiz 9885 kHz

Fernsehen

Viele Hotels bieten TV per Satellit an. Größtenteils liefern diese jedoch nur arabische Programme, ab und zu ist etwas auf Englisch dabei. Interessant und der Sprachkompetenz förderlich ist es zwar, bekannte Filme auf Arabisch zu schauen, aber in der Mehrzahl scheinen Helden- oder Monsterfilme zu laufen.

Zeitzone

Israel/Palästina ist unserer Mitteleuropäischen Zeit (MEZ) eine Stunde voraus und stellt mit einigen Tagen Unterschied auch auf Sommerzeit um, sodass die zeitliche Differenz erhalten bleibt. Bei der Sommerzeit-Umstellung kommt es manchmal auch zu kurzzeitig unterschiedlichen Zeiten in Israel und Palästina.

Unterhaltung, Sport

Was aktuell läuft, ist zum größten Teil auf www.thisweekinpalestine.com nachzulesen. Kulturell am aktivsten sind Jerusalem, Ramallah und Bethlehem, hier sollten Sie auf jeden Fall Kunstausstellungen, Theater, Konzerte Tanz und dergleichen mehr mitbekommen können. Gute Anlaufpunkte sind die vielen Festivals, die am jeweiligen Ort im Reiseteil genannt werden.

Der palästinensische Sport tut sich nicht hervor, doch es gibt ihn. Aber ähnlich wie bei der Presse scheint man nicht auf Außenbeobachtung zu setzen, wenn man das lediglich arabische Portal Pal Sport als Hinweis darauf nimmt, www.palsport.com. Ähnlich sieht es bei der Palestinian Football Association aus, www.pfa.ps.

Eigene sportliche Betätigung wird mangels Meeresufer vor allem Wandern (siehe oben, erste Infos auf www.walkpalestine.com) oder Radfahren sein (www.bikepalestine.com), und in Jericho kann man auch Reiten im Palestine Equestrian Club. Wildere und touristischere Fun-Sportarten sind vermutlich in Planung.

Geschichte Palästinas

Ein paar Vorbemerkungen

Es lohnt sich, ein bisschen Zeit zu investieren und die großen historischen Zusammenhänge in dem Raum verstehen zu lernen, der unser Reiseziel ist. Doch zunächst eine Begriffsbestimmung: Im Folgenden wird mit *Palästina* eine Landschaft abgegrenzt, die heute politisch nur bedingt so umschrieben wird. Der Begriff Palästina soll in diesem Zusammenhang nur die geografische Fläche bestimmen, die von der Mittelmeerküste bis ans heutige Jordanien reicht, vom Sinai im Süden nach Syrien im Norden. Es ist also nicht der kleine Restbereich gemeint, der – als *Westbank* benannt – dereinst hoffentlich der Kern des Staates Palästina sein wird.

Das geografische Palästina ist seit dem historischen Beginn der Menschheit immer eine Pufferzone zwischen Großmächten gewesen. Denn von der ersten Hochkultur und Großmacht der Welt in Mesopotamien führte der Landweg zur zweiten Großmacht, nämlich Ägypten, zwangsweise durch Palästina und den Sinai. Obwohl es kürzere Wege gab, waren sie wegen der langen Wüstenstrecken praktisch nicht nutzbar, man war gezwungen, den Umweg über das vergleichsweise fruchtbare Palästina in Kauf zu nehmen. Kein Wunder, dass jede dieser Mächte danach trachtete, entweder die Pufferzone selbst zu besitzen, oder zumindest halbwegs neutrale oder von ihr abhängige Lokalmächte dort zu wissen.

Seit grauer Vorzeit

Palästina zählt zu den ältesten Siedlungsräumen der Menschheit. In der Altsteinzeit (**100 000** bis **14 000** vC) durchstreifen Jäger und Sammler das Land, die primitive Stein-

werkzeuge benutzen. In den Höhlen des Karmel hausen Vorfahren des modernen Menschen, aber auch "Neandertaler", die um 40 000 aussterben. In der Mittelsteinzeit ab **14 000** sind die Menschen erfinderisch geworden und setzen Pfeil und Bogen sowie Fallen beim Jagen ein. Wie die ersten Siedlungsschichten von Jericho (etwa **9000** vC), der ältesten bekannten menschlichen Steinbau-Siedlung, beweisen,

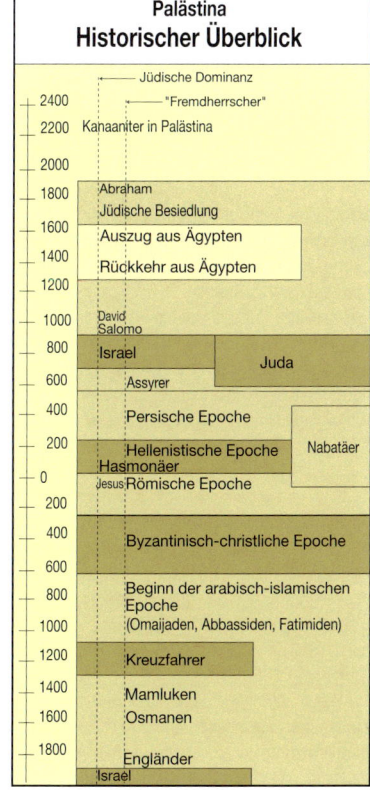

Palästina
Historischer Überblick

Jahr			
	Jüdische Dominanz		
2400	"Fremdherrscher"		
2200	Kanaaniter in Palästina		
2000			
1800	Abraham		
1600	Jüdische Besiedlung		
1400	Auszug aus Ägypten		
1200	Rückkehr aus Ägypten		
1000	David / Salomo		
800	Israel	Juda	
600	Assyrer		
400	Persische Epoche		
200	Hellenistische Epoche	Nabatäer	
0	Hasmonäer / Jesus Römische Epoche		
200			
400	Byzantinisch-christliche Epoche		
600			
800	Beginn der arabisch-islamischen Epoche		
1000	(Omaijaden, Abbassiden, Fatimiden)		
1200	Kreuzfahrer		
1400	Mamluken		
1600	Osmanen		
1800	Engländer		
	Israel		

haben sich die Bewohner zu einer Sozialge-
meinschaft zusammengeschlossen und betreiben Ackerbau und Viehzucht.

Aus der Jungsteinzeit (ab **7500** vC) gibt es
bereits mehrere Zeugnisse, dass Dorfgemein-
schaften systematisch Feldanbau betreiben.
Der größere Wohlstand erlaubt die Beschäfti-
gung mit künstlerischen Ausdrucksformen, besonders als die Töpferei erfunden ist. In Jericho
wird ein erster Tempel für eine aus Mann, Frau
und Kind bestehende Gottheit gebaut. In der ab
4000 vC folgenden Kupfersteinzeit hat man gelernt, Kupfer zu gewinnen und es nutzbringend
für Werkzeuge und Waffen einzusetzen. Auch
aus dieser Zeit gibt es diverse Fundstellen. In
Ägypten und Mesopotamien künden sich die
ersten Hochkulturen an.

In der frühen Bronzezeit ab **3000** vC entstehen
(oder sind z.T. schon entstanden) die ersten
Stadtstaaten in Palästina, neben Jericho lassen sich Hazor, Meggido, Bet Shean, Jerusalem
und Hebron – um die wichtigsten zu nennen
– in diese Zeit datieren. Bewohner sind west-
semitische Amoriter (Mittelmeerküste), von denen man weiß, dass sie ab etwa **2000** vC aus
dem Gebiet westlich des Euphrats bis zur Mittelmeerküste vordringen.

Den größten Teil des Landes besiedeln die **Kanaaniter**. Historisch belegt ist, dass die Kana-
anitische Periode etwa von **3000** bis **1200** vC
dauerte, dann verschwinden sie als Bevölke-
rungsgruppe durch Assimilation, Integration
oder Vernichtung von der Geschichtsbühne.
Der ägyptische Pharao Amenhotep II. berichtet
1429 vC, dass Palästina von Hurritern im Landesinneren und Kanaanitern in den Küstenstäd-
ten bewohnt wurde. 100 Jahre später sprechen
die Ägypter auch von *Habiru – Hebräern* – und
meinen damit alle aus den östlichen (Wüsten-)
Gebieten eingewanderten Gruppen.

Israelitische Epoche

Um etwa **2000** vC scheint sich die Attraktivität
Palästinas herumgesprochen zu haben, denn
eine Invasion von westsemitischen Nomaden
ist nicht mehr aufzuhalten; dazu gehören z.B.

die Amoriter, Nomaden aus der syrischen Wüste. Wenn wir die Bibel nicht nur als religiöses,
sondern auch historisches Dokument betrachten (und an vielen Stellen konnte ihre historische Tragfähigkeit anhand archäologischer
Nachweise bestätigt werden), dann kam etwa
im **18. Jh** vC ein Mann namens Abraham auf die
Idee, ebenfalls nach Westen auszuwandern. Er
stammte aus Ur in Mesopotamien und zog entlang des Euphrats flussaufwärts, schließlich
über Aleppo nach Süden bis nach Hebron. Dabei bevorzugte er das West- und Ostjordanland
bis hin zum Nordnegev der Küstenregion, denn
dort ließ es sich noch leichter erobern als bei
den stärkeren Küstenbewohnern.

Etwa um **1650** vC besiegen die Hyksos – wahrscheinlich asiatische Reitervölker – Ägypten.
Vermutet wird, dass Abrahams Enkel Jakob
und dessen Sohn Joseph diese Gelegenheit
nutzten, um nach Ägypten auszuziehen. Im Norden Kanaans braut sich für die Ägypter – nach
dem Abschütteln der Hyksos-Fremdherrschaft
– ein neuer Krisenherd zusammen. Die Hethiter
sind so stark geworden, dass sie 1285 in der
Schlacht von Kadesch von Ramses II. bekämpft,
aber – im Gegensatz zu seinen zahlreichen Dar-
stellungen – nicht besiegt wurden. Zumindest
arrangiert man sich. In die Regierungszeit dieses Pharaos fällt höchstwahrscheinlich auch
die Rückkehr der Israeliten unter Moses aus
Ägypten über den Sinai nach Palästina. In einem langjährigen Prozess verdrängen die verschiedenen jüdischen Stämme die Kanaaniter,
die aber zunächst noch Teile der Küstenebene
und Jerusalem halten können. Aber nicht genug
des Ungemachs, aus dem Osten und Südosten
stoßen Ammoniter, Moabiter und Edomiter nach
Palästina vor, von Westen her ab etwa **1200** vC
die Philister, indogermanische Seevölker.

Nun haben die Israeliten bei ihrer sogenannten Landnahme mit den Philistern einen weiteren und technisch mit seinen Eisenwaffen
überlegeneren Feind zu bekämpfen. Die Sache
mit den Kanaanitern lässt sich im Laufe der
Jahre durch Eroberung, Vertreibung, Assimilation oder Vernichtung regeln. Doch die Phi-

lister bleiben über viele Jahrhunderte Feinde, obwohl ihr Einflussgebiet auf die Gegend um Gaza und Ashkelon sowie auf Gath und Ekron im Landesinneren begrenzt ist. Ende des **11. Jh** können die Philister in der Schlacht bei Eben-Ezer sogar die Bundeslade erobern (ein transportabler Holzschrein mit den Gesetzestafeln der Zehn Gebote). Die nur locker organisierten Israeliten werden von den *Richtern* genannten Stammesführern (Debora, Gideon, Simson u.a.) befehligt.

1025 vC salbt Samuel, der letzte der Richter, Saul in Gilgal bei Jericho zum König der Israeliten. Damit beginnt die fast 500 Jahre dauernde Zeit der israelitischen Könige. Gleich zu Beginn seiner Amtszeit besiegt Saul die Philister, fällt aber **1006** im erneuten Kampf gegen sie. Nun setzt sich der Stamm Juda durch und krönt in Hebron David zum Nachfolger Sauls.

1000 vC erobert David Jerusalem, erklärt die Stadt zu seiner Residenz und stellt die von ihm zurückeroberte Bundeslade auf dem Tempelberg auf. David geht auf weiteren Eroberungskurs: Er nimmt den Philistern die Jezreel-Ebene ab, besiegt die Moabiter und die Ammoniter und nimmt Damaskus, die Hauptstadt der Aramäer, ein. Nach Süden arrondiert er seinen Machtbereich mit dem Sieg über die Edomiter, mit dem ihm der Zugang zum Roten Meer beim heutigen Elat/Aqaba in die Hand fällt. Er führt eine straffe, nach ägyptischem Vorbild organisierte Verwaltung in dem nun entstandenen Vielvölkerstaat ein.

965 vC wird Davids Sohn Salomo König des israelitischen Großreichs. Er festigt und befestigt die Eroberungen seines Vaters und sorgt durch Umsicht und Weisheit für sein Reich. **953** lässt er den ersten Tempel Jerusalems bauen.

Doch bei seinem Tod **928** tritt ein Erzübel der Israeliten wieder an die Oberfläche: der Streit zwischen den Stämmen, ja Einzelpersonen. Das Großreich zerfällt in ein südliches Reich *Juda* unter Salomos Sohn Rehabeam mit den Stämmen Juda und Benjamin sowie ein nördliches Reich Israel mit 10 Stämmen unter Jerobeam I. Um den Lauf der Geschichte nun weiter zu verfolgen, trennen wir am besten unsere Betrachtung in zwei Abschnitte. Schauen wir zunächst auf den nördlichen Staat, der sich wie der heutige Israel nennt:

Israel

878 vC wird Omri König, der die neue Hauptstadt Samaria gründet. Sein Sohn Ahab heiratet die Tochter des Königs von Sidon, die phö-

Steinzeit-Turm in Jericho – eine der ältesten Städte der Welt

nizischen Einfluss und den Baalkult ins Land bringt. Dies wiederum ruft Propheten wie Elia auf den Plan, die heftig gegen den Götzenkult wettern. **871** folgt Ahab seinem Vater auf den Königsthron; in drei Kriegen behauptet er sich gegen die Aramäer aus Damaskus. Ahab fällt **852** im Kampf. Ihm folgen weitere Könige, **732** unterliegt Pekakh den Assyrern unter Tiglatpileser III., der weite Teile Israels annektiert. Doch **722** kommt es noch schlimmer, die Hauptstadt Samaria wird von Sargon II. von Assyrien erobert. Diesmal begnügt sich die Großmacht nicht mit Tributen, sondern verschleppt die Bewohner, vor allem die Oberschicht. Siedler aus Babylonien füllen das Vakuum, sie vermischen sich mit den zurückgebliebenen Juden zu Samaritanern.

Juda

Nun ein Blick auf das südlich gelegene **Juda**. Es hat mit den Assyrern ebenfalls seine Probleme. Nach dem Tod von Salomos Sohn Rehabeam **910** vC kommen eine ganze Reihe Herrscher an die Macht, unter ihnen Joas, Amazja, Ahas. Dieser unterwirft sich **733** den Assyrern und geht auch auf deren religiösen Kult ein. Sein Nachfolger Hiskia (**727-698**) zeigt Stärke nach innen, reinigt den Tempel von allem Götzendienst und sichert die Wasserversorgung Jerusalems durch den Bau eines Tunnels (der noch heute vorhanden ist, siehe S. 125). Hiskia folgen Manasse, Amon und **639** Josia. In seiner Regierungszeit schlagen die Babylonier die Assyrer vernichtend, Josia nutzt die Chance und annektiert geschwind Samaria und Galiläa. Doch schon sein Sohn Jojakim (ab **608**) gerät in Abhängigkeit des babylonischen Herrschers Nebukadnezar II. Nachdem die Israeliten immer wieder den Aufstand proben, erobert **597** Nebukadnezar II. Jerusalem und treibt die Oberschicht Judas ins babylonische Exil *(Erstes Exil)*. **589** erhebt sich Zedekia gegen die Babylonier, was Nebukadnezar II. zur Belagerung Jerusalems herausfordert. Schließlich erobert er **586** die Stadt, zerstört den Tempel und nimmt nun die meisten Bewohner mit ins babylonische Exil *(Zweites Exil)*, das Königreich Juda existiert nicht mehr.

Zwischenspiel der Perser

Nachdem beide israelitischen Reiche zerschlagen sind und ihre Bewohner entweder in babylonischem Exil festsitzen oder aber von den Assyrern aufgerieben wurden, mischen sich die Karten in Nahost und Palästina neu. **539** vC zerschlägt der Perserkönig Kyros II. das Babylonische Reich und erlaubt **538** den Juden die Rückkehr nach Palästina. Sie bewohnen eine recht kleine autonome Provinz namens Jehud mit Zentrum Jerusalem, die zunächst aber nur vom Toten Meer bis nicht einmal zur Mittelmeerküste reicht. Jerusalem wird wieder befestigt, ein kleiner Tempel auf den Mauern des einst von König Salomo errichteten gebaut, schließlich werden die Küstenstädte Akko und Gaza erobert und befestigt. In den folgenden beiden Jahrhunderten lassen sich immer mehr Griechen in Palästina nieder.

Hellenistische Epoche

Die griechische Besiedlung wird sozusagen legalisiert, als Alexander der Große **333** vC bei Issos über die Perser unter Darius III. siegt. Doch 10 Jahre später stirbt Alexander, Palästina gerät in die Wirren um die Nachfolge, die sogenannten Diadochen-Kämpfe. Zunächst triumphieren die Ptolemäer unter Ptolemäus I. aus Ägypten und halten Palästina besetzt. Die Provinz Juda wird von einem Hohepriester verwaltet, viele Juden wandern in das Machtzentrum nach Ägypten aus.

Hasmonäer

198 vC kommt es zwischen den Ptolemäern und den in Syrien herrschenden griechischen Seleukiden zur Schlacht beim heutigen Banyas, die Seleukiden unter Antiochos III. gewinnen, Palästina kommt nun unter ihre Herrschaft. Die Juden können ihre Religion weiterhin ausüben. Später dreht Antiochos IV. Epiphanes das Ruder herum und befiehlt eine konsequente Hellenisierung Palästinas. Selbst der Jerusalemer Tempel wird nicht verschont und mit einem Altar für Dionysos Sabazios entweiht. Schließlich löst **166** vC ein den Götzen opfernder Jude im kleinen Dorf Mode'in den Funken aus: Der Hasmonäer Mattathias gerät so in Zorn, dass er den Opfernden erschlägt und mit seinen fünf Söhnen zum Aufstand gegen Antiochos bläst. Mattathias stirbt im gleichen Jahr, sein Sohn Judas Makkabäus übernimmt das Kommando über die Revolte. **165** erlaubt Antiochos IV. wieder die Ausübung der jüdischen Religion, **164** wird der Jerusalemer Tempelberg erobert und der Tempel gereinigt.

In weiteren Kämpfen gegen die Seleukiden fällt **160** Judas Makkabäus, sein Bruder Jonathan tritt die Nachfolge an. **152** wird Jonathan zum Statthalter, **150** zum Hohepriester ernannt. **147** besiegt er bei Jamnia die Seleukiden, **142** wird er gefangengenommen und getötet.

Der nächste der Brüder, Simeon, folgt ihm in seinen Ämtern. Simeon gelingt es, die Selbstständigkeit des Staates Juda durchzusetzen. Doch schwelt unter den Juden der Konflikt um die Vereinigung von Hohepriesteramt und weltlicher Gewalt. Als **64/63** vC der Römer Pompejus den Nahen Osten überrennt und unter römische Hoheit stellt, kommt ihm der Konflikt unter den Hasmonäern bei der Eroberung Jerusalems zustatten.

Römische Epoche

Der Hasmonäerstaat wird ein römischer Vasallenstaat, d.h. die staatliche Unabhängigkeit der Juden ist nach relativ kurzer Zeit praktisch wieder beendet. **37** vC richten die Römer Mattathias Antigonus, den letzten Hasmonäerkönig, hin. Sie küren jetzt den aus Edom stammenden Herodes zum König, der als Herodes der Große in die Geschichte eingeht, der Prachtbauten und Fluchtburgen anlegen lässt, den Jerusalemer Tempel als sogenannten Zweiten Tempel erneuert und seinen Herrschaftsbereich nach Syrien und Jordanien hinein ausdehnt. Nach seinem Tod **4** vC wird sein Herrschaftsgebiet unter seinen drei Söhnen Archelaos, Philippos und Herodes Antipas aufgeteilt.

Nach der heutigen Zeitrechnung wird Jesus von Nazareth um **6** vC in Bethlehem geboren und **33** nC in Jerusalem gekreuzigt. **26** nC wird Pontius Pilatus Procurator und Praefectus Judaeae, ein Amt, das er **36** bereits wieder verliert. Ein Enkel von Herodes, Agrippa I., wird bis zu seinem Tod (**44**) König von Judäa, danach sinkt Judäa zur römischen Provinz ohne Vasallenherrscher ab.

Es kommt zu Spannungen zwischen Juden und römischen Besatzern, die vor allem von den fanatischen Zeloten geschürt werden. Der Aufstand der Juden gegen die Römer beginnt **66** nC. **69** wird Vespasian Kaiser in Rom, sein Sohn Titus zieht gegen Jerusalem, zerschlägt den jüdischen Aufstand und zerstört am 28. August **70** den Tempel. 1000 Zeloten können sich noch bis zum Mai **73** auf der Festung Massada verschanzen, dann verüben sie wenige Stunden vor der Eroberung durch die Römer kollektiv Selbstmord. Die jüdische Führungsschicht wird nach Rom geführt (verschleppt). Der Sanhedrin, der Hohe Rat der Juden, entscheidet sich unter dem Rabbi Jochanaan, in die kleine Stadt Yavne zu ziehen und dort eine Schule zu gründen. Hier wird mit den talmudischen Gesetzesstudien der Grundstein zum Überleben des Judentums gelegt.

115 finden Judenaufstände in Kyrene, Ägypten und auf Zypern statt, die auch auf Judäa übergreifen. Als **130** der römische Kaiser Hadrian die Beschneidung der jüdischen Männer verbietet, ruft Simeon Ben Kosba zum Bar-Kochba-Aufstand auf, der **135** von den Römern niedergeschlagen wird und zum Religionsverbot der Juden führt. Erneut werden die unbotmäßigen und aufmüpfigen Juden aus ganz Palästina vertrieben oder als Sklaven verkauft. Nur wenige leben noch im Land, das später von den Römern in drei Verwaltungsprovinzen geteilt wird. Um **140** gestattet der Nachfolger von Hadrian, Antoninus Pius, den verbliebenen Juden wieder die Religionsausübung. Der Sanhedrin wird von Yavne nach Usha, dann nach Tiberias verlegt.

Christen

Langsam entwickeln sich auch christliche Gemeinden in Palästina, so zunächst in Jerusalem, Akko, Jaffa, Lod und Pella (Jordanien). Konstantin der Große führt im 4. Jh das Chris-

Routen des
Ersten Kreuzzugs
(1095–1099)

tentum als Staatsreligion ein. Dies hat eine gewaltige Aufwertung Palästinas und vor allem der Stätten zur Folge, die unmittelbar mit dem Wirken von Jesus zusammenhängen bzw. in Zusammenhang gebracht werden. So entstehen die Grabeskirche auf dem Hügel Golgatha in Jerusalem und die Geburtskirche in Bethlehem. Kaiser Theodosius I. zerteilt **395** das Römische Imperium in das West- und das Oströmische Reich, damit bricht für Palästina die Byzantinische Epoche, d.h. die christliche Herrschaft, an. Am Ende der Regierung von Theodosius II. (**408–450**) ist Palästina weitgehend christianisiert. Immer wieder flackern Aufstände der Juden auf, die aber von den byzantinischen Herrschern niedergeschlagen werden.

614 erobern die Perser, die sich wieder neben Byzanz als Großmacht etabliert haben, unter Chosroes II. Palästina. Der christliche Patriarch von Jerusalem, Zacharias, wird mitsamt dem Heiligen Kreuz aus der Grabeskirche und 37 000 Christen nach Persien verschleppt. In Jerusalem kommen die Juden wieder zur Macht, sie stellen die Christen vor die Wahl, entweder zum jüdischen Glauben überzutreten oder getötet zu werden. **628** gelingt es Kaiser Heraklios, die Perser zu schlagen, die Gefangenen zu befreien und das Heilige Kreuz zurückzuholen. Doch die erneute Etablierung der byzantinischen Herrschaft währt nicht lange. Arabische Heere dringen unter der Fahne des vom Propheten Mohammed verkündeten Islam nach Palästina ein, **636** wird in der Schlacht am Yarmuk das byzantinische Heer von den Arabern vernichtend geschlagen, **638** übergibt der

Patriarch Sophronius die Stadt Jerusalem dem Kalifen Omar.

Arabisch-islamische Epoche

Die direkten Nachfolger Mohammeds fallen Morden im Kampf um das sich schnell ausdehnende Herrschaftsgebiet zum Opfer. **661** nC kommen die Omaijaden in Mekka an die Macht, sie verlegen den Herrschaftssitz nach Damaskus. Sie regieren ein riesiges, in wenigen Jahren erobertes Gebiet, zu dem auch Palästina gehört. Kalif Abd AlMalik lässt auf dem Tempelberg von Jerusalem eins der bis heute schönsten islamischen Bauwerke, den Felsendom, errichten.

750 lösen die Abbasiden die Omaijaden ab und verlegen die Residenz nach Bagdad. **878** erobert ein türkischer Söldner, Ibn Tulun, die Vormacht in Ägypten und Palästina. Kurz vor der Jahrtausendwende lösen die aus dem Maghreb kommenden schiitischen Fatimiden die Nachfolger Ibn Tuluns ab. Der fanatische Eiferer AlHakim zerstört u.a. die Grabeskirche und verfolgt die Andersgläubigen. **1055** erobern die Seldschuken Bagdad und Palästina. Sie überfallen christliche Pilger und geben damit den letzten Anstoß für die Kreuzzüge.

Kreuzfahrer

Als Papst Urban II. die Christen zum Krieg gegen den Islam auffordert, findet er genug Fanatiker, die **1095** zum Ersten Kreuzzug aufbrechen. Als sie **1099** Jerusalem erobern, richten sie ein schlimmes Blutbad sowohl unter den Juden als auch Muslimen als auch orientalischen Christen an. Gottfried von Boullion wird *Beschützer des Heiligen Grabes*. Nach dessen Tod **1100** lässt sich sein Bruder als Balduin I. zum König von Jerusalem ausrufen.

Die Kreuzfahrer sichern nun – besonders unter Fulko – ihre Eroberungen durch den Bau zahlreicher Festungen. König Amalrik will Ägypten annektieren, scheitert jedoch. Dafür rückt nun der erfolgreiche ägyptische Sultan Saladin (*Salah AdDin*) den Kreuzfahrern auf die Fersen. Saladin schlägt **1187** die Christen vernichtend bei den Hörnern von Hittin und nimmt drei Monate später Jerusalem ein. Beim Dritten Kreuzzug gelingt es, Akko zurückzuerobern und diese Stadt zur Hauptstadt des nur noch sehr kleinen Kreuzfahrerstaates auszurufen. Beim Fünften Kreuzzug unter Kaiser Friedrich II. **1228/29** kommt man vertraglich mit dem ägyptischen Sultan überein, Jerusalem, Bethlehem und Nazareth unter christliche Kontrolle zu stellen. Doch **1244** fällt Jerusalem zurück an die Ägypter, **1261-1272** erobert der Mamluke Baibars den Rest des Kreuzfahrerstaats, **1292** fällt schließlich auch Akko. Das christliche Abenteuer in Palästina ist zu Ende, es hat alle Beteiligten unsägliche Opfer gekostet.

Mamluken

In Ägypten hatten um **1250** freigelassene türkische und tscherkessische Sklaven die Macht an sich gerissen. Bis **1516** regieren die machthungrigen und häufig unberechenbaren Mamluken auch Palästina. So grausam ihre Machtablösung in vielen Fällen geregelt wird, so sehr üben sich einige Mamluken wiederum in schönen Sakralbauten oder im Ausbau von Straßen und Brücken. In Palästina hinterlassen sie, abgesehen vom Tempelplatz, allerdings nur wenige Spuren. **1492** erlauben sie aus Spanien vertriebenen Juden die Rückkehr.

Osmanen

Nachdem der osmanische Sultan Selim I. **1516** die Mamluken bei Aleppo geschlagen und Jerusalem sowie Ägypten eingenommen hat, etabliert sich eine neue Großmacht in Palästina, die von Konstantinopel (Istanbul) ihr Reich regiert. Unter seinem Sohn Suleiman II., dem Prächtigen, der immerhin 46 Jahre an der Macht bleibt, findet auch Palästina zu einer neuen Blütezeit. So wird die Stadtmauer Jerusalems gründlich erneuert und teils verlegt, immerhin so dauerhaft, dass sie heute noch den Ruhm Suleimans verkündet. Nach dessen Tod bahnt sich langsam ein Machtverfall der Osmanen an. So können sich in Akko regionale Fürsten etablieren (u.a. Daher AlAmir und Ah-

med Jazzar). **1805** kommt der aus Mazedonien stammende Offizier Mohammed Ali in Ägypten an die Macht, sein Sohn Ibrahim erobert **1833** Palästina und Syrien, **1840** übernehmen die Türken auf Druck westlicher Staaten wieder die Verwaltung.

1841 gründen Protestanten das erste Bistum in Jerusalem, **1848** osteuropäische Juden die erste ashkenasische Gemeinde, **1868** die deutsche Templergesellschaft ihre erste Siedlung in Haifa, **1878** jüdische Siedler Petakh Tikva als erste landwirtschaftliche Siedlung. **1882** kommen – unterstützt von Baron Edmond de Rothschild – in einer ersten Einwanderungswelle russische und polnische Juden nach Israel.

Theodor Herzl legt **1896** sein Buch *Der Judenstaat* vor und begründet damit den Zionismus, der die Juden nach Palästina zurückführen will. Zwischen **1904** und **1914** erhöht sich infolge einer zweiten Einwanderungswelle die Anzahl der Juden auf 100 000 gegenüber 600 000 Arabern. **1909** wird Tel Aviv gegründet.

Der Erste Weltkrieg verändert auch die politische Landkarte im Nahen Osten. Die Türkei tritt als Alliierter Deutschlands und Österreichs in den Krieg ein, Ägypten wird zum Britischen Protektorat erklärt. **1917** erobern die Engländer Palästina, nach Ende des Ersten Weltkriegs – das Osmanische Reich ist endgültig zerschlagen – kommt Palästina unter britisches Mandat.

Mandat der Engländer

Vermutlich hatten sich die Briten ihr Mandat über Palästina etwas gemütlicher vorgestellt, als es sich dann in der Realität zeigte. Zwischen Juden und Arabern kommt es zu immer heftigeren Auseinandersetzungen, **1920** gründen jüdische Siedler die *Hagana*, eine militärische Selbstschutzorganisation. Ab **1933** beginnt die Zahl der jüdischen Einwanderer wegen der deutschen Judenverfolgungen stark anzuschwellen, **1936** wird ein arabischer Aufstand gegen diese Einwanderungswellen blutig niedergeschlagen. **1939** erschweren die Briten den Juden die Einwanderung, es kommt beson-

3

ders während des Zweiten Weltkrieges immer wieder zu starken Auseinandersetzungen zwischen illegalen Einwanderern und den Briten.

1947 beschließt die Hauptversammlung der UNO eine Teilung Palästinas, die jedoch von den Arabern abgelehnt wird. Ein jüdischer Staat soll dort installiert werden, wo mehrheitlich Juden leben, die überwiegend arabischen Gebiete sollen dem Königreich Jordanien einverleibt und Jerusalem unter internationale Kontrolle gestellt werden.

Quasi als jüdische Antwort proklamiert am 14. Mai **1948** David Ben Gurion den **unabhängigen Staat Israel**.

Israel – Staat der Juden

Kurze, aber ereignisreiche Geschichte

Die arabischen Nachbarn des neuen Staates versuchen sofort, ihn zu vernichten: Jordanien, Ägypten, Syrien, Libanon und der etwas entfernte Irak lassen am 15. Mai 1948 ihre Armeen einmarschieren. Die schlecht ausgerüsteten Israelis verteidigen sich heroisch, sodass beim Waffenstillstandsabkommen am 15. Januar **1949** immerhin ein großer Teil Palästinas unter israelische Kontrolle kommt.

Aus der Sicht orthodoxer Juden fehlt jedoch der entscheidende Teil, nämlich die beiden Stammländer Samaria und Judäa, die **1950** von König Hussein von Jordanien annektiert werden. Sie nehmen fortan den Namen *Westbank* an, der aus der Sicht Ammans nur zu naheliegt.

1956 verstaatlicht der ägyptische Präsident Nasser den Suezkanal und sperrt die Straße von Tiran und damit den Zugang zum Hafen Elat. Israel greift am 29. Oktober Ägypten an und erobert den Gazastreifen wie auch den Sinai, zieht sich aber nach Vermittlung der UNO wieder zurück.

1964 gründen die Palästinenser die *Palestine Liberation Organisation*, kurz **PLO**, die, zunächst kaum wahrgenommen, in den folgenden Jahrzehnten zur wirklichen Vertretung dieses Volkes wird. **1967** sperrt Nasser erneut die

Straße von Tiran. Ab 5. Juni schlägt Israel zurück und kann in sechs Tagen den Sinai bis zum Suezkanal, die sogenannte Westbank, Ostjerusalem und den Golan erobern *(Sechstagekrieg)*. Damit beginnt die unsägliche Besatzungszeit der Westbank durch Israel.

In aller Stille sammeln die Ägypter ihre Kräfte und stoßen völlig unerwartet am Versöhnungstag *Jom Kippur*, am 6. Oktober **1973**, über die als uneinnehmbar geltenden Befestigungen am Suezkanal auf den Sinai vor. Auf Vermittlung der UNO wird – nach starken Verlusten der Kriegsparteien – ein Waffenstillstandsabkommen geschlossen. Doch dieser Konflikt hat Einsichten auf beiden Seiten gefördert: Israel ist für die Araber zu stark geworden, um es, wie lange Zeit verkündet, von der Landkarte zu wischen, andererseits hat Israel die wachsende Stärke seiner Nachbarn realisiert.

Diese Erkenntnisse sind die Basis für diplomatische Erfolge der US-Amerikaner: Per Truppenentflechtungsabkommen verpflichten sich **1975** die Israelis zum Teilrückzug vom westlichen Sinai. Im November **1977** reist der ägyptische Präsident Anwar As Sadat nach Jerusalem, in der Knesset hält er eine weltweit beachtete Rede, die schließlich zu den Camp-David-Verhandlungen **1978** führt. In einem Rahmenabkommen verpflichten sich dabei Israel und Ägypten zum Abschluss eines Friedensvertrages, Sadat und Begin erhalten für ihre beispielhafte Leistung den Friedensnobelpreis.

Am 26. März **1979** wird tatsächlich der in der arabischen Welt auf heftigste Kritik stoßende Friedensvertrag geschlossen, entgegen allen Schwarzmalereien hat er bis heute gehalten. Demnach verpflichtet sich Israel zum vollständigen Rückzug vom Sinai in Teilschritten, die bis April **1982** abgeschlossen sein müssen. Israel und Ägypten nehmen diplomatische Beziehungen auf. Kurze Zeit später nimmt die Knesset ein Gesetz an, das Jerusalem zur ewigen Hauptstadt Israels erklärt – der weltweite Protest ist Israel sicher; wie auch bei der gesetzlichen Annexion der Golanhöhen. Im Oktober **1981** wird Sadat in Kairo von fundamentalistischen Terroristen wegen seines Friedensschlusses ermordet.

Im Sommer **1982** geht die israelische Armee gegen Stellungen der Palästinenser im Südlibanon mit allen militärischen Mitteln vor, die PLO soll endgültig vernichtet werden. Trotz Vormarsch bis Beirut gelingt dies nicht, die PLO verlegt ihr Hauptquartier lediglich in sichere Entfernung nach Tunesien. Erst **1985** zieht Israel seine Truppen endgültig aus dem Südlibanon ab.

Seit der Besetzung der Westbank und des Golan entstehen jüdische Siedlungen innerhalb dieser palästinensischen Gebiete. Die in der großen Mehrheit sehr religiösen oder politisch rechts stehenden Siedler lösen viele Konflikte aus. Die Siedlungen sind eine ständige Provokation der Palästinenser, vor allem die am Rand oder inmitten von Städten gelegenen wie z.B. in Hebron. Die Siedler vertreten durchaus militante Ansichten und zetteln ihrerseits häufig genug Terrormorde an Palästinensern an. Der jüdische Arzt Baruch Goldstein z.B., der 1994 in Hebron 29 betende Muslime erschießt und noch mehr verletzt, wird von Juden als heiliger Märtyrer verehrt, sein Grab ist eine kleine Pilgerstätte. Trotz weltweiter Proteste lässt die Siedlungstätigkeit nicht nach; bis 2011 wurden laut Foundation for Middle East Peace (www.fmep.org) 146 jüdische Siedlungen mit weit über 500 000 Bewohnern gezählt.

1987 bricht im Gazastreifen die *Intifada* aus, der Kampf jugendlicher Steinewerfer gegen israelisches Militär. Massendemonstrationen der Palästinenser, zusätzliche Streiks und Boykottmaßnahmen verdeutlichen den Israelis, dass sich das palästinensische Problem nicht durch Verdrängen bzw. Vergessen der seit den 1940er Jahren in Flüchtlingslagern hausenden Menschen lösen lässt. Besonders da der irakische Präsident Saddam Hussein nach der Annexion von Kuwait im Sommer **1990** den Rückzug davon abhängig macht, dass Israel alle besetzten Gebiete räumt, fühlen sich die Palästinenser bestärkt und werfen umso mehr Steine. Beim Anfang **1991** ausbrechenden Zweiten Golfkrieg will Saddam Hussein Israel durch Raketenbeschuss in den Krieg zwingen, um eine breite arabische Front zu etablieren. Trotz Todesopfern halten die Israelis still, Saddam Hussein verliert sein Vabanque-Spiel; mit ihm der PLO-Chef Arafat, der Saddam Hussein unterstützt hatte.

1992 siegt die Arbeitspartei unter Yitzhak Rabin bei den Knessetwahlen. Nach Geheimverhandlungen mit der PLO in Oslo erfährt Ende 1993 die Weltöffentlichkeit, dass die beiden Seiten die gegenseitige Existenz anerkennen und Israel zu einer Teilautonomie für die Palästinenser bereit ist. Bereits **1994** kommen der Gazastreifen und Jericho unter palästinensische Verwaltung, **1994/95** folgen weitere Inseln. Im Juli **1994** wird mit Jordanien die *Washingtoner Erklärung* unterzeichnet und damit der 46-jährige Kriegszustand zwischen den beiden Ländern beendet. **1995** folgt die Unterzeichnung eines formalen Friedensabkommens.

Doch innerhalb Israels formiert sich ein bitterernster Widerstand gegen jegliche Autonomie der Palästinenser, der im Mord an Präsident Rabin im November **1995** eskaliert. Aber auch auf der Seite der Palästinenser bleiben die Hitzund Wirrköpfe nicht untätig. Als Ende Februar **1996** bombende Selbstmörder verheerende Massaker in Jerusalem, Ashkelon und Tel Aviv anrichten, wehrt sich Israel, indem es die palästinensischen Gebiete sperrt und beschließt, sie mit einem möglichst undurchlässigen Grenzzaun völlig abzuriegeln. Mit der Wahl von Benjamin Netanjahu zum Ministerpräsidenten wird der Friedensprozess weitgehend ausgebremst. Im Herbst **1998** laden die Amerikaner die beteiligten Parteien zu weiteren Verhandlungen nach USA ein. Nach äußerst zähem Ringen wird das Abkommen von Wye unterzeichnet, das u.a. eine Ausweitung der palästinensischen Autonomie vorsieht, aber Netanjahu boykottiert es bis zur faktischen Bedeutungslosigkeit. Im Herbst **2000** besucht der Hardliner Ariel Sharon provokativ den Tempelberg und löst damit die zweite, viel blutigere Intifada *(AlAqsa-Intifada)* aus. Sharon wird trotzdem – oder gerade deswegen – wenige Monate später **2001** zum Ministerpräsidenten gewählt.

2002 verläuft eine von Saudi-Arabien geführte Friedensinitiative im Sand, ein Jahr später wird die sogenannte *Road Map* des Nahost-Quartetts UNO, Russland, USA und EU für einen Nahost-Frieden verkündet und kommt bis heute nicht in Schwung. Israel beginnt dagegen den Bau der Barriere („Mauer") zur Westbank, meist kilometertief auf palästinensischem Gebiet.

Am 11. November **2004** stirbt Arafat, Mahmud Abbas wird Anfang **2005** sein Nachfolger als Präsident der Palästinenser. Im Februar erklären Sharon und Abbas die AlAqsa-Intifada offiziell für beendet. Später im Jahr räumt die israelische Armee überraschend die jüdischen Siedlungen im Gazastreifen, obwohl sich die Siedler gegen den Abzug heftig zur Wehr setzen.

Im Jahr **2006** werden Ismail Haniye (Hamas) und Ehud Olmert (Kadima) jeweils Ministerpräsident – ersterer durch die unbeanstandeten ersten Parlamentswahlen in den Autonomiegebieten. Olmert hatte vorher schon den seit Januar im Koma liegenden Sharon vertreten. Nach Entführungen von israelischen Soldaten marschiert die Armee für kurze Zeit wieder in den Gazastreifen ein und führt später vier Wochen lang einen brutalen Krieg im Südlibanon, der die dortige Hisbullah jedoch nicht schwächt, sondern stärkt. Zum Jahreswechsel beginnt die Hamas, sich in einem Bürgerkrieg mit der im Westjordanland stärkeren Fatah von Präsident Abbas die Macht im Gazastreifen zu erstreiten und zu sichern. Die palästinensischen Gebiete sind von nun an nicht nur geografisch geteilt.

Im Sommer **2008** vereinbart Israel eine Waffenruhe mit der Hamas, mit dem Libanon und Syrien finden Friedensgespräche statt. Doch im November dringt die israelische Armee tief in den Gazastreifen ein, um einen Tunnel zu sprengen und liquidiert dabei angebliche Hamas-Leute. Das wiederum löst einen Raketenhagel der Hamas aus, bei dem allerdings fast nur Sachschaden entsteht.

Die israelische Führung nutzt Ende 2008 die Hamas-Raketen und das Quasi-Machtvakuum in den USA nach den Präsidentschaftswahlen als Vorwand, um den Gazastreifen mit einem gnadenlosen Waffengang zu überziehen. Der pausenlose Bombenhagel und die Bodentruppen lassen eins der am dichtest besiedelten Gebiete der Welt weitflächig als Trümmerhaufen mit über 1400 Toten und tausenden Verletzten zurück.

Dieser Krieg beeinflusst die Wahl **2009** in Israel zwischen Zipi Livni *(Kadima)* und Netanjahu *(Likud)* zugunsten des Letzteren. Netanjahu bildet eine Regierung mit dem international wenig beeindruckenden Rechtsaußen Avigdor Lieberman *(Yisrael Betenu)* als Außenminister. Merkliche Bewegungen bleiben seither aus: Obamas Druck auf einen Stopp des Siedlungsbaus hat nicht weitergeführt, es wird weitergebaut.

Ende Mai **2010** greift das israelische Militär den *Free Gaza*-Schiffskonvois, um das türkische Schiff *Mavi Marmara* mit Hilfsgütern für den Gaza-Streifen an und tötet neun türkische Aktivisten. Diese international weithin als unangemessen beurteilte Reaktion führt zu massiven Spannungen mit der Türkei.

Palästina – künftiger Staat der Palästinenser

Vorbemerkungen

In diesem Kapitel ergeben sich zwangsläufig Überschneidungen mit dem vorangehenden Kapitel, weil die Geschichte der Palästinenser seit der ersten zionistischen Einwanderung eng mit der der Israelis verbunden ist.

In Zusammenhang mit den palästinensischen Gebieten haben sich die Begriffe Westbank, Gazastreifen und besetzte Gebiete eingebürgert. Der Ausdruck *Westbank* beschreibt zunächst nur die westliche Schulter des Jordantals, bezieht sich aber allgemein auf die Gebiete, die nach dem Unabhängigkeitskrieg 1949 unter jordanischer Verwaltung blieben, also im palästinensischen Sinn auch nicht unabhängig waren. Dabei handelt es sich wiederum um die historischen jüdisch-biblischen Kernlande Samaria und Judäa, um die es den orthodoxen Juden bei der Rückkehr ins Gelobte Land eigentlich geht. Der *Gazastreifen* entstand ebenfalls eher als Zufallsprodukt; er war der Landstrich, den die ägyptische Armee während des israelischen Unabhängigkeitskrieges gehalten hatte. Als die *besetzten Gebiete* werden die gesamten Landflächen bezeichnet, die Israel 1967 eroberte, die zuvor entweder unter jordanischer oder syrischer oder ägyptischer Verwaltung standen.

Historischer Abriss

Palästina, die Brücke zwischen den Kontinenten und den ganz frühen Staatsgebilden, stand, wie mehrfach erwähnt, stets unter der Herrschaft der mächtigeren Regenten aus der Nachbarschaft; seien es ägyptische Pharaonen, Perser, Griechen, Römer, arabische Kalifen oder schließlich das Osmanische Reich gewesen. Als sich dies auflöste, kamen die Engländer, die schließlich nur einen Teil des Landes an die ursprünglichen Bewohner zurückgaben.

Die lokale, weitgehend arabische Bevölkerung lebte praktisch immer unter Herrschern, deren eigentliches Machtzentrum weit entfernt lag; ob es sich um Bagdad, Konstantinopel oder London handelte. Sie war es gewohnt, sich unter diesem Mantel einzurichten, die große Politik an sich vorüberziehen zu lassen und sich mit den lokalen Gegebenheiten zu arrangieren. Es war eine ländliche Gesellschaft, in deren Mittelpunkt die Familie stand, der größere Familienclan und das Dorf. Über den Tellerrand dieses Mikrokosmos schaute man nicht weit hinaus. Das tägliche Leben der weitgehend bäuerlichen Gesellschaft bestimmte die Landwirtschaft, für

ein staatliches oder in diesem Sinne nationales Bewusstsein gab es keinen Bedarf. Man fühlte sich als Teil der arabischen Bevölkerung im nahöstlichen Großraum; der Begriff *Palästinenser* und die Identifikation mit einer palästinensischen Heimat kamen als Folge der jüdischen Vertreibung erst vor nicht einmal 60 Jahren auf. Auch die soziale Struktur richtete sich im Wesentlichen nach der Landwirtschaft und dem daraus erzielbaren Einkommen. Häufig gehörten größere Ländereien einer Großfamilie, und das Familienoberhaupt bestimmte, was damit geschah. Es gab aber auch viele Besitztümer, deren Eigner in Städten lebten. Sie ließen ihr Land von Fellachen (Landarbeiter, Kleinbauern) bewirtschaften, die auf diese Weise ihren bescheidenen Lebensunterhalt verdienten. Angebaut wurde im Wesentlichen nur dort, wo es sich von den natürlichen Bedingungen her lohnte, also in den fruchtbaren Tälern oder Ebenen. Große Flächen lagen – wie eh und je – brach. Diese Situation muss wohl zu dem bekannten zionistischen Spruch geführt haben: *„Ein Volk ohne Land in ein Land ohne Volk."*

Die vordergründige Idylle wurde nachhaltig gestört, als im Zuge der Zionistenbewegung mehr und mehr jüdische Einwanderer ins Land kamen. Diese Siedler kauften seit den **1880**er Jahren Land in größerem Umfang und ganz le-

*Ahnengalerie der Fatah v.l.n.r.: Abu Masen (Mahmud Abbas *1935), Abu 'Ammar, (Yassir Arafat 1929-2004) und Abu Jihad (Khalil AlWasir 1935-1988)*

gal auf. Verkäufer waren meist reiche Araber, die in den umliegenden Metropolen – Beirut, Damaskus, Kairo etc. – lebten und sich von den sozialen Folgen ihrer Verkäufe kaum tangiert fühlten.

Wirtschaftlich betroffen von den jüdischen Landkäufen waren die unteren sozialen Schichten, die Fellachen, die ihre Arbeitsplätze verloren. Denn die neuen Landeigentümer legten selbst Hand an, um sich zu ernähren. So kam es 1908 zu den ersten bewaffneten Angriffen auf die Siedler und in der Folge immer wieder zu Unruhen, die sich gegen die neuen Landbesitzer richteten und nicht gegen das ganz und gar feudale System.

Doch langsam formte sich auch in den Köpfen der Araber Palästinas ein politisches Bewusstsein, das u.a. **1913** in einen arabischen Kongress in Paris einmündete, bei dem mehr Rechte von den osmanischen Herrschern gefordert wurden, aber – erstaunlicherweise – nicht die Unabhängigkeit. Nach Ende des Ersten Weltkriegs und nach der Unabhängigkeit Syriens **1920** erwachte auch bei den Bewohnern Palästinas nationales Selbstverständnis. Als 1920 bei Unruhen 250 Menschen (meist Juden) umkamen, war dies der letzte Anlass für den Völkerbund, Palästina zum Mandatsgebiet der Engländer zu erklären. Aber die Araber trauten den Engländern auch nicht, weil immer mehr Juden einwanderten. **1921** versuchten sie sich in einem landesweiten Aufstand zu wehren, der von den Briten blutig unterdrückt wurde.

Die Engländer sahen andererseits, dass sich die soziale Lage der Fellachen immer mehr verschlechterte und beschränkten die weitere jüdische Einwanderung. Die Feindschaft der Araber forderte wiederum die jüdische Bevölkerung heraus, sich in engem Zusammenhalt zu organisieren.

Die Araber standen der sich entwickelnden Situation etwas hilflos gegenüber, denn übergeordneter Zusammenhalt war (und ist) nicht ihre Stärke. Streitigkeiten zwischen den kleinen und großen Familienclans auf der einen Seite, aber

auch das eher ungewohnte gemeinsame Aufbegehren und der Kampf gegen zwei Gegner – Engländer wie Juden – ließ eine nationale Bewegung, die sich langsam etablierte, kaum vorankommen. **1929** kam es erneut zu großen Unruhen mit vielen arabischen wie jüdischen Todesopfern, die durch einen Streit über heilige Stätten in Jerusalem ausgelöst wurden, aber bald auf andere Städte wie Hebron übergegriffen hatten. Die Engländer schränkten daraufhin die jüdische Einwanderung weiter ein.

Unter dem Druck der Nazis wanderten dennoch mehr Juden ein. 1936 fanden arabische Massendemonstrationen gegen diese Einwanderungswellen statt, die von den Engländern mit Gewalt unterdrückt wurden. Die Palästinenser traten daraufhin in einen sechsmonatigen, doch ergebnislosen Generalstreik. Dieser zwang dagegen die Juden, sich unabhängig von den arabischen Nachbarn zu versorgen, sodass am Ende zwei nebeneinander operierende Versorgungssysteme im Land existierten.

Die arabischen Unruhen flackerten bis **1939** immer wieder auf. Im Mai 1939 veröffentlichten die Engländer ein Weißbuch, das eine Teilung Palästinas zwischen Arabern und Juden vorschlug, die jüdische Einwanderung auf 75 000 Menschen in den folgenden fünf Jahren begrenzte und anschließend von der Zustimmung der Araber abhängig machen sollte. Diese glaubten, ein Ziel erreicht zu haben und verhielten sich während der folgenden Weltkriegsjahre mehr oder weniger ruhig, selbst als eine zionistische Sonderkonferenz **1942** in den USA einen eigenen Staat und eine eigene Armee in Palästina forderte und ankündigte.

1945 gründeten Ägypten, Libanon, Syrien, Saudi-Arabien und der Irak die Arabische Liga, die u.a. Palästina als Teil arabischer Einflusssphäre deklarierte. Weitere Einwanderungsschübe, ausgelöst durch die Befreiung der Juden aus deutschen KZ, verschärften die Spannungen. Als im Juli **1946** die jüdische Untergrundorganisation Etzel das britische Hauptquartier im Jerusalemer King David Hotel sprengte und 91 Briten tötete, reichten die Engländer das

Problem Palästina an die UNO weiter. Diese entwickelte einen **Teilungsplan** zwischen Palästinensern und Israelis, der am 29. November **1947** als (häufig zitierte) **UN-Resolution 181** mit Zweidrittelmehrheit beschlossen wurde. Die arabischen Staaten lehnten diese Resolution strikt ab.

Am 14. Mai **1948** verließen die Engländer Palästina, abends verkündete der erste israelische Ministerpräsident David Ben Gurion die Gründung eines unabhängigen Staates Israel. Die Palästinenser, denen die UNO-Resolution ebenso einen eigenen Staat zugestand, unternahmen nichts in dieser Richtung. Stattdessen erklärten die Nachbarn Libanon, Syrien, Transjordanien, Ägypten und Irak den Krieg und setzten am nächsten Morgen ihre Truppen in Marsch.

Die zahlenmäßige Übermacht der vereinten arabischen Truppen sprengte alle Relationen, ihr Sieg schien gewiss. Doch die häufig schlecht ausgerüsteten Israelis kämpften den Kampf der Verzweifelten, Todesmutigen, die wissen, dass sie im Fall der Niederlage alles verlieren würden. Die arabischen Armeen wurden unter hohen Verlusten zurückgedrängt. Am 15. Januar 1949 wurde ein Waffenstillstand abgeschlossen. Zur traurigen Bilanz zählt neben den Kriegstoten, dass etwa 700 000 Palästinenser aus ihrer Heimat geflohen waren oder vertrieben wurden. Die Israelis beherrschen nun 77 Prozent des Landes anstelle der im Teilungsplan vorgesehenen 56 Prozent.

Dieser Krieg, den die Israelis meist Befreiungs- oder Unabhängigkeitskrieg nennen, und in den die Araber zunächst mit großer Siegeseuphorie gezogen waren, heißt heute bei den Palästinensern **AnNakba**, die **Katastrophe**. Aus ihrer Sicht trifft dieser Begriff die Situation vollkommen: Die arabische Truppenführung forderte die Palästinenser auf, ihre Häuser vorübergehend zu verlassen, nach wenigen Tagen könnten sie zurückkehren; viele Menschen steckten tatsächlich nur das Allernotwendigste ein, bevor sie ihre Häuser verließen – und sie nie wieder betreten konnten.

Dieser Ausschnitt aus einem Flyer der *Jüdische Stimme für einen gerechten Frieden zwischen Israel und Palästina (Schweiz)*, www.humanrights-in-israel.ch/de/, stellt die chronologische Entwicklung der Gebietsaufteilung grob, aber übersichtlich dar. Aktuelle Aufteilung der Westbank siehe Karte siehe S. 73.

Als sich wie ein Lauffeuer herumsprach, dass die israelische Untergrundorganisation alle 250 Bewohner des Dorfes Deir Yassim bei Jerusalem brutal ermordet hatte, flohen umso mehr Palästinenser vor den israelischen Truppen.

Die angebliche Übermacht der arabischen Truppen entpuppte sich militärisch als Flop; wie sonst konnte z.B. eine ganze syrische Panzerarmee die Flucht ergreifen, als beim Angriff auf den Kibbuz Deganya ihr erstes Fahrzeug durch einen Molotowcocktail in die Luft flog.

Die meisten palästinensischen Flüchtlinge landeten im Gazastreifen und auf der Westbank, aber viele zogen auch weiter nach Jordanien, in den Libanon und in andere arabische Staaten. Den Brüdern und Schwestern dort waren sie nicht sonderlich willkommen. Man errichtete zwar Flüchtlingslager, half den Menschen aber kaum, vor allem siedelte man sie nicht an, weil das politisch ein Aufgeben des Rechts auf Rückkehr und Heimat bedeutet hätte. Erst die UN-Flüchtlingshilfe UNRWA sorgte für das Notwendigste.

Diese Situation und Auffassung hat sich bis heute nicht oder nur unwesentlich geändert. Die Flüchtlingslager bestehen immer noch, wenn auch nicht mehr aus Zelten, so doch als eng gepackte Dörfer mit einfachen Häusern. Viele Menschen wiegen sich immer noch im Glauben, in ihre einstigen Häuser in Jaffa, oder wo sonst sie lebten, zurückkehren zu können. Besuchern zeigen sie den alten Hausschlüssel, den sie ständig bei sich tragen.

Im April **1950** annektiert Jordanien das Westjordanland (Westbank) und Ostjerusalem, die dort lebenden Palästinenser erhalten die jordanische Staatsbürgerschaft. Der Gazastreifen steht unter der Kontrolle der ägyptischen Armee, wird aber nicht ägyptisch, die Bewohner sind praktisch staatenlos. Die ohnehin nur schwach ausgeprägte Führungsschicht der Palästinenser ist zerschlagen. Bald tritt der charismatische ägyptische Präsident Nasser als Leitfigur an deren Stelle. Als Nasser 1958 mit Syrien die Vereinigte Arabische Republik gründet, scheint die panarabische Traum auch die Lösung des Palästinaproblems zu ermöglichen. Doch drei Jahre später platzt mit der Auflösung der VAR der Traum.

1964 wird anlässlich der ersten arabischen Gipfelkonferenz in Kairo die Palestine Liberation Organisation (PLO) gegründet, mit Ahmed Shuqeiri an der Spitze. Von ihm stammt der häufig wiederholte Spruch: „Werft die Juden ins Meer!" In dem von Shuqeiri einberufenen ersten palästinensischen Nationalkongress wird ein *Palästinensisches Manifest* beschlossen, das die Befreiung ganz Palästinas fordert, also das Auslöschen des Staates Israel. Neben

Siedlungen werden – wie Festungen – fast immer auf Höhenrücken angelegt

Streitpunkt Siedlungen

Eine große Belastung und ein ständiger Streitpunkt stellen vor allem die neuen jüdischen Siedlungen innerhalb der besetzten Gebiete dar. In der Regel handelt es sich um konservative oder ultraorthodoxe Juden, die quasi mit der Bibel in der Hand von dem Land Besitz nehmen, das Gott dem auserwählten Volk versprach.

Die Radikalen unter ihnen sind voller Verachtung und Hass auf die Palästinenser, sie schrecken auch vor Morden nicht zurück. Dass Siedler im nahezu rechtsfreien Raum agieren können, ihre Taten höchstens von der Nicht-Regierungsorganisation www.btselem.org dokumentiert werden, verdanken sie staatlichem Schutz mit einem Aufwand von etwa hundert Soldaten pro Siedler. Die Siedlungen, die gegen UN-Beschlüsse, Weltmeinung und wider alle Vernunft aus dem Boden gestampft wurden, sind – harmlos ausgedrückt – eine ständige Belastung sowohl der Beziehungen zwischen den beiden Völkern als auch des Friedensprozesses.

Ende 2008 lebten rund 286 000 jüdische Siedler auf dem Gebiet der Westbank, etwa 194 000 in Ostjerusalem (in neuen Vorstädten wie Ma'ale Adummim) und rund 19 000 auf dem Golan. Die Bevölkerung in den Siedlungen wuchs in den vergangenen Jahren drei- bis viermal schneller als im israelischen Staatsgebiet.

der PLO bilden sich in dieser Zeit Guerillaorganisationen wie Fatah und Assefa, die Terroranschläge gegen Israel ausführen.

1967 löst Nasser den sogenannten Sechstagekrieg aus, mit dem die Palästinenser hoffen, in ihre Heimat zurückkehren zu können. Doch das Gegenteil ist der Fall. Israel erobert die Westbank, die Golanhöhen, den Gazastreifen und den Sinai. Weitere 300 000 Palästinenser fliehen nach Jordanien, unter israelischer Herrschaft finden sich nach den sechs Kriegstagen etwa eine Million wieder (Westbank, Ostjerusalem und Gazastreifen).

1969 wird **Jassir Arafat** zum Vorsitzenden des Exekutivausschusses der PLO gewählt. Dem charismatischen Arafat gelingt es nicht nur, das zerstrittene Lager der unterschiedlichen Interessen zusammenzuschmieden, sondern auch durch aufsehenerregende Terroranschläge – wie den auf die israelische Olympiamannschaft in München 1972 – die Aufmerksamkeit der Weltöffentlichkeit zumindest auf die Palästi-

Siedler versuchen immer wieder zu expandieren: Im Vordergrund stehen illegale Wohncontainer

Menschenrechte

Amnesty International beobachtete, wie die PA mit den Menschenrechten umgeht und kam zu keinem anerkennenden Schluss:
Polizei und Behörden gehen sehr rigide vor, viele Strafverfahren werden unfair und im Schnellverfahren abgehandelt, es kommt zu Folterungen oder gar Geiselnahme von Familienmitgliedern. Schwere Menschenrechtsverstöße wie willkürliche Festnahmen und Folter werden sowohl von Fatah als auch Hamas begangen.

nenser, mehr und mehr auch auf ihre Probleme zu ziehen.

Die Macht der PLO unter den Palästinensern wächst und wird auch nach außen demonstriert. Als dies dem jordanischen König Hussein zu viel und zu gefährlich wird, wirft er die Organisation **1971** mit brutaler Gewalt aus dem Land. Der Yom Kippur Krieg **1973** führt den Palästinensern erneut die militärische Macht Israels vor Augen, was zu einer etwas realis-

tischeren Zukunftseinschätzung innerhalb der PLO führt. **1974** erkennt die arabische Gipfelkonferenz die PLO als einzige legitime Vertretung der Palästinenser an, Jassir Arafat kann zum ersten Mal vor der UNO-Vollversammlung sprechen.

1977 versucht der ägyptische Präsident Sadat Bewegung in die Fronten zu bringen. Er reist nach Israel und hält eine viel beachtete Rede vor der Knesset. In den Camp-David-Verhandlungen von **1978** kommt es zum Friedensschluss zwischen Ägypten und Israel, der **1979** formal unterzeichnet wird.

Nach dem Debakel in Jordanien hatte sich die PLO Beirut als Hauptquartier auserkoren, wo sie förmlich aufblüht und nahezu uneingeschränkte Freiheiten genießt. Vom Südlibanon aus werden immer mehr Terroranschläge gegen Israel ausgeführt. Unter dem Vorwand, diesen Terror zu bekämpfen, marschieren israelische Truppen im Herbst 1982 im Libanon ein und versuchen, nun die PLO ins Meer zu werfen. Doch die siegesgewohnten Israelis brauchen diesmal gut zwei Monate, um die Stützpunkte zu zerschlagen. Nachdem die letzten PLO-Kämpfer den Libanon verlassen haben, ermorden falangistische Milizionäre mehr als 200 der zurückgebliebenen Frauen und Kinder; die israelische Armee greift nicht ein.

Die aus Beirut vertriebene PLO muss in verschiedenen Staaten Zuflucht nehmen, das Hauptquartier landet in Algier. Innerhalb der besetzten Gebiete ändert sich langsam die soziale Situation dadurch, dass immer mehr

Mauerbilder: Tägliches Leben mit der Barriere

Letzte Arbeiten vor dem Schließen

Palästinenser in Israel Arbeit finden, damit ihr Einkommen entscheidend verbessern, aber auch mit modernen Techniken und Ideen in Berührung kommen. Auch steigt das allgemeine Bildungsniveau ganz erheblich, nicht zuletzt durch die von der UNRWA und den arabischen Nachbarländern unterstützen Bildungseinrichtungen. Trotz all dieser Fortschritte gärt es innerhalb der Bevölkerung, die ungeliebte Besatzungsmacht verletzt schon allein durch ihre Anwesenheit, so moderat sie sich (nach eigener Meinung) auch verhalten mag. Die Israelis wiegen sich im trügerischen Glauben, alles unter Kontrolle zu haben.

Ein (wahrscheinlich) unglücklicher Verkehrsunfall im Gazastreifen, bei dem drei palästinensische Jugendliche getötet werden, bringt das Fass zum Überlaufen. Er löst im Dezember **1987** die **Intifada**, den Krieg der Steine, aus: Jugendliche bewerfen nicht wie zuvor Soldaten mit Steinen und fliehen dann, S. 75sondern sie nehmen jetzt quasi den Kampf auf, finden Verstärkung von Kameraden und ziehen sich erst dann zurück, wenn die Soldaten schießen. Die Intifada greift schnell auf alle besetzten Gebiete über, die Palästinenser werfen sich buchstäblich den Frust von der Seele. Im Januar 1988 bildet sich eine nationale Führung der Intifada, die auch Generalstreiks der in Israel Beschäftigten organisiert. Diesmal ist die Revolte nicht von der Exilführung bestimmt, sondern sie demonstriert den Willen der Menschen in den besetzten Gebieten, ihren Zustand nicht mehr hinzunehmen.

Die spontane Erhebung bleibt nicht ohne Eindruck. Die PLO schwenkt auf diese Linie ein, König Hussein von Jordanien verzichtet auf die Westbank und spricht sie den Palästinensern zu. Jassir Arafat gibt sich nun staatsmännisch gemäßigt und wird schließlich auch von den USA anerkannt. Am 5. November **1988** verkündet das Palestinian National Council (das Exilparlament) die Gründung eines palästinensischen Staates, der bald von vielen Regierungen diplomatisch anerkannt wird. Wichtiger aber ist die Tatsache, dass die Palästinenser mit diesem Schritt zum ersten Mal zumindest indirekt eine Zweistaatenlösung in Palästina zugestehen, in der Praxis also einen palästinensischen neben einem jüdischen Staat.

Ende **1990** spitzt sich die Golfkrise zu, Arafat und die Palästinenser setzen auf Saddam Hussein und damit wieder einmal auf den Falschen. Am Ende stehen sie als mehrfache Verlierer da; sie verscherzten sich die aufkeimenden Sympathien des Westens und vieler arabischer Staaten, sodass die vielen Gastarbeiter zurück nach Palästina geschickt und Spendengelder gekürzt werden.

Die Palästinenser sehen nun, dass ihnen die Felle davonschwimmen. Andererseits bringt die immer noch lodernde Intifada viele Israelis zum Nachdenken über die Situation. Aus einer Privatinitiative entstehen Geheimverhandlungen, die **1993** zum Abschluss der sogenannten Oslo-Verträge führen. Beide Vertragsparteien erkennen nun einander und das Existenzrecht des jeweils anderen an und beschließen, die Konfrontation

3

Graffiti wie einst in Berlin

John F. Kennedy lässt grüßen

Was hätten wir in Deutschland getan, wenn…

„Die Araber sind zu allerletzt für das Problemfeld Israel verantwortlich zu machen. Sie haben das Problem nicht verursacht, müssen es aber jetzt bis zur bitteren Neige ausbaden und werden noch vor aller Welt dafür gebrandmarkt, dass sie sich wehren. Welches Land hätte sich denn nicht gewehrt, wenn es plötzlich ein ganzes zahlreiches und noch dazu kulturell fremdes Volk aufnehmen müsste? Was hätten wir gesagt, wenn etwa Russland auf die Idee gekommen wäre, die christlichen Armenier oder gar die moslemischen Tschetschenen im besetzten Teil Deutschlands anzusiedeln? Oder wenn die UdSSR überhaupt in den besetzten deutschen Gebieten eigene Siedlungen errichtet hätte, wo es doch völkerrechtlich verboten ist, in besetzten Gebieten zu siedeln? Israel aber „darf" das alles. Darf in den besetzten Gebieten des Westjordanlandes eine Siedlung nach der anderen errichten, das Wasser für die Plantagen der Palästinenser auf eigene Plantagen und Swimming-Pools umlenken und die Palästinenser dann noch dafür verachten, dass deren Landwirtschaft nicht genügend Ertrag bringt. Die westliche Welt sieht zu," schreibt Vera Zinsgen in ihrem Buch *Sind die Weltreligionen friedensfähig?*

zu beenden. Teile der besetzten Gebiete sollen an die neu zu gründende, interimistische Palestinian Authority (PA) übergeben werden, damit sich die Bewohner selbst nach demokratischen Prinzipien regieren können. Zunächst handelt es sich um den Gazastreifen und um Jericho, in der zweiten Phase (Oslo-2) werden die Israelis Nablus, Jenin, Ramallah, Bethlehem und Hebron (weitgehend) zurückgeben. In der letzten Phase wird Jerusalem zur Debatte stehen. Nach einer fünfjährigen Übergangsperiode hätten die legitimen Rechte des palästinensischen Volkes endgültig realisiert sein sollen.

In dieses Zeitfenster fällt die mit viel Hoffnung verbundene Verleihung des Friedensnobelpreises 1994 an Jassir Arafat, Schimon Peres und Jiktzchak Rabin für ihre gemeinsamen Bemühungen zur Lösung des Nahostkonflikts.

Im Mai **1994** zieht sich die israelische Armee aus dem Gazastreifen und aus Jericho zurück, in den Folgejahren – zum Teil nach großen Verzögerungen – auch aus den meisten anderen vereinbarten Gebieten der Phase 2. Arafat kehrt Mitte 1994 aus dem Exil nach Gaza zurück, von wo aus er eine staatliche Organisation aufzubauen beginnt. Dies scheint viel leichter gesagt als getan, denn die Palästinenser sind immer nur regiert worden. Sie müssen viele Strukturen von Null an aufbauen. Dass dabei Fehlentwicklungen stattfinden, liegt auf der Hand. Aber die

Euphorie für die neue Zukunft und der Wille, etwas neues Eigenes zu gestalten, schafft auch Korrektive. Dennoch kommt es zu Korruption großen Ausmaßes. Unterstützungsgelder fließen in die Taschen von Funktionären und nicht in die der Bedürftigen und vieles mehr. Die Villen der Privilegierten z.B. in Gaza inmitten von Elendsvierteln oder daran angrenzend konnten vermutlich nicht immer ausschließlich von deren Gehältern gebaut werden.

Ende **1995** wird der israelische Ministerpräsident Rabin von einem jüdischen Fanatiker ermordet, Anfang **1996** reißen palästinensische Selbstmordattentäter 60 Menschen mit in den Tod. Neuwahlen in Israel bringen den Hardliner Netanjahu an die Macht, der im Laufe seiner Regierungszeit den Friedensprozess massiv verlangsamt, wenn nicht gar zum Stillstand bringt.

1996 finden die ersten demokratischen Wahlen der Palästinenser statt, bei denen Jassir Arafat mit Mehrheit zum ersten Präsidenten gewählt wird. Arafat versucht, die widerstrebenden Gruppen seines Volkes unter einen Hut zu bringen, vor allem die militanten Terrororganisationen einzudämmen. Doch immer wieder finden Attentate statt, die vor allem den erzkonservativen Kräften in der israelischen Regierung Argumente gegen die weitere Erfüllung der abgeschlossenen Verträge liefern.

Als Strafe und aus Rache riegeln die Israelis die Grenzen der palästinensischen Gebiete immer wieder ab. In Osteuropa und Fernost angeheuerte Gastarbeiter nehmen mehr und mehr die Arbeitsplätze der Palästinenser ein. Arbeiteten 1991 noch 120 000 Palästinenser in Israel, so waren es 1996 nur noch 60 000 (einige Quellen sprechen von 40 000). Das Durchschnittseinkommen der Palästinenser sank von 1988 bis 1997 um ein gutes Drittel, die Arbeitslosenquote liegt (als Durchschnitt aller Gebiete) bei über 30 Prozent.

Im Herbst **1998** verhandeln auf Druck der USA Netanjahu und Arafat in Wye, USA, um den Friedensprozess wieder in Gang zu bringen. Das sogenannte Wye-Abkommen wird am 23. Oktober unterzeichnet. Die Israelis machen Zugeständnisse bei der Zonenzuteilung der verschiedenen Gebiete, die Palästinenser verpflichten sich unter anderem, die Israel bedrohenden oder diskriminierenden Artikel aus ihrer Charta zu annullieren, was auch beschlossen wird.

Nach dem derzeitigen Stand teilen sich die besetzten Gebiete während der Zeit des Oslo-II-Abkommens in drei Zonen. Die Zone A (11 Prozent des Gesamtterritoriums) untersteht alleiniger palästinensischer Kontrolle, die Zone B (25 Prozent) wird gemeinsam von Israelis und Palästinensern kontrolliert, die restlichen 73 Prozent sowie die Sperr- und Naturschutzgebiete fallen in Zone C, die Israel untersteht. Die gemeinsame Kontrolle in Zone B wird so verstanden, dass die PA für den öffentlichen Bereich zuständig ist und die Isarelis die übergeordnete Sicherheit, vor allem auch für die Siedler, garantieren. In den Zonen A und B leben etwa 70 Prozent der palästinensischen Bevölkerung.

Betrachtet man die nebenstehende Karte, dann sieht die palästinensische Landschaft noch schlimmer aus als die der deutschen Kleinstaaterei vor 200 Jahren. Es ist kaum vorstellbar, wie aus einem derart zerrissenen Gebilde ein funktionierender Staat entstehen soll. Die Frage, welchen Status Jerusalem endgültig einnehmen soll, ist völlig ungeklärt und eins der größten wie auch belastensten Probleme überhaupt.

Sitzt man fernab vom Geschehen und denkt über die total vertrackte Situation Palästinas nach, dann kann es kaum eine andere Lösung geben als eine Konföderation zwischen beiden Parteien mit gleichen Rechten und Pflichten für alle. Doch das sehen die Beteiligten offenbar ganz anders.

Das seit der ersten Intifada kaum bemerkte Erstarken der Hamas, die sich schwungvoller als die ziemlich verknöcherte Fatah für die Belange der Bevölkerung einsetzt, zeigte

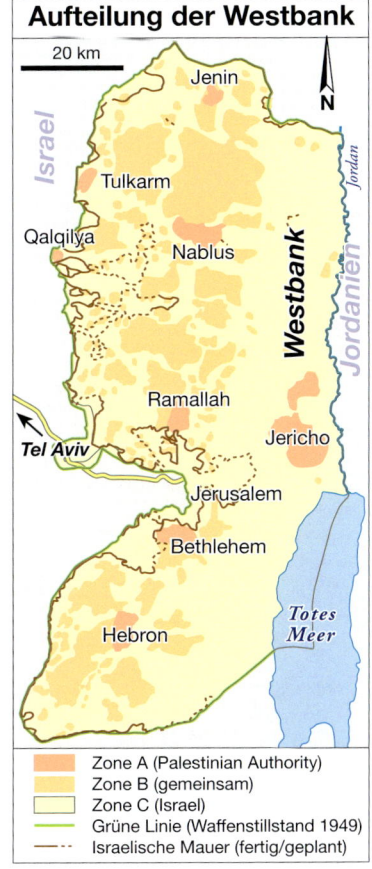

Aufteilung der Westbank

20 km

Jenin

N

Israel

Tulkarm

Qalqilya

Nablus

Westbank

Jordan

Jordanien

Ramallah

Jericho

Tel Aviv

Jerusalem

Bethlehem

Totes
Meer

Hebron

▨ Zone A (Palestinian Authority)
▨ Zone B (gemeinsam)
☐ Zone C (Israel)
— Grüne Linie (Waffenstillstand 1949)
-·-· Israelische Mauer (fertig/geplant)

3

Wasserrecht – Wassernot

Amnesty International (AI) gab im Oktober 2009 einen Bericht „Troubled Waters - Palestinians Deinied Fair Access To Water" heraus, in dem der Zugang zu Wasser in Israel und in den besetzten palästinensischen Gebieten einschließlich Gaza untersucht wird. Israels Infrastruktur-Minister Uzi Landau reagierte mit der barschen Entgegnung, es handele sich um einen oberflächlichen und lügnerischen Bericht, der die Realität verzerrt darstelle.

Nun ist AI nicht gerade als Lügner bekannt. Auch wenn man unterstellt, dass diverse Zahlenangaben des Berichts diskutabel sind oder nur geschätzt werden konnten, dann ergibt sich dennoch ein trostloses Bild für die palästinensische Bevölkerung. Demnach stehen den Israelis täglich 300 Liter Wasser pro Kopf zur Verfügung, den Palästinensern nur 70. Diese Angabe lässt sich tendenziell insoweit nachvollziehen, als die grünen Rasenflächen und Swimmingpools in den (widerrechtlich errichteten) israelischen Siedlungen häufig schon von weitem auffallen und hinreichend bekannt sind. Die 450 000 Siedler im Westjordanland verbrauchen laut AI etwa so viel Wasser wie man den 2,5 Mio Palästinensern zugesteht, rein rechnerisch also 72 Liter pro palästinensischen Kopf. Israel hält dem entgegen, dass es den Palästinensern mehr Wasser liefere als vertraglich festgelegt und dass der tatsächliche Wasserverbrauch bei 400 Litern in Israel und 200 bei den Palästinensern liege.

Das vielschichtige Problem kann hier nur angerissen werden, anders als in dem 115 Seiten langen Report, www.amnesty.org > News > Reports > 27 October 2009. Kaum bekannt ist, dass die israelische Militärverwaltung bereits kurz nach der Okkupation 1967 alle Wasserrechte an sich zog und dass jeder neue Brunnen, jede Wasserleitung, ja sogar jede Zisterne genehmigt werden muss - ein oft jahrelanger Weg durch die Behörden mit meist ungewissem Ausgang. Alle „Schwarzbauten" werden sofort zerstört. Zwar wurde in den Oslo-Verträgen ein Join Water Committee vereinbart, in dem die Palästinenser vertreten sind. Der AI-Report zitiert allerdings einen internationalen Experten, der die Verhandlungen als Unterwerfung und Demütigung der palästinensischen Seite beschreibt.

Eigentlich ist das Westjordanland von der Natur mit einer wasserführenden, von den winterlichen Regen jeweils neugefüllten Gesteinsschicht gesegnet, die seit Menschengedenken die Brunnen speist. Durch die Wasserentnahme Israels sank der Wasserspiegel jedoch um 10 m und mehr. Viele Brunnen fielen trocken, eine Genehmigung zum Nachbohren bis zum Grundwasser ist nur schwer oder gar nicht zu bekommen. In vielen Dörfern muss das Trinkwasser mit Tankwagen herangekarrt werden; schon allein durch die vielen Umwege wegen gesperrter Straßen ist es ein teures Luxusgut für die Verbraucher geworden.

Schlimmer noch sieht die Lage im Gazastreifen aus. Im Krieg um die Jahreswende 2008/9 wurde die Wasserversorgung dermaßen beschädigt, dass die Hälfte der Bevölkerung ohne Leitungswasser auskommen musste. Parallel dazu zerstörte die israelische Armee mehrere Abwasseranlagen, aus denen das auslaufende Abwasser Felder überflutete, unfruchtbar machte und ins Grundwasser eindrang. Die Gaza-Bevölkerung lebt allein vom Grundwasser unter ihrem Boden, das früher ausreichend aus der Bergregion gespeist wurde, aber jetzt wegen der Überbevölkerung über alle Grenzen ausgebeutet werden muss. Dadurch fließt Salzwasser von der Küste nach, zusätzlich entleeren die zerstörten, schlechten oder undichten Abwasseranlagen kontaminiertes Wasser in den Grund; Prognosen besagen, dass bereits 2010 bei 20 % des Grundwassers die Grenzwerte für die Chlorid-Konzentration überschritten werden. Über 90% des Trinkwassers in Gaza sind eigentlich nicht trinkbar, dadurch ausgelöste Krankheiten weit verbreitet.

sich deutlich beim weit brutaleren Verlauf der AlAqsa-Intifada, nachdem Ariel Sharon, sich seiner Wirkung bewusst, am 28. September **2000** den Tempelplatz in Jerusalem besucht hatte. Die zunehmenden Selbstmordanschläge und der Beschuss durch Qassam-Raketen seit 2001 führten die israelische Armee **2002** zur *Operation Schutzschild*, durch die bestimmte Palästinenser gesucht und gezielt getötet wurden – eine kontrovers beurteilte, aber weiterhin ausgeführte Praxis.

Im Frühjahr **2003** wird Mahmud Abbas unter Arafat vom Parlament als Ministerpräsident gewählt. Schon im Herbst tritt er zurück, worauf Arafat Ahmed Kurei als Nachfolger ernennt. In diesen wenigen Monaten beginnt Israel mit dem Bau der Sperranlagen zur Westbank, deren Mauer und Checkpoints ältere Deutsche unwillkürlich an die ehemals deutsch-deutsche Grenze erinnern. Die israelische Mauer ist etwa viermal so lang und dreimal so hoch wie die DDR-Mauer damals in Berlin. Der vom obersten israelischen Gericht stellenweise korrigierte Verlauf trennt dennoch palästinensische Famili-

en voneinander, verhindert z.T. die Bewirtschaftung von Feldern und Ölbäumen usf.

Ende **2004** stirbt Arafat nach langer Krankheit, die Ikone der palästinensischen Befreiungsbewegung. Sicherlich hätte er als Präsident mehr für sein Volk tun können, als mutmaßlich Millionen ausländischer Hilfszahlungen unter Verwandten und Hofschranzen zu verteilen – ein funktionierender säkularer arabischer Staat hätte dem Nahen Osten sicherlich gut getan. Dass es nicht so kam, ist aber keinesfalls Arafat allein zuzuschreiben. Weder Arafats Nachfolger Abbas, noch Haniye, derzeit Oberhaupt im Gazastreifen, werden die Problematik lösen können; der erste besitzt zu wenig Rückhalt in der Bevölkerung, der zweite zu wenig Anerkennung im Westen. Selbst eine erfreuliche Entwicklung wie 2005 die Räumung der jüdischen Siedlungen im Gazastreifen entlud sich im blinden Zerschlagen der zurückgelassenen Infrastruktur. Die Gewächshäuser etwa hätten von den nun ehemaligen arabischen Bediensteten einfach nur weiter betrieben werden können, doch sie fie-

Die häufig sichtbare Flagge Palästinas geht auf die arabische Revolution 1916-1918 zurück. Deshalb ähnelt sie den Flaggen vor allem Jordaniens, aber auch Syriens, des Irak, der Vereinigten Arabischen Emirate und des Jemen. Die Farben erinnern an meist frühe islamische Dynastien: Schwarz steht für den Propheten und die Abbasiden, Weiß für die Omaijaden, Grün angeblich nicht für den Propheten sondern für die schiitischen Fatimiden, und Rot für eine frühe islamische Partei sowie für Andalusien und die Hashemiten. Sie gilt als Flagge Palästinas seit einer Konferenz in Gaza 1948.

len dem Hass auf die soeben verschwundenen Besatzer zum Opfer.

In den weiteren Jahren ist die immer tiefer gehende Spaltung unter den Palästinensern deutlich zutage getreten. Die Menschen im Gazastreifen sind durchschnittlich jünger und chancenloser als in der Westbank: Der Bevölkerungszuwachs ist weit stärker und die Bedrohung durch Arbeitslosigkeit enorm, während die Versorgung mit alltäglichem Bedarf wegen der langen Wirtschaftsblockade nur durch die Tunnel zum Sinai erfolgen kann – denn auch Ägypten hat ja eine Sperrwand zum Gazastreifen hin errichtet, was häufig vergessen wird. In dieser Situation hat es die Hamas leicht, sich mit sinnvollen sozialen Projekten, Geld und Waffen aus z.B. dem Iran Freunde zu machen, und seit der Wahl 2006 ist sie auch demokratisch legitimiert und hat ihren Machtanspruch im Gazastreifen verteidigen können.

Dass nach dem wochenlangen israelischen Bombardement des Gazastreifens zur Jahreswende **2008/2009** Hamas und Fatah durch ägyptische Vermittlung überhaupt miteinander über eine Einheitsregierung sprachen, wirkte fast surreal. Doch Gespräche sind der einzige Weg, denn es gilt, sowohl noch extremere palästinensische Gruppierungen im Zaum zu halten als auch mit den Israelis weiterzukommen, und das wird nur gemeinsam gehen. Derweil sieht es jedoch damit nicht gut aus: Als die Hamas im Frühjahr **2010** an ein paar Fatah-Aktivisten das Todesurteil vollstreckte, entgegnete sie dem Einwand, dass nur Präsident Abbas die Höchststrafe anordnen dürfe, mit dem Ende der Legislaturperiode sei Abbas gar nicht mehr legitimiert. Wann die Anfang 2010 ausgefallenen Wahlen jemals stattfinden sollen, ist völlig offen.

Menschen in Palästina

Die Wurzeln der heute als *Palästinenser* bezeichneten Menschen gehen sowohl auf die vielen Besatzer des Landes als auch auf die arabische Eroberung bzw. die arabischen Nachbarn zurück. Gemeinsam ist ihnen in erster Linie der Islam als bestimmende Leitlinie ihres Handelns, aber auch die arabische Tradition. Sie verbindet ebenso die christlichen und drusischen Minderheiten mit der muslimischen Majorität der Palästinenser. Dabei bestimmen durchaus auch islamische Elemente Verhaltensweisen und Traditionen der Christen.

Wie kompliziert es ist, Palästinenser zu sein, lässt sich am unterschiedlichen politischen Status erläutern: Im Gazastreifen sind sie ihrer Freizügigkeit weitestgehend beraubt, sie können ihr Gebiet kaum verlassen und auch nur äußerst umständlich Besuch empfangen. Leute aus der Westbank mit grüner PA-Identitätskarte oder mit jordanischem Pass dürfen zwar nach Ostjerusalem, aber nur auf Antrag nach Israel. Immerhin können sie über Jordanien relativ unkompliziert in andere Länder reisen. Leute aus Ostjerusalem mit ihrer blauen Jerusalem-Identitätskarte dürfen relativ problemlos in die Westbank und nach Israel hinein.

Die arabischen Israelis dürfen mit ihrem israelischen Pass wiederum nicht in die palästinensischen Autonomiegebiete, was 2009 lockerer, aber inzwischen wieder streng gehandhabt wird. Die Palästinenser in arabischen Ländern können sich frei bewegen, wenn sie keinen Flüchtlingsstatus haben wie z.B. der Großteil der Landsleute im Libanon. Dort bekommen sie nicht einmal eine Arbeitserlaubnis, dürfen aber beispielsweise aus Kuwait oder den Arabischen Emiraten nicht nach Israel, also nur über Jordanien in die Westbank. Am einfachsten haben es die Auslandspalästinenser in Europa und Süd- und Nordamerika. Mit anderer Staatsbürgerschaft können sie – nach sicherlich ausführlichem Grenz-Check aufgrund ihres Namens und Aussehens – sogar nach Israel. Alles klar?

Das tägliche Leben unterliegt – so modern sich die Palästinenser auch geben – den Regeln des Islam, angefangen bei den täglichen fünf Gebeten und endend im gemeinsamen Fasten während des Ramadan. Unter die religiösen Traditionen fällt auch der Umgang der Geschlechter miteinander; das Patriarchat dominiert das Familienleben. Zwar gilt die Frau als die Herrscherin im Haus, aber die wichtigen Entscheidungen und die "Außenpolitik" obliegen dem Mann.

Palästinensische Frauen bewegen sich deutlich freier als z.B. ihre Geschlechtsgenossinnen in Saudi-Arabien. Sie sind gut ausgebildet und spielen auch im Berufsleben eine wichtige Rolle. Dennoch orientiert sich ihre Kleidung an islamischen Moralvorstellungen, oder es werden noch die traditionellen Trachten getragen. Frauen zeigen sich selten allein in der Öffentlichkeit. Entweder sorgt ein männliches Familienmitglied für Begleitung und Schutz, oder die Frau geht mit Freundinnen oder Verwandten aus.

Das öffentliche Nachtleben unterscheidet sich grundlegend von dem des Westens. Man geht ins Kino oder bummelt durch die Basare, aber als Frau nie allein, sondern entweder mit Ehepartner und den Kindern oder, seltener, mit anderen Frauen. Die Männer hocken gern im Café, beschäftigen sich mit Brettspielen oder diskutieren mit den Nachbarn. Alkohol spielt aus religiösen Gründen keine oder eine untergeordnete Rolle.

Der Besucher trifft auf offene, kontaktfreudige und freundliche Menschen. Trotz aller wirtschaftlichen und politischen Nöte zeigt sich die Situation der Palästinenser nach außen nicht so drastisch wie in anderen armen Ländern dieser Erde. Selbst die Flüchtlingslager sehen ordentlicher und aufgeräumter aus als z.B. so manches ärmere Viertel in Kairo.

Drei monotheistische Religionen

Judentum

„Höre, Israel, der Herr, unser Gott, ist einzig!" ist das Gebet, das jeder fromme Jude täglich morgens und abends spricht. Ein nicht unähnliches Gebet schallt fünfmal täglich von den Minaretten der islamischen Moscheen (siehe S. 80).

Die Einzigartigkeit des Gottes Jahwe, und damit den strengen Monotheismus, führten die Israeliten in die Weltgeschichte ein. Für die damalige Welt mit ihren vielen Religionen und den zahllosen Göttern war die Einzigartigkeit dieses Gottes ein Novum, das erstaunlicherweise isoliert blieb, ja Gefahr lief, durch Nebengötter entweiht zu werden. Immer wieder mussten Propheten mit aller Macht für eine Reinigung der Lehre und des Tempels eintreten. Da der Gott Israels einzigartig ist, hängt ausschließlich von ihm alles Leben, alles Fortbestehen ab. Er hat die Welt mit dem Ziel der Fortentwicklung zu einem Ende – nicht zu einem Kreislauf – geschaffen, an dem das Reich Gottes als große Verheißung steht, als Lohn für ein gottgemäßes Leben. Er begegnet den Menschen in Gerechtigkeit und Liebe, aber auch in Zorn. Der Mensch ist zwar ein Ebenbild Gottes, aber geschaffen aus einer Handvoll Staub.

Er hat die Freiheit, nach Gottes Willen zu leben oder zu sündigen. Die Unvollkommenheit des Menschen impliziert zwar auch einen Hang zum Bösen, dem man sich aber willentlich entziehen kann. Wenn der Mensch Gott liebt, dann muss er auch seinen Mitmenschen, der ja ebenfalls Gottes Geschöpf ist, lieben.

Nach jüdisch-orthodoxem Glauben gibt es keine Trennung zwischen dem sakralen und dem profanen Bereich im Leben eines Menschen. Alle Handlungen und Verrichtungen müssen geheiligt werden. Der fromme Jude geht segnend durch den Tag, Speise und Trank oder neue Kleidung, alles was von Gott kommt oder ihm dient, wird gesegnet.

In der Heiligen Schrift ist der Glaube der Juden festgehalten. Er besteht aus der Tora (den Gesetzen), den Propheten und den Weisheitsschriften.

Als Jerusalem und der Tempel 70 nC zerstört worden waren und die Juden in alle Welt zerstreut wurden, traten die Rabbiner an die Stelle der Tempelpriester. Die *Tora* (bei Luther die fünf Bücher Mose) mit dem Gesetzestext und detaillierten Anweisungen für alle Rituale bis hin zur Speisenzubereitung oder dem Geben von Almosen, avancierte mit den Prophetenbüchern und weiteren Schriften wie den Psalmen und dem Prediger Salomos zum wichtigsten Buch (*TeNaKh*) schlechthin; z.B. ist das Vorlesen aus der Tora während der Shabbatfeier eine hohe Auszeichnung. Aber die Tora war nur die Quelle der Gebote. Generationen von Rabbinern beschäftigten (und beschäftigen sich noch heute) mit der Auslegung der heiligen Schriften.

Ihre Erkenntnisse legten sie im *Talmud* nieder, das sind zwölf dicke Bände, in denen Gedanken und Diskussionen, Gesetze, Bibelauslegung, Geschichtserzählung und sogar Anekdoten wie in einem ständig mitgeschriebenen Protokoll festgehalten sind.

Im Talmud wurden für jedes vorhandene oder vorstellbare Problem Lösungen, Vorschriften oder Gesetze entwickelt. Es gibt z.B. sehr detaillierte Regeln, wie geschlachtet werden muss (*Schächtung*, d.h. totale Ausblutung) und was gegessen werden darf, d.h. was koscher ist. Nicht koscher sind Schweinefleisch, Aal, Schalentiere wie Krabben, Muscheln etc. Verbindungen von Milch- und Fleischspeisen sind unkoscher, d.h. eine Bratensauce mit Sahne verwandelt augenblicklich den koschersten Rinderbraten in ein ungenießbares Stück. Nicht einmal die Zubereitungs- und Esswerkzeuge dürfen für beide Speisenarten gemeinsam benutzt werden; orthodoxe Familien besitzen sowohl für Milch- als auch für Fleischspeisen eigenes Geschirr, Besteck und Spülmaschinen. Ein typischer jüdischer Witz erzählt: Als Herr Stern seine Schwiegermutter umbringen will und zum nächstbesten Messer greift, fällt ihm seine Frau in den Arm: „Nicht doch mit dem milchigen Messer!"

So bestimmen 613 Gebote und Verbote das tägliche Leben. Am heiligen Shabbat sind 39 Betätigungen untersagt. Zu den wichtigsten Regeln gehört, dass am Shabbat kein Feuer angezündet werden darf; wobei die Betonung auf *Anzünden* liegt, ein brennendes Feuer darf unterhalten werden. Daraus leitet sich wiederum ab, dass auch das Einschalten von Elektrizität verboten ist, z.B. auch das Betätigen eines Liftknopfes, der veranlasst, dass der Bewohner

in seine Wohnung im 20. Stockwerk gebracht wird. Doch für jedes Gesetz gibt es eine Ausnahme-Auslegung. Aufzüge werden z.B. vor Beginn des Feiertags auf eine Automatiksteuerung geschaltet, die den Fahrstuhl ohne Knopfbetätigung losfahren und an jedem Stockwerk halten lässt. Wundern Sie sich also nicht, wenn der Lift Ihres (streng religiös ausgerichteten) Hotels ab Freitagabend nervtötend langsam vorankommt.

Noch trickreicher ist das Prinzip der Störung einer Störung: In den Stromkreis zu einer Lampe, die – als Entfachung eines Feuers – nicht eingeschaltet werden darf, legt man eine Lichtschranke und schaltet die Lampe vor Beginn des Feiertages ein. Sie brennt jedoch wegen der Unterbrechung durch die Lichtschranke nicht. Stört man nun die Lichtschranke, indem man ihrem Lichtstrahl ein Hindernis in den Weg legt, so wird die eigentliche Lampe eingeschaltet. Dieses Prinzip gilt ähnlich für viele andere elektrische/elektronische Geräte. In Israel suchen spezialisierte Rabbis nach trickreichen Lösungen für allerlei Probleme dieser Art, die bis zur Satellitensteuerung gehen, denn die Steuerdüsen dürfen von frommen Juden am Shabbat nicht betätigt werden, einerlei auf welche Bahn das teure Stück auch geriete.

Überhaupt ist der Shabbat ein besonders wichtiger Tag, an dem der Synagoge große Bedeutung zukommt. Vater und Söhne suchen den bilderlosen Versammlungsraum bereits am Freitagabend zum Gebet auf. Samstagvormittag geht die ganze Familie zum Gottesdienst, die Frauen versammeln sich getrennt von den Männern. Während der Feierstunde tragen fromme Juden den Gebetsmantel *(Talit),* der auch über den Kopf gezogen wird, um sich noch inniger mit Gott verbinden zu können. Kein Mann betritt ohne das kleine Käppchen, *Kippa* genannt, die Synagoge. Viele tragen sie auch im täglichen Leben als ein Zeichen der Verehrung Gottes. (Kleidungssitten der Ultraorthodoxen sind bei der Beschreibung des Jerusalemer Ultraorthodoxen-Viertels Mea Shearim erwähnt).

Das "Kairos-Palästina-Dokument"

Am 11.12.2009 formulierten in Bethlehem palästinensische Christinnen und Christen unter dem Titel "Die Stunde der Wahrheit" einen bewegenden Aufruf an die Weltgemeinschaft zur Beendigung der Besatzung Palästinas durch Israel. Das mitunter kontrovers diskutierte Dokument versteht sich als ein "Wort des Glaubens, der Hoffnung und der Liebe aus der Mitte des Leidens der Palästinenser und Palästinenserinnen".

Der Appell wird in Anlehnung an einen "Notschrei" aus dem Jahr 1985, den südafrikanische Kirchen auf dem Höhepunkt des Apartheitregimes formuliert hatten, "Kairos-Palästina-Dokument" genannt. Damals konnten die Initiatoren die Weltöffentlichkeit wach rütteln – was letztlich zum Ende der Apartheid beigetragen hat.

Neben den politischen Aussagen des Dokuments zu Gewaltfreiheit und Widerstand, beklagen die Autoren die Unmenschlichkeit von Trennmauer, Blockade und Zerstörung, das Los der Flüchtlinge und Gefangenen, die Einschränkung der Religionsfreiheit und den verwehrten Zugang zum Heiligen Land. Sie verweisen auf die eklatanten Menschenrechtsverletzungen und das Schweigen der Völkergemeinschaft. Angesichts der Tragödie fordern sie das Ende der leeren Versprechungen und stattdessen konzertierte Aktionen der internationalen Gemeinschaft gegen die Besatzer. ("Gezielt einkaufen", siehe S. 48).

Das Zeitdokument schließt mit dem aufrüttelnden Schlusswort: "Wir werden hier ein 'neues Land' und einen 'neuen Menschen' entdecken, der imstande ist, sich im Geiste der Liebe zu allen seinen Brüdern und Schwestern zu erheben."

In diesem Kontext erhält die Einladung "Kommt und seht,... damit wir euch die Wahrheit über unsere Wirklichkeit erzählen" neben der chrsitlichen Aussage auch eine politische Dimension. Denn jede Reise, jeder Kontakt, zu den Menschen in die besetzten Gebiete wird für das palästinensische Volk zum Akt der Nächstenliebe und Solidaritätsbekundung.

Christentum

Für die drei monotheistischen Religionen ist Israel/Palästina von größter Bedeutung. Die Wurzeln des Judentums und die des Christentums führen in dieses Land zurück, für den Islam gewann Jerusalem als drittheiligste Stadt hohe Bedeutung, weil der Prophet Mohammed von hier aus zu seiner nächtlichen Himmelsreise aufbrach.

Wir gehen in diesem Abschnitt hauptsächlich auf das Judentum und den Islam ein, weil das Christentum den Lesern des deutschen Sprachraums wohl hinreichend bekannt sein dürfte. Wir halten aber ein paar grundsätzliche Bemerkungen für wichtig.

Weniger bekannt sein dürfte die besondere Lebenssituation der christlichen Minderheit im Nahen Osten und insbesondere in den besetzten Gebieten Palästinas. Manche Statistiken gehen davon aus, dass der Anteil der christlichen Bevölkerung nur noch 1,9 % der Einwohner ausmacht, Tendenz fallend. Mit dem Titel „Christen im Nahen Osten – fast 2000 Jahre Christentum vor dem Aus?" eröffnete ein öffentliches Podium auf dem 2. Ökumenischen Kirchentag 2010 in München. Eindringlicher lässt sich die aktuelle Bedrängnis der palästinensischen Christen nicht zusammenfassen. Dabei sind es die christlichen Kirchen, die sich ganz aktuell mit dem vieldiskutierten „Kairos-Dokument" an die Weltöffentlichkeit wenden und mit Ihrem Aufruf „Kommt und seht!" die Solidarität mit dem palästinensischen Volk einfordern und in ihr Land einladen.

Wer das *Heilige Land* besucht, wird an den christlichen Pilgerorten auf Schritt und Tritt an Aktivitäten Jesu erinnert. Man hat den Eindruck, dass viele Plätze, an denen der Verkünder des Gottesreiches gewirkt haben soll, heute nicht selten vordergründig frömmelnden

Anlässen oder schlichter Geschäftemacherei dienen. Doch Jesus als Person ist ein großes Mysterium, im Grunde entzieht er sich weitgehend jeder Lokalisierung seines Tuns, was ihn vielleicht deshalb zusätzlich interessant macht. Denn seiner Lehre gemäß wäre ihm der heutige Rummel um die christlichen Stätten sicher zuwider gewesen; ihm ging es wohl um die Inhalte seiner Lehre und nicht um Anhimmelung.

Islam

Im 7. Jh entwickelte ein Kaufmannssohn namens Mohammed in Mekka im heutigen Saudi-Arabien eine neue monotheistische Lehre, den Islam, der an jüdische und christliche Überlieferungen anknüpft. 622 zieht er wegen Zwistigkeiten mit den Kaufleuten Mekkas nach Medina um: Mit dieser *Hidjra* beginnt die muslimische Zeitrechnung. Als der Prophet Mohammed 10 Jahre später stirbt, hat er nicht nur eine neue starke Religion gestiftet, sondern auch die zerstrittenen arabischen Stämme so weit unter der Fahne des Islam geeint, dass diese die neue Religion und den ihr eigenen Gottesstaat blitzartig im Orient ausbreiten können.

Die von Mohammed verkündete streng monotheistische Religionslehre des Islam (deutsch *Hingabe*) ist im **Koran** festgehalten. Viele Elemente dieser Lehre basieren auf der Bibel, so betrachtet Mohammed auch Jesus, Moses und die anderen Propheten der Bibel als seine Vorgänger. Wie auch in anderen Religionen glauben die Muslime an das Leben nach dem Tod, werden die Taten des Menschen nach dem Tode bewertet (allerdings erst beim Jüngsten Gericht), landen die Bösen unter furchtbaren Qualen in der Hölle, die Guten im Paradies. Jedoch verhält sich der Mensch prinzipiell nach Allahs Willen, er kann sein irdisches Wandeln nur bedingt entgegen Allahs Wunsch modifizieren. Daraus resultiert ein gewisser Fatalismus, dem wir Europäer häufig erstaunt oder gar fassungslos gegenüberstehen.

"Es gibt keinen Gott außer Allah, und Mohammed ist sein Prophet" (Arabisch: *La ilaha illa-lLah wa Muhammadun rassulu-lLah)*, die-

ses Glaubensbekenntnis und Grunddogma ist einer der fünf Grundpfeiler des Islam. Täglich hören Sie es von den Minaretten der Moscheen schallen. Wenn Sie es selbst aussprechen, sind Sie danach nach muslimischer Vorstellung ebenfalls Muslim – besser in der Richtung nichts überstürzen.

Eine weitere Grundpflicht sind die täglichen fünf Gebete: Bei Sonnenuntergang (Beginn des neuen Tages) erfolgt das erste Gebet, zwei Stunden nach Sonnenuntergang das zweite, in der Morgenröte das dritte, mittags das vierte und gegen drei Uhr nachmittags das fünfte. Das Gebet muss rein, d.h. mit gewaschenen Füßen, Händen und Gesicht, barfuß und auf einer reinen Unterlage (Gebetsteppich) mit dem Kopf in Richtung Mekka erfolgen. Daher hat auch der Besucher einer Moschee entweder die Schuhe auszuziehen oder die häufig angebotenen Stoffüberschuhe anzulegen.

Einmal im Jahr haben Muslime einen Fastenmonat einzuhalten, der im Mondmonat Ramadan liegt und 30 Tage dauert, ebenfalls einer der fünf Glaubensgrundpfeiler. Von der ersten Dämmerung bis zum Sonnenuntergang darf weder gegessen noch getrunken, geraucht oder sonstigen fleischlichen (sexuellen) Genüssen nachgegangen werden. Darüber hinaus sollen keine bösen Worte gesagt oder gedacht und Streit vermieden werden. Für den Besucher kann der Monat Ramadan ein paar praktische Probleme mit sich bringen, da viele Restaurants tagsüber geschlossen und nach Sonnenuntergang total überfüllt sind.

Als ein weiterer Glaubenspfeiler gilt die Almosenpflicht gegenüber Armen. Mit dieser Armensteuer reinigt sich der Besitzende vom Makel des Besitzes, für den Habenichts ist sie eine Art von Rentenversicherung. Weiterhin soll – als letzte der fünf grundlegenden Vorschriften – jeder Muslim einmal im Leben eine Pilgerfahrt (Hadj) nach Mekka unternehmen. Sie zählt zu den Höhepunkten im muslimischen Leben; das gemeinsame Gebet mit vielen tausend anderen Pilgern vor der Kaaba in Mekka ist ein tief prägendes und die Glaubensgemeinschaft bindendes Erlebnis.

Zu den weiteren Vorschriften des Korans zählt die Beschneidung der Knaben. Diese häufig mit einem großen Fest verbundene Zeremonie findet heute meist kurz nach der Geburt statt. Strenge, den klimatischen Verhältnissen angepasste Verbote herrschen auch bei Tisch: Es gibt keinen Alkohol oder andere berauschende Getränke; der Verzehr von Schweinefleisch und das Fleisch aller Säugetiere, die sich von Fleisch ernähren, ist verboten.

Im Islam ist die bildliche Darstellung besonders von Menschen verpönt, weil sich Mohammed in dieser Richtung äußerte (seine Äußerungen – keine ausdrücklichen Verbote – waren mehr gegen den Götzendienst als gegen figürliche Malerei gerichtet). Daher scheuen auch heute noch strenge Muslims vor Kameras zurück. Dieses "Verbot" hatte allerdings extreme Auswirkungen auf die Kunst: Es führte zu der reichen Flächenornamentik des Islam. Die antike Blattranke wurde zur Arabeske stilisiert, einem fortlaufenden Rankenmuster aus Stengel, Blatt und Blüte. Darüber hinaus entstand die arabische Schriftmalkunst, die Kalligrafie, die in keiner anderen Kultur ihresgleichen hat – bestes Beispiel dafür ist der Felsendom.

3

Der Felsendom in Jerusalem gilt als eins der schönsten islamischen Bauwerke

Landschaften Israels und Palästinas

Ein Blick auf die Karte macht deutlich, dass Israel aus unterschiedlichen Landschaftstypen besteht: der westlichen Küstenebene am Mittelmeer, dem sich anschließenden Bergland von Judäa und Samaria sowie dem Grabenbruch mit dem Jordan und Toten Meer. Im Norden dehnt sich Galiläa von Grenze zu Grenze und im Süden breitet sich die Wüste Negev aus.

Die Küstenebene zieht sich am Mittelmeer 270 km von Nord nach Süd, 16 bis 40 km von West nach Ost. Das Bergland östlich der Küstenebene besteht hauptsächlich aus Kalkstein und Dolomit, zwischen Bergen und Ebene verläuft noch das sanfte Hügelland der Shefela mit seinem rostroten Ackerboden. Im Norden ist es das bis zu 1208 m hohe Bergland von **Galiläa**, das landschaftlich zu den eher lieblichen Regionen des Landes zählt, aber dennoch reiche Abwechslung vom schneebedeckten Berg Hermon bis hinunter zum See Genezareth bietet. Ab dem Jesre'el Tal zieht sich das Bergland von **Samaria** mit Erhebungen von maximal 1018 m bis an die Flüsse Yarkon und Shilo, dann folgt nach Süden das ähnlich hohe Bergland von **Judäa**, schließlich die Wüste Negev. Sind die Galiläischen Berge vor allem durch Aufforstung recht grün, so nimmt die Vegetation nach Süden immer mehr ab, bis sie von der Wüste ganz ausgelöscht wird.

Das Jordantal, in einem Teil des syrisch-ostafrikanischen Grabenbruchs gelegen, fällt vom Berg Hermon im Norden stetig ab und hat bereits beim See Genezareth -210 m erreicht, um dann im Toten Meer mit -400 m den tiefsten Punkt der Erdoberfläche zu markieren. Der Flusslauf nach dem See Genezareth ist durch üppiges Grün gekennzeichnet, allerdings immer schmaler werdend. Die westlichen, größtenteils zu Palästina gehörenden Gebirge fallen meist sehr steil zum Grabenbruch hin ab. Besonders deutlich erlebt man dies auf dem Weg von Jerusalem zum Toten Meer. Die Fahrt dorthin führt durch die Judäische Wüste, eine äußerst karge, im Regenschatten liegende Landschaft..

Am Fuß der Judäischen Berge hat sich das Wasser des Jordans im abflusslosen Toten Meer gesammelt und durch Verdunstung im Laufe der Zeit so viele Minerale angesammelt, dass allein der Salzgehalt jegliches Leben auslöscht.

Wie ein Keil verläuft der Negev nach Süden. Auf der Höhe von Beer Sheba beginnend weist er zunächst noch Lößschichten in einer Hügellandschaft auf, die mit dem geringen Niederschlag von bis zu 700 mm pro Jahr und künstlicher Bewässerung noch landwirtschaftlich genutzt werden können. Nach Süden hin wechseln Berg- und Talformationen mit großen Höhenunterschieden einander ab und verwandeln die Wüste in eine faszinierende Landschaft. Ganz im Süden bei Elat tritt die Urgewalt des Urgesteins, das sich vom Sinai hierher fortsetzt, zutage. Östlich wird der Negev durch das 170 km lange und 5 bis 30 km breite Wadi Arava begrenzt, das sich vom Roten zum Toten Meer absenkt. Auf der Ostseite des Wadi erheben sich die bis zu 1000 m hohen Edomiter Berge, die ihren Namen nach ihrer rötlichen Grundfarbe (*edom*) erhielten.

Flora und Fauna

Flora und Fauna werden in Israel sehr stark durch die unterschiedlichen Klimazonen, aber auch durch die Lage zwischen zwei Kontinenten geprägt. Vor der Zeitenwende waren die Ebenen und Gebirgszonen bewaldet, aber die Wälder wurden abgeholzt, grasende, d.h. Wurzeln ausreißende Ziegen taten ein Übriges, sodass die Erosion ein leichtes Spiel hatte und die fruchtbaren Böden davonwusch oder verwehte. In der Küstenebene überlebten nur wenige der typischen Tabor-Eichen diesen Kahlschlag. Anfang des Jahrhunderts erkannten die jüdischen Siedler das Problem und begannen mit der Aufforstung, soweit es ihre bescheidenen Mittel zuließen.

Aufgeforstet wird mit schnell wachsenden, andererseits anspruchslosen Bäumen. Bei den Nadelbäumen erweisen sich Kiefern als sehr geeignet, bei Laubbäumen ist es der Eukalyptus. Daneben findet man Zypressen, Lorbeerbäume, Johannisbrotbäume, Dattelpalmen, Zypressen, Oliven-, Zitrus-, Apfel-, Birnen-, Pflaumenbäume und noch eine ganze Reihe weiterer Nutzbäume, die nahezu alle im nördlichen und mittleren Bereich gedeihen. Als Besonderheit sei auf wildwachsende Papyruspflanzen im Huletal hingewiesen, die heute nur noch am Rand der Kanäle und im Naturschutzgebiet zu finden sind. Um Beer Sheba wachsen nur mehr Zwergsträucher, am häufigsten kommt Wermut vor. Erstaunlich ist auch der Blumenreichtum des Landes, von Rosen, Nelken, Gladiolen, Narzissen bis hin zu Alpenveilchen – allerdings kann man ihn nur im Frühjahr bewundern.

Israel besitzt eine recht vielfältige Fauna, was natürlich mit den so unterschiedlichen Klima- und Landschaftszonen zusammenhängt. Vergleicht man allerdings die Anzahl der heute noch existierenden Arten mit den in der Bibel genannten, dann zeigt sich auch daran, dass unsere natürliche Umgebung ärmer geworden ist. Die starke Besiedlung des Landes drängt auch jetzt noch Arten immer weiter ins Abseits.

Von den Großkatzen wie Löwen, die zu biblischen Zeiten das Land durchstreiften, sind nur ein paar Wüstenleoparden bei Ein Gedi übrig geblieben, die sich von Feldhasen und ähnlichen Kleintieren ernähren. Im Wadi Avdat lassen sich häufig Ibex-Herden beobachten, die über steile Klippen zum Bach hinunterturnen.

Von den Reptilien gibt es im Wasser oder auf dem Land lebende Schildkröten, Echsen wie Geckos oder den kräftigen ägyptischen Dornenschwanz. Mit Aufmerksamkeit kann man vielleicht ein Chamäleon entdecken, das seine Farbe der Umgebung anpasst. Auch Schlangen leben in dem heißen Klima, z.B. die Sandboa und die Schwarze Schlange als Vertreter der freundlichen, nicht giftigen Arten, dagegen

sollte man sich vor der Sandviper tunlichst hüten.

Da Israel wie der Sinai den Zugvogelarten, die das offene Meer scheuen, als Landbrücke und Rastplatz während des Zuges dienen, landen im Frühjahr und Herbst viele von ihnen auf ihren traditionellen Rastplätzen. Weiß- und Schwarzstörche, wie auch Bussarde, Schreiadler oder Sperber ziehen zu Tausenden über das Land. Aber es gibt auch sehr viele Vogelarten, die heimisch sind und höchstens kurze Wanderwege von Nord nach Süd zurücklegen.

Wirtschaft

Die Entwicklung der wirtschaftlichen Situation in Palästina ist ein Abbild der langjährigen Besatzung und Blockade durch Israel. Die politischen Spannungen machen den Aufbau einer industriellen Infrastruktur so gut wie unmöglich. Selbst vom Ausland geförderte Entwicklungs- und Hilfsprojekte in die Grundversorgung, wie z.B. eine gesicherte Trinkwasserversorgung, Kläranlagen, Energieerzeugung oder Verkehrsbauten, sind von der israelischen Blockade und militärischer Zerstörung bedroht. Durch die unzureichende Infrastruktur ist Palästina weitestgehend von Israel abhängig, das gilt – bedingt durch die Siedlungspolitik Israels – insbesondere auch für die knappe Wasserversorgung aus den Quellen des Westjordanlandes (siehe auch S. 74).

Viele Palästinenser finden bei jüdischen Siedlern in der Landwirtschaft Arbeit, allerdings oft zu Löhnen, die im Wettbewerb zu ausländischen Gastarbeitern stehen. Die auf palästinensischen Boden produzierten landwirtschaftlichen Erzeugnisse, insbesondere Südfrüchte, Tomaten und Oliven, gehen überwiegend in den Export, häufig als israelische Produkte ausgegeben.

Die Wirtschaft Palästinas ist insgesamt eher rückläufig, die Arbeitslosigkeit unerträglich hoch. Die meisten noch funktionierenden Unternehmen sind Familienbetriebe, handwerkliches Kleingewerbe und mittelständische Unternehmen. Der größte Teil des Bruttoinlandsproduktes basiert auf dem Dienstleistungsbereich.

Ein wichtiger Zukunftsmarkt dürfte der Tourismus werden, der – sofern sich die Reisenden nicht nur auf Grenzgänger aus Israel beschränken – zu einer wichtigen ökonomischen Säule eines unabhängigen Staates werden kann.

Und Sie haben es als Tourist in der Hand, eine Reiseform zu wählen, die – abseits vom Pauschaltourismus – der palästinensischen Bevölkerung ein Einkommen ermöglicht. Gastfreundlichkeit und Dank inklusive!

Vorbemerkungen zum folgenden Reiseteil

Jeder, der erstmals an eine Reise ins „Heilige Land" denkt, wird **Jerusalem** (siehe Kapitel 4) vor Augen haben. Deshalb empfehlen wir, vor dem Besuch der Westbank zunächst mit diesem Highlight zu beginnen; es in seiner Vielfältigkeit und Spiritualität wahrzunehmen – für viele Menschen gibt es nichts Vergleichbares auf der Welt.

Auf dem Weg vom Flugplatz Lod/Tel Aviv bietet sich ein Zwischenaufenthalt im Friedensdorf **Neve Schalom** an, einer beglückenden Oase inmitten der streitenden Welt. Dort leben arabische und jüdische Israelis friedlich miteinander, erfahren gegenseitig ihre Kultur, Sprache und Religion (s. Seite…?). Es ist ein real erlebbares Wunder im Nahen Osten, das man sich entweder auf der Hin- oder Rückreise nicht entgehen lassen sollte.

Wer Jerusalem bereits kannte oder jetzt kennenlernte, sollte sein Standquartier statt in Ost-Jerusalem lieber in Ramallah, Nablus oder Jenin, in Jericho oder in Bethlehem/Bet Jala/Bet Sahur oder Hebron aufschlagen. Warum? Es ist vermutlich kostengünstiger, spart auf jeden Fall Zeit für Wege und Wartezeit an Checkpoints – und für die Palästinenser ist jeder in der Westbank ausgegebene Schekel eine willkommene Unterstützung. Ein überlebensfähiger Staat Palästina wird nicht ohne selbst generierten Tourismus auskommen.

Kapitel 5: Als Ausgangspunkt kommen Ramallah, Nablus und Jenin in Frage. Von **Ramallah** aus liegen Jerusalem und Tel Aviv sehr nahe, auch Jericho und das Tote Meer sind nicht weit. Nablus wäre ein guter Standort für die ganze nördliche Westbank – wie auch Jenin. Von **Jenin** aus erreicht man außerdem die Partnerregion Gilboa jenseits der Grünen Linie und damit Galiläa mit Nazareth und dem See Genezareth im Handumdrehen.

Kapitel 6: **Jericho** ist gut geeignet für Touren nahe dem Jordan flußaufwärts mit entsprechenden Abstechern hinauf ins Bergland der nördlichen Westbank sowie nach Süden zum **Toten Meer** mit Qumran und En Gedi. Aber auch von hier aus sind es bis Jerusalem nicht einmal 40 km.

Kapitel 7: Zur Erkundung der südlichen Westbank bietet sich am besten eine Unterkunft in **Bethlehem**, Bet Jala oder Bet Sahur an – rund 10 km von Jerusalem entfernt. Im Umfeld liegen die Klöster der Wüste Juda und die Weinberge Richtung Hebron. **Hebron** selbst hat kaum Hotelkapazitäten, aber auch dort gibt es Unterkünfte.

Kapitel 8 stellt **Gaza** vor, die eingekerkerte und für den üblichen Tourismus praktisch nicht zugängliche Enklave. Da dieses Buch von Palästina handelt, soll Gaza wenigstens erwähnt werden – vielleicht öffnen sich die Schlagbäume bis zur nächsten Auflage…

Es ist gut, in diesem Land Zeit mitzubringen, nicht zuletzt, um Gelegenheiten zu Begegnungen und Gesprächen wahrzunehmen. So wird sich Ihr Aufenthalt vom Massentourismus unterscheiden, denn bei den kurz bemessenen „Pflichtprogrammen" werden die Teilnehmer kaum die Möglichkeit und Muße finden, Land und Leute kennenzulernen.

Jerusalem und Umgebung

Jerusalem muss man erleben

Die Juden nennen sie *Yerushalayim,* die Palästinenser *AlQuds (die Heilige)* und die Christen meinen dies, wenn sie an Jerusalem denken. Denn diese ungewöhnliche Stadt ist den drei monotheistischen Religionen heilig, hier liegen die Ursprünge der drei miteinander verwandten und verfeindeten Glaubensgemeinschaften: Vor etwa 4000 Jahren sollte der Urvater Abraham auf dem Berg Moria, den heute der Felsendom krönt, seinen Sohn Isaak opfern. 2000 Jahre später wurde Christus unweit dieses Hügels gekreuzigt, gute 600 Jahre später hob der Prophet Mohammed vom Berg Moria zu seiner himmlischen Reise ab. Seither gehört der Begriff Jerusalem bereits zum kindlichen Wortschatz der Glaubensnachfahren von Abraham, seien sie nun jüdisch, christlich oder muslimisch.

Die „systembedingten" Konflikte der drei Religionen untereinander prägen auch heute noch das Bild dieser Stadt. Ihr Boden ist getränkt mit dem Blut all derer, die glaubten, ihren Gottesbegriff den AndeFrsgläubigen per Schwert oder Feuerwaffe aufoktroyieren zu müssen. Und immer ist das Vorbeben zu spüren, das in Erwartung der auf unbestimmte Zeit aufgeschobenen Verhandlungen zwischen Israel und den Palästinensern über den endgültigen Status der Stadt Jerusalems Erde erzittern lässt.

Doch unabhängig von allen künftigen Entwicklungen hat das Jerusalem der Gegenwart und Vergangenheit so viel zu bieten und ist schon vom Äußerlichen her eine so sympathische Stadt, dass man in seinen Mauern Wochen und Monate zubringen könnte – wenigstens aber einige Tage für ein erstes Kennenlernen einplanen sollte.

Als Tourist in Jerusalem

Jerusalem, die 850 m hoch gelegene Stadt mitten im schroffen Mittelgebirge – wie konnte

Meistfotografierter Einlass in die Altstadt: das Damaskustor

man eine Stadt dort gründen, wo es kaum eine ebene Fläche gibt, wo es immer keuchend bergauf oder nahezu rutschend bergab geht! Sicher bietet eine solche Lage auch diverse Vorteile – sei es nur der Ausblick in fast alle Richtungen. Aber auch die ständige Verfügbarkeit von Wasser spricht für den Platz, günstige Verteidigungsmöglichkeiten und, nicht zuletzt, die angenehme kühle Brise im Sommer (die allerdings im Winter in beißende Kälte umschlagen kann).

Was aber macht dieses Fleckchen Erde so attraktiv, dass es seit 3000 Jahren von Aposteln, Herrschern, Religionsstiftern, Rittern und Knechten umkämpft, umworben oder brutal zerstört und immer wieder aufgebaut wurde? Mit großer Sicherheit gibt es viele ähnliche geografisch und versorgungsmäßig gleich günstige oder sogar viel besser gelegene Plätze im Nahen Osten, die sich für eine Stadtgründung eignen. Eine schlüssige Antwort, warum es nun unbedingt die geografischen Koordinaten Jerusalems sein mussten, gibt es nicht, abgesehen von den vielen teilschlüssigen Antworten.

Wie auch immer es zur Auswahl dieser Lokation gekommen sein mag, heute ist die Ansammlung von gelbgrauen Steinhäusern (auch wenn sich neuerdings dahinter Beton verbirgt) ein faszinierendes, liebenswertes, zur Nachdenklichkeit anregendes und

Für bessere Lesbarkeit haben wir den nebenstehenden Plan über den Satzspiegel hinaus platziert.

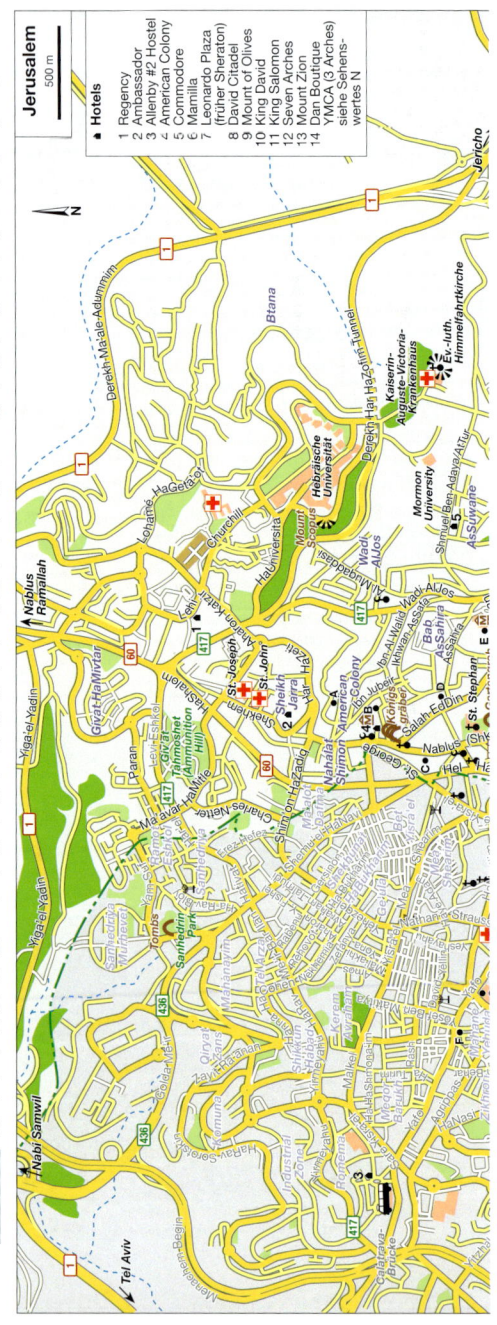

Jerusalem

500 m

▲ **Hotels**

1 Regency
2 Ambassador
3 Allenby #2 Hostel
4 American Colony
5 Commodore
6 Mamilla
7 Leonardo Plaza (früher Sheraton)
8 David Citadel
9 Mount of Olives
10 King David
11 King Salomon
12 Seven Arches
13 Mount Zion
14 Dan Boutique
YMCA (3 Arches) siehe Sehenswertes N

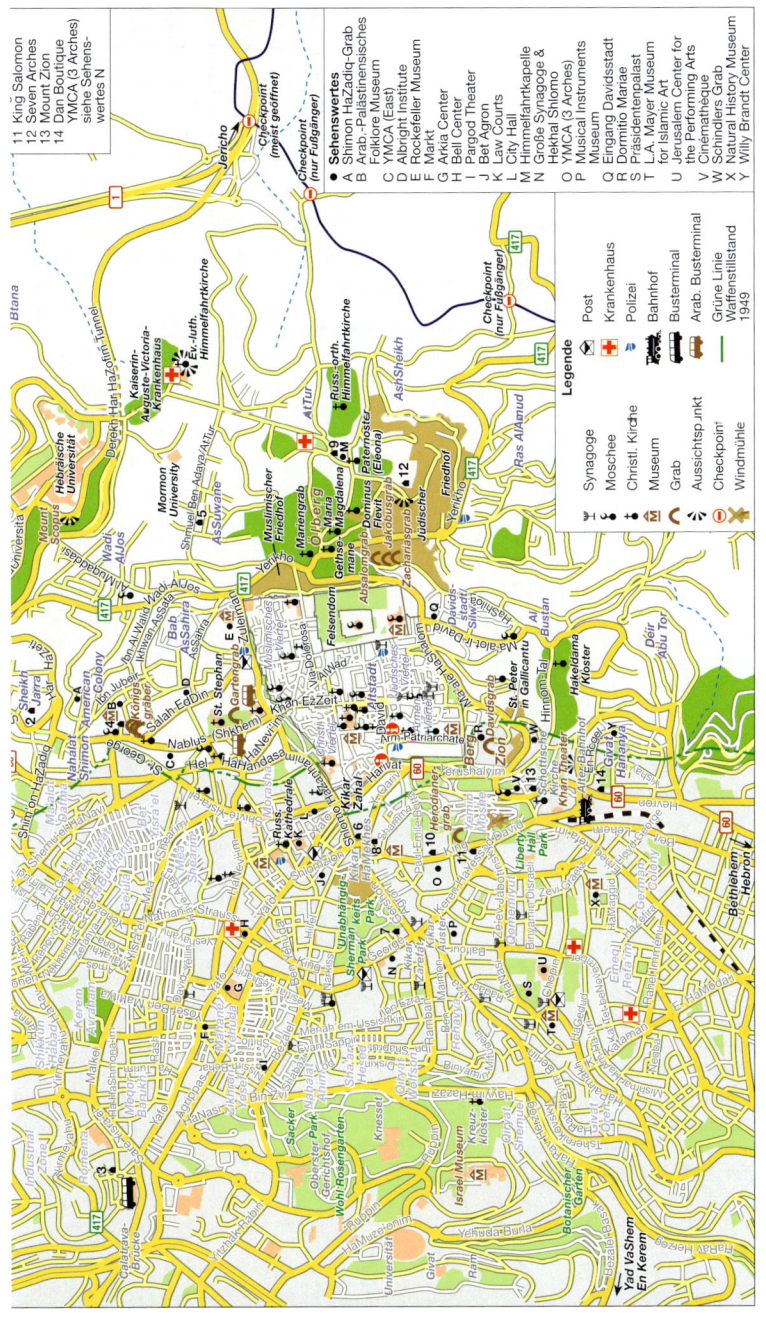

4

Sehenswertes

11 King Salomon
12 Seven Arches
13 Mount Zion
14 Dan Boutique
   YMCA (3 Arches)
   siehe Sehens-
   wertes N

A Shimon HaZadiq-Grab
B Arab.-Palästinensisches
  Folklore Museum
C YMCA (East)
D Albright Institute
E Rockefeller Museum
F Markt
G Arkia Center
H Beit Center
I Pargod Theater
J Bet Agron
K Law Courts
L City Hall
M Himmelfahrtkapelle
N Große Synagoge &
  Hekhal Shlomo
O YMCA (3 Arches)
P Musical Instruments
  Museum
Q Eingang Davidsstadt
R Dormitio Mariae
S Präsidentenpalast
T L.A. Mayer Museum
  for Islamic Art
U Jerusalem Center for
  the Performing Arts
V Cinematheque
W Schindlers Grab
X Natural History Museum
Y Willy Brandt Center

Legende

Post
Krankenhaus
Polizei
Bahnhof
Busterminal
Arab. Busterminal
Grüne Linie
Waffenstillstand
1949

Synagoge
Moschee
Christl. Kirche
Museum
Grab
Aussichtsp.nkt
Checkpoint
Windmühle

ständig herausforderndes Gebilde. Jerusalem – bis vor etwa 160 Jahren zwischen den hohen Mauern der Altstadt eingefangen – ist aber heute auch eine Art Wildwuchs auf den Bergen ringsum und daher geografisch vielleicht etwas schwieriger zu verstehen als manche andere Stadt.

Man muss sich in Erinnerung rufen, dass es bis zur Eroberung der Westbank nur eine Ausdehnungsrichtung gab, und zwar nach Westen. Schon die ersten Siedlungen außerhalb der Altstadt entstanden westlich der Mauern. So ist heute ein deutliches Gefälle von Wohlstand und Architektur von West nach Ost auszumachen. Östlich der Altstadt liegen die alten arabischen Dörfer, an die Berghänge geklebt, ungepflegte Straßen, einfache Häuser, wenig Komfort. Auch die jüdischen Siedlungen nordwestlich der Altstadtmauer machen einen eher ärmlichen Eindruck, während die neuen jüdischen Siedlungen – die zum Ärger der Palästinenser die Stadt nahezu völlig einkreisen – besser ausgestattet sind. Doch die Viertel im Westen und Südwesten sind gepflegt, modern wie überall in der westlichen Welt.

Die Altstadt selbst ist ein einziges Abenteuer der Sinneseindrücke, eine Schaubühne der Religionen und Rassen, eine Lebensgemeinschaft unterschiedlichster Menschen verschiedenster Herkunft auf engstem Raum. Diese Quadratmeile von alten und uralten Häusern, Palästen, Kirchen, Synagogen, Moscheen und Klöstern wird von einem unentwirrbaren Knäuel von Gassen und schmalen Sträßlein durchzogen. Überdachte Basare lassen kaum einen Blick zur Orientierung zu, man kann sich zu Beginn nur an *bergauf* oder *bergab* informieren; denn das Terrain fällt von Norden her zum Tempelberg hin stetig ab; geht man also bergauf, kommt man schließlich (meistens) an der Nordmauer mit ihren Toren an.

Und doch ist diese Altstadt nicht der große orientalische Basar, wie es der von Damaskus oder der Khan AlKhalili von Kairo ist. Einerseits scheinen die Souks von Jerusalem sauberer, aber deutlich steriler und von der Stimmung her

nüchterner zu sein. Die Händler handeln nicht mehr in dem Maß, wie es die Tradition des Orients will, schnelles Absahnen ohne großes Palaver ist angesagt. Wer einen Touristen in den Fängen hat, versucht den Auszubeutenden nur noch als Skelett entkommen zu lassen. Das gilt vor allem für die Kitsch- und Souvenirabteilung; in den Souks fürs tägliche Leben kommt viel eher ein Schwatz über die Kinder, Enkel und Urenkel des Basari zustande.

Morgens gegen 7 Uhr kann man das bunte Bild hin und her eilender Schulkinder in ihren unterschiedlichen Uniformen beobachten. Macht man sich auf Weg zur Klagemauer, sieht man die Sonne über dem Tempelberg aufgehen und begegnet orthodoxen Juden mit ihren Pelzmützen „eilenden Schrittes" auf dem Weg zum Gebet, wie es die Tora gebietet. Dann, gegen 9 Uhr, klappern die ersten Eisentüren, und einige Händler öffnen, eher missmutig, ihren kleinen Laden.

Der eigentliche Betrieb beginnt frühestens um 9.30 Uhr. Abends gegen 18 Uhr klappern die Eisentüren erneut, und die Altstadt klappt zusätzlich die Bürgersteige hoch. Selbst die meisten der Restaurants versuchen noch schnell, die letzten halbwarmen Speisen an den Gast zu bringen und schließen wenig später. Zwar kann man auch um 20 Uhr vielleicht noch ein paar offene Shops finden (und dabei vielleicht sogar ein Schnäppchen machen), aber die Luft ist raus, die Atmosphäre zerfallen. Es beginnt die Zeit, in der die Altstadt etwas unheimlich wird und Frauen besser nicht allein durch das Halbdunkel gehen.

Aber die Altstadt ist nicht Souvenirmarkt allein. Sie ist genauso religiöser Kommerz. Da gibt es die Priester der unterschiedlichsten Konfessionen – vom schwarzen christlichen Äthiopier bis hin zu den blassen römisch-katholischen Profis –, die sich um den Gottesdienst in der Grabeskirche so streiten, dass das Gebäude eher zusammenfällt, als dass dringendst notwendige Restaurationen vorankämen. Da gibt es die Pilgerscharen, die, angeleitet von einem Mönch oder Priester, mit dem aufgeschulterten Kreuz die vierzehn Passionsstationen durcheilen. Da

Sehenswertes

Altstadt

****Grabeskirche**, schön und/oder erhaben kann man die Grabeskirche nicht nennen, dennoch vermittelt sie Rückbesinnung, regt wegen ihrer historischen Bedeutung zum Nachdenken, aber auch zum Meditieren und Beten an, S. 113

****Tempelberg mit AlAqsa-Moschee und Felsendom,** das Bau-Ensemble auf dem Moria-Hügel besitzt große Ausstrahlung, der Felsendom zählt zu den schönsten islamischen Bauwerken, die AlAqsa-Moschee ist ebenfalls sehr sehenswert, S. 105

***Western Wall Tunnel** ermöglicht Einblicke in mehrere Jahrtausende jüdischer und Jerusalemer Geschichte, S. 103

***Jerusalem Archaeological Park/Ofel Garden**, sehr interessante Ausgrabungsstätte, gute Einblicke in Tempel- und Stadtgeschichte, S. 104

***Jüdisches Viertel**, durch Kriegseinwirkungen stark zerstört, daher neu und stimmungsvoll aufgebaut, wobei interessante historische Relikte zutage kamen; ein Besuch lohnt sich (Burnt House, Tempel Modell, Wohl Museum, Cardo Maximus), S. 117

***Westmauer (Klagemauer),** wichtigste religiöse Stätte der Juden, gewaltiges Mauerwerk aus Herodes' Zeiten, S. 102

***Zitadelle, Tower of David,** mächtiger Gebäudekomplex, gutes Display, gute Informationen, S. 100

Anna-Kloster und -Kirche, schöne Kreuzfahrerkirche in erholsamem Garten, Teich Bethesda, S. 109

Via Dolorosa, fast jeder alte Kreuzgang vermittelt mehr vom Leiden Jesu als der vom geschäftigen Alltagsleben geprägte *Weg der Schmerzen*, der zum Standardprogramm der christlichen Pilger gehört, S. 109

Stadtmauerspaziergang, guter Überblick über die Altstadt, S. 100

*Armenisches Museum**, mit Sinn für Nostalgie macht das etwas verstaubte Museum durchaus Spaß, S. 122

*Damaskustor**, das fotogene, weil mächtigste Tor der Altstadt mit buntem Treiben und Relikten der Römerzeit, S. 126

In direkter Umgebung der Altstadt

***Davidsstadt**, der über 2700 Jahre alte Hiskia-Tunnel mit Warren-Schacht ist die sehenswerteste Attraktion der Davidsstadt, S. 124

***Ölberg**, toller Blick auf die Altstadt, religionshistorisch interessanter Spaziergang nach Gethsemane, S. 94

Berg Zion, für Christen dürfte der Abendmahlssaal von Bedeutung sein, daneben beeindruckt das bauliche Ensemble, das hier im Laufe der Jahrhunderte entstand, S. 122

Rockefeller Archaeological Museum, wichtige Funde aus vielen Epochen sind hier ausgestellt (mehr Archäologie gibt es nur im Israel-Museum), S. 129

*Garden Tomb (Gartengrab)**, die als "alternative" Kreuzigungsstätte bekannte Anlage besticht vor allem durch den gepflegten Garten, S. 127

4

legt sich während der muslimischen Gebetszeiten die Geräuschkulisse der betenden Mullahs von den Minaretten der Stadt aufs hektische Getriebe. Und da sind die arroganten Felsendom- und AlAqsa-Wärter, die zwischen muslimischen und heidnischen Schuhen brutal unterscheiden und im Winter die Heiden zur Strafe erstmal auf den kalten Fliesen barfuß marschieren lassen.

Sicher und mit Recht fokussiert sich das touristische Interesse zunächst auf die Altstadt. Aber außerhalb dieses Kristallisationspunktes gibt es mindestens ebenso viel zu sehen und zu erleben.

Jerusalem ist eine so seltsame Mischung aus Empfindungen, Gefühlen, Stimmungen, Herausforderungen. Man muss diese Stadt mit viel Zeit, am besten mehrmals erleben, auch zu unterschiedlichen Jahreszeiten, um das Spiel von Licht und Schatten, oder nur die vielen typischen und unterschiedlichen Gerüche wahrzunehmen.

Praktische Informationen

Besuchszeiten von Sehenswürdigkeiten

Besonders am Wochenende, aber auch an anderen Tagen kann es in Jerusalem passieren, dass man vor geschlossenen Türen steht – eine gute Besuchsplanung hilft, dies zu vermeiden. Damit Sie einfacher Pläne schmieden können, finden Sie eine übersichtliche Zusammenfassung der Öffnungszeiten bei den Praktischen Informationen, **siehe S. 132.**

Jerusalem kennenlernen

Hintergrund: Bereits im 19. Jh vC erwähnten ägyptische Ächtungstexte *(in denen die Ägypter ihre Feinde ächteten) Jerusalem. Auch im 14. Jh vC wird Jerusalem in der sog. Tell ElAmarna-Korrespondenz als wichtige Stadt des kanaanitischen Reiches beschrieben. Das Alte Testament berichtet, dass im Zug der israelitischen Eroberungen der Stamm Juda im Verlauf einiger Jahrhunderte Jerusalem bekämpfte und schließlich eroberte1000 vC übernahm David die Stadt, holte die Bundeslade herbei und machte Jerusalem zum politischen und religiösen Zentrum des Volkes Israel. Sein Sohn Salomo dehnte den Ort nach Norden aus, baute den Ersten Tempel auf dem Tempelberg, aber auch Paläste und Prachtbauten. Als nach seinem Tod sein Reich zerfiel, blieb Jerusalem die Hauptstadt Judas.*

König Hiskia baute im 8. Jh vC die Befestigung massiv gegen die vorrückenden Assyrer aus und legte einen Tunnel zur Wasserversorgung an (siehe S. 125). Doch 586 gelang es Nebukadnezar, Jerusalem zu erobern und die Einwohner nach Babylon zu verschleppen. Als sie etwa 50 Jahre später unter persischer Herrschaft zurückkehren durften, fanden sie eine Steinwüste vor, die unter Nehemia wieder bewohnbar gemacht wurde, aber nicht mehr die vormalige Ausdehnung erreichte. 333 vC verleibte sich Alexander der Große auch Palästina ein, unter seinen Nachfolgern drang griechischer Einfluss nach Jerusalem vor, sogar bis hin zum Tempeldienst. 168 vC brach der von Judas Makkabäus entfachte, erfolgreiche Aufstand der Hasmonäer gegen die Besatzer aus. Die politische Unabhängigkeit der Hasmonäer endete 63 vC als Pompejus das Land für die Römer eroberte und Herodes zum König Judäas (von Roms Gnaden) machte.

Herodes der Große war einer der bauwütigsten Herrscher Palästinas. Er ließ sich die Festung Antonia neben dem Tempelberg und die schon vorhandene heutige Zitadelle zu Prachtpalästen ausbauen, erneuerte den Tempel mitsamt dem Tempelberg. Unter ihm entstanden öffentliche Bauten, Paläste, ein Theater und ein Hippodrom. In den 30er Jahren des 1. Jh nC kam Jesus nach Jerusalem und wurde schließlich gekreuzigt. 66 nC rebellierten die Juden zum ersten Mal massiv gegen die Römer, die Jerusalem im Jahr 70 in Schutt und Asche legten.

Beim zweiten jüdischen Aufstand, 60 Jahre später, vernichteten die Römer das, was von der ersten Zerstörung übrig geblieben war und bauten eine völlig neue Stadt, Aelia Capitolina, nach neuen Plänen auf, die in den Grundzügen noch heute das Altstadtbild bestimmt. Die Römer verwehrten Juden den Zutritt zu dieser eher unbedeutenden Stadt. Erst als Kaiser Konstantin die Macht im Römischen Reich übernahm und sich das Christentum zur Hauptreligion entwickelte, gewann Jerusalem auch wieder offiziell religiöse Bedeutung. An christlichen Stätten wurden Kirchen gebaut, die Stadt wurde Sitz eines Patriarchen.

614 eroberten die Perser Jerusalem und zerstörten viele Sakralbauten. Als die Byzantiner 629 die Stadt zurückgewannen, sollte es nur für einen geschichtlichen Augenblick sein: 638 bereits übernahmen arabisch-muslimische Heere das Regiment. 691 errichtete der Omaijade Abd AlMalik den Felsendom, denn hier hatte nach muslimischem Glauben Mohammed zum nächtlichen Ritt in den Himmel angesetzt. 1099, 460 Jahre nach der muslimischen Übernahme, eroberten die Kreuzfahrer Jerusalem und machten es zur Hauptstadt ihres "Königreichs Jerusalem". Die christlichen Stätten wurden wiederhergestellt, der Felsendom und die AlAqsa Moschee "umgewidmet". Doch Saladin, der geniale Muslim-Feldherr, machte bereits 1187 dem Gastspiel ein Ende und ließ die Kirchen zu Moscheen "zurückwidmen". Saladin forderte die Juden auf, in die Stadt zurückzukehren.

Zwar konnten die Kreuzfahrer noch einmal von 1229-44 eine christliche Herrschaft etablieren, unter der bald beginnenden mamlukischen Epoche behielt Jerusalem zwar die religiöse Bedeutung, verlor aber fast jeden politischen Einfluss. Unter den Mamluken – asiatische Sklaven, die in Ägypten zur Macht gekommen waren – entstand eine Reihe von bemerkenswerten Bauwerken. 1517 stürzten die türkischen Osmanen die mamlukische Herrschaft. Sultan Suleiman der Prächtige ließ die seit 1219 zerstörte Stadtmauer wieder errichten und hauchte der Stadt

Die Kreuzritter erobern Jerusalem

1095 rief Papst Urban II. auf einem Konzil in Clermont-Ferrand zum Kreuzzug auf. Als Ziel nannte er die Befreiung Jerusalems und des Heiligen Landes von „gottloser muslimischer Herrschaft". Er fand großes Echo und versprach allen Teilnehmern vollständigen Ablass ihrer Sünden. 1096 setzte sich von Frankreich aus ein Heer von 1500 Rittern und etwa 40 000 Mann Fußvolk nach Osten in Bewegung. Drei Jahre später wurde das Heilige Land erreicht. Am 17. Juni 1099 erblickten die Kreuzritter vom Berg Nebi Samuel zum ersten Mal Jerusalem und brachen vor Freude in Tränen aus.

Die Bewohner der umliegenden Dörfer waren hinter die dicken Mauern der Stadt geflohen, zuvor hatten sie alle Brunnen vergiftet und alle Bäume gefällt, um dem Heer kein Baumaterial für Mauerbruchwerkzeuge in die Hände fallen zu lassen. Neben 20 000 Jerusalemer Bewohnern drängten sich 20 000 Flüchtlinge in der geschlossenen Festung. Die Kreuzfahrer bliesen am 7. Juli zum Angriff. Sie besaßen nicht genug Werkzeuge und Baumaterial, um eine Bresche in die Stadtmauer zu schlagen. Unter großen menschlichen Verlusten versuchten sie erfolglos, Steinquader mit Primitivwerkzeugen herauszubrechen.

Eine Flotte aus Genua, die in Haifa landete, kam den Kreuzrittern zu Hilfe. Sie kauften die Schiffe auf, und die Schiffszimmerleute bauten aus deren Holz Belagerungstürme an der Stadtmauer. Am 15. Juli gelang es einigen Rittern, in die Stadt einzudringen und die Tore zu öffnen. Mit einem grauenvollen Abschlachten der Bevölkerung – von den 40 000 Eingeschlossenen sollen keine 100 überlebt haben – nahmen die West-Christen von der bis zu Fußknöchelhöhe blutüberschwemmten Stadt Besitz.

neues Leben ein. Doch dies überdauerte ihn kaum, in den folgenden Jahrhunderten blieb Jerusalem eine Kleinstadt.

Ab 1831 machte sich der Einfluss des ägyptischen Reformers Mohammed Ali deutlich bemerkbar. Palästina öffnete sich dem Westen, immer mehr Konsulate und Handelsvertretungen wurden eingerichtet, Pilger und Touristen strömten in die Stadt. Nun wagten die Bewohner, auch außerhalb der Stadtmauern zu siedeln. Das erste jüdische Viertel wurde Mishkenot Sha'ananim (friedliche Wohnstatt) getauft. 1917 eroberte der britische General Allenby Jerusalem und beendete die osmanisch-türkische Herrschaft. Unter der britischen Mandatsverwaltung nahmen die Spannungen zwischen Juden und Arabern, aber auch zwischen Juden

und Briten zu. Als im Unabhängigkeitskrieg 1948 die Engländer abzogen, gelang es den Israelis nicht, die gesamte Stadt zu erobern, der östliche Teil fiel an Jordanien. Bis zum Sechstagekrieg 1967 blieb Jerusalem eine geteilte Stadt, die zwar zur Hauptstadt Israels erklärt worden war, unter den gegebenen Bedingungen aber nur relativ langsam wachsen konnte.

Mit der israelischen Eroberung auch Ostjerusalems 1967 brach wiederum eine neue Epoche an. Die Grenzmauern zwischen den beiden Stadtteilen fielen, Minenfelder wurden beseitigt und das stark zerstörte Jüdische Viertel der Altstadt wiederaufgebaut. Seither ist Jerusalem

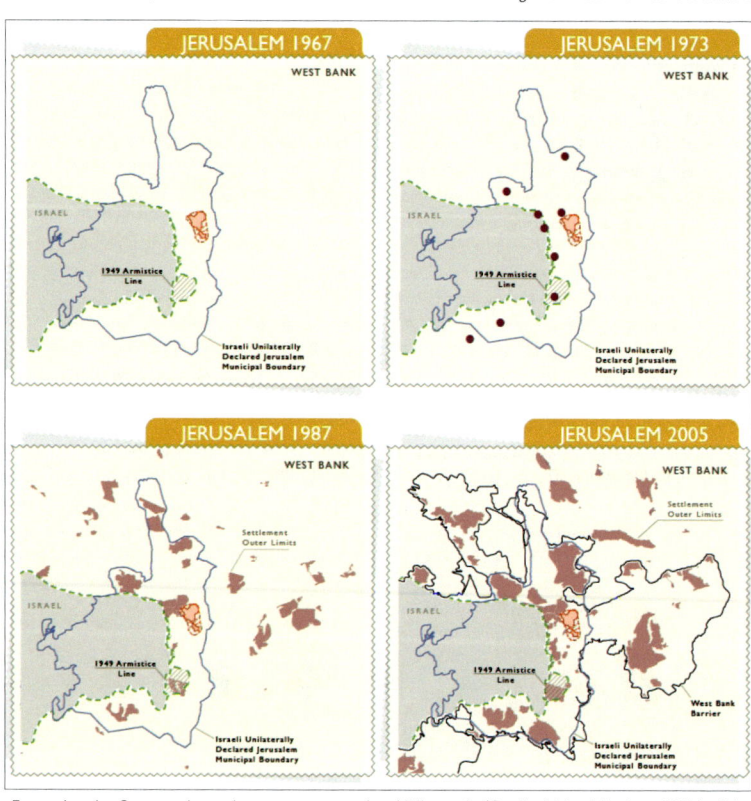

Expansion der Grenzen Jerusalems – entgegen dem Völkerrecht (Quelle: United Nations OCHA oPt)

Symbol für Jerusalem, Israel und Palästina: der Felsendom

stetig gewachsen; vor allem im Westen entstanden neue Wohnviertel – und alle, gemäß einer Verordnung aus der britischen Mandatszeit, in freundlich-hellem Jerusalemer Naturstein. Der Jerusalemstein wird arabisch-hebräisch „königlich" genannt: Meleke.

Dieser Stein leistet seine Dienste auch beim Ausbau der israelischen Siedlungen in Ostjerusalem, und Osten meint hier Norden, Süden und Osten – auch innerhalb der Grünen Linie soll ein jüdisch bewohnter Ring um Israels Hauptstadt entstehen. Zum Teil wohnen harmlose junge Familien in den günstigen Wohnungen, die dem hohen Jerusalemer Mietspiegel ausweichen müssen, zum Teil werden als illegal errichtet deklarierte palästinensische Häuser dafür weichen müssen, auf deren Grundstücken sich dann eher nationalreligiös gesinnte Israelis niederlassen. Schneisen in dieses komplexe Dickicht schlagen verschiedene Führungen (siehe S. 98) sowie ein UN-Bericht des OCHA über Ostjerusalem vom März 2011: www.ocha-opt.org/documents/ocha_opt_jerusalem_report_2011_03_23_full_english.pdf

Heute leben 770 000 Menschen in Jerusalem, ein Zehntel der Bevölkerung Israels wohnt in der größten Stadt. Davon sind 32 Prozent Palästineser und 2 Prozent Christen. Beim Anstieg der Bevölkerung haben die Palästinenser anteilsmäßig die Juden überholt, Prognosen besagen, dass dieser Anteil in den kommenden Jahren weiterhin steigen wird. Auch die Anzahl der ultraorthodoxen Juden unter der jüdischen Bevölkerung wird sich erhöhen. Etwa ein Drittel der Jerusalemer Juden zählt zu den Ultraorthodoxen, in Gesamtisrael nur sieben Prozent.

Rund 1200 Synagogen stehen in der Stadt, auf 400 Juden kommt also eine Synagoge. Die Christen verfügen über knapp 160 Kirchen, die Muslime über etwa 75 Moscheen.

Ausblicke auf die Stadt

Beginnen wir unsere Stadterkundung mit einem etwas distanzierten Blick auf das Häusermeer.

Eine der schönsten Altstadtansichten offenbart der Ölberg (Beschreibung siehe weiter unten). Der Blick von Jerusalems höchstem Punkt, dem Turm der deutsch-lutherischen Himmelfahrtskirche auf dem Ölberg, ist ganz wunderbar, weil man auch in die judäische Wüste bis zum Toten Meer und nach Jordanien schauen kann. Derzeit nur per Treppe zu erreichen, Mo-Sa 8.30-13, ₪ 5, siehe unten.

Näher zu allen Sehenswürdigkeiten liegt der **City Tower** (Bus 4, 9, 32) an der Ecke King George V/Ben Yehuda St, vor dessen Dachrestaurant sich das Stadtzentrum ausbreitet.

Als Besichtigungsbeginn:
Vom ***Ölberg zum Zionstor

Um einen ersten optischen Eindruck speziell vom historischen Jerusalem zu gewinnen, sollte man den palästinensischen Bus 75 vom Busbahnhof nahe dem Damaskustor oder ein Taxi zum Ölberg (Mount of Olives) nehmen, zum palästinensischen Dorf AtTur. Von hier oben, genauer von der Aussichtsterrasse vor dem Hotel Seven Arches, bietet sich ein berauschender Aus- und Überblick über das Kidron-Tal hinweg auf die Altstadt und das westliche Zentrum. Fahren Sie möglichst am frühen Vormittag, solange die Sonne von Osten her die Stadt anstrahlt und die goldene Felsendomkuppel zurückleuchtet.

Steigen Sie am besten im Dorf AtTur am südlichen Dorfausgang an der **Paternoster Kirche** (Mo-Sa 8.30-12, 14.30-16.30) aus, die zum Kloster der Karmeliter-Nonnen gehört und auf dem Platz der 614 von den Persern zerstörten und von den Kreuzfahrern wiedererrichteten, dann erneut demolierten Eleona-Kapelle steht. Hier soll, nach Vorstellung der Kreuzfahrer, Jesus seine Jünger das Vaterunser gelehrt haben. An den Wänden des Innenhofs ist das Gebet in 80 Sprachen zu lesen. Schräg gegenüber der Kirche steht in einem Moscheen-Bezirk die **Himmelfahrtkapelle**, auch *Imbomon* genannt, die eigentlich eine Moschee ist (₪ 5). Sie wurde von den Kreuzfahrern an der Stelle errichtet, an der Jesus laut Lukas-Evangelium gen Himmel fuhr. Ursprünglich hatte sie symbolträchtig keine Kuppel, was sich unter den Muslimen änderte. Die heutige, von einem tristen Hof umgebene, leere Kapelle ist eigentlich den Besuch kaum wert, Jesu Fußabdruck ist, sagen wir mal, undeutlicher als auf mittelalterlichen Gemälden. Aber die Säulenkapitelle außen sind hübsch. Östlich davon liegt das russisch-orthodoxe **Himmelfahrtkloster** mit seinem 80 m hohen Turm, das aber praktisch kaum zugänglich ist.

Wenn Sie von hier aus einen Abstecher einlegen und sich noch weiter oben umsehen wollen, sollten Sie sich auf der Kammstraße Raba AlAdawiye weiter nach Norden bis zum 850 m hohen **Mount Scopus**, der höchsten Erhebung Jerusalems, begeben. Dort steht das **Auguste Victoria Hospital**, das auf Namen und Besuch der deutschen Kaisergattin Ende des 19. Jhs zurückgeht. Im Komplex des Krankenhauses ragen Turm und Gebäude der protestantischen **Himmelfahrtkirche** (Mo-Sa 8.30-13 und nach Vereinbarung) mit sehenswerten Mosaiken auf, die – nach nur drei Jahren Bauzeit 1910 fertiggestellt – ein typisches Beispiel preußisch-wilhelminischer Kirchenarchitektur ist. Auf den 45 m hohen Turm mit seiner bestechenden Aussicht kommt man zur Zeit nur zu Fuß (₪ 5). Das hier ansässige *Evangelische Zentrum für Touristen und Pilger* berät und hilft Besuchern bei der Reisevorbereitung, lädt zu Führungen, Vorträgen und Gottesdiens-

ten ein, im zugehörigen großen Garten und Café (Mi-Sa 10-16) kann man rasten (Palästinensischer Bus 75 vom Damaskustor). Unter www. evangelisch-in-jerusalem.de gelangt man außer zu den Veranstaltungen für Touristen auch zum Deutschen Evangelischen Institut für Altertumswissenschaften, dessen Gebäude sich auf demselben Gelände befindet.

Ein kurzes Stück nördlich vom Hospital und nach kleinem Wald wurde rechts eine kleine Aussichtsplattform namens *Gerald Halbert Plaza* angelegt. Schräg gegenüber liegt am westlichen Hang des Berges die 1925 eröffne-

Turm der deutsch-lutherischen Himmelfahrtkirche auf dem Ölberg

4

te **Hebräische Universität**, genauer deren östlicher Teil (Hauptsitz heute in Giv'at Ram, Nähe Israel Museum). Führungen finden So-Do um 11 Uhr statt, www.huji.ac.il. Quasi zu Füßen der Hebräischen Universität bauten die Mormonen an der Shmuel Ben Adaya St, die zum Ölberg und zum Mount Scopus hinaufführt, eine architektonisch auffallende Gebäudegruppe, die zwar **Mormon University** genannt wird, offiziell jedoch *Jerusalem Center for Near Eastern Studies* der *Brigham Young University* heißt, http://ce.byu.edu/jc. Aus Angst vor Terror fiel der Lehrbetrieb 2001-2007 aus. Zugehörig ist ein sehr schöner Garten mit Pflanzen, die in der Bibel erwähnt werden. Ein angeblich 2000 Jahre alter Olivenbaum wurde aus Galiläa hierher verpflanzt. Besichtigung des Anwesens nur mit geführter Tour, Info unter Tel 6265666.

Doch zurück nach AtTur mit der Himmelfahrtskapelle. Gehen Sie von dort auf der südwestlichen Straße (also nicht der Ausschilderung *Carmeliter Monastery* folgen) bis zum Hotel *Seven Arches*. Von der dortigen Aussichtsterrasse an der Straße haben Sie den besten Ausblick. Zu Ihren Füßen zieht sich der **Jüdische Friedhof** den steilen Hang hinunter. Seit der Zeit des Ersten Tempels begraben Israeliten und Juden hier ihre Toten, die heutigen Grabsteine gehen allerdings nur bis ins 16. Jh zurück. Laut alttestamentlicher Prophezeiungen wird Gott zum Jüngsten Gericht im Kidrontal erscheinen. Die Juden möchten dann sofort zur Stelle sein. Daher entstanden hier seit alters her jüdische Gräber.

Viele dieser Gräber wurden bis zum Sechstagekrieg von den Jordaniern beschädigt, aber seit der Eroberung der Westbank restauriert. Die vielen darauf liegenden Steine sind ein Zeichen des Gedenkens und der Ehrerbietung der Nachfahren. Da auch die Muslime hier das Jüngste Gericht erwarten, haben sie Friedhöfe gegenüber, vor der Mauer des Tempelbergs angelegt (was im Übrigen dem jüdischen Messias den Einzug durch das Goldene Tor erschweren soll).

Der Friedhof endet praktisch an der Talsohle des Kidrontales, eines sehr steil eingeschnittenen Grabens, der von Jerusalem her nie baulich überschritten wurde. Der Bach Kidron ist einer der drei nie versiegenden Wasserläufe, der schließlich ins Tote Meer mündet. Auf der anderen Talseite schließt der Steilhang oben mit der Altstadtmauer ab, die mit ihrer gewaltigen Baumasse schwindelerregend hoch hinauf steigt und nur von der schmalen grünen Baumkrone des Tempelbergs mit seinen Kuppeln noch überragt wird. Die dunkle Kuppel ganz links gehört der AlAqsa Moschee, die goldene zum Felsendom. Unweit rechts vor der Felsendomkuppel ist das zugemauerte Goldene Tor der Altstadt mit dem davor liegenden muslimischen Friedhof zu erkennen, links der südlichen Altstadtmauer der massive Bau der Dormitio-Kirche auf dem Zionsberg. Weiter südlich und weiter nördlich der Altstadt liegen neuere bzw. ganz neue Stadtteile.

Wir wollen nun den Berg hinunter wandern. Kurz vor der Terrasse zweigt eine Gasse ab, an der ein Schild zu *The Tombs of the Prophets*, den **Prophetengräbern**, weist. Hier sollen die alttestamentlichen Propheten Haggai und Maleachi beerdigt worden sein, doch die (kaum beachtenswerten) Grabhöhlen entstammen der byzantinischen Epoche. Der Pfad führt den Berg hinunter, nach ca. 200 m sieht man rechts den Eingang zur Franziskanerkapelle **Dominus Flevit** (8-11.45, 14.30-17). Sie wurde 1955 über den Grundmauern einer Kirche aus dem 5. Jh erbaut und soll an die Stelle erinnern, an der Jesus über das künftige Schicksal Jerusalems weinte. Gehen Sie für ein paar Minuten in den von Gruppenreisenden eher verschonten Garten mit der Kapelle. Pinienduft, der Schatten hoher Zypressen, Olivenbäume und Blumenschmuck werden Sie erfreuen. Innerhalb der Kirche sind Bodenmosaike aus dem 5. Jh erhalten.

Noch weiter den Berg hinunter sieht man die russische **Maria Magdalena-Kirche** (Di und Do 10-12) mit ihren sieben Kuppeln durch den umgebenden Park. Zar Alexander III. ließ sie 1886 zum Gedächtnis an seine Mutter bauen. Sie gehört zum gleichnamigen Frauenkloster und liegt ebenfalls in einem blumen- und baumreichen Garten. Am Ende der Gasse steht die **Kirche der Nationen** (8-12, 14-17, Sommer -18) im Garten Gethsemane. Hier hatte Kaiser Theodosius I. im 4. Jh eine Basilika über dem Felsen errichten lassen, auf dem Jesus vor seiner Gefangennahme gebetet haben soll. 1924 wurde über den alten Grundmauern – der Grundriss ist noch im modernen Fußboden sichtbar – eine Kirche mit zwölf Kuppeln errichtet, für die einige Länder Bilder stifteten. Im **Garten Gethsemane** verbrachte Jesus die letzten Stunden vor seiner Gefangennahme, hier stehen noch acht steinalte Ölbäume.

Ölbäume im Garten Gethsemane

Unten im Tal gibt es noch das **Mariengrab** (*Church of the Tomb of the Virgin*; 5-12, 14.30-17, im Winter erst ab 6) zu besichtigen, nur unweit vom Garten rechts der Straße. Im 4. Jh stand hier bereits eine kleinere Basilika, die Kreuzfahrer erweiterten die Anlage gewaltig und umbauten das Grab mit einer großen Basilika, die wiederum von den Muslimen zerstört wurde. Eine breite Marmortreppe – der letzte Rest der Kreuzfahrerbauten – führt in die Tiefe, unterwegs ist rechts eine Grabnische (angeblich für die Eltern von Maria, tatsächlich für die Kreuzfahrer-Königin Melisanda) in die Wand gelassen. Links befindet sich eine Nische mit Altar über dem Grab von Joseph. In dem recht großen unterirdischen Raum ist (rechts) das Mariengrab aus dem Felsen gemeißelt, davor ein armenischer Altar, rechts eine islamische Gebetsnische in der Seitenwand. Von ihrem Grab aus soll Maria von Engeln in den Himmel getragen worden sein. – Auf dem Vorplatz oben weist ein Schild auf die **Grotto of Gethsemane** hin, eine natürliche Höhle, die Jesus mit den Aposteln vor seinem letzten Gebet besucht haben soll (8.30-12, 14.30-17, Do/So -15.30).

Südlich des Mariengrabs führte die Hauptstraße im Prinzip weiter Richtung Jericho, jetzt endet sie an der israelischen Mauer. Der erste schmale Abzweig führt rechts hinunter ins Kidrontal. Er wurde aus Anlass der christlichen 2000-Jahrfeiern als Fußweg ausgebaut; man kann auf der Ostseite des Tals hinunter- und auf der anderen wieder hinaufgehen, um dort auf die Umfahrungsstraße der Altstadt zu stoßen. Der jüdische Friedhof zieht sich bis zu diesem Weg hinunter. Direkt am Wegesrand stehen einige sehr alte, in den Fels getriebene **Grabbauten** aus hellenistischer Zeit, wie die Architektur zeigt.

Obwohl die Grabmäler mit Namen des Alten Testaments belegt sind, stammen sie tatsächlich aus viel späterer Zeit. Das erste Grabmonument – das am besten erhaltene überhaupt – mit ionischen Säulen und dorischem Fries wird *Absalom*, dem Sohn König Davids, fälschlich zugeschrieben, denn es stammt aus dem 1. Jh vC. Verbunden mit dieser Anlage ist eine Folge von tiefer in den Fels gelegten Kammern, die mit dem Namen des Jakobus verbunden werden. Unweit entfernt liegt eine weitere ähnliche Doppelanlage, an deren Eingang der Name des Priesters Hezir (1. Jh vC) eingemeißelt ist. Die anschließenden Räume werden als *Grab des Zacharias* bezeichnet.

Wenn Sie jetzt noch Lust und Zeit haben, die Altstadt zu besuchen, könnten Sie auf der 1996 zur 3000-Jahrfeier angelegten Treppe zur Altstadt hinaufsteigen. Oder aber Sie gehen talwärts, um die Gihon-Quelle und die Ruinen der Stadt Davids zu besuchen (insofern empfehlenswert, da Sie sich schon im Tal aufhalten; siehe S. 124).

Die Altstadt

Die Altstadt – *Old City* – ist mit Abstand das Interessanteste und Reizvollste, was Jerusalem zu bieten hat. Sollten Sie wenig Zeit haben, dann konzentrieren Sie sich auf diesen Bereich.

4

Geführte Touren

Als erster Überblick

• Die **staatliche Touristen-Information** innerhalb des Jaffators (dort, wo keine möchtegern-antik verkleidete Angestellte Sie hineinziehen wollen wie links daneben) bevorratet zehn hübsch gedruckte und durchaus **hilfreiche Broschüren** für selbst geführte Rundgänge in und um die Altstadt.

• Wer nur mit mp3-Player bewaffnet losziehen möchte, kann sich gegen Gratis-Registrierung auf **www.jerusalemp3.com** Audiotouren samt Karten herunterladen.

• Die Stadtverwaltung bietet gratis jeden Samstagvormittag 10-13 **informative Spaziergänge** auf Englisch an, Treffpunkt 24-26 Yafo St (Kikar Safra), Tel 5314600, www.jerusalem.muni.il > Events > Free Weekend Walking Tours.

• *Zion Walking Tours* startet vom eigenen Büro aus gegenüber dem Eingang zur Zitadelle beim Jaffator (Altstadt täglich 10 und 14, $ 30, und 7 verschiedene andere Touren), Tel 6277588, http://zionwt.dpages.co.il.

• *Archaeological Seminars Ltd.* hat viel im Programm, wendet sich vom Preis her eher an Gruppen, www.archesem.com/tours.htm.

Abseits üblicher Pfade

Alle touristischen Standard-Sehenswürdigkeiten bieten die folgenden Institutionen ebenfalls an. Sie empfehlen sich jedoch besonders für Reisende, die über die aktuelle Situation in Ostjerusalem mehr erfahren wollen. Weitere gut geeignete Adressen dafür finden Sie bei den (Teil-)Organisierten Reisen, siehe S. 21.

• **Emek Shaveh** führt alle zwei Wochen freitags um 14 Uhr (auf Englisch nur alle vier Wochen) eine alternative archäologische Tour durch die Davidsstadt und das östlich davon liegende palästinensische Dorf Silwan, 3 Std., Treffpunkt vor der Davidsstadt, www.alt-arch. org. Reiche Geldgeber wollen König Davids und Salomos Überbleibsel finden lassen, und die Archäologie braucht Erfolge, wofür manches palästinensische Haus abgebrochen wird.

• **Alternative Information Center (AIC),** 4 Shlomzion HaMalka St, Tel 6241159, www. alternativenews.org; ein israelisch-palästinensisches Projekt, das besonders Menschen- und Flüchtlingsrechte im Blick hat.

• **Tamar Avraham,** Tel 054 5622532, tamar-av@013.net, siehe S. ???.

• **Ir Amim (Stadt der Völker),** 27 King George St, Tel 6222858, www.ir-amim.org.il; sehr informative Website „für ein gleichberechtigtes und beständiges Jerusalem mit einer von allen akzeptierten politischen Zukunft", die mit Eindrücken vor Ort gefüllt werden können.

• **Israeli Committee Against House Demolitions (ICAHD)**, 7 Ben Yehuda St, 1. Stock, Tel 6245560 oder 050 5651425, www.icahd.org (auch Audioguide zum Download); beobachtet die für die palästinensische Bevölkerung nachteilige Auslegung von Bebauungsplänen durch Israel. Vom Aktivisten Jeff Halper stammt das Buch *Ein Israeli in Palästina. Widerstand gegen Vertreibung und Enteignung – Israel vom Kolonialismus erlösen, Berlin 2011*.

• **Jerusalem Reality Tours,** Tel 052 3634370, jerusalemrealitytours@gmail.com, www.jerusalemrealitytours.com; der Aktivist Rotem Mor bietet unterschiedliche politische Touren in und um Jerusalem herum an.

• **Peace Now/Shalom Akhshav, 6 Lloyd George St, Tel 5660648**, www.peacenow.org. il; der Klassiker in der israelischen Friedensbewegung gegen Besatzung und Besiedlung, nach wie vor sehr aktiv.

• **Rabbis For Human Rights** (RHR), 9 HaRekhavim St, Tel 6482757, www.rhr.israel. net; die Auslegung der Tora mündet hier in Information über Judentum, Islam und Menschenrechte sowie Aktionen gegen die Verletzung dieser Rechte in den besetzten Gebieten, insbesondere Hausabrisse.

• **Sabeel – Ecumenical Liberation Theology Center**, www.sabeel.org, bietet sehr interessante Informationen und Touren, siehe S. 137

▶ Denken Sie bitte auch daran, religiöse Stätten, besonders muslimische und jüdische, nicht in Shorts zu besuchen. Frauen sollten keine körperbetonende Kleidung tragen.

Die Altstadt unterteilt sich ziemlich strikt in Wohnviertel der unterschiedlichen religiösen Gruppen: Im Norden liegt das muslimische Viertel der Palästinenser, vom Damaskustor aus westlich das christliche Viertel, im Südwesten leben die Armenier und im Südosten, in der Nähe der West(Klage)mauer, die Juden. Man kann sich bei der Erkundung der Altstadt an diese Aufteilung halten, wir wollen jedoch in mehreren, kombinierbaren Spaziergängen in das Leben zwischen uralten Steinen tauchen.

Die heutige Stadtmauer – imposantes Weltkulturerbe in Höhe und Erhaltungszustand – ließ der Ottomanen-Sultan Suleiman 1536-41 vor allem zum Schutz gegen Nomaden und Eindringlinge bauen. Sie ist gut 4 km lang, bis zu 12 m hoch und bis zu 3 m dick. Insgesamt führen sieben Tore in das Häusergewirr, das achte, das Goldene Tor, wurde 1530 von Muslimen verschlossen; die anschließend vor dem Tor angelegten Gräber sollen es für den dort erwarteten jüdischen Messias blockieren. Da die Altstadt von Osten und Westen durch tiefe Täler gut geschützt war, musste sie besonders von der relativ ebenen Nordseite stark befestigt werden. Daher baute Suleiman das nördliche

4

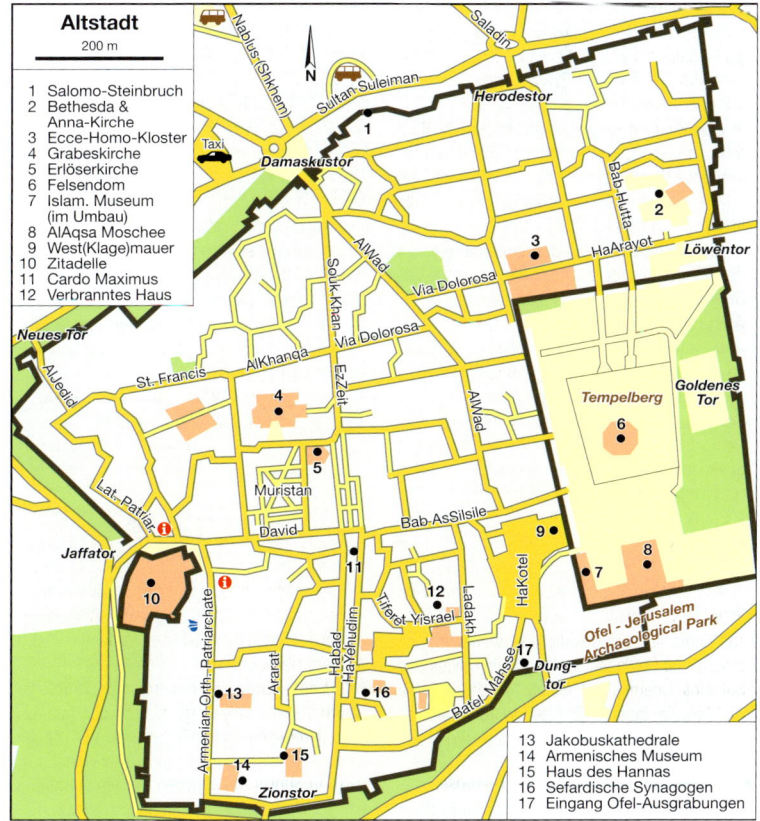

Altstadt

200 m

1 Salomo-Steinbruch
2 Bethesda &
  Anna-Kirche
3 Ecce-Homo-Kloster
4 Grabeskirche
5 Erlöserkirche
6 Felsendom
7 Islam. Museum
  (im Umbau)
8 AlAqsa Moschee
9 West(Klage)mauer
10 Zitadelle
11 Cardo Maximus
12 Verbranntes Haus

13 Jakobuskathedrale
14 Armenisches Museum
15 Haus des Hannas
16 Sefardische Synagogen
17 Eingang Ofel-Ausgrabungen

Tor, das Damaskustor, sehr massiv und wuchtig aus – zur Freude heutiger Fotografen.

Man kann die ****Stadtmauer** begehen (*Rampart's Walk*, tägl. 9-17, im Sommer -16; ₪ 16, Kinder die Hälfte, Tickets außer an der Zitadelle, [Aufgang Richtung Süden, ca. 45 min] und innen am Jaffator [Aufgang Richtung Norden, ca. 75 min, freitags gesperrt], Tickets für einen Samstag entweder vorher oder unter www. pami.co.il besorgen; Ausgänge an jedem Tor) und dabei die Altstadt aus einer etwas höheren Perspektive betrachten. Vom Jaffator geht es zunächst nördlich zum Neuen Tor und über das Damaskus- und Herodestor bis zum Löwen- bzw. Stephanstor – danach ist Schluss wegen des Tempelplatzes. Wiederum vom Jaffator, nämlich von außen am südlichen Ende der Zitadelle, gelangt man am Armenischen Viertel entlang über das Zionstor zum Mist- oder Dungtor südlich des Platzes an der Westmauer. Man sollte keine spektakulären Ein- oder Überblicke erwarten und der Gehweg ist äußerst unbequem gepflastert, an der Straßenseite lärmt der Verkehr – am interessantesten ist die Strecke zwischen Jaffa- und Damaskustor. Am meisten haben Fotofreunde von dem Spaziergang: Von der Höhe des Damaskustors bietet sich ein schöner Blick auf den Felsendom, hier kommt seine elegante Silhouette besonders deutlich zum Vorschein. Achtung: Den Stadtmauerspaziergang sollten Frauen nicht allein zurücklegen.

Die ***Souk-Straßen der Altstadt

Jede der Souk-Straßen ist geprägt durch ihr Publikum. So werden Sie in den Hauptstraßen, die auf dem Weg zu den Sehenswürdigkeiten liegen, hauptsächlich Souvenirs finden, häufig genug Kitsch in jeder Form. Viel interessantere Einblicke gewinnt man in den Straßen, in denen die Bewohner den täglichen Bedarf einkaufen. Sehr typisch dafür ist die Gegend um das Damaskustor und den Souk Khan EzZeit, der sich bis kurz vor dem ausgegrabenen Cardo Maximus wenig an touristischem Bedarf orientiert. Wenn Sie Olivenseife, arabischen Kaffee mit Kardamom, Gewürze oder einen Haarschnitt

benötigen, sind Sie hier richtig. Die Preise sind allerdings in der Regel vergleichsweise hoch. Feilschen nicht vergessen.

Ein Bummel durch diese enge, weithin überdachte Gasse ist besonders für den von Bedeutung, der den Orient möglichst original erleben will. Die vom Damaskustor etwas weiter östlich verlaufende AlWad St (HaGai) ist bei weitem nicht so stark frequentiert, aber auch nicht mit so vielen Shops gesegnet. Sie mündet auf den Platz vor der Tempel-Westmauer und wird daher im letzten Teil vor dem Checkpoint wieder touristischer.

Den Höhepunkt an Händleraufdringlichkeit bieten die sich quasi aneinanderreihenden Straßen Souk AlBasar (David St) und Bab AsSilsileh St, weil sich durch sie die Touristenmassen vom Jaffator zum Tempelberg und der Westmauer wälzen. Sehr teuer und vornehm kann man im Cardo Maximus einkaufen.

Vom Jaffator zum Tempelberg

Das **Jaffator** öffnet den Eingang von Westen, also vom uralten Hafen Jaffa her. Es wird von den Palästinensern *Bab AlKhalil* und von den Juden *Sha'ar Yafo* genannt. Westlich vor dem Tor liegt die jüdische Neustadt von Jerusalem, dahinter nach Norden das Christliche und nach Süden das Armenische Viertel. Damit Kaiser Wilhelm II. und sein Tross bei seinem Besuch 1898 standesgemäß in die Altstadt einreiten konnten, schlugen die Türken eine Öffnung rechts neben dem ursprünglichen Jaffator in die Mauer, über die sich die heutigen Bewohner insofern freuen, weil sie den Autozugang ermöglicht. Im Moment wird hier allerdings heftig gebaut, sodass der Zuweg in die Altstadt noch schwieriger ist als sowieso schon. Zum Jaffator fahren die Busse 1, 20, 38.

Gleich neben der Mauerbresche erhebt sich die sehenswerte *****Zitadelle**. Ihre Ursprünge legten die Hasmonäer im 2. Jh vC, große Teile gehen jedoch auf Herodes zurück, der die Anlage ca. 24 vC als Sicherung seines nebenan liegenden Palastes erbauen ließ. Als die Römer 70 nC die Stadt eroberten, zog eine Garnison in die Festung ein. Später verfiel die Anlage, sie wurde nacheinander von den Kreuzfahrern, Mamluken und Türken wieder aufgebaut. Im 14. Jh erhielt sie den Davidsturm anstelle des ehemaligen Phasaelturms.

Heute beherbergt die Zitadelle das interessante *****Tower of David Museum** *(Davidsturm-Museum,* So-Mi 10-16, Do -18, Sa -14, Juli/Aug Sa-Do -17, Fr 10-14, englischsprachige Führung jeweils 11 Uhr, ₪ 30, Kinder die Hälfte. Öffnungs- und Anfangszeiten wechseln immer mal: Tel 6265310, www.towerofdavid.org.il). An manchen Abenden wird eine gute *Sound and Light Show* zur Geschichte Jerusalems geboten (für draußen warm genug anziehen, bei Regen fällt's aus, 45 Minuten, Mo/Mi/Do/ Sa 19 & 20, Sa 30 min später, Sommer 21.30, ₪ 50, Kinder 40, kombinierbar mit Tagesticket, Reservieren empfohlen: Tel 6265333). Das Museum schildert mit hervorragenden Displays sowohl die Geschichte der Zitadelle als auch die der Stadt. Im Garten kann man Ausgrabungen betrachten, vom Davidsturm und den Mauern bieten sich immer wieder neue Ausblicke auf die Altstadt und Westjerusalem.

Gegenüber der Zitadelle erhebt sich die **Anglikanische Kirche** (Christ Church) im neugotischen Stil, die erste protestantische Kirche des Nahen Ostens; sie wurde 1849 eingeweiht. Direkt um sie herum gibt es eine Reihe anderer protestantischer Einrichtungen wie Missionsstationen und das einstmals erste moderne Hospital Jerusalems. Das Gebäude rechts der Kirche war der Sitz des britischen Konsuls und ist heute ein von der Innenarchitektur her stimmungsvolles Hospiz. Schließlich gibt es hier die auf S. 131 genannte christliche Informationsstelle.

Obwohl das Armenische Viertel gleich nebenan liegt, wollen wir diese historischen Stätten zunächst rechts liegen lassen und der David St (Souk AlBasar) nach

Osten folgen, die vom Tor aus praktisch geradewegs in das Herz der Altstadt führt. Hier geht es mitten hinein in das Basarleben, vordergründig findet hier Orient in seiner schillernden Vielfalt und seinen uralten Traditionen statt. Tatsächlich handelt es sich um brutalen Kommerz, dem Sie Ihren gesunden Verstand und viel Misstrauen sowohl in Preise als auch in qualitative Aussagen oder Altersangaben entgegensetzen sollten. Bereits hier, am Beginn der vielen Souks, kann man sich unzählige Souvenirs andrehen lassen – wenn Sie Ihr Geld in der Altstadt verprassen wollen, schauen Sie sich zunächst um und kaufen Sie erst beim zweiten oder dritten Besuch.

Beiderseits der David St breitet sich der **Souk AlBasar** aus. Ungefähr in der Hälfte der Straße liegt links der Souk Aftimos, an der dritten Querstraße nach links ausgeschildert. Diese Straße (Muristan St) führt übrigens zur nahe gelegenen Grabeskirche (siehe S. 113). Gehen Sie die David St bis zu ihrem Ende, d.h. dort, wo man auf eine T-Kreuzung stößt. Die drittletzte Straße kurz vor dieser Kreuzung rechts ist praktisch die Verlängerung des von Nord nach Süd verlaufenden, sehr lebendigen Souk Khan EzZeit, die hier als *ElHussor St* ausgeschildert ist und ab der St. Mark's St dann *Habad St* heißt.

Die vorletzte Straße führt rechts zum **Cardo Maximus**, der aus römischer Zeit stammen-

Ein Himmel voller Krimskrams im Basar der Altstadt

den, wieder freigelegten Hauptstraße (siehe S. 119). Doch gehen Sie bis zur letzten Querstraße weiter, um dann an der T-Kreuzung rechts abzubiegen und gleich in die nächste, die Silsileh St (hebräisch *HaShashelet* – *Kettenstraße*), links hinunterzugehen; also die Richtung der David St etwas versetzt beibehalten. Nördlich dieser Gasse, die den Spuren einer mamlukischen Verbindungsstraße folgt, liegt das **Muslimische Viertel**, das am dichtesten besiedelte der Altstadt.

Gleich zu Beginn steht links die aus der Kreuzfahrerzeit stammende, gut erhaltene Karawanserei **Khan AsSultan** (auch *Wakala*), in der sich durchreisende Händler samt Reittieren einmieten und gleichzeitig ihre Waren verkaufen konnten. Nach dem Abzweig der Misgav Ladakh St kann man rechts einen Blick auf eine ehemalige Koranschule namens **Tashtamuriya** werfen oder aber ein paar Schritte in diese Gasse hineingehen und vom ersten Platz links bereits die West(Klage)mauer betrachten. Wenn Sie die Silsileh St immer weiter wandern, würden Sie am Ende der Straße vor einem der großen Tore zum Tempelberg stehen; Sie dürfen aber nicht hinaufgehen, denn Nichtmuslimen ist nur noch der Eintritt durch das Bab Mughrabi gestattet. Dort würden Sie das Gebäude des Mamluken **Tankisiya** anschauen können, der sich 1312 vom Sklaven zum Gouverneur von Damaskus aufschwang, 1342 jedoch hingerichtet wurde. Doch wir wollen einen kurzen Umweg einlegen und ein Stück zuvor rechts in die Western Wall Road (so ausgeschildert) (hebräisch *HaKótel St*) abbiegen, um zur Westmauer zu gelangen.

Sie werden – nach der unvermeidbaren Sicherheitskontrolle – auf einem erstaunlich großen Platz in der Altstadt ankommen; ursprünglich reichte die Bebauung bis sechs Meter an die Mauer heran. Die (palästinensischen) Häuser wurden 1967 nach der Eroberung Jerusalems durch die Israelis abgerissen, wohl nicht zuletzt aus Sicherheitsüberlegungen. Denn auf der anderen Seite erhebt sich eine der Stützmauern des Tempelbergs, hier heißt sie *****Westmau-**

er (hebräisch *HaKótel*; d.h. Westmauer; der Begriff *Klagemauer* ist heute eher verpönt). Dieser Mauerteil lag dem Allerheiligsten des Zweiten Tempels am nächsten, hier beten die Juden und manche klagen vielleicht über den Verlust des Tempels. Das heilige Mauerstück – das erst in der Nach-Kreuzfahrerzeit seine heutige Bedeutung erlangte – ist nur 48 m lang und 18 m hoch, rechts beten die Frauen, links, durch ein Gitter getrennt, die Männer. Wer einen Wunsch an Gott hat, schreibt ihn auf einen kleinen Zettel und steckt ihn in die Mauerritzen. In der Praxis handelt es sich um eine große, offene Synagoge.

Die Zettel in den Ritzen enthalten Gebete und Wünsche an Gott, sie werden zweimal jährlich auf dem Ölberg vergraben. Juden von außerhalb können ihre Anliegen auch per Fax oder Mail an fromme Institutionen übermitteln, die sie dann in die Ritzen stopfen. Die Zettel sind tabu, sodass es ein großer Affront war, als 2008 der Zettel des damaligen Präsidentschaftskandidaten Barack Obama von einem Studenten herausgefischt und einer Tageszeitung zum Abdruck verkauft wurde.

Hier herrscht ständiges Kommen und Gehen, am Freitagabend ist Hochbetrieb: Vor allem streng orthodoxe Juden mit dem leicht ins Genick geschobenen schwarzen Hut „schütteln" sich im Gebet vor der Mauer, Soldaten mit der MP auf dem Rücken, Schüler oder Hausfrauen kommen, für ein schnelles Gebet, an diesem heiligen Platz vorbei. An Samstagen (weniger am Montag und Donnerstag) finden hier *Bar Mizwa*-Zeremonien statt. Auf den direkten, durch eine kleine Mauer abgegrenzten Bereich vor der Westmauer wird niemand ohne Kopfbedeckung – am Eingang auszuleihen – eingelassen, Frauen müssen schulterbedeckende Kleidung tragen. Zum Platz fahren die Busse 1, 2 und 99, www.thekotel.org.

Leicht unangenehm sind Leute, die gewissermaßen als Kampf-Segner an der Westmauer unterwegs sind. Jemand kommt direkt auf Sie zu, fragt nach Ihrem Namen, spricht eine etwa zwei Sekunden dauernde Berakha, einen Segen, auch für Ihre Kinder und Verwandten, falls Sie deren Namen auch verraten. Danach will er für diesen ungebetenen, eigentlich ja netten Service Geld von Ihnen, natürlich für ein ganz wichtiges soziales Projekt und an diesem heiligen Ort möglichst hoch. Überlegen Sie sich schon mal eine passende Antwort, falls Sie diese Form der Geldmacherei nicht schätzen.

Links der Mauer ist ein Brückenbogen des antiken Zufahrtsweges zum Tempelplatz erhalten, er ist nach seinem Wiederentdecker *Wilson's Arch* benannt, aber von den Häusern links am Platz überbaut. Seine Basis beherbergt jetzt eine Synagoge für die Betenden, in deren Eingang an der Westmauer sich die schwarzbefrackten orthodoxen Juden hinein- und herausdrängen wie Bienen am Schlupfloch zum Korb. Dort müssen Sie auch hinein, um den gewaltigen Bogen bewundern zu können (für Frauen ist dieser Eingang verboten, aber es gibt einen extra Frauenbalkon mit anderem Zugang).

Ganz in der Nähe (neben den Toiletten) liegt auch der Eingang zum ***Western Wall Tunnel** (Kotel Tunnel; ausgeschildert *Western Wall Heritage*), dessen Besuch leider etwa acht Wochen im Voraus bei *The Western Wall Heritage Foundation* unter Tel 6271333, 159 95158888 oder www.thekotel.org gebucht werden muss (nur geführte Besichtigungen, So-Do 7- abends, Fr -12, ₪ 30, Kinder 15). Das Telefon ist häufig besetzt. Die Tourist Information am Jaffa Gate schickt Interessenten alternativ zu *Zion Walking Tours*, dort muss man sich einer Stadtführung anschließen, und es wird etwa fünffach teurer. Der Tunnelweg an der Mauer entlang gehört zu den durchaus eindrucksvollen Erlebnissen, die Jerusalem zu bieten hat. Allerdings eignet sich die etwa einstündige Tour durch zum Teil sehr feucht-warme, häufig sehr enge Gänge weniger für Menschen, die unter Klaustrophobie leiden.

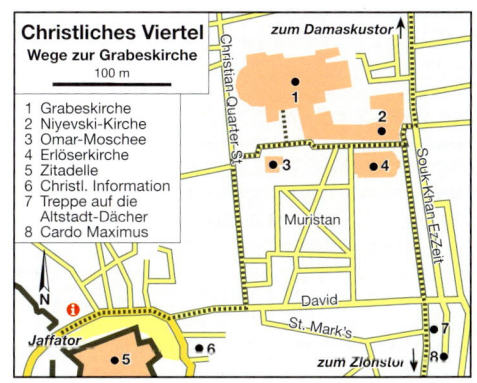

Christliches Viertel
Wege zur Grabeskirche
100 m
1 Grabeskirche
2 Niyevski-Kirche
3 Omar-Moschee
4 Erlöserkirche
5 Zitadelle
6 Christl. Information
7 Treppe auf die Altstadt-Dächer
8 Cardo Maximus

Es handelt sich um einen Tunnel, der von hier bis zum Nordende der insgesamt 487 m langen westlichen Stützmauer des Tempelbergs entlang verläuft, man kann auch sagen, an der Grenzlinie zwischen Judentum und Islam. Denn die Muslime passen eifersüchtig auf, dass ihr Tempelberg nicht unterhöhlt wird – keine unbegründete Furcht angesichts extremer jüdischer Gruppierungen, die gern den Felsendom sprengen würden, um einen Dritten Tempel zu bauen. Bei dem Tunnel handelt es sich um einen trotz internationalem Protest auch im Muslimischen Viertel 1968-1985 vorangetriebenen, modernen Stollen des israelischen Religionsministeriums. Offiziell darf nur die *Israel Antiquities Authority* graben, und so brachte das Schuttausräumen durch das Religionsministerium archäologisch auch nichts, was nicht schon im 19. Jahrhundert vermessen und beschrieben worden war.

An einer Stelle sieht man denn auch den vergeblichen Versuch, weiter zum Zentrum des Tempelplatzes vorzudringen in der absurden Hoffnung, à la *Indiana Jones* die verschollene Bundeslade zu finden. Aber die muslimischen Tempelbergwächter hörten die verdächtigen Geräusche und erzwangen das Zuschütten der bereits gegrabenen Höhle. An anderen Stellen war man vorsichtiger und möglichst geräuschlos vorgegangen, denn den ersten Abschnitt legten die Arbeiter mehr oder weniger mit bloßen Händen frei und benötigten mehr als zwei

Jahrzehnte. Als 1996 der Tunnel schließlich durch Bürgermeister Olmert für das Publikum geöffnet werden sollte, protestierten die Muslime erzürnt: Falschinformationen hatten besagt, der Tunnel unterwandere die AlAqsa-Moschee bzw. den Tempelberg. Diese katastrophale Informationspolitik hat nach einer Woche 57 palästinensische Zivilisten und 11 israelische Soldaten das Leben gekostet. Sinnlos.

Der ursprüngliche, bereits von den Römern blockierte Ausgang führte in ein palästinensisches Geschäft in der Via Dolorosa. Er durfte aus muslimischer Sicht nicht geöffnet werden, daher schlugen die Israelis in der Nähe einen neuen Ausgang in den Fels direkt zur Via Dolorosa. Zunächst geht man einen Gang entlang und dann über und ein paar Stufen hinunter in eine große Kammer, die unterschiedlich datiert wird, z.T. bis auf die Hasmonäer zurückgehend. Man wendet sich jetzt nach Norden und kommt in die sog. Große Halle, ein Stützbauwerk aus dem 13. oder 14. Jh für die Madrasa oberhalb; hier wird auch ein interessantes Modell des Zweiten Tempels und seiner Konstruktionsdetails gezeigt. Schließlich erreicht man die westliche Stützmauer des Tempels und kann den größten Baustein Israels bewundern, der vermutlich 500 Tonnen wiegt und mit Primitivwerkzeugen – aus heutiger Sicht – millimetergenau eingepasst wurde. Aber nicht nur die Größe, auch die Sorgfalt, mit der Details der Mauer geschaffen wurden, ist bewundernswert. Dann folgt *Warren's Gate,* eins der vier Tore zum Tempelberg, das von dem Engländer Wilson wiederentdeckt und nach seinem Kollegen benannt wurde. Nach der Zerstörung des Tempels galt diese Stelle als die nächste zum ehemaligen Allerheiligsten und diente vermutlich als Synagoge. Auf dem Weiterweg sieht man u.a. eine hasmonäische Zisterne, freigelegte und durch Glasplatten im Boden zu betrachtende herodianische Säulen mitsamt Straßenpflasterung, einen Steinbruch oder ein Wasserbecken aus der Zeit Hadrians. Schließlich taucht man in der Via Dolorosa wieder aus der Tiefe auf, vielleicht sogar etwas überrascht,

nach all den intensiven historischen Eindrücken wieder mitten im modernen Leben zu stehen.

Wir wollen unseren zuvor unterbrochenen Rundgang fortsetzen. Geht man von der Westmauer Richtung Dungtor, so zweigt am Tor links eine Treppe zu den Ausgrabungen des Tempelbergs ab, dem *****Jerusalem Archaeological Park** (auch *Ofel Garden* genannt; So-Do 8-17, Fr -14; ₪ 30, Kinder 16; am Eingang ist eine für die Besichtigung notwendige detaillierte Beschreibung erhältlich, englischsprachige Führungen müsste man für ₪ 160 vorab buchen, auch die Besichtigung des *Virtual Reconstruction Models* im Davidson Center ist vorher anzumelden, www.archpark.org.il). Seit 1968 wird hier gebuddelt, 25 Siedlungsschichten sind aus einem Niveau abgetragen worden, das ursprünglich auf der Höhe des Mughrabi-Tors lag. Neben unendlich viel Schutt kamen auch eine Reihe von Überraschungen zutage.

Gehen Sie die Treppe hinunter und zunächst zur Ecke der Tempelbergmauer. Nur der untere Teil mit den riesigen, sorgfältig geglätteten Steinen stammt vom Zweiten Tempel, der obere Teil wurde erst im vorigen Jahrhundert wieder aufgesetzt. Diese bis zu 200 Tonnen wiegenden Steinquader der herodianischen Stützmauern wurden ohne Zement passgenau aufeinander gestapelt. Ihre Größe hatte den Vorteil, dass keine Bindemittel für den Aufbau notwendig waren und dass sie dank ihres Gewichts auch Belastungen wie Erdbeben klaglos überstanden. Auf der Westseite ragen einige Stümpfe aus der sonst glatten Mauer heraus, die man mit viel Fantasie als das Ende eines Bogens interpretieren kann. Vom Amerikaner Robinson entdeckt und nach ihm als *Robinson's Arch* benannt, handelte es sich um einen gewaltigen Brückenbogen (den größten der Antike), der die mauerparallele Straße zur königlichen Basilika überspannte.

Auf der Südseite der Tempelbergmauer kamen – zum Erstaunen der Historiker – Reste eines Omaijaden-Palastes zum Vorschein. Die Rechtecke an der Außenmauer gehörten zu Gärten mit Bewässerungskanälen. Noch vor der Quermauer führt eine Eisentreppe zu einer

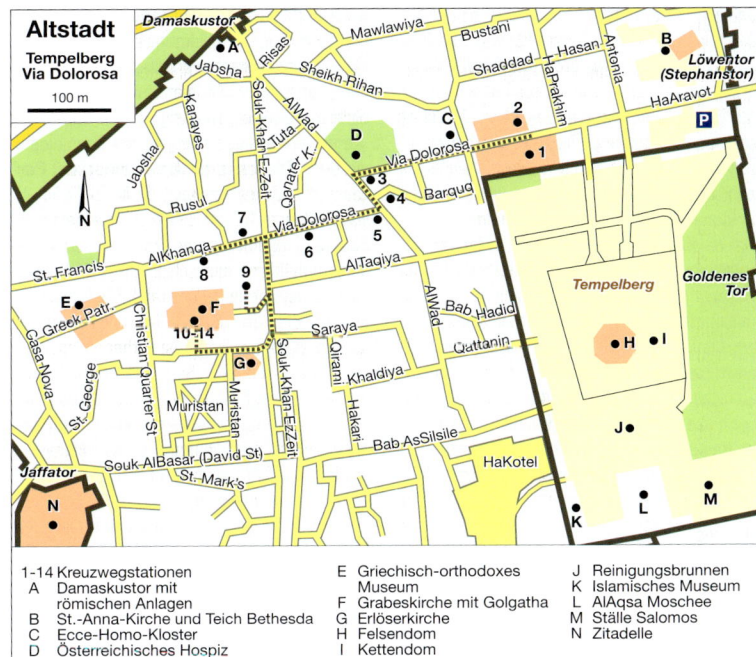

Altstadt
Tempelberg
Via Dolorosa
100 m

1-14 Kreuzwegstationen
A Damaskustor mit
     römischen Anlagen
B St.-Anna-Kirche und Teich Bethesda
C Ecce-Homo-Kloster
D Österreichisches Hospiz

E Griechisch-orthodoxes
     Museum
F Grabeskirche mit Golgatha
G Erlöserkirche
H Felsendom
I Kettendom

J Reinigungsbrunnen
K Islamisches Museum
L AlAqsa Moschee
M Ställe Salomos
N Zitadelle

Aussichtsplattform, die sowohl einen vortrefflichen Überblick über das Ausgrabungsgelände als auch einen neuen Blickwinkel auf das Jüdische Viertel gibt. Noch vor dem Tor in der Quermauer sind Reste byzantinischer Häuser zu sehen. Der Grabungsbezirk außerhalb der Mauer ist auf den ersten Blick noch unübersichtlicher und schwieriger zu verstehen. Leicht erkennbar ist die breite Freitreppe, die zum sogenannten Huldator führte, d.h. in den eigentlichen Tempel. Weiter östlich sind deutlich die Umrisse des östlichen Teils dieses Tors zu erkennen, das allerdings aus der Omajjaden-Zeit stammt und im 11. Jh zugemauert wurde.

Die vielen Details des Grabungsbezirks zu beschreiben, würde den Rahmen dieses Buches sprengen, zumal sich meist "Vorgebildete" hierher begeben, denen die Epochen der vergangenen zwei Jahrtausende geläufig sind.

****Tempelberg mit Felsendom (Haram AshSharif)

Geschichte: Ein steiler Berg namens Moria bildet den historischen Hinter- und Untergrund des vor Ihnen liegenden, für die drei monotheistischen Religionen heiligen Bezirks. Abraham erhielt im 85 km entfernten Beer Sheba von Gott den Befehl, auf dem Berg Moria seinen Sohn Isaak (nach islamischer Tradition: Ismael) zu opfern, danach wanderte er angeblich zu diesem hier liegenden Berg und wurde im letzten Moment von der Opferpflicht befreit. Ein Jahrtausend später eroberte um 1000 vC David den Berg, errichtete dort einen Altar und stellte die Bundeslade ab. Sein Sohn Salomo ließ an dieser Stelle den ersten prächtigen, aber recht kleinen Tempel in siebenjähriger Bauzeit von phönizischen Baumeistern errichten. Die Wände des Hauptraums und des Allerheiligsten waren mit Zedernholz aus dem Libanon getäfelt und vergoldet. Fast 400 Jahre später, 587 vC, wurde der Tempel von Nebukadnezar zerstört. Nach der Rückkehr aus der babylonischen Gefangenschaft errichteten die Juden den Zweiten Tempel anstelle des ersten, der 516 vC fertiggestellt wurde. Als Herodes I. an die Macht kam, ließ er den vermutlich beschädigten Tempel renovieren und vergrößern. Um das 300 x 480 m große Areal zu schaffen, musste zusätzliche Fläche durch Aufschüttungen gewonnen werden, Stützmauern waren nötig, um die Aufschüttungen zusammenzuhalten. Die Mauern sind noch heute an der Ost-, Süd- und südwestlichen Seite zu sehen. In diesem Tempel diskutierte Jesus mit den Schriftgelehrten, hier vertrieb er die Händler und wurde vom Teufel versucht. 70 nC zerstörten die Römer den Zweiten Tempel, übrig blieben nur die Stützmauern. Im 6. Jh nC ließ Justinian auf dem Tempelberg eine Marienkirche als Basilika bauen. Nach der muslimischen Eroberung Jerusalems 638 pilgerten viele Anhänger Mohammeds zum Felsen Moria, denn von hier aus war der Prophet zu seiner nächtlichen Himmelsreise ins Paradies aufgestiegen, sein Lieblingspferd AlBuraq hatte einen Fußabdruck auf dem Felsen hinterlassen. 687-691 ließ der Omaijadenkalif Abd Al-Malik einen Dom über den Fußabdruck-Felsen bauen, 705-715 sein Sohn Walid die Marienkirche in die AlAqsa Moschee umwandeln. Damit gewann der Tempelberg sein heute charakteristisches Bild, er wurde Wahrzeichen Jerusalems. Den Muslimen ist er nach Mekka und Medina die drittheiligste Stätte der Erde. Im Ramadan versammeln sich hier bis zu 300 000 Menschen zum Gebet.

Zugang für Nichtmuslime ist nur südlich der Westmauer über die Stelzenkonstruktion zum Marokkanertor (Bab AlMughrabi) möglich (Einlasszeit So-Do im Sommer: 7.30-11, 13.30-14.30, im Winter: 8-10, 12.30-14; Öffnungszeiten können sich ändern und ohne vorherigen Hinweis auch ganz wegfallen, im Ramadan stark eingeschränkt, während islamischer Fei-

ertage – siehe S. 50 – meist geschlossen, Tel 6226250). Verlassen müssen Sie den Tempelplatz bis 15 Uhr durch jedes der acht anderen Tore. Der Eintritt auf den Tempelplatz ist frei, doch derzeit ist für Nichtmuslime kein Blick in Dom oder Moschee möglich, auch das Islamische Museum an der Südwestecke des Platzes wird umgebaut. Angeblich sollen Leute durch Bakshish in die Gebäude gelangt sein, doch empfehlenswert ist das nicht. Wer einfach behaupten wollte, Muslim zu sein, muss sich auf Fragen gefasst machen und sollte zumindest die Sure AlFatiha beten können (Aussprachetrainer: www.mounthira.com/learning/surah/001-al-fatihah). – Vermutlich wird Ihnen ein selbst ernannter *Guide* seine Dienste anbieten; sollten Sie darauf eingehen, dann den Preis unbedingt vorher vereinbaren. Sollten Sie die keuschen Kleidersitten nicht erfüllen, so können Sie blaue Kittel als Schutz gegen und vor dem bösen Blick der denkbar unfreundlichen Wärter ausleihen. Unser Tor entlässt uns direkt auf das Gelände der **AlAqsa Moschee**.

Sollte der Besuch von Dom und Moschee wieder erlaubt sein, muss man in einem kleinen Kiosk rechts zwischen Moschee und den Gebäuden gleich an der Mauer Eintrittskarten kaufen (₪ 30-40). Die Gebäudegruppe, die sich L-förmig an der Mauer entlangzieht und an die AlAqsa Moschee stößt, dient dem **Islamischen Museum** als Unterkunft, das jedoch seiner Wiedereröffnung harrt. Sehenswert wären Korantexte, Reste von Balken aus dem 8. Jh und des beim AlAqsa-Brand 1969 beschädigten Minbars.

Gehen Sie weiter zur ******AlAqsa Moschee** (die Fernste, von Mekka und Medina aus gesehen), deren Ursprung die christliche Marien-Basilika war. Sie wurde im Laufe ihrer Geschichte durch Erdbeben mehrfach stark beschädigt (im Gegensatz zum Felsendom steht sie auf wackeligen Substruktionen), die Kreuzritter benutzten sie zunächst als Sitz des Königs von Jerusalem. Heute besteht sie aus sieben Langschiffen, in denen 5000 Gläubige Platz finden. Leider wurde der bekannte holzgeschnitzte Minbar, ein Geschenk Saladins, durch einen Brandanschlag eines geistesgestörten Australiers 1969 so zerstört, dass er nicht mehr vorhanden ist (siehe S. 120 zum Jerusalem-Syndrom). Der Betrachtung wert sind besonders die Ausschmückungen der Kuppel und ihrer Trommel, die zum Teil auch auf Saladin zurückgehen.

In der Südostecke des Tempelbergs, links neben der Moschee, liegen die wegen ihrer Größe eindrucksvollen sogenannten **Ställe Salomos** unterhalb der Deckplatte des Plateaus. Sie wurden von Herodes zur Erweiterung des Tempelplatzes auf dem abfallenden Gelände angelegt, sind aber wiederum nur Muslimen zugänglich, die sie seit Neuestem als Marwan-Moschee nutzen.

Am Reinigungsbrunnen *AlKas* vorbei geht man nun zum ****Felsendom**; er ist übrigens keine Moschee, sondern – profan ausgedrückt – ein Schutzbauwerk über dem Felsen Moria. Beim Näherkommen strahlt das Gebäude – das zu den schönsten islamischen Bauwerken zählt – eine erhabene Schönheit aus, die man kaum anderswo in Jerusalem wiederfindet:

Aus einem achteckigen, mit strahlend blauen Fayencen verkleideten Unterbau wächst der runde Kuppelbau auf, dessen Basis ebenfalls mit herrlichen Kacheln belegt ist. Die 1994 neu vergoldete Kuppel wirft vornehm-gedämpft den Glanz der Sonne zurück; das Gebäude stellt als Gesamtkonzeption ein architektonisches Meisterwerk von Weltgeltung dar. Es ist das älteste existierende muslimische Bauwerk. Sollten Sie hinein dürfen, müssen Schuhe, Taschen und Kameras unbeaufsichtigt draußen bleiben – zu mehreren Leuten könnte man einfach abwechselnd besichtigen.

Die erlesene Ausstattung im Inneren ist hoffentlich bald wieder zugänglich: Marmorsäulen mit vergoldeten antiken Kapitellen tragen den Kuppelbau, der mit vollendeten Arabesken und Ornamenten ausgeschmückt ist. Die künstlerische Vollendung dort oben steht eigentlich im krassen Gegensatz zu der rauen, hellgrauen Oberfläche des Moria-Felsens, dem sie ja eigentlich gewidmet ist. Auch der achteckige Unterbau, der fast unmerklich den Kuppelbe-

Für Nicht-Muslime führt der einzige Eingang zum Tempelplatz vom Vorplatz der Westmauer durch einen Check-Container über den hölzernen Stelzengang zum Bab AlMughrabi (blaues Sonnensegel)

Felsendom: Ausschnitt aus einer Außenwand

reich umschließt, ist aufwändig verziert; man betrachte allein die Ausschmückung der Holzdecken oder die in aller Farbenpracht leuchtenden Glasfenster.

In der Luft liegt ein verhaltenes Murmeln der Menschen, die hier Gebete verrichten, obwohl es sich nicht um eine Moschee handelt. Rechts des Felsens (vom Eingang aus gesehen) wird ein Felsstück in einem kleinen Schrank aufbewahrt, das die Gläubigen berühren, weil es den berühmten Fußabdruck enthält. Über dem Schrank steht ein Behälter mit drei Barthaaren Mohammeds, die nur einmal jährlich gezeigt werden. In der Höhle Bir *Al'Arwah* (arabisch *Brunnen der Seelen*) unterhalb des Felsens warten nach muslimischem Glauben die Seelen der Toten auf das Jüngste Gericht. Achten

Sie in der Höhle auf den sehr flachen Mihrab: Vielleicht ist er die älteste Gebetsnische der Welt oder entstand zumindest spätestens um 900 nC.

Nicht allein den Muslimen, auch den Juden ist der Fels heilig, nicht nur der versuchten Opferung wegen, sondern sie sehen ihn auch als den Grundstein und Mittelpunkt der Welt an. Juden dürfen den Tempelplatz laut Anweisung des Oberrabbinats übrigens nicht betreten. Zwei der Gründe dafür sind, dass unbekannt ist, wo genau das Allerheiligste war, das nur der Hohepriester einmal im Jahr betreten durfte – dieses Gebot soll weiterhin gehalten werden, und weil zum Reinigungsritus für den Tempel die Asche einer roten Kuh gehörte. Diese Kuh-Art gibt es jedoch nicht mehr, also keine Kuh, keine Asche, kein Ritus, kein Betreten des Tempelbereichs. All das hält nationalreligiöse Juden jedoch nicht davon ab, auf dem Tempelplatz herumzulaufen und ab und an zu versuchen, den Grundstein zum Bau des Dritten Tempels zu legen.

Man sollte sich für den Tempelberg insgesamt Zeit nehmen, um die Atmosphäre dieses wahrhaft historischen Platzes zu erfassen. Wandern Sie an den Außenmauern entlang. Von der Ostmauer aus werden Sie östlich vom Felsendom ein kleines Kuppelbauwerk sehen. Es ist der **Kettendom**, der die Mitte des gesamten Tempelplatzes markiert und am Gerichtsplatz Davids steht. Angeblich hat David hier eine Kette aufhängen lassen, aus der bei Meineiden ein Glied herausfiel. Etwa in der Mitte der Ostmauer würde sich das **Goldene Tor** öffnen. Da die Juden glauben, dass durch dieses Tor der Messias die Stadt betreten werde, mauerten es die Muslime zu und legten Gräber – ebenfalls als Schutz – davor an. So kommt der Messias vielleicht per Hubschrauber. Am Ende der Treppen zum Dom stehen östlich schöne Spitzbogenarkaden. Die Muslime glauben, dass an diesen Bögen die Waagschalen beim Jüngsten Gericht aufgehängt werden, mit denen die Menschen gewogen und gemessen werden.

Über die **Via Dolorosa zur ****Grabeskirche

Wenn Sie auf dem Tempelberg genug gesehen haben, verlassen Sie ihn am besten durch das Bab Hutta (Tor der Sühne) rechts auf der Nordseite. Die nächste große Querstraße, nachdem Sie durch einen Häuserblock gingen, ist die Sha'ar HaArayot St *(Löwentorstraße)*, die vom Löwentor im Osten kommt. Gehen Sie ein Stück auf dieser Straße nach rechts bis fast zum Tor in der Stadtmauer, das von den Christen Stephanstor, von den Juden **Löwentor** und von den Palästinensern Marientor genannt wird. Links vor dem Tor erstreckt sich ein langgezogener Gebäudekomplex, dessen erste Tür zum ****St. Anna Kloster** (Mo-Sa 8-12, 14-18, im Winter -17, ₪ 8, einschließlich Teich Bethesda) mit der St.-Anna-Kirche führt.

Dieser in sich geschlossene Komplex ist einen Besuch wirklich wert, schon weil der kleine Garten im Innenhof zu einer erholsamen Pause in einer Oase der relativen Ruhe einlädt. Die Kirche wurde von der Witwe Balduin I., dem ersten Kreuzfahrerkönig Jerusalems, 1142 in Auftrag gegeben. Saladin richtete nach der Eroberung Jerusalems eine Koranschule in ihr ein, die Osmanen gaben sie 1856 an Napoleon III. zurück. Danach wurde sie in die Kirchenform zurückgebaut. Hervor kam eine typische, vollständig erhaltene Kirche der Kreuzfahrerepoche. Sie besteht aus einer dreischiffigen Pfeilerbasilika, deren Seitenschiffe durch Spitzbögen vom Hauptschiff getrennt sind. Der Hochaltar aus dem Jahr 1954 stammt von dem französischen Bildhauer Phillippe Kaeppelin. Unter dem rechten Seitenschiff liegt eine **Grotte**, die von den Kreuzfahrern als Geburtsstätte Marias angesehen wurde (freier Eintritt, Spende erwartet). Die Akustik der Kirche überrascht mit einem außergewöhnlich langen Hall, daher singen hier immer wieder besuchende Chöre oder Gruppen. Es ist durchaus interessant und stimmungsvoll, den Gesängen aus aller Welt zu lauschen.

Nordöstlich schließt sich an die Kirche das Ausgrabungsgelände um den ****Teich Bethesda** an. Hier soll Jesus einen Mann, der 38 Jahre lang krank war, geheilt und ihn mit dem bekannten Spruch *„...nimm dein Bett und geh"* entlassen haben. Ursprünglich handelte es sich vermutlich um eine Zisterne, die ein Damm in der Mitte in zwei große Becken trennte. An den Seiten und auf dem Damm standen Säulenhallen, von denen auch das Neue Testament berichtet. Die Ausgrabungen sind hervorragend erläutert, sodass man sich leicht ein Bild von der Umgebung vor 2000 Jahren machen kann – viele Meter unter dem heutigen Bodenniveau.

Gehen Sie nun zurück zur Löwentorstraße und stadteinwärts. Ein kurzes Stück nach der Querstraße AlQadhsiye Darwish überspannt ein Halbbogen die Straße, links führt ein schmaler Weg auf einer Rampe aufwärts. Hier lag einst die **Festung Antonia**, die – 100 x 160 m groß – von Herodes gebaut worden war und von der aus er den Tempelberg gut kontrollieren konnte. Bereits 70 nC ließ Titus die Festung schleifen. Ab hier beginnt die ****Via Dolorosa**, die *Straße der Schmerzen*, auf der Jesus sein Kreuz zur Hinrichtung auf den Hügel Golgatha schleppen musste.

Kreuzfahrerarchitektur der St.-Anna-Kirche

4

Gehen Sie den schmalen Weg auf der Rampe links hinauf. Er endet in der eigentlich sehr profanen islamischen Schule **AlOmariya**, die ordentlich und sauber ist und deren Wände mit kindlichen Zeichnungen muslimischer Motive geschmückt sind. Die Südmauer des Schulhofes stammt noch von der Antonia-Festung des Herodes; werfen Sie einen (lohnenden) Blick von hier durch die Fensternischen auf den Tempelberg. Der Schulhof besitzt insofern Bedeutung, da er als *Station Eins* des Leidenswegs Jesu angesehen wird, beginnend mit der Verurteilung Jesu im *Praetorium*. Jeweils freitags um 15 (Sept.-März) oder 16 Uhr (April-Sept.) führen Franziskaner eine Prozession an, die alle 14 Kreuzwegstationen berührt (am interessantesten aber auch überfülltesten am Karfreitag). Diese Stationen entsprechen zum Teil den Berichten der Evangelien, einige wurden erst im 19. Jh hinzugefügt.

Die *Zweite Station,* bei der Jesus ausgepeitscht wurde, die Dornenkrone erhielt und das Kreuz aufnahm, ist gegenüber der Rampe zur Schule durch einen schmalen Eingang zu erreichen. Auf einem kleinen Innenhof stehen sich dort

Auf der Via Dolorosa

die **Kapellen der Verurteilung** (links) und der **Geißelung**, auch Flagellatio genannt, gegenüber (täglich 8-18, im Winter -17). Wer Genaueres über die Zeit des Neuen Testaments wissen möchte, ist hier außerdem im Museum des *Studium Biblicum Franciscanum* richtig. Es gibt allerhand aus den eigenen Grabungen der Franziskaner zu sehen, Mo-Sa 9-13/14-16, besser vorher anrufen Tel 627 0456; intuitive Internet-Adresse http://198.62.75.4/www1/ofm/sbf/SBFmuse.html.

Nach der nächsten schmalen, rechts abzweigenden Gasse erhebt sich ein massiges Gebäude, die **Ecce Homo Basilika** und das **Kloster der Schwestern Zion** (auch *Ecce Homo* Kloster; täglich 8.30-17; ₪ 8). Unterhalb dieses Gebäudekomplexes sind interessante historische Relikte aus der Römerzeit zu sehen (Eingang gleich links in der schmalen Gasse), die noch dazu sehr gut erschlossen sind: zum einen die erstaunlich große **Zisterne** des Strouthionteichs, von Herodes zur Wasserversorgung seiner Festung angelegt, zum anderen ein gutes Stück des originalen Straßenpflasters des Forums und Marktplatzes – **Lithostrotos** –, das Hadrian (135 nC) über dem Strouthionteich anlegen ließ. Im Pflaster ist ein römisches Spiel eingeritzt, mit dem sich die Soldaten die Zeit vertrieben. In dieser Gegend soll Pilatus den bereits mit Kreuz und Dornenkrone gezeichneten Jesus dem Volk gezeigt und gesagt haben: „Seht, welch ein Mensch" (auf Latein: *Ecce Homo*). Folgen Sie beim Rundgang durch die Unterwelt den Pfeilen, Details sind auf Tafeln erklärt. Draußen überspannt ein zweiter Halbbogen die Straße, der sich in der Basilika als kleinerer Nordbogen fortsetzt. Er wurde in der bereits teilzerstörten Festung für den Besuch Kaiser Hadrians errichtet; heute wird er **Ecce-Homo-Bogen** genannt.

Der nächste Eingang weiter westlich vom Konvent der Zionsschwestern führt zum griechisch-orthodoxen **Praitorion** und **Gefängnis Christi**, für Griechisch-Orthodoxe der Beginn der Via Dolorosa (meistens geöffnet, Spende willkommen). Man steigt in drei übereinander liegende, finstere Grabhöhlen aus der Zeit des Ersten Tempels hinab, die u.a. als Verließ des Schwerverbrechers Barrabas und als Gefängniszelle des an den Beinen gefesselten Jesus zur Andacht hergerichtet sind. Historisch ist hier nichts los: Die christliche Dramatisierung der eisenzeitlichen Gräber geschah Anfang des 20. Jhs.

Die Via Dolorosa mündet schließlich in die Al-Wad (hebräisch *HaGai*) St. Rechts liegt das Österreichische Hospiz (Austrian Hospice), das 1856 gebaut wurde. Gleich links ist die *Dritte Station* an der sogenannten polnischen Kapelle zu sehen, die 1947 durch Spenden polnischer Soldaten geschaffen wurde; hier fiel Jesus zum ersten Mal. Diese Kapelle, mit einem das Geschehnis schildernden Relief, steht links vom Eingang zur armenischen Kirche, die nur freitags geöffnet ist. Gehen Sie jetzt auf der AlWad St weiter, kurz vor dem ersten Abzweig nach links folgt (linke Straßenseite) die *Vierte Station*, an der Jesus seine Mutter traf, ein Relief über der Tür einer kleinen armenisch-katholischen Kapelle zeigt die Begegnung. Jetzt links bei Abu Shukri sich entweder mit exzellentem Hommos stärken oder in die nächste, rechts abzweigende Straße einbiegen, gleich an der linken Ecke half Simon, Jesus das Kreuz zu tragen (Fünfte Station).

Die **Via Dolorosa

Man muss wohl ein paar Worte zur Via Dolorosa anmerken. Fast jeder alte Kreuzgang vermittelt mehr vom Leiden Jesu als der vom geschäftigen Alltagsleben, von geschäftsmäßigen Pilgerführern und dem Gedränge der Touristen geprägte Weg, den Jesus nach seiner Verurteilung bis zur Hinrichtungsstätte zurückgelegt haben soll. Der Weg selbst – für dessen Pflasterung teils Steine aus der Zeit von Herodes verwendet wurden – ist historisch keineswegs gesichert, einige Stationen wurden erst 1800 Jahre nach der Kreuzigung festgelegt. Ursprünglich ist der Kreuzweg eine Andachtsform, die im Mittelalter entstand. Zunächst waren sieben Stationen festgelegt, erst 1518 kamen weitere sieben hinzu. Biblisch lassen sich die erste, fünfte, achte und elfte bis vierzehnte Station begründen, die zweite und zehnte ergeben sich logischerweise. Wenn wir in den folgenden Beschreibungen nicht den Konjunktiv benutzen, also nur die Möglichkeit der Geschehnisse beschreiben, dann hat es hier nur pragmatische Gründe, nicht viele Male diese Form zu wiederholen.

Sicher ist die Nähe zum eigentlichen Leidensweg das Entscheidende für den Gläubigen; einerlei wie der tatsächliche Weg verlief. So muss man auch den Pilgern, die sich mit Leih-Holzkreuz in frommer Inbrunst durch die engen Gassen drängeln, Respekt entgegenbringen.

Hier zeigt sich die eigentliche Tragik des Christentums, dessen heilige Stätten mitten in einem seit Jahrtausenden umkämpften Terrain liegen, das auch heute noch gnadenlos umkämpft ist – wenn nicht gerade mit dem Schwert, dann mit Kommerz. Andacht zu finden ist schwer im Heiligen Land.

Jeder bitte nur ein Kreuz! Die Franziskaner-Prozession startet freitags um 15 Uhr

Nach dem nächsten Abzweig links folgt die griechisch-katholische *Sechste Station* nach dem Ende eines Torbogens bei einer eisenbeschlagenen Holztür: Jesus erhält von Veronika an deren Haus ein Schweißtuch – im Neuen Testament kommt zwar keine Veronika vor, doch das Schweißtuch befindet sich im Petersdom in Rom. Die *Siebte Station* liegt gegenüber der Einmündung in die lebhafte Basarstraße **Khan EzZeit** (auch Bet Habad St), bei der Jesus zum zweiten Mal fiel. Hier war auch sein Todesurteil ausgehängt. Wir biegen links in den leicht ansteigenden Souk Khan EzZeit ab und machen nach ein paar Metern einen Abstecher in die rechts abzweigende AlKhanqa St. Ein kurzes Stück bergauf in dieser Gasse erreicht man die *Achte Station* (Jesus tröstet die Frauen von Jerusalem); sie ist durch ein Kreuz mit lateinischer Inschrift in der Mauer des griechischen Klosters markiert. Von hier aus führte vermutlich der Weg durch ein Stadttor zum Hügel Golgatha. Bereits seit dem Mittelalter ist der Weiterweg dorthin verbaut.

Man muss zurück zum Souk Khan EzZeit gehen, diesem nach rechts so lange folgen, bis rechts eine lang gezogene Treppe abzweigt, dort hinauf. Der Weg führt noch um ein paar Ecken und endet vor dem koptisch-orthodoxen Patriarchat, dem Sitz des Erzbischofs der ägyptischen Christen. Gleich links in der Ecke liegt die *Neunte Station,* an der Jesus zum dritten Mal zusammenbrach. Rechts öffnet sich eine Tür zur koptischen **Helena-Basilika**, durch die man zur eindrucksvoll-großen, (meist) mit Wasser gefüllten Zisterne der Helena gelangen kann. Links führt ein grünes Eisentor zum **Äthiopischen *(Abessinischen)* Kloster** (Deir AsSultan). Dieses etwas exotisch anmutende, aus kleinen Steinhütten bestehende Kloster wurde auf dem Dach der Helena-Kapelle der Grabeskirche errichtet. Scheuen Sie sich nicht, einen Blick auch auf den weiteren Mosaikstein des christlichen Geschehens um die Grabeskirche zu werfen. Die Äthiopier und Kopten streiten seit Jahrhunderten erbittert um die Besitzrechte. Daher können die Äthiopier ihre extrem

spartanischen Unterkünfte weder modernisieren noch abreißen.

Durch eine schmale Tür, etwa gegenüber dem grünen Eisentor, kann man durch das Äthiopische Kloster zur Grabeskirche hinuntersteigen, ein nicht uninteressanter Gang an Gebetsräumen der Äthiopier vorbei. Doch der "offizielle" Weg führt zurück zur Basarstraße, dort rechts weiter und an der Straßenteilung rechts halten und nach ein paar Schritten rechts in die Souk AlDabbagha St abbiegen. An dieser Ecke steht (rechts) die russische **Alexander-Niyevski-Kirche** (Di-So 9-18), die 1887 erbaut wurde. In ihr sind noch vorhandene Relikte der ersten, unter Kaiser Konstantin erbauten Grabeskirche zu sehen, die wesentlich größer als die heutige war. Am Ende eines Korridors führen Treppen zu einem rekonstruierten Bogen hinunter, der Teil des römischen Forums im 2. Jh war. Links in der zweiten Halle ist ein Teil der Originalmauer der ersten Grabeskirche zu sehen, die hier begann und innerhalb des heutigen Grabeskirchengebäudes endete. Sie wurde 1009 zerstört.

Schräg gegenüber erhebt sich die protestantische **Erlöserkirche** – Sitz der lutherischen Propstei der deutschsprachigen Gemeinde –, die Kaiser Wilhelm II. 1898 einweihte, nachdem er prunkvoll in Jerusalem eingezogen war. Sie steht auf dem Grund der Kirche St. Maria Latina, die 1009 von Kalif AlHakim zerstört, im 11. Jh wiederaufgebaut wurde, später aber verfiel. Den Eingang finden Sie in der links abzweigenden Muristan St. Rechts nach dem Eingang führt eine Treppe auf den Turm (Mo-Fr 9-12.30, 13-15, ₪ 3, www.evangelisch-in-jerusalem. de), von dem der beste Blick auf die Grabeskirche und die Altstadt bietet. Gegenüber der Kirche zieht sich der **Muristan** nach Süden, ein ehemaliges Pilgerhospiz, dann Irrenhaus *(Muristan),* das heute als Basar mit Schwerpunkt Lederwaren dient. Die **Omar-Moschee** gehört zu diesem Ensemble. Wir gehen allerdings die paar Schritte zurück und biegen jetzt links in die Souk AlDabbagha St ein, auf der wir kamen; dort trifft man bald rechts auf den Vorhof zur Grabeskirche, in der die Via-Dolorosa-Stationen zehn bis vierzehn liegen.

Die ****Grabeskirche

Geschichte: *Die Grabeskirche überdeckt den heiligsten Platz der Christenheit, den Hügel Golgatha und das Grab Jesu. Hatten die Römer nach der Zerstörung Jerusalems zunächst einen Venustempel über der Grabhöhle und eine Jupiterstatue auf dem Hügel Golgatha errichtet, so wurden 335 unter Kaiser Konstantin diese Bauwerke abgetragen, über dem Felsengrab eine kuppelüberwölbte Rotunde errichtet, an die sich nach Osten eine fünfschiffige Basilika anschloss. Der eigentliche Felshügel Golgatha mit dem Kreuz Christi blieb frei stehen. Beide Gebäude wurden 614 von den Persern zerstört, 629 von den Byzantinern nach alten Plänen wiederaufgebaut. 1009 schlug der Fatimide AlHakim zu und zerstörte die Anlage bis auf die Grundmauern. Erneut ließ Byzanz 1048 die Gebäude wiederherstellen, allerdings kleiner als zuvor.*

*Ab 1099 beschäftigten sich die Kreuzfahrer mit dem Komplex. Anstelle der Basilika entstand ein Kirchenschiff, der Felsen Golgatha wurde mit einer überhöhten Seitenkapelle überbaut. Dieses etwas unübersichtliche und eher unansehnlich-düstere Ensemble blieb im Wesentlichen bis heute erhalten. Sieben Religionsgemeinschaften teilen sich den Besitz der Grabeskirche, und dies keineswegs immer im christlich-friedfertigen Sinn – Besitzansprüche und strittige Gottesdienstzeiten führen besonders in der Osterzeit immer wieder zu Prügeleien unter Priestern und Mönchen. Aus diesem Grund kommt auch die dringende Restaurierung nur schleppend voran. Im Übrigen glauben manche Protestanten, dass der Kreuzigungshügel nicht hier, sondern nördlich beim heutigen Gartengrab gelegen habe (siehe S. 127). Aber warum ist das Grab eigentlich so wichtig, wenn es gemäß dem christlichen Glauben nach drei Tagen wieder leer war? Die Orthodoxen betonen das Wesentliche, wenn sie das Gebäude nicht Grabeskirche, sondern griechisch **Anastasis** nennen: Auferstehungskirche!.*

Gute Orientierung: der Turm der Erlöserkirche

Darüber hinaus konkurrieren hier nicht nur die christlichen Religionsgemeinschaften, sondern alle zusammen noch mit den Muslimen, die der Grabeskirche nördlich die Khanqa AsSalihiye und südlich die Omar Moschee beigesellt haben. Das Grab Jesu liegt sicherlich nicht zufällig auf der Verbindungslinie der beiden Minarette, die speziell zu Gottesdienstzeiten vor allem in der Passionszeit nahezu Ohren betäubende Gebetsrufe erschallen lassen.

Besuch der Grabeskirche

(Öffnungszeiten: Sommer 5-21; Winter 4-19 Uhr)
Schauen wir uns nun in dem unübersichtlichen Komplex mit seinen mehr als dreißig Kapellen um. Das Eingangsportal öffnet sich an der südlichen Querseite der eigentlichen Kirche. Ursprünglich gab es zwei nebeneinander liegende Portale, Saladin ließ eins zumauern. Ein Blick lohnt auf die schön verzierten Fenster über dem Portal, davor liegt das einzige aus der Kreuzfahrerzeit erhaltene Grab (Philippe d'Aubigny). Kurz hinter dem Eingang residiert der Hüter und Torwärter der Kirche des Heiligen Grabes namens

Dem Rummel entgehen

Als im Religionsunterricht unterwiesener Christ stellt man sich Golgatha und den Grabesfelsen völlig anders vor, als man ihn heute antrifft. Damals, zur Zeit des tragischen Geschehens, lag der Steinhügel knapp außerhalb der Stadtmauer, durchaus geprägt von Einsamkeit und öder Steinlandschaft. Der heutige Besucher ist denn auch zunächst enttäuscht oder gar entsetzt, wenn er den Rummel der endlosen Besucherscharen – besonders bei der freitäglichen Prozession – miterlebt oder, noch ernüchternder, den Konkurrenzstreit der Priester der einzelnen Glaubensgemeinschaften. "Heidnische Stätten" im Nahen Osten wie z.B. der pharaonische Tempel von Karnak, strahlen trotz ähnlicher Besuchermassen weit mehr Impulse zur Rückbesinnung aus; machen Sie sich also illusionslos auf einiges gefasst, was nichts mit Religiosität zu tun hat. Wenn Sie allerdings ohne Besuchermassen und etwas besinnlich die Stätte betrachten, meditieren oder beten wollen, dann sollten Sie entweder gleich nach der Öffnung am frühen Morgen oder nach 18 Uhr kommen; bis zur Schließzeit trifft man meist nur noch auf vereinzelte Besucher. Bei allem Wirrwarr in der Grabeskirche wird sie vielleicht sympathischer, wenn man die ernsthaften Pläne der Franziskaner von 1949 sieht. Der Grabeskirchen-Neubau hätte das halbe Christliche Viertel weggerast, um ein Gegengewicht zum Tempelplatz zu schaffen. Achten Sie im umseitigen Schwarz-Weiß-Bild auf die winzige heutige Erlöserkirche zwischen dem ersten Turmpaar – schöner wäre die Altstadt durch dieses monströse Etwas nicht geworden.

Wadjee Y. Nusseibe in einer Nische; sein Amt wird innerhalb einer muslimischen Familie vererbt, damit keine der christlichen Konkurrenzreligionen die andere aus dem heiligen Gefilde aussperren kann und der Status quo von 1873,

als der türkische Sultan das christliche Gezänk besonders satthatte, erhalten bleibt...

Doch gehen Sie zunächst rechts nach dem Eingang die Treppe in der Ecke hinauf zum etwa fünf Meter hohen **Golgatha-Felsen**. Zuerst betritt man die katholische **Kreuzannagelungs-Kapelle**. Ihr Name, aber auch mittelalterliche Reliefs und neuzeitliche Mosaike besagen, was hier mit Jesus geschah (*Zehnte* und *Elfte Station*). Diese Kapelle geht quasi linker Hand – nur durch Stützpfeiler getrennt – in die griechisch-orthodoxe **Kreuzigungskapelle** über, unter deren Altar die Stelle im Fels liegen soll, an der das Kreuz stand. Unter der Altarplatte ist ein Silbergefäß angebracht, welches den Standort lokalisiert (*Zwölfte Station*). Rechts und links vom Altar geben Glasscheiben den Blick auf den Golgatha-Felsen frei; rechts verdeckt eine Metallschiene den Riss im Fels, der beim Tod Jesu entstanden sein soll. Zwischen den beiden Kapellen steht eine Marienstatue an der Stelle, an der die Mutter den Leichnam Jesu in die Arme nahm (*Dreizehnte Station* der römischen Katholiken). Der Weg führt aus der griechischen Kapelle wieder hinunter.

Direkt unterhalb der obigen Kapellen liegt die **Adamskapelle**. Hier wurde angeblich bei der Kreuzigung der Schädel Adams gefunden. Hinter einem schmiedeeisernen Gitter ist der Golgatha-Felsen mit dem Riss zu sehen. Nur ein paar Schritte vom Haupteingang entfernt steht der **Salbstein** (*Dreizehnte Station* der Griechisch-Orthodoxen), auf dem der Leichnam Jesu gesalbt wurde. Fromme Pilger streichen über die feuchte Oberfläche oder benetzen Gegenstände, die sie mit nach Hause nehmen. Gehen Sie von hier nach links, im Halbdunkel erkennen Sie bereits die Rotunde, unter der sich der türkisch-barocke Überbau des Heiligen Grabes befindet, vor dem sich meist lange Besucherschlangen bilden. Man betritt zunächst die sog. **Engelskapelle** (auch Grabkapelle genannt), die man zunächst mit maximal sieben weiteren Wartenden betreten darf.

In der dahinter liegenden eigentlichen Grabkammer (*Vierzehnte Station*) können sich nur drei bis sechs Menschen gleichzeitig aufhalten. In der Engelskapelle kann man beim Warten in Muße die Reste des Steins betrachten, auf dem der Engel gesessen haben soll, der die Auferstehung Jesu verkündete. Dieser Rollstein war so groß, dass er die niedrige Öffnung der **Grabkammer** verschließen konnte. In der Grabkammer bedeckt an der rechten Wand eine Marmorplatte die Stelle, auf welcher der Leichnam gelegen hatte. Das Kopfende der Grabhöhle – durch eine Wand hermetisch abgetrennt – nehmen die Koptisch-Orthodoxen für sich in Beschlag. Geht man vom Eingang der Engelskapelle um den Bau des Heiligen Grabes herum, sieht man in einer engen Kapelle einen koptischen Mönch vor dem nicht mit Marmor abgedeckten Felsen des Kopfendes sitzen – ähnliches Gedränge wie nebenan wäre hier vermutlich auch erwünscht.

In der Osternacht entzündet der griechisch-orthodoxe Patriarch im Heiligen Grab – das jeweils am Karfreitag verschlossen wird – zwei Kerzen an einem bläulichen Lichtwunder, ein Symbol für die Auferstehung. Wenn der Patri-arch aus dem Grab tritt, reicht er das Heilige Feuer zunächst an seinen armenischen und seinen koptischen Kollegen weiter. Dieser Akt ist nicht risikolos: Angeblich in diesem Zusammenhang gab es 1808 einen großen Brand, durch den z.B. die Gräber der Kreuzfahrerkönige weitgehend zerstört wurden, und 1834 griff die Hysterie der extra angereisten Pilger so weit um sich, dass fast 300 Menschen bei einer Panik ums Leben kamen.

Wie schon erwähnt, gibt es eine ganze Reihe von Kapellen, in die man noch einen Blick werfen kann. Östlich der Rotunde liegt das Langschiff der Kirche, das griechisch-orthodoxe **Katholikon**, mit einer Schale in der Mitte, die den Nabel der Welt geografisch definiert.

Noch weiter östlich führt eine Treppe zur armenischen **Helenakapelle** hinunter, die wegen ihrer Architektur sehenswert ist. Das Bodenmosaik soll an den Völkermord an den Armeniern während des Ersten Weltkriegs erinnern. Die Kapelle ist nach der Mutter Konstantins, Helena, benannt, die 335 von hier aus das originale Kreuz in einer ehemaligen Zisterne

4

*Das Grab Jesu unter der großen Kuppel der Grabeskirche wird von zwei Minaretten „bewacht"
– es liegt auf deren Verbindungslinie*

Die geplante (und nicht gebaute) neue Grabeskirche; die konisch zulaufende Rotunde sollte das Heilige Grab überdachen

– nach Konstantinopel in Sicherheit gebracht, später in kleine Stücke geschnitten und u.a. als Reliquien an Kirchen gegeben.

Umgebung der Grabeskirche

Wenn Sie nach dem Verlassen der Grabeskirche rechts die Treppen hinauf und an der nächsten Kreuzung links der Christian Quarter St folgen, so kommen Sie – vorbei an Shops mit christlich geprägten Souvenirs und Devotionalien – auf die David St, die – rechts herum

gefunden haben soll. Zur eigentlichen **Kreuzauffindungskapelle** geht man eine weitere Treppe hinunter; rechts steht ein griechischer, links ein katholischer Altar mit einer Statue der Helena und dem von ihr entdeckten Kreuz. Eigentlich fand sie drei Kreuze; das Kreuz Christi wurde dadurch bestimmt, dass man die drei Kreuze über ein gerade gestorbenes Kind hielt; bei dem echten Kreuz wurde das Kind wiederbelebt. 628 wurde das Kreuz – nach der Rückeroberung der Stadt aus den Händen der Perser

– zum Jaffator führt. Biegen Sie an der Kreuzung jedoch rechts und danach wieder links ab, so liegt in dieser Gasse namens Greek Orthodox Patriarchate St nach wenigen Schritten rechter Hand das **griechisch-orthodoxe Patriarchats-Museum** (Greek Orthodox Patriarchate Museum), dessen Umbau hoffentlich bald abgeschlossen ist (dann vermutlich Mo-Sa 9-13, ₪ 12). Ausgestellt sind bemerkenswerte archäologische Funde speziell der griechisch-orthodoxen Stätten in Palästina wie der Sarkophag der 29 vC von ihrem Mann Herodes I. ermordeten Königin Mariamne sowie die Original-Urkunde zur Übergabe Jerusalems an den muslimischen Befehlshaber durch den Patriarchen aus dem Jahr 638.

Vom Museum aus können Sie in nördlicher Richtung weitergehen und durch das Christliche Viertel bummeln oder, sich mehr östlich haltend, bis zur Basarstraße Khan EzZeit wandern und dann z.B. diesem Souk nach links bis zum Damaskustor folgen.

Von der West(Klage)mauer zum Jaffator

Dieser Weg führt zunächst durch das Jüdische, dann durch das Armenische Viertel. Von der **Westmauer** geht man nach Süden Richtung Dungtor, biegt aber zuvor rechts ab auf die Treppe, die hinauf zu dem modernen, fast wie eine Festung aussehenden Gebäudekomplex führt. Diese Treppe ist einer der wichtigsten Zugän-

Grabeskirche (Ausschnitt)

1 Eingang	6 Grabkammer
2 Kreuzannagelungs-Kap.	7 Katholikon
3 Kreuzigungskapelle	8 Zur Helenakapelle,
4 Salbstein	Kreuzauffindungskap.
5 Engelskapelle	9 Aufgang zum Dach

N

ge des Jüdischen Viertels zur Westmauer; am Freitagabend strömen hier unzählige, festlich gekleidete Menschen hinunter, um zu beten.

Das vor uns liegende *****Jüdische Viertel** ist seit gut 700 Jahren von Juden bewohnt, nachdem ein Bann der Kreuzfahrer gegen die Besiedlung Jerusalems durch Juden von den Muslimen aufgehoben worden war. Während des Unabhängigkeitskrieges 1948 und bei den Kämpfen 1967 wurde es weitgehend zerstört – zum Glück für die Archäologen –, danach aber fast vollständig neu wieder aufgebaut. Hier sieht es schmuck aus: Die Häuserfassaden bestehen durchgängig aus Jerusalemer Naturstein, auch die Straßen sind damit gepflastert. Alles ist adrett und gepflegt, manchmal vielleicht ein bisschen zu schön, ein bisschen zu isoliert gegenüber der viel tiefer verschachtelten arabischen Welt, die zwar nur ein paar Schritte entfernt ist, jedoch eher auf einem anderen Stern angesiedelt zu sein scheint. Hier entstand ein Wohnviertel mit Statuscharakter, in dem viele Religiöse, Intellektuelle und Politiker wohnen.

Vor der ersten Querstraße (Misgav Ladakh St) stehen rechts die Ruinen des **Deutschen Hospiz und der Kirche der Heiligen Maria**, etwa 1127 für Ritter und Pilger der Kreuzfahrerzeit gebaut, allerdings ist nicht mehr viel erhalten: Seit der Instandsetzung mit Unterstützung durch Axel C. Springer dienen die Mauern inzwischen vor allem als Stuhl-Abstellkammer der benachbarten Restaurants. In dieser Gegend, d.h. im größten Teil des heutigen jüdischen Viertels, lebten während der Kreuzfahrerzeit hauptsächlich Deutsche, die Misgav Ladakh St hieß damals Straße der Deutschen.

Wenn Sie noch weitere (Foto-) Blicke auf Westmauer und Felsendom suchen, dann gehen Sie noch vor dem Hospiz rechts die schmale Gasse entlang, sie eröffnet immer wieder neue Perspektiven (ähnlich auch in der links abzweigenden Gasse). Auf unserem Weiterweg jedoch gehen wir die Treppen ganz hinauf, kreuzen die Ladakh St und wandern unter dem Mauerbogen hindurch (links ist eine saubere Toilette). Gleich

das zweite Haus rechts in der Tiferet Yisrael St ist das **Burnt House** (*Verbranntes Haus;* Mo-Do 9-17, Fr -13, So 10-17; ₪ 25, Eintrittskarten im Museum Wohl), das 70 nC während der jüdischen Rebellion niederbrannte. Greifbare Geschichte: Eine kleine Ausstellung zeigt die unter der zweitausendjährigen Asche verborgenen Gegenstände, eine gut gemachte Dia-Show klärt über Umstände und Zeit des Unglücks auf. Unser Weg führt weiter unter den Arkaden hindurch in die Tiferet Yisrael St, an der links die konservierten, 1948 von jordanischen Soldaten zerstörten Ruinen der **Tiferet Yisrael Synagoge** stehen, einst eine der größten Synagogen von Jerusalem.

Nach wenigen Schritten erreichen Sie den recht großen Kikar Hurva, das eigentliche Zentrum des Jüdischen Viertels, den links einige Shops und Cafés säumen. Schräg gegenüber sehen Sie – neben einem einsamen Minarett – nicht mehr einen bloßen Mauerbogen, wie ihn noch Ralph Giordano in „Israel, um Himmels

Abends gibt es kaum Wartezeit vor dem Heiligen Grab

Willen Israel" beschreibt, sondern die neu errichtete **Hurva-Synagoge** in den Himmel ragen, das neue alte Zentrum der ashkenasischen
Juden. Zum letzten Mal wurde sie 1948 zerstört
und später wieder aufgebaut. Nach 1967
sollte die Ruine als Mahnmal dienen, doch im
Jahr 2000 entschloss man sich, das Gebäude
im alten Stil wieder zu errichten. Wer hinein-
schauen möchte, muss vorher reservieren, Tel
6265900. Treffpunkt ist in der Habad Rd an
der Westseite des Gebäudes. Unterhalb liegt
die **Ramban Synagoge**, die 1267 als erste in
der Altstadt auf Initiative des Rabbi Moses ben
Nahman errichtet wurde. Nicht unerwähnt sollen die vier **Sefardischen Synagogen** (So-Do
9.30-16, Fr 9-12) bleiben, die in der schräg gegenüber beginnenden Gasse Mishmeret HaKe-
huna in einem Gebäudekomplex untergebracht
sind (links kurz vor dem Parkplatz eine Treppe
hinunter). Ihr Ursprung geht auf das 16. Jh zurück; sie wurden 1948 zerstört und 1967/68 an
alter Stelle wieder aufgebaut.

Den Kikar Hurva wollen wir halbrechts (von
der Tiferet Yisrael St kommend) verlassen und
bis zur Plugot HaKótel St weitergehen. Bereits
vor dem Zusammentreffen der beiden Straßen
sehen Sie rechts eine Häuserlücke, in der unterhalb des Straßenniveaus die **Breite Mauer**
(*Broad Wall*) verläuft, ein imposantes, uraltes
Mauerstück, das aus der Zeit des Ersten Tempels stammt und immerhin eine Dicke von 7 m,
bei ursprünglich 8 m Höhe, aufweist (an der
gegenüberliegenden Ecke gibt es eine saubere Toilette). In der Nähe (Shonei HaLakhot St)
lassen sich im Haus **The First Temple Model**
(So-Do 9-16, Fr 9-13; ₪ 20, www.ybz.org.il)
das Modell und die dominanten Figuren aus der
Zeit des Ersten Tempels per raffinierter 3D-Dia-
show betrachten. Außerdem gibt es kleine Ausstellungen zum Thema. Schräg gegenüber führt
eine Treppe hinunter zu den Resten des **Israelitischen Turms** (*Israelite Tower)* (am besten
anrufen Tel 6286288), d.h. eigentlich zweier Be-
festigungs- oder Tortürme, wobei der gewalti-
gere etwa aus dem 7. Jh vC und der zweite aus
der Hasmonäerzeit (2. Jh vC) stammt.

Zurück zum Kikar Hurva. Lassen Sie sich hier
(auf der linken Seite) einen Leckerbissen des
Jüdischen Viertels nicht entgehen: das **Archäologische Museum Wohl** (Tel 6265922,
So-Do 9-17, Fr 9-13; ₪ 15), das sich mehrere Blocks unterhalb des Wohl-Komplexes erstreckt. Es entstand während der Rekonstrukti-
on des Jüdischen Viertels, als die Grundmauern
von sechs Gebäuden aus der Zeit von Herodes
freigelegt wurden. Die Besitzer müssen wohl-
habend gewesen sein, wie man aus Bädern,
Mosaikböden und vielen Funden schließen
kann. Nicht weniger beeindruckend ist die Kon-
struktion des modernen Gebäudes, mit der die
antiken Teile überspannt werden.

Die Ausgangstür des Museums entlässt Sie auf
den zur der Westmauer heraufführenden Yehuda HaLevi Treppenweg, den wir zuvor schon
emporgeklommen sind. Gehen Sie wieder bis
zur Misgav Ladakh St hoch, biegen Sie aber
jetzt links in diese ein. Am Ende des zweiten
Blocks gehen Sie rechts in eine Art Hohlgasse
auf den recht großen Platz namens Kikar Batei
Makhase, der früher einmal *Deutscher Platz*
hieß. Hier hatten deutsche und holländische
Juden Grund gekauft und Wohnhäuser, u.a.
auch für Arme gebaut. Das schöne alte Arka-
denhaus, das **Rothschildhaus**, (dient heute
als Toraschule) ist ein beredtes Architektur-
beispiel aus der Mitte des 19. Jhs. Ein kurzer
Abstecher, der ein paar Meter vor dem Rothschildhaus links (westlich) die Treppen hinun-
terführt, dann wieder links, bringt uns nach wenigen Schritten in der Nahamu St zu den Resten
der nördlichen Lateral-Apsis der **Nea-Kirche**
(Neue Kirche), die 543 von Justinian gebaut
worden war und die größte und schönste der
byzantinischen Kirchen des 6. Jhs in Jerusalem
gewesen sein soll. Bereits 640 legten die Muslime sie in Schutt und Asche. Reste wurden an
verschiedenen Stellen des Jüdischen Viertels
gefunden, u.a. auch die Stützbauten, die notwendig waren, um die große ebene Fläche zum
Bau der Kirche herzustellen. Auf der Karte des
Madaba-Mosaiks markiert sie das Ende des
Cardo Maximus. Eintritt nicht immer möglich.

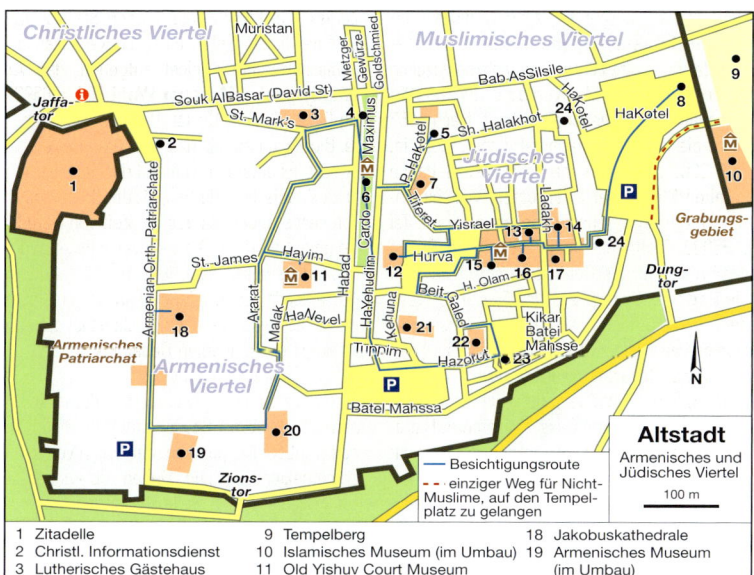

Altstadt

Armenisches und Jüdisches Viertel

100 m

— Besichtigungsroute

- - - einziger Weg für Nicht-Muslime, auf den Tempel-platz zu gelangen

1 Zitadelle	9 Tempelberg	18 Jakobuskathedrale
2 Christl. Informationsdienst	10 Islamisches Museum (im Umbau)	19 Armenisches Museum
3 Lutherisches Gästehaus	11 Old Yishuv Court Museum	(im Umbau)
4 Treppe auf die Altstadt-Dächer	12 Hurva/Rambam Synagoge	20 Haus des Hannas
5 Israelitischer Turm, 1. Tempel	13 Burnt House	21 Sefardische Synagogen
6 Last Battle of the Old City	14 Deutsches Kreuzfahrer-Hospiz	22 Rothschild-Haus
Museum	15 Archäologisches Museum Wohl	23 Apsis der Nea-Kirche
7 Breite Mauer (Broad Wall)	16 Tiferet Yisrael Synagoge	24 Aussichtspunkte zur West-
8 West- bzw. Klagemauer	17 Tempelmodell Museum	mauer

Verlassen Sie nun den ehemals deutschen Platz, indem Sie rechts am Rothschildhaus entlanggehen. Gleich an der Ecke steht ein eher unscheinbares Denkmal aus einem kubischen Steinquader, das an die Verteidiger des Viertels erinnert, die 1948 hier umkamen und an dieser Stelle beerdigt wurden. Biegen Sie hier rechts in die Bet El Galed St ab (mit blauen Pfeilen ausgeschildert). Sie mündet in den Kikar Hurva und endet an der Jewish Quarter Road. Jetzt stehen Sie vor einem tiefen Graben mit ein paar Säulen und einem freigelegten Gewölbe: Es handelt sich um ein Teilstück des **Cardo Maximus**. Er wurde von den Römern als Nord-Süd-Hauptstraße – auf den Trümmern des 70 und 135 nC zerstörten Jerusalems – quer durch die Stadt gezogen. Auf der Jerusalem-Karte in Madaba in Jordanien ist er übrigens ganz deutlich zu erkennen. Dass Jahrtausende seit der

Pflasterung des Cardos vergangen sind, zeigt die Tatsache, dass er sich heute 6 m unterhalb des Straßenniveaus befindet; Treppen führen zu dem 1976-85 freigelegten, gut 200 m langen Straßenabschnitt hinunter. Man kann die Nachbildung eines Bodenmosaiks, die typischen Säulenreihen und moderne Geschäfte in alten Räumen bewundern oder sich im **The Last Battle for the Old City Museum**, (So-Do 9-17, Fr 9-13) umsehen. Es mag für Lokalpatrioten wichtig sein, die Kämpfe um Jerusalem anhand weniger Fotos anzuschauen, aber Normaltouristen könnten trotz freiem Eintritt auch etwas anderes unternehmen.

Der Cardo, der von Norden her die geradlinige Verlängerung der Khan EzZeit St ist, gibt gute Einblicke in das alte Gefüge der Stadt; viele Details sind gut ausgeschildert. Besonders eindrucksvoll ist die Nachbildung der überdachten

Krank durch Jerusalem

Jerusalem-Syndrom heißt eine psychische Desorientierung, die nach dem Ort benannt wurde, an dem sie am häufigsten auftritt, aber auch in Florenz, Lourdes und Paris gelegentlich vorkommt. Das Krankheitsbild wird noch erforscht. Man kann sich aber leicht vorstellen, dass die so heilige Stadt Jerusalem auch heute ab und zu Menschen überschnappen und glauben lässt, in besonderem Auftrag oder gar als Jesus oder Elias die Welt erlösen zu müssen.

Dabei ereignen sich eher drollige Geschichten, bevor die Erkrankten in die Psychiatrie im Vorort Kfar Sha'ul eingewiesen werden; jährlich mehrere Dutzend. Ein deutscher Hotelgast rief die Polizei, als das Personal ihm nicht die Küche zur Zubereitung des letzten Abendmahls überließ. Eine etwas ältere „Maria" schaute in Bethlehem nach ihrem Jesuskind und lud alle Passanten zur Geburtstagsfeier ein. Berichtet wird von einem Nackten in der Jerusalemer Altstadt, der schwertschwingend herumrannte, um dadurch Blinde sehend zu machen.

Am folgenreichsten jedoch verlief der Wahn des australischen Christen und Schafscherers Michael Denis Rohan, der 1969 – angeblich im Auftrag Gottes – die AlAqsa Moschee in Brand steckte und damit beinahe auch die islamische Welt. Als seine Geisteskrankheit erwiesen und kein Hinweis auf eine jüdische Aktion zu entdecken war, erübrigte sich unter den Muslimen der Ruf nach Rache.

Die meisten Psychosen verlaufen harmlos und sind meist nach wenigen Wochen geheilt. Man kann z.B. ein Zimmer mit mehreren Heilanden belegen, weil jeder vom anderen denkt, dass der Bettnachbar ein Scharlatan sei. Doch die beste Therapie ist, Jerusalem zu verlassen. Dann ist Schluss mit innerer Unruhe, mit dem Wunsch nach öffentlichem Deklamieren oder Singen von biblischen Texten oder diffusen Predigten an heiligen Stätten.

Eine Studie aus den 1990er Jahren zeigt zwei Aspekte. Erstens: Muslimische Pilger werden vom Jerusalem-Syndrom praktisch gar nicht befallen, allerdings ist ihre Anzahl vergleichsweise gering. Zwei Drittel der psychisch Gestörten sind Juden (häufig als Mose oder König David auf dem Ölberg oder vor allem an der Westmauer, dort besonders nachts) und ein Drittel Christen, meist Protestanten (gern als Jesus, Maria oder Johannes der Täufer auf der Via Dolorosa oder am Gartengrab unterwegs). Auslöser kann z.B. sein, dass die als heilig erwartete Stadt sich auf desillusionierende Art problembehaftet erweist. Zweitens: Knapp zehn Prozent der Leute mit Wahnvorstellungen waren davor angeblich psychisch unauffällig – fast alles fromme Protestanten aus den USA oder Westeuropa, deren abstrakter Gott sie ohne Mittlerfiguren wie den Papst oder Heilige nicht bei Sinnen hält. Auch die Verwurzelung in Ritualen wie bei Katholiken oder Orthodoxen scheint die Psyche gesund zu halten. Bei Touristen ergibt sich die Wende oft am zweiten Tag nach der Ankunft. Die Patienten sind in der Mehrzahl zwischen 20 und 40 Jahre alte männliche Singles. Die Erforschung des Syndroms ist jedoch schwierig, weil ein „Messias" wenig geneigt ist, irdische Fragebögen auszufüllen.

Minbar der AlAqsa Moschee vor dem Brand

Arkaden; hier kann man sich sehr gut die Pracht der ehemaligen Römerstraße vorstellen.

Der Cardo mündet sozusagen in das Herz des Basars, in die Kreuzung mit dem Decumanus, der Ostwest-Verbindung, heute die David St. Jetzt laufen hier drei Gassen parallel zueinander. Die östliche – Souk AlKhawajat – ist der **Gold-Souk**, in der Mitte – Souk AlAttarin – gibt es Gewürze und nördlich in der Souk Al-Lahhamin hängen Fleischstücke in den Metzgerläden; diese Märkte stammen noch aus der Kreuzfahrerzeit.

Hier an der David St sollten Sie jedoch auf der Habad St wieder ein Stückchen zurück Richtung Süden bis zur nächsten Kreuzung gehen. Dort zweigt rechts die St. Mark's St ab. Genau an der Abzweigung führt linker Hand eine Metalltreppe auf die **Dächer des zentralen Marktbereichs**. Wer einen Blick auf die Marktstraßen erwartet hätte, sieht sich getäuscht; zumindest in dieser Gegend lassen die völlig überdeckten Gassen von oben her nur ahnen, welch quirliges Leben sich unten abspielt. Hier blickt man im Wesentlichen nur auf Dächer, Kuppeln und Antennen. Man kann übrigens in südöstlicher Richtung weiter und – nicht unweit des Verbrannten Hauses – oder nicht mal 100 m weiter nach Nordosten im Khan EsSultan an der Kettentorstraße (Bab AsSilsile) wieder hinuntergehen. Doch folgen wir zunächst der schmalen St. Mark's St ein Stück. Bald treffen Sie rechts auf das **Lutherische Gästehaus des Probstes** (Watson House, 1860 auf Kreuzfahrerfundamenten erbaut), ursprünglich das Zentrum der Protestanten in Jerusalem, heute ein sehr stilvolles Mittelklassehotel im Herzen der Altstadt mit einem unerwar-

teten, erholsamen Garten und, noch attraktiver, einer Dachterrasse mit schönem Ausblick über die Dächer hinweg zum Felsendom.

Doch wieder zurück Richtung Cardo, aber gleich an der ersten Kreuzung rechts und nach ein paar Schritten wieder rechts in eine stille Sackgasse. Quasi an deren Ende steht das erste jüdische Hospital *(Bikur Kholim)* aus dem 19. Jh, kürzlich noch Jugendherberge, jetzt **Yeshiva**, ein altes Gebäude mit hoher Halle. Aus der Sackgasse heraus und rechts haltend, stößt man nach wenigen Schritten auf das **syrisch-orthodoxe Kloster St. Mark**. Es besitzt zwei Kirchen, von denen die ältere erst vor einigen Jahren unterhalb der jüngeren entdeckt wurde. Wenn Sie sich für christliche Bauwerke interessieren, werfen Sie einen Blick hinein, Mo-Sa 8-17, im Winter -16.

Folgen Sie rechts der Ararat St. Biegen Sie an der nächsten Kreuzung links in die Or HaKhayim St ein, in der Nr. 6 können Sie das **Old Yishuv Court Museum** (So-Do 10-17; ₪ 18) besuchen. In der interessanten Ausstellung gewinnt man Einblick in eine der typischen kleinen Siedlungen (Court) und auch Wohnverhältnisse, die für das Jüdische Viertel im 19. Jh und bis zur Flucht 1948 typisch waren: Um einen engen Hof gruppierten sich Wohnungen und Synagoge; in diesem Fall je eine sephardische und eine ashkenasische Synagoge. Zusätzlich sieht man

Jerusalem auf der Mosaik-Karte in Madaba/Jordanien, 6. Jh nC

4

in den Wohnungen Möbel, Einrichtungsgegenstände und Werkzeuge fürs tägliche Leben.

Zurück in der Or HaKhayim St, die nach der Kreuzung mit der Ararat St in die St James St übergeht, die Sie – ein bisschen im Zickzack – zur armenischen Jakobuskathedrale bringen könnte. Sie führt quer durch das **Armenische Viertel**, in dem ca. 2000 Armenier ziemlich zurückgezogen leben, die meisten von ihnen in dem auch räumlich großen Klosterkomplex. Dies gibt dem Viertel eine wohltuende Stille gegenüber dem mit lautem Leben erfüllten Rest der Altstadt. Obwohl die Armenier nur eine kleine christliche Gruppe darstellen, halten sie seit dem 5. Jh in Besitz in der Gegend.

Doch wir folgen der Ararat St bis zu ihrem Ende: Hinter einem ab 17 Uhr geschlossenen Tor liegt – wie das Marmorschild ankündigt – **St. James Monastery**, das Jakobus-Kloster, mit dem stimmungsvollen **Haus des Hannas**. Nur mit viel Glück lässt der Torwächter Sie vielleicht ein, denn man kann sich nicht auf den Durchgang zum *Armenischen Museum berufen, da letzteres geschlossen ist (bis auf Weiteres gründliche Renovierung, Tel 6282331). Falls Sie um das Viertel herum von der Armenian Orthodox Patriarchate St aus das Museum besuchen können, wäre von hier aus der Zugang zum Haus des Hannas eventuell möglich, das man an einem kleinen Glockenturm erkennen kann. Der Tradition nach gehörte das Haus einst dem Schwiegervater des Hohepriesters Kaiphas. Nach armenischer Überlieferung wurde Jesus hier gefangen gehalten und, an den knorrigen Ölbaum an der östlichen Stirnseite gefesselt, von dem Hohepriester verhört. Heute ist das Haus des Hannas eine armenische Kirche, deren Inneres man nur durch die vergitterten Fenster betrachten kann, falls man nicht gerade während eines Gottesdienstes hier ist.

Aus dem Museum heraus geht man auf der Armenian Patriarchate St rechts, bis hinter den ersten Hausbogen, der zum Armenischen Patriarchat gehört. Rechts öffnet sich eine Tür in der hohen Mauer zur **St. James Cathedral** – Ja-

kobuskathedrale – (zu besichtigen nur während der Gottesdienste So-Fr 6.30-7.30, Sa -9.30, täglich 15-15.40). Die Kathedrale demonstriert die Vorliebe der Armenier für Lampen, die zwischen alle sich bietenden Befestigungspunkte gehängt sind. An den Säulenbasen und den Wänden kann man schöne Fayencen bewundern; die Kapelle links vom Eingang ist an der Stelle erbaut, an der angeblich Jakobus, der Bruder Jesu, 44 nC hingerichtet wurde und sein Kopf begraben ist. Rechts vom Kircheneingang hängen etwas seltsam geformte Holzbretter; sie dienten als „Glockenersatz" (die Mönche schlugen mit Hämmern darauf) während der Zeit, als die Muslime Glockenläuten verboten hatten.

Aus der Kathedrale heraus nach rechts führt die erste Gasse hinunter ins Jüdische Viertel, geradeaus weiter sind es nur ein paar Schritte zum Jaffator.

Umgebung der Altstadt

**Berg Zion

Geschichte: Der Berg Zion war unter Herodes die "Oberstadt". Jesus soll hier die Jünger zum Abendmahl versammelt haben, was bereits im 4. Jh zur Verehrung dieser Stätte führte. Doch alle Bauten waren bei der Ankunft der Kreuzfahrer verfallen, sie errichteten an der Stelle des Abendmahls ein zweistöckiges Haus, dessen Untergeschoss den Saal der Fußwaschung, das Obergeschoss den Abendmahlsaal enthielt. Dieser wurde zwar 1219 von Muslimen zerstört, ab 1342 von Franziskanern aber wieder instand gesetzt.

Der Berg Zion ist am besten durch das gleichnamige Tor vom Jüdischen bzw. Armenischen Viertel her erreichbar. Vom Tor geht man geradeaus, hält sich an der ersten Abzweigung schräg rechts, an der zweiten links – wobei die Dormitio-Kirche rechts liegen bleibt – und geht bis zu einem Gebäude, das die Gasse überbaut. In dieses Haus links hinein und ein paar Schritte bis zur ersten Tür, dann stehen Sie im eher unschönen Saal der Fußwaschung, der heute als Synagoge dient. Der anschließende Raum – der nur mit Kopfbedeckung betreten werden darf – enthält das **Davidsgrab** (So-Do 8-18, Fr 8-14). Der Eintritt ist frei, auch wenn irgendwelche Tagediebe Ihnen das anders weismachen wollen. Außerdem werden sich Ihnen hier im Davidsgrab-Bereich selbst ernannte, eher nicht so qualitätvolle Führer aufdrängen, die hinterher ein ziemlich hohes Bakshish erwarten – und ähnlich wie an der Westmauer wird wahrscheinlich einer dieser Kampf-Segner auf Sie zukommen, der für zehn Sekunden Zwangsbesegnung eine möglichst erfreuliche Geldherausgabe erwartet. Lassen Sie sich von diesen religiösen Geschäftsmodellen nicht beeindrucken.

Obwohl es sich hier mit sehr hoher Sicherheit nicht um das Grab des Königs handelt, wird dieser Platz doch von vielen jüdischen Gläubigen verehrt. Im Raum steht ein mit Tüchern bedeckter Kenotaph. Von diesem Gebäudekomplex führt ein schmaler Weg zur kleinen **Holocaust Gedenkstätte**, die Exponate zur Erinnerung an die Gräueltaten zeigt – wer noch nach Yad Va-Shem möchte, braucht hier nicht hinein.

Vom Saal der Fußwaschung würde links vom Eingang eine Treppe hinauf in den Abendmahlsaal führen, doch sie ist blockiert. Man muss aus dem Haus heraus und ein paar Schritte zurückgehen. Rechts die dritte Tür unter einem schönen Torbogen ist der richtige Eingang, dort eine Treppe hinauf, dann links zum **Abendmahlsaal** (täglich 8-17, Eintritt frei). Ein Gewölbe mit gotischen Säulen prägt den Raum. In der westlichen Ecke (gegenüber dem Eingang) ist eine Marmorsäule mit zwei Pelikanen dekoriert, die einem dritten in die Brust picken. Sie versinnbildlichen, wie sich ein Tier für seine Nachkommen opfert, und sollen die Aufopferung Jesu für die Menschheit darstellen. In die südliche Wand baute Sultan Suleiman einen Mihrab (Gebetsnische) ein.

Beherrschendes Bauwerk auf dem Zionsberg ist die Kirche **Dormitio Sanctae Mariae** der deutschen Benediktinerabtei auf dem Zion (Mo-Sa 8.30-11.45, 12.40-17.30, Sa Nachmittag 14.45-15.30 geschlossen, So 10.30-11.45, 12.30-17.30, www.hagia-maria-sion.net), kurz Dormitio genannt, Zutritt links vor der kleinen Cafeteria. Sie wurde Anfang des 20. Jhs im neuromanischen Stil errichtet und 1910 der Dormitio (auf deutsch *Entschlafung der hl. Maria*) geweiht. Sehenswert ist der Mosaikboden, dessen drei ineinander verschlungene Kreise (unterhalb des Zenits der Kuppel) die Dreieinigkeit symbolisieren sollen, die dann folgenden konzentrischen Kreise enthalten zunächst die Namen der Propheten, dann der Apostel. Unter-

Zionstor mit Einschusslöchern der letzten Kriege

halb des Kirchenbodens liegt eine sehenswerte Krypta (Eingang links vom Haupteingang). In ihrer Mitte liegt eine Marienfigur auf dem Totenbett, das mit einer schönen Mosaikkuppel überwölbt ist.

Auf den Friedhöfen des Bergs Zion liegen viele Persönlichkeiten begraben, die mit der Geschichte Jerusalems oder ihrer Erforschung verbunden sind.

Das dafür nötige Spezialinteresse benötigt man nicht auf dem katholischen Friedhof für das **Grab von Oskar Schindler**, der 1994 durch den Spielberg-Film *Schindlers Liste* weltweit berühmt wurde. In der Schlussszene des Films sieht man einige der 1200 Juden, die ihm sein Leben verdanken, beim Besuch seines Grabes, ganz kurz ist der Glockenturm der Dormitio zu sehen. Wenn Sie die Straße überqueren, die ganz im Süden den Berg Zion umrundet, können Sie über einem Friedhoftor den Hinweis „To Oskar Schindler's Grave" finden – dort dann auf der unteren Terrasse halb rechts halten zu dem Grab mit den meisten Steinen (Öffnungszeiten unklar, am besten vormittags). Die jüdische Sitte, Verstorbenen die Ehre zu erweisen, gilt dem einzigen ehemaligen Mitglied der NSDAP, das in Israel begraben liegt und in der Allee der Gerechten in Yad VaShem gewürdigt wird.

Zurück Richtung Zionstor könnten Sie noch dem **David Palombo Museum** einen Besuch abstatten. Palombo (1920-1966) war Bildhauer und arbeitete vorwiegend mit Metall, die Tore zur Knesset und an der Halle der Erinnerung in Yad VaShem stammen von ihm. Sein kurzes Leben beendete eine Shabbat-Kette: Von Haredim zum Erzwingen der Shabbat-Ruhe über

Grab von Oskar Schindler auf dem Mt. Zion

eine Straße gespannt, riss sie Palombo vom Motorrad und in den Tod. Zu sehen sind sein Atelier und natürlich seine Kunstwerke von ihm, Tel 6710917, So-Do 9-14, Fr 13.

Wieder am Zionstor können Sie entweder in die Altstadt zurückgehen oder aber ins Zentrum der Neustadt wandern, indem Sie außerhalb der Stadtmauer bleiben. Dieser relativ einsame Spaziergang zunächst direkt an der Stadtmauer entlang ist vor allem gegen Sonnenuntergang zu empfehlen, wenn die Stadtmauer und die davor liegenden Grünanlagen vom letzten Sonnenlicht angestrahlt werden. Unten im Hinnom-Tal baute Sultan Suleiman einen Damm – auf dem heute die Straße das Tal quert – und staute den Flusslauf zum **Sultan's Pool**, heute ein beliebter Platz u.a. für Open-Air-Konzerte. In dieser Gegend überspannt ein Drahtseil das Tal zum Zionsberg, über das mit einem kleinen Wägelchen während des Unabhängigkeitskrieges israelische Soldaten versorgt wurden. Auf der gegenüberliegenden Talseite liegt die erste jüdische Siedlung außerhalb der Stadtmauern, Mishkenot Sha'anannim, mit der Montefiore-Windmühle.

***Die Stadt Davids**

Geschichte: Südlich der heutigen Altstadt lag die Davidsstadt auf dem Berg Ofel. Ausgrabungen belegen, dass dieser Hügel seit der Zeit Davids 1000 vC bewohnt war. Wenn es David war, hat er eine Siedlung auf vier Terrassen angelegt, die durch Treppen miteinander verbunden waren und ein Abwassersystem besaßen. Bereits die Kanaaniter, die David von diesem Platz vertrieb, hatten zur Wasserversorgung einen Tunnel von der nahe gelegenen Gihon-Quelle gegraben. Im 8. Jh vC wurde er durch eine 13 m tiefe Felsspalte innerhalb der Stadt "angezapft", die nach ihrem Wiederentdecker Warren-Schacht heißt – der Zugang wurde jedoch entgegen Warrens Interpretation 1867 nicht künstlich angelegt und diente David auch nicht zur Eroberung der Jebusiterstadt. Doch dieses Versorgungssystem war König Hiskia (727-698 vC) nicht gut genug. Er ließ einen insgesamt 540 m langen, bis zu 4 m hohen Tunnel anlegen, der in einem Becken endete, dem heutigen Siloa-Teich, an dem Jesus später Blindgeborene heilte. Damit war die Wasserversorgung auch bei Belagerung gesichert. Der Tunnel wurde von beiden Seiten begonnen, wie eine Inschrift (heute im Museum von Istanbul) und die unterschiedliche Hackrichtung am Treffpunkt der damaligen Tunnelbohrer beweisen.

In den letzten Jahren gibt es um die Davidsstadt bzw. das dortige palästinensische Viertel Silwan heftige Auseinandersetzungen. Es setzen sich nicht nur nationalreligiöse Siedler seit Jahren in palästinensischen Häusern fest, um König David möglichst nahe zu sein, sondern auch der Bedarf, israelitische Hinterlassenschaften auszugraben, wächst stetig. Für wissenschaftlich zumindest umstrittene Ergebnisse, da die z.T. frommen Geldgeber für die Grabungen mit möglichst sensationellen Funden bei Laune gehalten werden müssen, sollen palästinensische Familien umgesiedelt werden. Ein Informationsportal der Bewohner Silwans bietet http://silwanic.net. Monatlich gibt es freitags um 15 Uhr eine alternative archäologische Führung auf Englisch durch die Davidsstadt und durch Silwan, www.alt-arch.org, Treffpunkt vor dem Eingang zur Davidsstadt.

In der Praxis ist von Davids Pracht nichts außer ein paar Grundmauern und jenem Kanal erhalten; alle Relikte liegen relativ weit – vor allem in der Höhendifferenz – voneinander entfernt. Für den Besuch gibt es seit der „Eventisierung" der ganzen Angelegenheit im Jahr 2000 nur noch eine Möglichkeit: Vom Dungtor hält man sich auf der Ofel St östlich, bis rechts die Ma'alot Ir David St ins Tal abzweigt, nach ein paar Schritten geht es linker Hand zum Visitor Center der City of David (So-Do 8-19, im Winter -17, Fr 8-16, im Winter -14, ₪ 27, Kinder 14, plus 3D-Film ₪ 10 addieren, Eintritt mit Film und geführter Tour ₪ 60 bzw. 40, Tel 180 0252423, www.cityofdavid.org.il). Für den Tunnel und Warren's Schacht muss man die Karte mindestens eine Stunde vor Schluss

kaufen, mitzubringen sind eine Taschenlampe sowie Kleidungsstücke und Schuhe, die nass werden dürfen sowie je nach Wasserstand ein Rucksack, den Sie über Kopf halten können.

Wenn Sie ein Ticket lösen, erfahren Sie die Uhrzeit, wann Sie Zugang zum Hiskia-Tunnel bekommen. Wenn viel Zeit bis dahin bleibt, können Sie eventuell schon zum Ausgrabungsbereich schauen oder vielleicht auch nur eine Erfrischung zu sich nehmen.

Je nachdem, wie gut man zu Fuß ist, eröffnen sich zwei Besichtigungsmöglichkeiten: Wegen des Termins am Tunnel empfiehlt es sich, diesen zuerst zu durchwandern. Die Ausgrabungen ließen sich dann auf dem Fußmarsch zurück besichtigen, oder man nimmt am Siloa-Teich den Shuttle-Service für ₪ 5 zurück zum Visitor Center und begibt sich wiederum von dort zu den Grabungsarealen und hat den weniger beschwerlichen Weg bergab, diesmal überirdisch zum Siloa-Teich. Von dort wieder per Shuttle zurück oder mit einem Taxi weiterziehen.

Der **Siloa-Teich** liegt unterhalb einer Moschee auf der westlichen Seite der Davidsstadt, er mag vielleicht derzeit etwas enttäuschend klein sein, aber schließlich zählt er, wie der ihn speisende Kanal, zu den ältesten noch funktionierenden Wasserversorgungssystemen der Welt. Der ***Hiskia-Tunnel** zieht sich nicht geradlinig durch den Berg, sondern kurvenförmig, weil die Erbauer vermutlich einer natürlichen Spalte folgten. Wenn man dem Lauf des Kanals watend folgen will – was größtenteils in aufrechter Haltung möglich ist – so kommt man am trockensten während der Sommermonate davon. Besucher erhalten eine Kerze und zur Sicherheit eine Taschenlampe.

Achten Sie auf den Treffpunkt der beiden Grabungsteams an einer Doppelkurve, in denen Scheiteln je ein kurzer, tauber Kanal im Felsen endet. Die Arbeiter konnten sich gegenseitig hören und hackten dann aufeinander zu.

Bevor Sie jedoch wirklich den Hiskia-Tunnel durchwaten, haben Sie noch Gelegenheit, den **Warren-Schacht**, den kanaanäischen Tunnel aus der Mittelbronzezeit vor etwa 3800 Jahren sowie die **Gihon-Quelle**, die nie versiegende Wasserquelle Jerusalems, aus der Nähe zu inspizieren.

Im Ausgrabungsbereich ist die **Area G** am interessantesten, die als Palastbereich interpretiert wird, und in der man einige historische Bibelauskünfte wiederzuerkennen glaubt. Die Ausgrabung erregte in den 1980er Jahren die Gemüter der ultraorthodoxen Juden, weil man angeblich auf einen Friedhof gestoßen sei und die Totenruhe nicht angetastet werden darf. Später zeigte sich, dass dies nicht der Fall war. Für den Laien sind keine überwältigenden Sehenswürdigkeiten zu sehen. Die heute sichtbaren Mauerreste wurden ausgeschildert, Tafeln erläutern kurz die Bedeutung. Unter anderem kommt man noch an einem Steinbruchbereich vorbei und stößt nahe beim Siloa-Teich auf die Ausgrabung des weitaus größeren Pools in neutestamentlicher Zeit, wie er auch im Jerusalem-Modell des Israel-Museums zu sehen ist.

Lassen Sie auf Ihrem Weg ein bisschen die andere der beiden Welten, zwischen denen man in Jerusalem ständig pendelt, auf sich einwirken. Auf der Mauer am Wegesrand sitzend, schweift der Blick über das Tal, das abseits des Jerusalemer Trubels liegt. In den Müllhalden am Hang scharren Hühner, Schafe blöken, Ziegen streiten sich meckernd um das bisschen Grün. Von der anderen Talseite weht der Wind fröhliche Kinderstimmen herüber, die Häuser dort kleben dicht aneinander den Hang hinauf wie eine einzige große Wohnburg. Mütter rufen nach ihren Kindern oder zetern mit ihnen herum, bunte Wäsche flattert auf den Dächern der Häuser. Die Sonne flirrt in einer Welt, die sich seit Hunderten von Jahren nicht verändert zu haben scheint. Dennoch ist dieser etwas unordentliche Anblick an den Hängen des Kidrontals ganz real und von den politischen Entwicklungen der letzten Jahrzehnte geprägt. Die Infrastruktur ist schlechter, ein Umweltbewusstsein der Menschen praktisch nicht vorhanden. Wie sonst könnten sie alle Abfälle, allen Schrott den Hang hinunterwerfen oder – weiter unten

im Tal – direkt in den kleinen Bach kippen. Und doch trügt der Schein, nur wenige Augenblicke westlich vom Aussichtspunkt lärmt der Verkehr, gibt es keine Ziegen, Schafe oder Hühner mehr in den Straßen, sondern hasten eilige Menschen mit Handys am Ohr von einem klimatisierten Büro zum nächsten – wie sollen diese beiden Realitäten jemals zueinander finden?

Etwa gegenüber dem Zionstor zweigt talwärts von der Ma'ale HaShalom St ein Sträßlein zur Kirche **St. Peter in Gallicantu** ab, die 1931 an der Stelle des dreimaligen Hahnenschreis errichtet wurde. Eine Aussichtsplattform eröffnet einen schönen Blick auf den Felsendom und ins Kidrontal.

Vom Damaskustor nach Norden und Osten

Das **Damaskustor* ist mit seinen Türmen und Zinnen der beeindruckendste und am besten befestigte Eingang zur Altstadt. Es wurde 1532 von Suleiman dem Prächtigen – seinem Namen gemäß – erbaut. Es sollte die Stadt an ihrer schwächsten Seite, der ebenen Nordseite, durch mächtige Barrikaden schützen. Hier beginnt die Straße von Jerusalem über Nablus (Sichem) nach Damaskus. Die Palästinenser nennen das Tor *Bab AlAmud (Tor der Säule)* nach einer Säule, die zur Ermittlung der Entfernung nach Damaskus diente und auf dem Madaba-Mosaik zu sehen ist (siehe S. 121 Die Juden nennen es *Sha'ar Shkhem* nach der Straße, die nach Sichem (Nablus) führt. Unterhalb der mächtigen Barrikade wurde 1982 ein **Römischer Platz** freigelegt, Ruinen der erst kurz vor der Zerstörung durch Titus 70 nC fertig gestellten dritten Mauer und der römischen Toranlage aus der Zeit Hadrians kamen zum Vorschein. Die Besichtigung ist derzeit nicht möglich, aber Sie können von der äußeren Rampe zum Tor links unterhalb noch den kleinen östlichen Eingang des römischen Tors sehen – rund 1500 Jahre älter als das heutige Tor und mit weit niedrigerem Straßenniveau.

Auf den Treppen draußen vor dem Tor herrscht meist hautnahes Geschiebe und Gedränge der Fußgänger, die vor allem zu den "Rushhours" in die Altstadt drängen, bzw. wieder heraus. Gnadenloser geht es auf der Straße zu; denn hier starten und enden die meisten Linien, die in die palästinensischen Gebiete fahren, Busse wie auch Sherut-Minibusse. Außerdem zwängen sich die innerstädtischen EGGED-Busse der Linien 1 und 2 durch das Gewühl.

Etwa 200 m östlich an der Außenseite der Mauer, also Richtung Herodestor, liegt der Eingang zum **Steinbruch des Salomo** (Sa-Do 9-16, ₪ 16 – aus politischen Gründen immer wieder geschlossen; am besten beizeiten Tel 6277550 anrufen), ausgeschildert *King Solomon's Quarries (Zedekiah's Cave).* Die Forscher sind sich einig, dass bereits Salomo die Steine, die er für den Tempel brauchte, hier – unterhalb der heutigen Altstadt – brechen ließ. Alle anderen großen Baumeister folgten ihm. Dabei entstand ein großes Höhlenlabyrinth. Fromme Juden identifizieren es dagegen als die Höhle des Zedekia, denn nach ihrer Annahme hielt sich dort 587 vC Zedekia, der letzte König von Juda, vor seiner Gefangennahme durch babylonische Truppen versteckt. Die Höhle geht tief in den Berg hinein, nach einer großen Halle – über der ca. 1,5 Millionen Tonnen Gestein lagern – endet sie an einem kleinen Rinnsal, das beständig von der Decke tropft und *Tränen des Zedekia* genannt wird, weil es die Tränen des Herrschers über die Tempelzerstörung symbolisiert. In osmanischer Zeit zugemauert und in Vergessenheit geraten, wurde die Höhle nach ihrer Wiederentdeckung unter anderem als Treffpunkt der Freimaurer genutzt.

Manchmal hat man den Eindruck, dass die Felsen unterhalb der Altstadt wie ein Käse durchlöchert sind; vermutlich bergen diese Höhlen und die Schichten zwischen Fels und heutigem Straßenniveau noch so manche Überraschung. Vom Damaskustor gibt es höchst interessante **Spaziergänge** z.B. auf den Altstadtstraßen nach Süden, siehe S. 100. Denn die palästinensische Bevölkerung benutzt diese Souks, um den täglichen Bedarf an Lebensmitteln, aber auch an Kleingeräten einzukaufen. Was Sie hier sehen, ist also der Teil der Altstadt, der

Nur mit mehr als 70 cm Körpergröße bekommt man im Hiskia-Tunnel noch Luft

dem orientalischen Handelstreiben noch am nächsten kommt.

Wenn Sie Zeit genug haben, gehen Sie vom Damaskustor nach Norden in die Nablus (Shkem) St. Lassen Sie sich am Beginn des Weges von den blauen Abgaswolken der hier wartenden Busse nicht die Lust nehmen. Schülerinnen und Lehrer der an der Straßenecke liegenden Deutschen Schule müssen sich ständig mit der Belastung herumschlagen.

Sie kommen dann am *Deutschen Verein zum Heiligen Lande* vorbei, der sonntags zum Gottesdienst lädt, www.heilig-land-verein.de. Bald weist ein Schild auf das *****Garden Tomb** (Gartengrab) (Mo-Sa 9-12, 14-17.30) hin, das von dem Engländer Charles Gordon 1882 entdeckt und für das Grab Jesu gehalten wurde, weil es außerhalb der osmanischen Stadtmauer am Fuß eines Felsens lag, der die Form eines Schädels *(Golgatha)* hat. Diese Theorie ist insofern widerlegt, als die Stadtmauer zur Zeitenwende anders verlief. Allerdings glauben einige protestantische Glaubensrichtungen an Gor-

Gartengrab

dons Idee und geben sich alle Mühe, sie den Besuchern zu beweisen. Unabhängig davon sollte man die Anlage als erholsamen *Garten* betrachten, denn den Besucher erwartet eine kleine Oase mit viel Grün und Blumenschmuck. Nach dem Gartengrab wäre ein Abstecher zu etwas ganz anders Gelagertem denkbar: am Kreisel links, dann die große Straße 60, Hel Ha-Handasa, überqueren und auf der anderen Seite der Straße rechts halten. Nach knapp 200 m erreicht man das **Museum On the Seam**, 4 Hel HaHandasa St, Tel 6281278, www.mots. org.il, So-Do 10-17, Di 21, Fr 10-14, ₪ 25. Dieses Gebäude liegt im wahrsten Sinne *auf der Grenze*, nämlich der Grünen Linie, die 1948-1967 Ost- von Westjerusalem trennte. Aber auch religiöse Observanz und Säkulares treffen hier aufeinander. Dazu passen die Ausstellungen zeitgenössischer, sozio-politisch engagierter Kunst, die längst nicht nur den Nahostkonflikt zum Thema hat: Nicht unbedingt „schön", aber immer anregend.

Zurück weiter nördlich auf der Nablus St liegt die **St.-Georgs-Kathedrale**, die selten besucht wird. Am nördlichen Ende dieses Blocks kommt von rechts die Saladin St (Salah EdDin); östlich dieser Straße erstreckt sich die 1881 gegründete Amerikanische Kolonie. Praktisch an dieser Kreuzung, wenige Schritte nur nach rechts, liegen die (kaum sehenswerten) sog. **Königsgräber** (am besten vorher anrufen, Tel 6259481, Mo-Sa 8-12.30, 14-17; ₪ 10), die fälschlicherweise den judäischen Königen zugeschrieben wurden. Tatsächlich ließ Königin Helena vom mesopotamischen Reich Adiabene,

die um die Zeitenwende zum jüdischen Glauben konvertierte, die Anlage für ihre Familie schaffen. Die Sarkophage stehen allerdings im Pariser Louvre. Dafür weht hier die französische Flagge, ein Schild sagt „République Française: Tombeaus des Rois"… Eine Treppe führt 26 hohe Stufen hinunter zu einem Tor im Fels, das eine Zisterne abschließt. Links ist ein großer Hof in den Fels geschlagen, an dessen Straßenseite die Graböffnung liegt. Man sieht eine Vorhalle, von der ein Eingang in einen weiteren Raum führt. Von hier aus sind 48 Grabkammern in zwei Stockwerken geschaffen worden. Im Sommer finden hier Open-Air-Konzerte des palästinensischen Jerusalem Festivals statt. Ein paar Schritte weiter Richtung American Colony Hotel biegt rechts die Abu Obeida St ab und führt zum **Museum für arabisch-palästinensische Folklore**, besonders interessant die bestickte Damenkleidung, etwa das Hochzeitskleid aus der ersten Hälfte des 20. Jh, Dar AtTifl AlArabi Schule, Tel 6283251, täglich 9-13. Schräg gegenüber liegt das Orient-Haus. Wer das PLO-Hauptquartier der 1980er und '90er Jahre kennenlernen möchte, mailt abusham-seyeh@ yahoo.com; www.orienthouse.org.

Etwas weiter in der Nablus St steht das **American Colony Hotel**. Diese stimmungsvolle Oase befindet sich in einem ehemaligen türkischen Palast, der 1860 von einem reichen Araber gebaut und 1865 an eine amerikanisch-schwedische Familie verkauft worden war. Das Gebäude bildete bald den Kristallisationspunkt einer kleinen amerikanischen Kolonie. Ab 1902 diente es teilweise als Hospiz, später als Hotel, das sich bald zum Prominenten- und Pressehotel entwickelte. Die ersten Kontakte zwischen Palästinensern und Israelis, die zum Oslo-Abkommen führten, fanden übrigens hier statt.

Von den Königsgräbern aus sollte man nun die Saladin St wieder zurück zur Altstadt gehen. Sie stößt am Herodestor auf die stark befahrene Suleiman St, der wir nur für ein kurzes Stück ostwärts bis zur Nordostecke der Stadtmauer folgen. Links steht das unübersehbare Gebäude des Palestine Archaeological Museum, besser bekannt als ****Rockefeller Archaeological Museum** (So/Mo/Mi/Do 10-15, Sa 10-14, im Winter nicht geheizt, Bus 1, 2, 99). Das Rockefeller- wird vom Israel-Museum aus geführt, die Eintrittskarte für ₪ 36 gilt innerhalb der nächsten sieben Tage auch dort, www.imj.org.il/eng/branches/rockefeller/index.html. Wenn Sie ausschließlich das Rockefeller Museum besichtigen wollen, ist der Eintritt weit billiger. Die z.T. spektakulärsten Funde der Britischen Mandatszeit in dem noch dazu charmanten Gebäude ist sehr zu empfehlen. John D. Rockefeller rief das 1938 eröffnete Museum durch eine Spende ins Leben.

Die Ausstellung reicht etwa 200 000 Jahre zurück mit Exponaten aus der Stein- und Kupfersteinzeit, kanaanäischer und israelitischer Zeit, Byzanz und der muslimischen Epoche. Wichtige Stücke aus den verschiedensten Ausgrabungen im Land sind – unter anderen – die 9000 Jahre alten Schädel-Beisetzungen aus Jericho, die ägyptischen Stelen und Sarkophage aus Bet Shean, im idyllischen Innenhof die Badewanne von Herodes I. aus seiner Festung Kypros südlich des Wadi Qelt bei Jericho, die überraschend reich geschmückten Dekorationsrelikte aus dem Hisham-Palast in Jericho (siehe S. 181) sowie Reste der Kreuzfahrerausstattung der Grabeskirche. Seit Eröffnung der Ausstellung ist museumspädagogisch zwar einiges getan, und insgesamt wäre für einen besseren Überblick eine Vereinigung der Sammlungen mit denen des Israel-Museums wünschenswert, doch das Rockefeller lohnt einen Besuch in jedem Fall.

Abschließend noch zwei Hinweise für die Nordwestecke der Altstadtmauer beim Neuen Tor: Hier vom Kikar Zahal aus führt die Yafo St ins westliche Stadtzentrum und weiter zur CB Das fast monumentale Gebäude nordöstlich von diesem Platz heißt Notre Dame de France und wurde 1887 als große Pilgerunterkunft eröffnet, www.notredamecenter.org. 1948 diente es den Israelis im Kampf gegen die Jordanier, wobei es stark zerstört wurde und erst 1973 wie-

der als modernes Pilgerhotel eröffnet werden konnte. Die 6 m hohe Marienstatue auf dem Dach gehört zu den Landmarken in Jerusalem. Angeblich wurde zeitweilig von israelischer Seite geplant, das Gebäude zu erwerben, was die Überlegung nach sich zog, was denn dann mit dieser Statue auf dem ehrwürdigen Hause anzufangen sei. Ein Vorschlag: „Nichts – das ist dann einfach Mutter Herzl mit dem kleinen Theodor!"

Ein Stück die Yafo St hinauf liegt rechter Hand die Stadtverwaltung – City Hall –, die hier erst 1993 einzog und den durchaus sehenswerten Platz, den sie umschließt, Kikar Safra nennt Kostenlose Führungen auf Englisch finden montags um 10 Uhr statt, Treffpunkt bei den Palmen am Eingang der Plaza.

Umgebung von Jerusalem

Ziele in der Umgebung von Jerusalem sind in anderen Kapiteln beschrieben, weil sie besser in deren Routenverlauf passen. Selbstverständlich können sie auch von hier aus angefahren werden, z.B.

• östlich der Stadt nach **AlAzariya/Bethanien** (siehe S. 173) und **Ma'ale Adummim mit Martyrius Kloster** (siehe S. 174)

• südlich zum **Kloster Mar Saba** (siehe S. 201), **Herodeion** (siehe S. 202) und nach **Bethlehem** (siehe S. 192)

Die westlichen Ziele sind im Reise Know-How Führer ISRAEL UND PALÄSTINA beschrieben. Erwähnt werden hier lediglich zwei Orte auf dem Weg nach Tel Aviv, die innerhalb der Grünen Linie liegen, jedoch durch den Mauerverlauf mehr oder weniger bereits von Israel annektiert wurden.

Jerusalem – Tel Aviv

Bei der kurzen Reise von Jerusalem hinunter nach Tel Aviv ändert sich nicht nur das Klima von den kühleren Höhen ans feucht-warme Mittelmeer, sondern auch die Umgebung von 3000-jähriger Vergangenheit in mehr als 100 Jahre moderner Geschichte.

Selbstfahrer finden auf die Autobahn 1 am besten vom Kikar Zahal im Nordwesten der Altstadt aus in Richtung Westen auf der Shlomzion HaMalka St, dann links und gleich wieder rechts in die Agron St, die nach der Kreuzung mit der King George St Ramban St. heißt und schließlich als Ruppin St rechts abknickt, hier fahren Sie dann auf die Ben Zvi St Richtung Norden auf und lassen die Knesset links liegen. Nach einer großen Kreuzung zweimal links auf der dann Shazar genannten Straße halten, die später als Weizmann und Ben Gurion St in die Autobahn übergeht.

29 km (innerhalb der Grünen Linie):

Latrun Interchange

Linker Hand fällt nördlich der Straße 3 ein festungsartiges Gebäude auf. Es war die ehemalige **britische Polizeistation**, die von den Engländern 1948 den Arabern übergeben wurde. 1927 bauten französische Trappisten das **Kloster Latrun** an der Ostseite des Ayalontales; heute liegt es als Landmarke zwischen der alten Straße und der Autobahn südlich der Straße 3 und der ehemals britischen Polizeistation. Die Mönche keltern einen bekannten Wein, der im Kloster verkauft wird (Mo-Sa 8.30-11.30, 14.30-16.30). Der blumenübersäte Klostergarten überrascht – je nach Jahreszeit – mit seiner Farbenpracht, die Klosterkirche selbst lohnt den Weg nicht, der Parkplatz ist ein schattiger Rastplatz. Hinter dem Kloster erhebt sich ein Hügel mit spärlichen Resten der Kreuzfahrerfestung **Toron des Chevaliers,** die in jenen Zeiten ähnlich heiß umkämpft war wie die britische Polizeistation im 20. Jahrhundert. Schon damals wurde sie dem Erdboden gleich gemacht.

Von der Straße zweigt etwa 2 km weiter westlich eine Stichstraße ab zum Friedensdorf

Neve Shalom/Wahat AsSalam

Bei den vielen frustrierenden Nachrichten aus dem Nahen Osten ist es ermutigend, dass es diesen Ort gibt. Er wurde 1972 von jüdischen und palästinensischen Israelis gemeinsam aufgebaut. In der Friedensschule werden die

Kinder mehrsprachig in beiden Kulturen erzogen und in drei Religionen unterrichtet. Derlei Projekte könnte man näher kennenlernen, wenn man im Gästehaus des Ortes Unterkunft findet. Etwa in der Mitte zwischen Jerusalem und Tel Aviv steht hier ein gutes Quartier für Ausflüge, und Gruppen können auch das informative Angebot am Ort nutzen, Tel 02 9917160, Fax 02 9917412, www.nswas.org.

Östlich der Autobahn wurde der **Ayalon bzw. Canada Park** geschaffen, ein schöner Landschaftspark mit schattigen Picknickplätzen und einigen historischen Ruinen, wie einem römischen Aquädukt. Man könnte hier auch zerstörte palästinensische Orte der **Nakba** anschauen, wenn die Beschilderung der israelischen Aktivistengruppe Sokhrot (www.zochrot.org) nicht immer wieder zerstört würde. Kundige Führung hilft weiter.

15 km: **Lod Interchange**
Auf Straße 40 nach Lod und Ramla

1 km: **Ben Gurion Interchange**
Rechts zum **Internationalen Flughafen Ben Gurion.**

Die Autobahn 1 erreicht nach 15 km das Stadtzentrum von Tel Aviv.

Praktische Informationen

Touristische Informationen

▶ Telefon-Vorwahl 02
• Das **Tourist Information Center am Jaffator**, Tel 6280382 (So-Do 8-17, Fr 9-13), ist außer für Jerusalem auch für ganz Israel zuständig und damit das einzige mit Informationen für das gesamte Land. Guter Gratis-Stadtplan. Die Stadtverwaltung informiert inzwischen ohne Büro nur noch im Netz, aber lohnend: www.jerusalem.muni.il
Achtung: Wo viele Touristen auftauchen, haben Diebe und Autoknacker leichtes Spiel; wir erfuhren von Lesern, dass ihnen nachmittags auf der belebten Sultan Suleiman St das Auto aufgebrochen wurde, obwohl sie nur wenige Minuten ein Hotel anschauten.

▶ Beim Jaffator offeriert das **Christian In-formation Center**, Tel 6272692, Fax 6286417, www.cicts.org, (Mo-Fr 8.30-17.30, Sa -12.30), Informationen zu eher religiös bezogenen Fragen, aber auch zu christlichen Hospizen oder Sehenswürdigkeiten. Interessant dürfte eine Liste mit sämtlichen christlichen Unterkünften in Jerusalem und darüber hinaus in ganz Israel sein. Ein Muss ist die aktuelle Liste mit den Öffnungszeiten der christlichen Stätten Jerusalems, und wer Gottesdienst feiern möchte, erfährt das Wann und Wo der vielfältigen christlichen Denominationen am besten hier.

▶ Vor allem deutschsprachige Pilger und Touristen unterstützt das **Ev. Pilger- und Begegnungszentrum der Kaiserin Auguste Victoria-Stiftung** auf dem Ölberg, s. S. 95, Tel 6287704, Fax 6273148, auguste@netvision.net.il, www.evangelisch-in-jerusalem.de.

▶ Mit Rat, Tat und Büchern zum Thema Natur, Wandern, Trekking etc. hilft **SPNI-Field School Jerusalem**, 13 Heleni HaMalka St, Tel 6257682, weiter. Touren werden sowohl für das gesamte Land als auch für Jerusalem angeboten, z.B. geführte Tagestouren durch Jerusalem. Im angeschlossenen Shop gibt es sehr gute einschlägige Literatur zu kaufen.

▶ Informationen zur Situation der Palästinenser sammelt und verbreitet **aic – The Alternative Information Center**, 4 Shlomzion HaMalka St (2. Stock im Daila-Haus, ein linkes Kulturzentrum), Tel 6241159, www.alternativenews.org. Vergleiche auch die Anbieter alternativer Touren auf S. 98.

Internet-Cafés

Auf www.jerusalemite.net gibt es unter *Maps* einen etwas veralteten Plan, auf dem Internetzugang per Wireless LAN in der Neustadt verzeichnet ist: Es gibt kaum noch Cafés ohne. Auch fast kein Hotel oder Hostel kommt ohne diesen Service aus. Der klassische Zugang in der Altstadt:

• *Mike's Centre*, 172 Khan EzSeit St (Altstadt, 9. Station der Via Dolorosa), günstig und schnell; www.mikescentre.com

Publikationen

Der offizielle Visitor's Guide heißt *Explore Jerusalem* und vergisst nicht, auch einige Dinge für Ostjerusalem zu listen. Für Veranstaltungen ist das monatliche *This Week In Palestine* eine verlässliche Auskunft. Eher an Westjerusalem orientiert gibt es Folgendes: Immer freitags gibt es in der *Jerusalem Post* (www.jpost.com) die Beilage *What's On* mit Veranstaltungshinweisen. Monatlich erscheint *Time Out Israel* mit vielen Hinweisen auch kulinarischer Art natürlich auch für Jerusalem, im Netz: http://digital.timeout.co.il/english.

www.jerusalem.muni.il ist die **offizielle Website** der Stadt, die natürlich auch jede Menge Besucher-Informationen liefert, siehe http://tour.jerusalem.muni.il. www.jerusalemite.net ist ein Internet-Blog, der versierte Informationen zur Jerusalemer Kultur bietet: Events, Museen, Aus- und Essengehen. www.gojerusalem.com hält über ähnliche Information hinaus auch einen etwas verwirrenden Gebetsservice vor – per App mit dem iPhone.

Noch ein **Hinweis**. Da dieser Reiseführer Palästina gewidmet ist, halten wir uns konsequent an die Grüne Linie auch innerhalb von Jerusalem und berichten auch bei den Praktischen Informationen nur über den Ostteil der geteilten Stadt. Infos zum Westteil und seinen Hotels, Restaurants wie auch seinen Vergnügungen finden Sie im Reise Know-How Führer *Israel und Palästina*, siehe auch S. 243.

Wichtige Adressen für den Notfall

• **Erste Hilfe** (Magen David Adom, Hilal AlAkhmar) Tel 101
• **Polizei** (im Russian Compound) Tel 100, "Tourist Desk" Tel 5391254
• **Feuer** Tel 102
• **Telefon-Auskunft** Tel 144

Wichtig zu wissen

▶ Das Busunternehmen EGGED geht mit seiner Linie 99 auf *City Tour* durch die Stadt, über Kopfhörer deutschsprachige Erläuterungen (So-Do ab Centraler Bus-Station um 9,

Überblick über die Öffnungszeiten Jerusalemer Sehenswürdigkeiten							
Wochentag	So	Mo	Di	Mi	Do	Fr	Sa
Vor-/Nachmittag	VN	VN	VN	VN	VN	VN	VN
Auguste Viktor. Stiftung/Himmelfahrtkirche	x	ox	ox	ox	ox	ox	ox
Russisch-orth. Himmelfahrtkirche	x	x	ox	x	ox	x	x
Paternoster-Kirche	x	oo	oo	oo	oo	oo	oo
Himmelfahrtkapelle (Imbomon)	d	d	d	d	d	d	d
Dominus Flevit	oo	oo	oo	oo	oo	oo	oo
Maria-Magdalena-Kirche	x	x	ox	x	ox	x	ox
Kirche der Nationen (Gethsemane)	oo	oo	oo	oo	oo	oo	oo
Mariengrab	oo	oo	oo	oo	oo	oo	oo
Stadtmauer (Fr N nur Südteil geschlossen)	d	d	d	d	d	ox	d
Tower of David Museum	d	d	d	d	d	x	ox
Jerusalem Archaeolog. Park (Ophel)	d	d	d	d	d	ox	x
Western Wall Tunnel	d	d	d	d	d	ox	x
Tempelberg	o(o)	o(o)	o(o)	o(o)	o(o)	x	x
Isl.Museum auf d. Tempelberg (im Umbau)	x	x	x	x	x	x	x
St.-Anna-Kirche, Bethesda-Teiche	oo	oo	oo	oo	oo	oo	oo
Flagellatio-Kapelle	d	d	d	d	d	d	d
Museum des Studium Biblicum Franciscanum	x	ox	ox	ox	ox	ox	ox
Kloster der Schwestern Zion (Ecce Homo)	d	d	d	d	d	d	d
Alexander-Nijevski-Kirche	d	x	d	d	d	d	d
Erlöserkirche – Turm	x	dx	dx	dx	dx	dx	dx
Grabeskirche	d+	d+	d+	d+	d+	d+	d+
Mus. d. Griech.-orth. Patriarchats (im Umbau)	x	x	x	x	x	x	x
Syrisch-orth. Markuskirche	x	d	d	d	d	d	d
Burnt House	d	d	d	d	d	ox	x
Sephard. Synagogen	d	d	d	d	d	ox	x
Jerusalem-Modell z.Zt. d. ersten Tempels	d	d	d	d	d	x	x
Israelite Tower	d	d	d	d	d	ox	ox
Archäolog. Museum Wohl	d	d	d	d	d	ox	x
Old Yishuv Court Museum	d	d	d	d	d	ox	x
Armenisches Museum (im Umbau)	x	x	x	x	x	x	x
St. James Cathedral	(o)(o)	(o)(o)	(o)(o)	(o)(o)	(o)(o)	(o)(o)	(o)x
Davidsgrab	d	d	d	d	d	d	d
Abendmahlssaal	d	d	d	d	d	d	d
Dormitio Mariae Kirche	(o)o	oo	oo	oo	oo	oo	oo

Abkürzungen: V – Vormittag, N – Nachmittag, d – durchgehend offen, o – offen, (o) – eingeschränkt offen, x – geschlossen, + abends länger geöffnet

Überblick über die Öffnungszeiten Jerusalemer Sehenswürdigkeiten							
David Palombo Museum	ox	ox	ox	ox	ox	ox	x
Oskar Schindler-Grab (Zeiten unsicher!)	x	ox	ox	ox	ox	ox	ox
St. Peter in Gallicantu	(o)	d	d	d	d	d	d
Davidsstadt mit Hiskia-Tunnel	d	d	d	d	d	ox	x
Steinbruch des Salomo (Zedekia-Höhle)	d	d	d	d	d	x	d
Museum für paläst.-arabische Folklore	ox	ox	ox	ox	ox	ox	ox
Museum on the Seam	d	d	d	d	d	ox	x
Gartengrab	x	oo	oo	oo	oo	oo	oo
Ammunition Hill	d	d	d	d	d	ox	x
Rockefeller Museum	d	d	x	d	d	x	ox
Museum of Islamic Art	d	d	d+	d	d	ox	ox
Israel Museum mit Shrine of the Book & Jerusalem-Modell z.Zt. d. 2. Tempels	d	d	xo+	d	d	ox	d
Lazaruskirche, Bethanien	oo	oo	oo	oo	oo	oo	oo
Lazarus-Grabhöhle, Bethanien	oo	oo	oo	oo	oo	oo	oo
Christian Information Center	x	d	d	d	d	d	ox
Tourist Information Office	d	d	d	d	d	ox	x

Die Tourist Information bietet ein Überblicksblatt zu den Öffnungszeiten am Freitag und Samstag an. Generell gilt: Jüdische Institutionen sind von Freitagmittag bis Samstagabend, christliche am Sonntag, muslimische am Freitag geschlossen. Die Reihenfolge dieser Liste folgt der Beschreibung im Text.

11, 13.30, 15.45, entsprechend später an den 28 weiteren Stopps, Fahrplan: www.egged. co.il, auf *Tourism* und *Route 99* klicken). Man kann den Parcours ganz abfahren, ₪ 60, oder auch bei Sehenswürdigkeiten aus- und später wieder zusteigen (für einen Tag ₪ 80, für zwei Tage ₪ 130). Ticket beim Fahrer oder im Hotel.

▶ Als besonderer Service wird der **Holy Pass** angeboten: Zum Preis von $ 30 kann man innerhalb einer Woche zwei Haupt- und drei weitere Sehenswürdigkeiten in und um die jüdische Altstadt anschauen und bekommt Einkaufsrabatte, erhältlich in Hotels, im Tourist Information Center, ₪ 99, Kinder 50. Das System ist etwas kompliziert, man sollte Lust dazu haben, damit es sich wirklich lohnt. Man kann etwa ein Viertel der Kosten sparen für u.a. folgende Hauptattraktionen: Davidsstadt, Jerusalem Archaeological Park, Tower of David

Museum, Burnt House, und Nebenattraktionen wie das First Temple Model, Stadtmauerrundgang, Wohl Museum, Old Yishuv Court Museum, Zedekiah's Cave; www.holypass.co.il.

▶ Außerdem gibt es die **Jerusalem Card** für verschiedenste Rabatte. Da die Website www. yerushalmi.org.il nur auf Hebräisch ist, richtet sich das Ganze nicht an Touristen, aber warum nicht nachfragen im Tourist Office. Darüber hinaus gibt es verschiedene Couponhefte mit Rabatten für Einkäufe und Restaurants – ein Volkssport aus den USA. Viele sind auf Hebräisch, aber die Hefte Jerusalem Coupons und Jerusalem Menus könnten einem beim Essen gehen im Westen helfen.

▶ **Kleidung:** Wenn Sie christliche, jüdische oder muslimische religiöse Stätten besuchen, dann sollten, ja müssen Sie Ihre Kleidung entsprechend anpassen: Männer und Frauen dürfen keine Shorts tragen, Frauen sollten den Körper eher verhüllende als betonende Kleidung tragen (weite Hosen, lange Kleider). Während muslimische Stätten häufig Überzieher ausleihen, ist das bei den Christen nicht üblich; dann steht man draußen. In Synagogen nicht die Kippa vergessen, wenn man keinen Papp-Ersatz bekommen möchte.

Sicherheit in Jerusalem

Jerusalem wurde im März 2011 nach längerer Zeit wieder von einem Selbstmordanschlag heimgesucht. Fast immer haben sie eindeutige jüdische Institutionen zum Ziel, sei es der von vielen Orthodoxen besuchte Mahane Yehuda Markt, der Busbahnhof oder Stellen, an denen ein Attentäter möglichst viel Unheil unter den jüdischen Bewohnern anrichten kann. Diese Orte sollte man also, soweit es geht, vermeiden. Die Altstadt, zumindest deren palästinensischer Teil, sowie Ostjerusalem sind praktisch nicht gefährdet.

In der Altstadt lauern dafür die kleineren Gefahren des täglichen Touristenlebens wie Taschendiebe oder Handtaschenräuber. Im Menschengewühl sollte man also besonders auf seine sieben Sachen aufpassen. Im Gewimmel kommt es vor, dass Frauen begrapscht oder angemacht werden. Sehr unangenehm kann es für Frauen nachts werden, wenn sie zu einer der Altstadtunterkünfte gehen müssen. Manchmal warten Jugendliche in dunklen Ecken, um zumindest einen Schrecken einzujagen und, wenn sie erfolgreich sind, noch mehr zu versuchen.

Verkehr

Die Entfernungen innerhalb der Stadt sind nicht so riesig, dass man unbedingt auf motorisierten Transport angewiesen wäre. Die Altstadt lässt sich ohnehin nur zu Fuß erkunden, auch ihre unmittelbare Umgebung nimmt man am besten unter die Schuhsohlen. Demnächst soll eine **Straßenbahn** (*Easy Train* oder auch *Light Rail)* den Westteil der Stadt erschließen, für deren Trasse westlich des Busbahnhofs eine spektakuläre Brücke von Santiago Calatrava errichtet

wurde. Von einer ersten Pressefahrt wurde im Frühjahr 2011 berichtet. Die Linien sollen die umliegenden Siedlungen mit der Stadt verbinden, was internationale Proteste hervorgerufen hat. Sollte der Betrieb der roten Linie 1 tatsächlich in Gang gekommen sein, wäre diese direkte Verbindung vom Damaskustor zum Busbahnhof sicherlich zu begrüßen.

▸ Der zentrale **Busbahnhof** liegt am westlichen Ende der Yafo St, nur wenige hundert Meter vom Ende der Autobahn aus Tel Aviv entfernt. Hier können Sie Busse in die meisten Stadtteile oder die Intercitybusse besteigen. Wer von Tel Aviv mit einem EGGED-Bus kommt, sollte den Fahrer fragen, ob er ins Stadtzentrum zum Kikar Zion fährt, dann muss man u.U. nicht umsteigen. Die Intercity-EGGED-Busse halten auf beiden Straßenseiten (Verbindung durch die Unterführung) am Binyanei HaUma (Convention Center).

Die **Information** der EGGED-Busgesellschaft, 224 Yafo St, erreichen Sie unter Tel 5304962 bzw. 03 6948888 oder www.egged.co.il.

Als Überblick ein paar Buslinien vom Busbahnhof aus

▸ Altstadt (Jaffator), Mount Zion: 1, 20, 60
▸ Altstadt (Damaskustor), Ostjerusalem: 1, 2
▸ Stadtzentrum in Westjerusalem: 6, 8, 14, 18, 20, 32
▸ Eisenbahn-Bahnhof Malha: 6, 18
▸ Abu Gosh: 185
▸ Latrun/Ramla: 401, 402, 404, 413, 435, 439

Eine inoffizielle Linienübersicht auf Google Maps gibt es unter www.jlembusmap.com.

Der innerstädtische Fahrpreis beträgt ₪ 6,40, dafür kann man eine Stunde lang umsteigen. Es gibt auch Ein- und Zweitagestickets oder einen sogenannten Elfer-Block zum Preis von zehn Fahrten. Sie sollten daran denken, dass der Bus-Service von Freitagnachmittag bis Samstagabend eingestellt wird. Die Fahrplanangaben an den Haltestellen sind oft veraltet, vorsichtshalber den Fahrer fragen, ob man im richtigen Bus gelandet ist.

▸ Jerusalem – Tel Aviv direkt: Bus 405, ₪ 20, So-Fr 6-ca. 23 viertelstündlich

▶ Jerusalem – Haifa Bus 940 & 947, ₪ 45, So-Fr 6-20.30 halbstündlich

Palästinensische Busse

Busbahnhof nordöstlich des Damaskustors zwischen Schmidtschule und Golden Walls Hotel

▶ Bethanien, Jericho: 36 (nach Jericho in Service Taxi umsteigen)

▶ Ölberg/Mt. of Olives: 75

▶ Silwan, Abu Tor: 76

▶ Bethlehem, Bet Jala, Bet Sahur, Hebron: 21

▶ Bethlehem: 124 (an Grenze umsteigen)

Busbahnhof in der Nablus St, linker Hand gegenüber dem Gartengrab

▶ Mt. Scopus Krankenhaus: 1

▶ Ramallah: 18 (weiter nach Emmaus/Qubeibe oder Taybeh per Taxi)

▶ Sheikh Jarrah, Bethanien (Beit Hanina): 74

▶ Taxis zur Allenby-Bridge: Abdo (gegenüber dem Damaskustor), Tel 6283281; AnNidjmeh (Sultan Suleiman St nahe Damaskustor), Tel 6277466; ca. NIS 35

▶ Nesher Taxi, 23 Ben Yehuda St, Tel 6257227 oder 159 9500205, Sa Tel 6231231, schickt Taxen/Sammeltaxen vor allem zum Flughafen Ben Gurion. Einen Tag vorher buchen, man wird abgeholt, ₪ 50.

▶ **Sammeltaxis nach Tel Aviv**, links in der HaRav Kook St vom Zionsplatz aus, Tel 5002890

Eisenbahn

▶ Im Moment ist es mit der Eisenbahn in Jerusalem etwas mühsam wegen der weiteren Anbindung. Der sehr zentral gelegene alte Bahnhof wurde stillgelegt und durch den Bahnhof Malha draußen beim Teddy-Stadion ersetzt. Man benötigt mit Wartezeit etwa 45 Minuten, um mit den Buslinien 6 oder 18 in die Innenstadt oder raus zum Bahnhof zu gelangen. Dafür ist die Bahnstrecke zur Küste sehr reizvoll, nach Tel Aviv am besten in Fahrtrichtung rechts sitzen.

Israelische Mietwagen

Wenn Sie von der Küste bereits per Auto anreisen, folgen Sie auf der Autobahn 1 am besten den Schildern Richtung Mt. Scopus, bis schließlich auch die Old City angezeigt wird. Sie nähern sich der Altstadt dann von Norden.

Jerusalem per Auto zu erkunden, kann aufgrund der Bautätigkeiten und immer mal geänderten Einbahnstraßen nervtötend sein – es kostet leicht eine Stunde Umweg, wenn man im Gewusel eine Straße zu früh oder zu spät abbiegt. Auch Parkplatzsuche ist kein Vergnügen. Vor einer Fahrt also gut auf den Stadtplan schauen. Oder ein Navi mitnehmen, das nicht nur Hebräisch kann. Israelische Mietwagenvertretungen haben sich nahezu alle in der King David St niedergelassen.

Palästinensische Mietwagen

Um in die palästinensischen Gebiete fahren zu können, braucht es einen Verleiher, der das erlaubt. Wenige, wie die ersten beiden Anbieter, decken Israel und Palästina mit einer Versicherung ab – ohne sollte man sich nicht auf das Abenteuer einlassen, dass einem der Wagen beschädigt oder geklaut werden könnte.

● JERUSALEM, hinter dem US-Konsulat bzw. nordwestlich des ersten Kreisels an der Nablus St hinter der Tankstelle, Tel 5831333 oder 050 5450103, www.jerusalemrentcar.com,

Unbeholfenheit in heiligen Räumen: Modische Kleidung und lässiges Lehnen am Kreuzannagelungsaltar der Grabeskirche könnten zu Verwicklungen führen

Preisvorstellungen auf der älteren Firmenweb-site www.greenpeace.co.il, rund $ 60-70 Miete inklusive Versicherung für Israel und Palästina, Parken eines anderen Autos nebenan für ₪ 20-25 pro Tag für $ 60 Miete ab Ben Gurion oder der Allenby Bridge

• MIDDLE EAST, westlich des ersten Kreisels: 17 Nablus St, Tel 6262777, Fax 6262203, www.mecarrental.co.il, versichert ebenfalls in beiden Gebieten, Abholservice von Ben Gurion oder Allenby Bridge

• PETRA, Ostjerusalem, Shaufat St (Ausfall-straße nach Ramallah), Tel 5823735, Fax 5822668

• URABI, AlBireh (bei Ramallah), Jerusalem St, Tel 02 2403521, Fax 02 5853106

Fahrrad

• JERUSALEM CYCLIST CLUB, 16 Harazim St, Tel 02 6438386, hilft bei Fahrradvermietung, erteilt Routenratschläge, veranstaltet sams-tags Rundfahrten

Reisebüro

• Studierende sollten bei der *Israel Student Travel Association (ISSTA)*, 31 HaNevi'im St, Tel 6257257 vorbeischauen, dort werden ver-billigte Flüge etc. vermittelt.

Post, Banken

• Hauptpostamt, 23 Yafo St; Poste Restante So-Do 7-19, Fr 7-12, eine Zweigstelle z.B. nördlich des Damaskustors

• American Express, 18 Shlomzion HaMalka St, Tel 6240830

• Mizrahi Bank, Shlomzion HaMalka, Bank-automat

Was man unternehmen kann

Bekannte Veranstaltungen

Fast zu jeder Jahreszeit werden in Jerusalem ausgezeichnete kulturelle Veranstaltungen an-geboten, viele davon finden regelmäßig zu be-stimmten Jahreszeiten statt.

▶ Das Israel Festival (internationale Beteili-gung) lockt jeweils im Mai/Juni mit Konzerten,

Theateraufführungen und Kunstausstellungen viele Besucher an, www.israel-festival.org.il

▶ Ganz neu seit 2009 ist das einwöchige Jerusalem Festival of Light, das vor allem im Süden der Altstadt und um sie herum Archi-tektur illuminiert und internationale Lichtkunst ausstellt

▶ Eine Veranstaltung, die in der Form eigentlich nur für Jerusalem denkbar ist, heißt *Jerusalem Hug*. Rund 4000 Israelis, Palästinenser und internationale Friedensakti-visten treffen sich seit 2007 an einem Tag im Juni, um eine Menschenkette um die Altstadt zu bilden (englisch *hug* bedeutet Umarmung). Frieden zwischen Israelis und Palästinensern ist für 2012 angestrebt; www.jerusalemhug. org, www.loversofjerusalem.org

▶ Seit 2006 gibt es im Juni/Juli das Kammer-musikfestival *Sounding Jerusalem*. Es bringt palästinensische, israelische und europäi-sche Künstler und Studenten zu Auftritten in der Altstadt und West- und Ostjerusalem zusammen – hingehen! Eintritt frei, www. soundingjerusalem.com

▶ Im Juli wird Ostjerusalem durch Musik und Tanz internationaler Ensembles belebt: Weltmusik, Jazz und HipHop beim *Jerusalem Festival* bei den Königsgräbern sowie das *Palestine International Festival* im AlHakawati-Theater, aber auch in Ramallah, Bethlehem und Nablus

▶ Ebenfalls im Juli lädt die Cinematheque zum Internationalen Filmfestival ein; die Vor-führungen finden unter freiem Himmel statt, www.jff.org.il

▶ Im Amphitheater von Suleiman's Pool (un-terhalb des Ziontors) werden im Sommer Open Air Konzerte von Klassik bis Rock angeboten

▶ Im August/September beherbergt der Konzertsaal des YMCA, 26 King David St, das internationale Jerusalemer Kammermusikfesti-val, www.jcmf.org.il/EN

▶ Über das ganze Jahr verteilt gibt es Kirchenmusiken in der deutschsprachigen Altstädter Erlöserkirche, der Himmelfahrtkirche auf dem Ölberg und der Dormitio Mariae der deutschen Benediktiner auf dem Mount Zion, www.evangelisch-in-jerusalem.de, www. hagia-maria-sion.net

▶ Folkloristische Aufführungen im Khan Center, 2 Kikar Remez, werden dienstags simultan ins Englische übersetzt, www.khan.co.il

▶ Jüdische und palästinensische Folklore-Veranstaltungen finden Mo, Do und Sa um 21 Uhr im YMCA in der King David St statt, Tel 050 5233210, www.jerusalemdance.com

▶ Das Palestinian National Theatre (*AlHakawati* – der Geschichtenerzähler) veranstaltet meist im Oktober ein internationales Puppentheater-Festival, Abu Obeida St, Tel 6280957, www.pnt-pal.org (Website z.Z. nicht aktuell)

Begegnungen mit Menschen

Es gibt weit mehr sinnvolle Initiativen und Institutionen, als hier in dieser Auswahl genannt werden.

• **Machsom Watch**, www.machsomwatch. org, Kontakt: Roni Hammermann, Tel 5661601 oder 054 4561601, roniham@gmail.com

Eine Gruppe jüdischer Frauen, die sich beeindruckend gegen Menschenrechtsverletzungen an Palästinenserinnen und Palästinensern einsetzt. Sie beobachten die Vorgänge an den Checkpoints, fotografieren und dokumentieren – zunächst für die israelische Öffentlichkeit (*machsom watch*, wörtlich: *Barrierenbeobachtung*). In problematischen Situationen versuchen sie, zwischen Soldaten und Zivilisten zu vermitteln. Dafür erhielt die Gruppe 2008 den Aachener Friedenspreis. Auf Anfrage berichten sie über ihre Arbeit und nehmen kleinere Gruppen auch mit zu ihren Einsätzen. Einige Frauen haben sich auf *Courtwatch* spezialisiert: Sie gehen zu den Verhandlungen der Militärgerichte in der Westbank. Auch hier beobachten und dokumentieren sie die Prozessabläufe. Verhaftete Kinder und Jugendliche werden von den Frauen begleitet und unterstützt. Zwei Veröffentlichungen zu diesem Thema: *Extension of Remand in Custody in Israeli Military Courts During 2006,* sowie *Schuldig. Mitgliedschaft und Tätigkeit in einer*

verbotenen Vereinigung. Israelische Militärgerichte 2008, Neu-Isenburg 2009.

• **Women in Black**, www.coalitionofwomen. org, Tel 073 7373745

Die *Frauen in Schwarz* sind heute eine internationale Bewegung von Friedensfrauen. In Jerusalem treffen sich die Frauen an jedem Freitag um 13 Uhr an der Hauptverkehrskreuzung Kikar Tsarfat und fordern ein Ende der Besatzung. Der Verbund *Coalition of Women for Peace* betreibt außerdem die Website www.whoprofits. org, auf der der Frage nachgegangen wird, wer eigentlich wirtschaftlich von der Besatzung Palästinas profitiert.

• **Ecumenical Accompaniment Programme in Palestine and Israel** (EAPPI), www.eappi.org, eappi-co@jrol.com, Tel 6289402. Das Büro liegt in der Altstadt nahe der Latin Patriarchate St zwischen Neuem und Jaffator.

Das Begleitprogramm des ökumenischen Weltkirchenrats schickt Freiwillige für ein Vierteljahr oder länger zum Einsatz in Jerusalem und Palästina. Thema ist Leben unter der Besatzung, Kennenlernen von Personen beider Konfliktparteien, die sich für einen gerechten Frieden einsetzen, sowie das Beaobachten und Weitermelden von Menschenrechtsverletzungen. Über die Website gelangt man zu lesenswerten Blogs der gerade Aktiven. Die ehemaligen TeilnehmerInnen können in Deutschland Vorträge über ihre Arbeit halten und Gruppen bei der Reiseplanung beraten: www.eappi-netzwerk.de

• **Sabeel – Ecumenical Liberation Theology Center**, www.sabeel.org, Kontakt: Rev. Dr. Naim Ateek, Tel 5327136, sabeel@sabeel. org

Das ökumenische Zentrum für Befreiungstheologie namens „Weg und Quelle" hat das *Kairos Palestine Document* (siehe S. 79) mit erarbeitet und unterzeichnet. Das Zentrum wurde vor etwa 20 Jahren gegründet, als sich eine palästinensische Befreiungstheologie herausbildete.

Das primäre Ziel Sabeels ist es, von unten nach oben – also ohne verfasste Kirchen – eine

4

palästinensische Theologie der Befreiung zu entwickeln, die den palästinensischen Christen und Christinnen, ihren Freunden und ihren Unterstützern helfen kann, dem Konflikt mit der Kraft des Glaubens zu begegnen. Dazu dienen Konferenzen, Zeitschriften und Workshops vor allem im englischen Sprachraum. Im Zentrum ist Platz für Gruppen bis zu 40 Personen.

Touristen- und Pilgergruppen werden durch Jerusalem und das ganze Land geführt. Besonders interessant wurde alternativ zur Via Dolorosa ein *aktueller Kreuzweg* durch Jerusalem und das palästinensische Land erdacht mit folgenden 14 Stationen: Nakba 1948, Flüchtlingslager, Besatzung, Siedlungen, Menschenrechte, Solidarität, Hauszerstörungen, Women against Occupation, Checkpoints, Bürokratische Gewalt, Gaza, Die Mauer, Ostjerusalem, und 14.: Wie weiter?

• **Sunrise-Group,** www.pfsjerusalem.org, Kontakt: Carol AlJabari, Tel 6264674, pfsjer@ yahoo.com

Die *Patient's Friends Society* ist die einzige Selbsthilfegruppe für Brustkrebs-Patientinnen in der Westbank und Ostjerusalem und unterhält ein Büro im Auguste-Victoria Hospital auf dem Ölberg. Sie wurde ins Leben gerufen, um der steigenden Zahl von erkrankten Frauen eine Anlaufstelle zu bieten. Die Gruppe leistet Aufklärungsarbeit in der Bevölkerung, bietet persönliche Unterstützung durch geschulte Ehrenamtliche, fördert Mammografie-Untersuchungen und unterstützt bei der Anschaffung von Brustprothesen und Perücken. Die Frauen freuen sich über Gruppenbesuche und berichten über ihre Arbeit.

• **International Peace & Cooperation Center** (IPCC), http://home.ipcc-jerusalem.org, 21 Sheikh Jarrah, Isawiyya St Sheikh Jarrah, Tel 5811992 oder 5810197

Ein gutes Beispiel dafür, wie von palästinensischer Seite über Gewaltlosigkeit und das Weiterkommen im Friedensprozess kompetent nachgedacht wird. Es gibt ein breit aufgestelltes Netzwerk inklusive israelischer Institutionen, aber beispielsweise auch Deutsche (Friedrich-Ebert-Stiftung) und Schweizer (Lassalle-Institut) machen mit.

• **Joint Advocacy Initiative – East Jerusalem YMCA, YWCA of Palestine,** www. jai-pal.org, Kontakt: Ibrahim Hannuneh, Tel 2774540 oder 059 8422840, ihannouneh@ jai-pal.org, 29 Nablus St/Jerusalem oder 455 Jerusalem St/Bet Sahur

Der international meist getrenntgeschlechtlich verfasste Christliche Verein Junger Menschen hat sich in Palästina in der JAI zusammengetan. So können sich insbesondere Jugendgruppen Programme zum Kennenlernen von Freud und Leid in Palästina ausarbeiten lassen; Unterkunft wird in umliegenden Gästehäusern für rund $ 25 pP (Halbpension) organisiert. Ein Klassiker ist das Angebot zusammen mit der ATG in Bet Sahur, ausländische Hilfe für die Olivenernte und zum Olivenbäume Pflanzen zu organisieren (siehe oben S. 22). Außerdem besteht ein großer Teil der Arbeit in Öffentlichkeitsarbeit gegenüber den internationalen Kirchen, der UN und weiterer NGOs – bei Gesprächsterminen gäbe es viel zu berichten.

• **Willy Brandt Center,** www.willybrandt-center.org, Tel 6732171, info@willybrandtcenter.org, Mo-Fr 10-18, 22 En Rogel St/Abu Tor

Direkt an der Grünen Linie verwirklichte sich 2003 jahrelange Vorarbeit junger Leute aus den Nachwuchsorganisationen linker Parteien in Palästina, Israel und Deutschland: Das Willy Brandt Center setzt sich für soziale Gerechtigkeit und Demokratie ein und fungiert als Plattform für Bildungsarbeit, Dialog und reizvolle meist öffentliche kulturelle Veranstaltungen aller Art. Vorträge und Begegnungen mit einheimischen Mitarbeitern können gegen einen Unkostenbeitrag vermittelt werden. Unterstützt wird das Zentrum durch einen Berliner Förderverein.

• Schließlich sei noch ein **niedrigschwelliges Angebot** genannt:

Jeden Freitag gegen 15 Uhr findet seit einigen Monaten in der American Colony am Grab Shimon HaZadiqs eine Demonstration vor allem linksgerichteter Israelis gegen jüdische Siedlungen in der Umgebung statt. Gewaltlos, freundliche Atmosphäre, Trommelmusik – einfach hingehen, schauen und Leute ansprechen.

Ausflüge

In diversen Hostels, aber auch bei anderen Gelegenheiten werden **Minibusausflüge** z. B. nach Bethlehem und zu anderen, hauptsächlich Israel liegenden Zielen angeboten. Auch palästinensische Anbieter sind am Markt wie z.B. www.alliancetravel-jrs.com. Diese Trips klingen häufig vom Preis her verlockend, man sollte sich aber überlegen, ob man sich einer solchen, in relativ engen zeitlichen Grenzen absolvierten Tour anschließt oder selbst z.B. per Bus oder Taxi nach eigenem Gusto unterwegs zu sein.

Shopping

Allgemein

▶ Vorweg, und vielleicht überflüssig zu erwähnen: Der Basar der Altstadt, besonders im Christlichen und im Muslimischen Viertel, ist ein einziges Einkaufserlebnis für Gewürze, Kosmetika, Obst und Gemüse, orientalische Mitbringsel wie Tischdecken, Brettspiele mit Intarsien usw.usf. Die Preise sind allerdings „touristisch" und können – obwohl man sich mit arabischer Begrüßung vorgestellt hat – vierfach über dem landesweit Üblichen liegen. Die Preisfindung kann außerdem langwierig sein, denn man sollte ernsthaft den Laden verlassen, damit der Händler mit einem günstigeren Angebot hinterhergelaufen kommt. Wer früh kommt, hat gute Karten: Kauft der erste Kunde des Tages nichts, wird das Geschäft schlecht laufen!

▶ Gleich im Westen der Altstadt, wenn man das Jaffator verlässt, beginnt die 2007 eröffnete Fußgängerzone im völlig entkernten *Mamilla-Viertel*. Auf 800 m sollen hier schließlich 140 Läden in Betrieb sein – eher vom Feinsten, denn auch ein weiteres Fünf-Sterne-Hotel gehört mit zum Komplex. Eine Wohnung in dem Bereich soll 2-3 Millionen Dollar kosten, aber die meisten sind bereits verkauft und stehen leer, weil die Besitzer sich für nur wenige Wochen oder Tage im Jahr das Vergnügen gönnen, eine Bleibe nur einen kurzen Spaziergang von der Westmauer entfernt zu haben. Die neue Fußgängerzone ist wegen der Bars und Cafés zum Flanieren recht beliebt, wirkt direkt neben der Altstadt jedoch unglaublich steril, www.alrov.co.il/development.html.

Bücher

• *Steimatsky*, in Israel allgegenwärtig, unterhält mehrere Läden, auch einen im eben erwähnten Mamilla-Viertel und in der CB Wer Reiseführer sucht, wird bei Steimatsky am ehesten fündig, sollte jedoch in allen Läden nachschauen.

• Viel besseres Ambiente und distinguiertere Auswahl haben jedoch zwei Buchläden in Ost-Jerusalem: Der *Bookshop* gegenüber dem American Colony Hotel sowie der *Educational Bookshop*, 19 Salah EdDin St, www.educationalbookshop.com, vom Damaskustor nach ca. 200 m auf der rechten Seite, mit Café. Hier gibt es die beste Auswahl internationaler Literatur zum Thema Palästina.

Kosmetika

• Aus dem Salz des Toten Meers stellen die Israelis verschiedenste Kosmetika her. Die Marke Ahava bekommt man allerdings weltweit in fast jedem Supermarkt. Origineller wäre, palästinensische Produkte aufzutreiben. Eine Marke aus Ramallah z.B. heißt Vitalité – Dead Sea Products, www.vitalite.ps.

Armenische Keramik

• Einst waren die Armenier für ihre Keramik im Orient berühmt, mit der türkischen Vertreibung starb ihre Kunst fast aus – bis auf zwei Familien in Jerusalem, die nach der Deportation hier siedelten. Heute können Sie sowohl in der Via Dolorosa in der Altstadt armenische Keramik kaufen als auch bei *Balian Armenian Pottery*, 14 Nablus St sowie natürlich im armenischen Altstadtviertel am Zionstor.

Russische Ikonen

• Die russischen Einwanderer brachten viele Ikonen mit ins Heilige Land, die jetzt ebenfalls in der Via Dolorosa in den Geschäften beim Ecce Homo-Bogen gehandelt werden.

4

Blaues Glas

• Seit alters her sind die Glasbläser bei Hebron für ihr kunstvoll geblasenes blaues Glas bekannt. Viele Händler der Altstadt bieten es an, spezialisiert ist *Neker Glass*, 6 Bet Yisrael.

Kelims und Teppiche

• In der Christian Quarter Road in der Altstadt findet man Kelims und Teppiche, die von Beduinen vor allem der Nachbarländer geknüpft bzw. gewebt wurden. Doch ist Vorsicht bei den Preisverhandlungen geboten.

Judaica, Jüdische Souvenirs

• Wer z.B. Shabbat- und Chanukkaleuchter oder Gebetsriemen mit nachhause nehmen möchte, kann im nördlichen Cardo-Bereich des jüdischen Altstadtviertels fündig werden. Das hat jedoch seinen Preis. Wer günstiger davonkommen möchte, muss in die Weststadt: in der Ben Yehuda St oder am erschwinglichsten in Mea Shearim.

Antiquitäten

• Eine Fundgrube ist der Laden von Khader Baidun, 20 Via Dolorosa, www.baidun.com, dessen Vater der erste Händler war, der sich mit archäologischen Stücken beschäftigte. Hier finden Sie nicht nur teure Stücke, sondern auch Münzen aus der Zeit von Christi Geburt, Öllampen, Keramiken etc. – Ein paar Häuser weiter, Via Dolorosa 6 an der 2. Kreuzwegstation, offeriert Joseph Hammad im Palace zertifizierte Antiken von der Bronze- bis zur Mandatszeit.

Kunst und Kunsthandwerk

• Jerusalem Artist's House, 12 Shmuel Ha-Nagid St, bietet Werke israelischer Künstler an, www.art.org.il. Anadiel Gallery, 17 Salah EdDin St, hat sich auf palästinensische Kunst spezialisiert. Südwestlich vom Jaffator gibt es die Künstlerkolonie Hutzot HaYotzer, die im August eine große Messe veranstaltet, www.jerusalem-art.org.

Essen und Trinken

Ein sehr typisches, sehr preiswertes und schmackhaftes Sättigungsmittel sind **Bagel** (englisch, Bäigl ausgesprochen), eine Art süßliche „Brezn", die man in eine grüne, köstlich pikante Öl-Gewürzmischung stippt: Saater, aus Thymian und geröstetem Sesam. Ohne Gewürz schmecken sie langweilig. Der stadtbekannte beste Bäcker rackert sich 24 Stunden täglich ab, heißt Musrara und ist östlich am großen Bushalteplatz beim Damaskustor zu finden.

Als Jerusalem-Besucher wird man in der Gegend essen wollen, in der man sich gerade aufhält – zumeist in der Altstadt. Viele Restaurants dort sind auf die schnelle und eher lieblose Abfertigung eingestellt. Selbst den typisch orientalischen Essplätzen im palästinensischen Viertel merkt man die routinemäßige Fütterung durcheilender Gäste an. Man sollte also die Altstadt-Gastronomie mehr für die Stärkung während der Besichtigungsphase nutzen. Außerhalb der Altstadt wird man vor allem nördlich des Damaskustors fündig – von Hauruck-Falafel bis zum Gourmet-Himmel sollte hier die Bandbreite jeden zufriedenstellen. Die folgende Liste spiegelt nur einen Ausschnitt der kulinarischen Szene in Ostjerusalem wieder.

Altstadt

Fast in jeder wichtigen Straße der Altstadt findet man kleine und größere, gute und weniger gute Restaurants. Die unscheinbareren bieten oft bessere und schmackhaftere Gerichte als die herausgeputzten Etablissements. Auf die ordentlichen Imbisse des Jüdischen Viertels wird hier mangels Flair nicht eingegangen. Aus eigener Erfahrung läuft z.B. bei den Namen

Fast selbst ein Museum: Armenische Taverne

Abu Shukri und *AnNasser* das Wasser im Mund zusammen.

- **ABU SHANAB**, 35 Latin Patriarchate St, wenige Schritte vom Jaffator Richtung Gloria Hotel, gute Atmosphäre, die einst hervorragenden Pizzen und Salate fanden wir beim letzten Besuch sehr enttäuschend, untere bis mittlere Preislage
- **ABU SHUKRI**, 63 AlWad St, Nähe 5. Station der Via Dolorosa, prompter Service, obwohl in vielen Reiseführern empfohlen, essen viele Einheimische dort – und das Humus-Frühstück wurde schon von Mustafa AlKurd besungen, reale Preise
- **ARMENIAN TAVERN**, Nähe Jaffa- Richtung Zionstor, Kellerlokal, museal eingerichtet, übliche Küche und Preise
- **GREEN DOOR PIZZA BAKERY**, vom Damaskustor kommend in der AlWad St gleich die erste Gasse links, bis zu einer grünen Tür, die in ein Gewölbe führt, ziemlich uriger Familienbetrieb, in dem jede Nahost-Pizza (mit Spiegelei) frisch zubereitet wird, günstig
- **PAPA ANDREAS**, Café-Restaurant südlich des Damaskustors mit Plätzen auf dem Dach des Gebäudes, an dem sich AlWad und Khan EzZeit teilen, Menü und Preise angemessen
- **AMIGO EMIL**, Restaurant gegenüber der Khanqa in der AlKhanqa St (östl. Verlängerung der Via Dolorosa), schönes Gewölbe, prima Vorspeisen, mittlere Preisklasse
- **CULINARIA**, Cardo Maximus; im römischen Stil nachempfundenes Restaurant mit alten, auf heutige Zeiten angepassten Rezepten, Gäste werden in Togas gekleidet, Kellner laufen in römischen Uniformen herum, trotzdem nicht dekadent, sondern koscher, gute Küche, teuer
- **AnNASSER**, 55 Khan EzZeit St, typisch palästinensisches Restaurant mit hervorragendem gegrillten Huhn und Salaten, preiswert, aber besser anderswo auf die Toilette gehen
- **HEBRON YOUTH HOSTEL TEAROOM**, 8 kabat Takiye (kleine Seitenstraße – Parallelstraße zur Via Dolorosa –, die vom Souk Khan EzZeit abzweigt), einfache, preiswerte Gerichte

- **JAFFAR SWEETS**, Khan Ez Zeit St, verlockende arabische Süßigkeiten
- Wer den orientalischen Trubel einmal hinter sich lassen möchte, findet Ruhe und einen Snack in der Cafeteria des **ÖSTERREICHISCHEN HOSPIZES**, AlWad St bei der 3. Kreuzwegstation, oder des **DORMITIO KLOSTERS**, südlich vom Zionstor.

Ostjerusalem

In der Sultan Suleiman St gegenüber dem Herodestor gibt es eine Reihe von Hähnchenbratereien, die – mit guten arabischen Beilagen – noch dazu preiswert sind; dies gilt ähnlich für die gesamte Umgebung.

- **PETRA RESTAURANT**, 11 Rashid St; ein besseres Restaurant Ostjerusalems, gute orientalische Küche, Salate und Gegrilltes
- **ASKADINYA**, 11 Shimon HaZadiq St, nette Atmosphäre, italienisches Essen, höherpreisig in antik-arabischem Gebäude; direkt daneben
- **BORDERLINE**, 13 Shimon HaZadiq St, beliebte Bar, Treffpunkt von NGO-Mitarbeitern, der doppeldeutige Name zwischen psychischer Erkrankung und der Jerusalemer Grünen Line wird wohl Absicht sein
- **CHRISTMAS HOTEL**, 1 Ali Ibn Abu Talib St, gute Küche im PATIO, angenehmer Restaurantgarten mit Künstlerpublikum (Zugang auch von der Stichstraße zum Palestinian National Theatre)
- **AMERICAN COLONY HOTEL**, Nablus St; Treffpunkt der Journalisten, im *Arabesque Restaurant* am Pool kann man gut essen und die besondere Atmosphäre des Hauses genießen, teuer, samstags sehr gutes Buffet
- **JERUSALEM HOTEL**, Nablus St; ein Restaurant drinnen, eins draußen, gute nahöstliche Küche, Mittwoch und Freitag abends klassisch-arabische Musik, dafür am besten reservieren, Tel 6283282
- **AMBASSADOR HOTEL**, Nablus St, feine arabische, auch französische und italienische Küche, kostspielig Einheimische dort – und das Humus-Frühstück wurde schon von Mustafa AlKurd besungen, reale Preise

Übernachten

Bei der Hotelwahl in Jerusalem sollte man sich ein paar Gedanken machen. Der touristische Schwerpunkt liegt eindeutig in der Altstadt. Wohnt man direkt dort, kann man bei Ermüdungserscheinungen schnell einmal die Füße hochlegen. Außerdem sind die Anfahr- bzw. Anmarschwege kurz, und – falls man das überhaupt in seine Überlegungen einbeziehen möchte – bleibt die Old City von Anschlägen verschont. In den Altstadthotels steigen hauptsächlich Touristen und Pilgergruppen ab, in den Hostels trifft man auf gleichgesinnte Traveller.

In der Altstadt konzentrieren sich die besseren Unterkünfte etwa auf das Gebiet zwischen dem Neuen Tor und Jaffator wie auch an der Via Dolorosa, hier kann man sich zu guten und z.T. günstigen Mittelklassekonditionen zur Ruhe legen. Die billigeren Hostels bieten sich ab Jaffator Richtung Damaskustor an, junge Leute und Junggebliebene werden hier auf ihresgleichen stoßen und etwas mitleidig von ihren Schlafdächern auf die sterilen Herbergen schauen. Doch sollten alleinreisende Frauen, die Jerusalem auch nachts erkunden wollen, darauf gefasst sein, dass Belästigungen vorkommen können.

Eine weitere Option stellt Ostjerusalem dar. Die Hotels liegen in der Nähe des Damaskustors, aber sie haben alle mehr oder weniger harte Zeiten hinter und wohl auch vor sich, sodass nötige Investitionen nicht immer

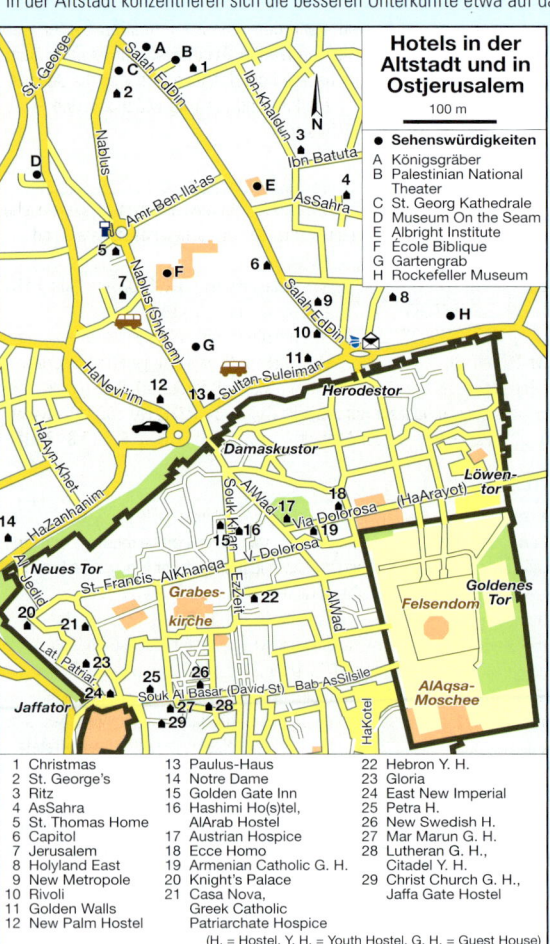

Hotels in der Altstadt und in Ostjerusalem

100 m

● Sehenswürdigkeiten

A Königsgräber
B Palestinian National Theater
C St. Georg Kathedrale
D Museum On the Seam
E Albright Institute
F École Biblique
G Gartengrab
H Rockefeller Museum

1 Christmas	13 Paulus-Haus	22 Hebron Y. H.
2 St. George's	14 Notre Dame	23 Gloria
3 Ritz	15 Golden Gate Inn	24 East New Imperial
4 AsSahra	16 Hashimi Ho(s)tel,	25 Petra H.
5 St. Thomas Home	AlArab Hostel	26 New Swedish H.
6 Capitol	17 Austrian Hospice	27 Mar Marun G. H.
7 Jerusalem	18 Ecce Homo	28 Lutheran G. H.,
8 Holyland East	19 Armenian Catholic G. H.	Citadel Y. H.
9 New Metropole	20 Knight's Palace	29 Christ Church G. H.,
10 Rivoli	21 Casa Nova,	Jaffa Gate Hostel
11 Golden Walls	Greek Catholic	
12 New Palm Hostel	Patriarchate Hospice	

(H. = Hostel, Y. H. = Youth Hostel, G. H. = Guest House)

rechtzeitig stattfinden; hin und wieder muss man also ein paar Defizite in der Ausstattung hinnehmen. Man kommt auch in dieser Gegend zu ähnlichen Preisen oder sogar preiswerter als in der Altstadt unter. Aber auch Luxus wird zu entsprechendem Preis geboten.

Wir beschreiben im Folgenden bei weitem nicht alle möglichen Unterkünfte in Jerusalem, bieten Ihnen aber eine Auswahl an, die sich an den touristischen Bedürfnissen orientiert. Einen Überblick bekommt man auch auf www.palestinehotels.ps und www.jerusalem-hotels.org.il.

Noch ein Tipp: Warum in Jerusalem wohnen – auch Bethlehem und Bet Jala offerieren eine Menge preiswerter Hotelbetten, und auch Ramallah liegt nicht fern. Die Anfahrt dauert kaum länger als 30 Minuten.

Sollten die Hotels zu teuer oder ausgebucht sein, kann das Tourist Information Center weiterhelfen. Eine zentrale Anlaufstelle für **Zimmerim** und **Bed & Breakfast** gibt es noch nicht. Man findet einzelne Angebote wie www.jerusalem-bed-and-breakfast.com, jedoch die **Jerusalem Home Accomodation Association** listet immerhin rund zwanzig Möglichkeiten – von mitten in der Altstadt bis ganz weit draußen: www.bnb.co.il.

Luxushotels

• **AMERICAN COLONY**, 23 Nablus St, Tel 6279777, Fax 6279779, www.americancolony.com; (siehe auch S. 128), stimmungsvolle, erholsame Oase in einem ehemaligen türkischen Paschapalast und späteren Prominenten- und Pressehotel
mF..............................E+B $ 370-390, D+B $ 440-480, Pasha-Räume D+B $ 510-620, Suiten bis $ 890
• **MOUNT ZION**, 17 Hebron St, Tel 5689555, Fax 6731425, www.mountzion.co.il;
mF ....E+B $ 232-390, D+B $ 250-410, Suiten (bis zu 10 Personen) bis $ 3000
• **REGENCY JERUSALEM**, 32 Lehi St, Tel 180 0800234, Fax 5815947, www.regency.co.il; vortreffliche Lage auf dem Mount Scopus ....E+B $ 160-180, D+B $ 180-220, Suiten $ 340-720
• **AMBASSADOR,** Nablus St (etwas verbaut zur Har HaZetim St), Tel 5412222, Fax 5828202, www.jerusalemambassador.com; 15 Minuten Fußweg zur Altstadt.................E+B $ 150-165, D+B $ 170-185

Hotels anderer Kategorien – Altstadt

• **GLORIA,** 33 Latin Patriarchate St, unweit vom Jaffator, Tel 6282431, Fax 6282401, www.gloria-hotel.com; eigener Parkplatz, guter Blick vom Restaurant, sehr ruhig, gerade renoviert und gut eingerichtet, sauber, freundlich und hilfsbereit, Waage für das Fluggepäck in der Lobby, AC/Heizung, preiswert, wesentlich besser als z.B. Christ Church Guest House, WLAN, mF .....E+B $ 120, D+B $ 150
• **KNIGHT'S PALACE,** Latin Patriarchate, Neues Tor, Tel 6282537, Fax 6275390, www.knightspalace.com; ein ehemaliges Priesterseminar wurde zum stimmungsvollen Pilgerhotel mit Einrichtung umgebaut (vom Hotel Gloria gemanagt), sehr sauber, AC/Heizung, mF ....E+B $ 110, D+B $ 140
• **CHRIST CHURCH GUEST HOUSE**, Jaffator östlich der Zitadelle, Tel 6277727, Fax 6282999, www.cmj-israel.org; eigener Parkplatz, aus verschiedenen älteren Gebäuden zusammengeschachtelt, stimmungsvoll in Architektur und Nutzung der alten Architektur, teilweise recht laut, Unverheiratete nur in Einzelzimmern, Zimmer teilweise ziemlich eng, mF.................E+B ₪ 280-320, D+B ₪ 440-480
• **GREEK CATHOLIC PATRIARCHATE HOSPICE,** St. Dimitri St (im Gebäude des Patriarchates), Tel 6282023, Fax 6286652, www.mliles.com/melkite/indexmelkiteotherholylandpatriarch.shtml; wie alle Hospize zweckmäßig eingerichtet, sehr sauber, Heizung .... E+B $ 58, D+B $ 80
• **EAST NEW IMPERIAL HOTEL**, Jaffator (zweites Haus links), Tel 6282261, Fax 6271530; www.newimperial.com; eines der ältesten Hotels in modernem Sinn, 1880 gebaut, u.a. logierte Kaiser Wilhelm hier, leider verrät der bescheidene Eingang nichts von der Nostalgie, die bereits das

Treppenhaus sowie die Lobby ausströmen; die Zimmer entstanden durch Abtrennungen und sind manchmal bescheiden, dennoch gute Atmosphäre, freundlich-hilfsbereiter Besitzer, toller Ausblick vom Dach fast über die gesamte Stadt, große Küche zum selber Kochen, Internetzugang, mF...E+B $ 55, D+B $ 85, 3er $ 120

• **ARMENIAN CATHOLIC GUEST HOUSE**, Via Dolorosa, 36, Tel 6260880, Fax 6261208, armenianguesthouse@hotmail.com; sehr freundlich eingerichtet, erstaunlich große Räume, TV, WLAN, mF... Dorm pP € 22, E+B € 55, D+B € 74, 3er € 90

• **CASA NOVA PILGRIM'S HOSPICE**, 10 Casa Nova St (Nähe Neues Tor), Tel 6282791, Fax 6264370; keine Kreditkarten, von den Franziskanern unterhaltenes Hospiz, solide eingerichtet, sehr sauber, schöner Esssaal, Heizung, Einlass bis 23 Uhr, mF .... E+B $ 50, D+B $ 80

• **AUSTRIAN HOSPICE/ÖSTERREICHISCHES HOSPIZ ZUR HL. FAMILIE**, 37 Via Dolorosa, Tel 6265800, Fax 6271472, www.austrianhospice.com; ältestes nationales Pilgerhaus im Hl. Land, weit bekannt als eine Art von Institution, viele Gäste der Habsburger Familie nächtigten hier, schöner Garten, Dachterrasse mit tollem Blick von Osten über Altstadt (siehe Titelbild dieses Buches), sehenswerter Empfangs-"Salon", ebenso sehenswerte Kapelle, fürs leibliche Wohl gibt es Apfelstrudel, Sacher- und Linzertorte in der Cafeteria, flächenmäßig wohl größte Hotelzimmer in Jerusalem, solide eingerichtet, vorher buchen, 23 Uhr Curfew, mF .... Dorm pP $ 24, E+B $ 50, D+B $ 78

• **ECCE HOMO CONVENT/NOTRE DAME DE SION**, 41 Via Dolorosa, Tel 6277292, Fax 6282224, www.eccehomoconvent.com; etwas verschachteltes Hospiz mit relativ gut eingerichteten Zimmern, Dormitories mit einer Art von Kabinen für jedes Bett (daher quasi Einzelbetten), Terrassen mit tollem Blick auf Felsendom und Altstadt, keine Kreditkarten, mF................ Dorm pP $ 24, E+B $ 49, D+B $ 78

• **LUTHERAN GUEST HOUSE/GÄSTEHAUS DES PROPSTES**, St. Mark's St, Tel 6266888, Fax 6285107, www.luth-guesthouse-jerusalem.com; von Ausstattung und Atmosphäre her mit Abstand bestes Hospiz der Stadt, große freundliche Zimmer, toller Blick über die Altstadt, schöner Garten zum Relaxen, hilfsbereit, viele Deutsche, Internet inkl., mF..E+B € 49-58, D+B € 78-86, 3er € 99-111

• **JAFFA GATE HOSTEL**, Jaffator (neben Christl. Information), Tel 6276402; www.hostelworld. com; gut renoviert, Zimmer originell aus vorhandener Bausubstanz geschaffen, z.T. kleine Hütten auf Hausdach, sauber, freundlich, ruhig, pro Flur eine Küche, kein Alkohol, Rauchverbot, etwas steife Atmosphäre, guter Ausblick, Tourenservice, keine Kreditkarten ....Dorm (1-4 Betten/Raum) pP ₪ 70, E+B ₪ 180-200, D+B ₪ 200-250, 3er ₪ 300-350

• **MAR MARUN GUEST HOUSE (FOYER MAR MAROUN)**, 25 Maronite Convent St (Nähe Jaffator), Tel 6282158, Fax 6272821, fmm@maronitejerusalem.org; schönes altes gut renoviertes Gemäuer, freundlich, sauber – französisch: maronitische Christen stammen aus dem Libanon und sprechen eher Französisch als Englisch, mF...E+B $ 46, D+B $ 62

• **PETRA HOSTEL**, 1 David St, Jaffator am Eingang zum Souk, Tel 6286618, Fax 6262434, www. newpetrahostel.com; angeblich ältestes Hotel (1830 gebaut), vergleichsweise geräumig, Traveller-Treff, gute Atmosphäre, in jedem Stockwerk eine Küche (manchmal etwas ungepflegt, z.T. auch Toiletten/Duschen), große Flure als Treffpunkte, herrlicher Altstadtblick vom Dach, freundlich, Safe, Küche, Airport Shuttle ₪ 70, Touren-Service (Preis verhandelbar), WLAN, mF........Dorm (max. 8 Betten/Raum) ₪ 50, Schlafen auf dem Dach pP ₪ 40, D ₪ 180, D+B ₪ 220

• **PALM HOSTEL**, 6 HaNevi'im St, Tel 6273189; direkt am Damaskustor, hübsche Lounge, sehr freundlich, WLAN gratis, ... Dorm ₪ 50, D ₪ 150-250

• **HASHIMI HOTEL & HOSTEL**, 73 Souk Khan EzZeit, Tel 6284410 u. 052 2572121, Fax 6284667, www.alhashimihotel.com; alle Räume mit eigenem Bad, kürzlich renoviert, blitzender Marmor, sehr sauber und gepflegt, zwei Küchen, Dach mit kleinem Restaurant und schönem Blick, freundlich, hilfsbereit, D nur verheiratete Paare, organisierte Touren, keine Kreditkarten, Waschmaschine WLAN, mF ....E+B € 35, D+B € 65, 3er € 95

• **CITADEL YOUTH HOSTEL**, 20 St. Mark's St, Tel 6284494, Fax 5327056; Räume und Toiletten ziemlich eng, mäßig sauber, kleine Terrasse, schöner Blick auf die Grabeskirche, WLAN ....Dorm pP ₪ 60 (auf dem Dach 40), E ₪ 120-180, D+B ₪ 180-250

• **HEBRON YOUTH HOSTEL**, (hieß mal TABASCO), 8 Akabat Takiye (kleine Seitenstraße – Parallelstraße zur Via Dolorosa –, die vom Souk Khan EzZeit abzweigt; von dort zu sehen), Tel 6281101; einfach, sauber, sehr gute Atmosphäre, freundlich, hilfsbereit, beliebter Tea Room im Souterrain bis Mitternacht geöffnet, viele Traveller, Curfew 1 Uhr, Lockers, keine AC, Frühstück ₪ 15-20 .... Dorm pP ₪ 50 (Dach günstiger), E ₪ 160, E/D+B ₪ 190, 3er ₪ 200

• **NEW SWEDISH HOSTEL,** 29 David St, Tel 6277855, Fax 6264124, www.geocities.com/swedish-hostel; relativ klein in einem Stockwerk, gemischte Rückmeldungen, einfach, Küche, Heizung, AC, 2 Uhr Curfew ....Dorm (max. 15 Betten) pP ₪ 50, E/D ₪ 140-180

• **NEW PALM HOSTEL**, 4 HaNevi'im St, Tel 6287502, www.angelfire.com/vt/faisalhostel; Küche, Internetzugang, alternative Touren zu Palästinensern, ...Dorm ₪ 30, D ₪ 100

• **GOLDEN GATE INN**, 10 Khan EzZeit (Eingang von der Aqabat AlBatiq), Tel 6284317 oder 052 5192456, goldengate442000@yahoo.com; freundlich, recht einfach, sauber, relativ ruhig, 0 Uhr Curfew, keine Kreditkarten ....E+B ₪ 115, D+B ₪ 200-250

• **AIARAB HOSTEL**, Khan EzZeit St, Tel 6283537; heruntergekommenes, baufälliges Hostel mit möglichst vielen Betten pro Raum, mäßig freundlich, ranzige Küche, auf der Dachterrasse Doppelstockbetten unter Blechsonnenschutzdach, viele Traveller, ziemlich laut, einziger Vorteil: der Preis – trotzdem noch zu teuer... Dorm pP ₪ 40, E ₪ 80

Ostjerusalem

Die hier interessierenden Hotels konzentrieren sich bis auf wenige Ausnahmen hauptsächlich an der Salah EdDin und der Nablus St; sie liegen so nahe an der Altstadt, dass man auch zu einer Verschnaufpause ins Zimmer zurückkehren kann. Allerdings sind beide Straßen – besonders die Salah EdDin St – stark frequentiert, also laut und abgasreich.

• **JERUSALEM**, Nablus St, Tel/Fax 6283282, www.jrshotel.com; wegen Busverkehrs laute Straßenecke, lauschiger Vorgarten mit gutem libanesischen Restaurant (Mo/Fr arabische Live-Musik), christlicher Familienbetrieb, guter Eindruck, hübsch eingerichtete, traditionell hohe Räume, TV, WLAN überall, mF..E+B $ 150-220, D+B $ 190-260

• **CHRISTMAS**, 1 Ali Ibn Abu Talib St, Tel 6282588 o. 6282533, Fax 6264417, www.christmas-hotel. com; unweit des American Colony Hotels, angenehme Einrichtung, guter Service, Restaurant und Garten, AC, TV, WLAN, mF .... E+B $ 150–180, D+B $ 180–200, Suiten ab $ 220

• **GOLDEN WALLS**, Sultan Suleiman St (zwischen Damaskus- und Herodestor), Tel 6272416, Fax 6264658; gutes und stilvolles Hotel, 2007 renoviert, den Busbahnhof halten gute Doppelfenster außerhalb, Lobby etwas plüschig, sehr sauber, AC, TV, mF....................E+B $ 140-180, D+B $ 180-240

• **RITZ**, 8 Ibn Khaldun St, Tel 6269900, Fax 6269910, www.jerusalemritz.com; freundlich, sauber, Dachterrasse bald mit Bar, Lobby etwas überakustisch, WLAN überall, mF.........E+B $ 140, D+B $ 160

• **NOTRE DAME OF JERUSALEM CENTER**, HaZanhanim St gegenüber dem Neuen Tor; (siehe S. 150), Tel 6279111, Fax 6271995, www.notredamecenter.org; dominantes Gebäude mit Marienstatue, stimmungsvolle Architektur der vorletzten Jahrhundertwende, gut eingerichtet, großzügige Räume, sehr sauber, AC, mF .... E+B $ 120, D+B $ 150

• **HOLY LAND (EAST)**, 6 Harun ArRashid St (unweit Herodestor), Tel 6284841, Fax 6280265, www. holylandhotel.com; freundlich, angejahrt, aber sauber, Straßenlärm kaum hörbar, schöner Blick auf Felsendom, AC, mF...E+B $ 115-135, D+B $ 135-215

• **SEVEN ARCHES**, Rub'a AlAdawiya St, Mt. of Olives, Tel 6267777, Fax 6271319, www.7arches. com; (siehe S. 116), spektakulärer Blick auf Alt- und Neustadt, aber in die Jahre gekommen, mF... E+B $ 100, D+B $ 130

• **CAPITOL**, 17 Salah EdDin St, Tel 6282561, Fax 6264352; etwas von der Straße zurückgesetzt, viele Zimmer mit Balkon, große Räume, gut möbliert, Zimmersafe, Kühlschrank, AC, holzgetäfelte Bar, angenehme Lobby, mF..E+B $ 85-101, D+B $ 99-115

• **AsSAHRA**, 13 AsSahra St (ruhige Seitenstraße der Salah EdDin St), Tel 6282447, Fax 6283960, www.azzahrahotel.com; früher Privathaus, gute Küche, sauber, AC, WLAN, mF.. E+B $ 85-95, D+B $ 130-145, 3er $ 159-179

• **ST. GEORGE'S CATHEDRAL GUEST HOUSE**, 20 Nablus St, Tel 6283302, Fax 6282253; sehr stimmungsvoller Innenhof mit Garten, sehr guter Eindruck, TV, mF .... E+B $ 80, D+B $ 120

• **ST. THOMAS HOME,** 6 Chaldean St/Nablus St, Tel 6282657, Fax 6264684, ronniemontana@gmail. com; Zentrum der syrisch-katholischen Christen, freundlich, hübsche Kirche, aber Unterkunft eher für Gruppen – für Einzelreisende zu kostspielig: Einrichtung einfach, teils schmuddelig, Betten kurz, Bad klein, manchmal laut, mF .... E+B $ 75, D+B $ 90

• **COMMODORE**, Samual Ben Adaya St, Tel 6271414, Fax 6284701, www.commodore-jer.com; ziemlich weit abseits der Altstadt an der (lauten) zum Ölberg führenden Straße gelegen, große Zimmer, gut eingerichtet, sehr sauber, wird sukzessive renoviert: nach neuem Raum fragen, AC, WLAN, mF .... E+B $ 60-70, D+B $ 90-110, 3er $ 120

• **RIVOLI**, 3 Salah EdDin St, Tel 6284871, Fax 6274879, www.booking.com; eher einfach, sauber, nicht überlaufen, sehr nah zur Altstadt, ein von der Straße abgewandtes Zimmer nehmen, mF...E+B $ 50-60, D+B $ 70-80

• **MOUNT OF OLIVES HOTEL**, 53 Mount of Olives St (bei der Himmelfahrtsmoschee), Tel 6284877, Fax 6264427, www.mtolives.com; Familienbetrieb, gute Aussicht, sauber und ruhig, mF...E+B $ 49-92, D+B $ 68-115

• **NEW METROPOLE**, 8 Salah EdDin St, Tel 6283846, Fax 6277485; einfach, sauber, Kühlschrank, TV, AC, mF ....E+B ₪ 200-280, D+B ₪ 300-380

Schreiben Sie uns bitte, wenn Sie Änderungen oder Neuerungen feststellen, siehe S. 234

Nördliche Westbank

Reisen in palästinensischen Gebieten

Die Routen der folgenden Kapitel führen in die sogenannte *Westbank*, ein Begriff, der sich – wie schon früher erläutert – auch in deutschsprachigen Medien eingebürgert hat. Der Ausdruck beschreibt zunächst nur die westliche Schulter des Jordantals, bezieht sich aber allgemein auf die Gebiete, die nach dem israelischen Unabhängigkeitskrieg unter jordanischer Verwaltung blieben. Bevor Sie sich auf die Reise dorthin begeben, sollten Sie sich aktuell über mögliche Probleme informiert haben, siehe S. 43. Die Gesamtsituation der Westbank besserte sich seit etwa 2008 kontinuierlich, insbesondere die Straßenverhältnisse, weniger Kontrollstellen, die Sicherheitslage und die touristische Infrastruktur. Da z.B. die Straßenbeschilderung ziemlich bescheiden ist oder Straßen spontan gesperrt werden können, empfiehlt es sich für Individualreisende, einen ortskundigen Guide oder einen bewährten Taxifahrer anzuheuern, mit dem man sich gut verständigen kann, Adressen siehe S. 23.

Die palästinensischen Gebiete unterscheiden sich von Israel und Jerusalem beträchtlich: schlechtere Straßen, arg zersiedelte Landschaft mit häufig nur teilfertigen Häusern oder Bauruinen, häufig liegt Schutt und Schmutz an Straßenrändern. Wilde Müllhalden zeugen von mangelnder Müllabfuhr.

Plötzlich sieht man überall Menschen auf den Straßen herumlaufen, vor Cafés sitzen oder manchmal noch per Esel unterwegs. Bei Schulschluss wimmeln die Straßenränder von Kindern, die häufig lange Heimwege zu Fuß zurückzulegen haben; Schulbusse gehören zur Ausnahme. Die Kinder sind meist freundlich und winken dem Fremden zu. Speziell die Ortszentren sind eng und dicht bevölkert, Geschäfte säumen die Straßen, belegen meist auch die

Palästinenser reif für einen Staat

Kurz vor Redaktionsschluss dieses Buches fiel uns eine Meldung der Neuen Zürcher Zeitung unter obiger Überschrift auf. Die NZZ schreibt am 12.04.2011 über einen Bericht der UNO zur Lage Palästinas unter anderem:

…*"Der UNO-Bericht lobt die Fortschritte, welche die von Präsident Mahmud Abbas geführte palästinensische Behörde in ihrer Regierungstätigkeit erzielt hat. «In sechs Bereichen, in denen sich die Uno besonders stark engagiert, sind Regierungsfunktionen für die Wirksamkeit einer Staatsregierung ausreichend», hält der Bericht fest. Er lobt insbesondere die Entwicklungen der Rechtsstaatlichkeit und der Menschenrechte, der Lebensgrundlage der Bevölkerung, der Ausbildung und der Kultur, der Gesundheit, des sozialen Schutzes sowie der Infrastruktur und der Wasserversorgung. Der Regierung in Ramallah sei es gelungen, den Staatshaushalt effizient zu planen und zu budgetieren, Korruption zu bekämpfen sowie Transparenz und Medienfreiheit zu schaffen.*

Der Bericht weist aber darauf hin, dass die Fortdauer der israelischen Besetzung ein Hindernis für das Funktionieren eines palästinensischen Staates darstellt. Maßnahmen, die das Leben der Palästinenser einengten, müssten von Israel unterlassen werden, um das Programm des palästinensischen Ministerpräsidenten Fayyad zum Aufbau staatlicher Strukturen nicht zu behindern, fordert der Bericht. Eine weitere Behinderung stellen die innerpalästinensischen Spannungen zwischen den Führungen in Ramallah und Gaza dar."

Hinweis: Angaben in eckigen Klammern bei Ortsnamen, z.B. [A2], beziehen sich auf die Planquadrate in den beiden Umschlagkarten.

Sehenswertes

***Nablus, *(Sichem,* israelisch *Shkhem)* blickt auf eine lange Vergangenheit zurück, ist schön gelegen, bietet historische Relikte, Opferstätte der Samaritaner, S. 160

***Ramallah, früher beliebtes Ziel für die Sommerfrische wegen der Höhenlage, Hauptstadt der Westbank, aufgeschlossene, lebendige Stadt, gut für einen ersten Eindruck palästinensischer Lebensweise, S. 149

**Birzeit, aktive Westbank-Universität mit Musik-Konservatorium sowie Kunst- und Palästina-Museum, aber auch erwandernswertem Umland, S. 158

**Samaria/Sebaste, Ruinen der ehemaligen Hauptstadt des Nordreichs Israel und später Samariens, von König Omri 880 vC gegründet, S. 167

**Jenin, während der 2. Intifada noch Terror-Hochburg, mausern sich Stadt und Umland gerade zum Tourismus-Vorzeigeprojekt über die Grüne Linie hinaus, S. 168

*Taybeh, christliches Dorf mit bekannter Bierbrauerei, S. 156

*Nebi Samwil, *Berg der Freude*, auf dem die Kreuzfahrer zum ersten Mal Jerusalem sahen, siehe unten.

(oft gar nicht vorhandenen) Bürgersteige, die hier in vielen Fällen holprige Sandstreifen sind. Aber es gibt auch das Gegenteil, nämlich Umgehungsstraßen, die weniger frequentiert sind, sowie gepflegte, architektonisch anspruchsvolle Häuser, die schmuck am Hang stehen.

Wann immer Sie anhalten oder mit den Bewohnern in Kontakt kommen, wird man Ihnen sehr freundlich begegnen – die typische orientalische Herzlichkeit ist den Menschen geblieben.

Ramallah und Umgebung

Fährt man von Jerusalem aus nach Ramallah, lässt sich das recht gut mit einem Rückblick auf die Stadt verbinden, indem man einen kurzen Umweg auf den Freudenberg einlegt. Der direkte Weg aus Jerusalem würde – wie seit Jahrtausenden – am Damaskustor beginnen und auf der Nablus (Shkhem) St nach Norden führen. Wir wollen aber die Stadt wie folgt verlassen: Fahren Sie auf die Autostraße 1 Richtung Tel Aviv, verlassen Sie diese jedoch an der ersten Kreuzung nach der Tankstelle nach rechts den Berg hinunter. Diese Straße mündet in die Golda Meir St (Straße 436), der man links durch die Siedlung Ramot Alon nach Norden folgt.

5 km: **Abzweig**

Rechts nach

*Nebi Samwil / Nabi Samuel [C8]

Die Kreuzfahrer nannten den 885 m hohen Berg, auf dem heute das arabische Dorf Nebi Samwil liegt, *Mons Gaudi* (Berg der Freuden), weil sie von seinem Gipfel aus zum ersten Mal ihr Ziel Jerusalem sehen konnten. Kaiser Justinian befestigte im 6. Jh ein Samuelskloster auf dem Gipfel mit einer Mauer.

Die Kreuzfahrer erneuerten die Kirche und bauten eine Festung drumherum, deren Reste inzwischen ausgegraben wurden. Von den Kreuzfahrern stammt die Annahme, dass Samuel hier bestattet sein soll, weil man hier offenbar den Ort Rama vermutete. Später wandelten die Muslime das Bauwerk in eine Moschee um. Der eigentliche Sarkophag befindet sich unterhalb der Moschee, im Inneren steht ein Kenotaph. Zwischendurch gab es auch eine Synagoge, was manche heute gern wieder aufleben lassen würden. Vom Dach bzw. Minarett der Moschee bietet sich ein fantastischer Ausblick auf Jerusalem – wie Recht hatten doch die Kreuzfahrer.

Weiter auf der Straße 436, nach der Kreuzung mit der 443/45 gelangen Sie bald an den Checkpoint Beituniya. Sollten Sie hier nicht weiterkommen, fahren Sie die Straße 45 zurück nach Osten, und über den großen Checkpoint Qalandiya weiter nach Ramallah. Falls es klappt, fahren Sie die Straße 436 einfach weiter, bis Sie auf die Jaffa St treffen und nach rechts mitten ins Zentrum von Ramallah gelangen.

12 km bis

***Ramallah [C7/8]

Geschichte: Die 870 m hoch gelegene und auf direktem Weg nur 16 km von Jerusalem entfernte Stadt mit knapp 30 000 Einwohnern (plus rund 40 000 in der Nachbarstadt AlBireh) ist bekannt für ihr in den Sommermonaten angenehmes Klima. Daher war sie Jahrzehnte lange Zeit beliebtes „Sommerfrische" Ziel von Arabern aus ganz Nahost. Gegründet wurde Ramallah von Christen, die im 16. Jh aus Shobak in Jordanien vertrieben worden waren; die fünf Löwen am AlManara-Platz erinnern an die ersten fünf Familien am Ort. Es hat sicherlich mit dieser christlichen Tradition zu tun, dass die Stadt seit 2005 von einer Bürgermeisterin regiert wird – obwohl nur noch ein Zehntel der Bewohner Christen sind. Zum liberalen Flair tragen sicherlich die Studierenden der wohl besten palästinensischen Universität im nahen Birzeit bei. Wenn in den palästinensischen Gebieten etwas los ist, dann am ehesten hier in der westlich aufgeschlossensten Stadt Palästinas.

Nachdem 1994 zunächst Jericho Sitz der Palästinensischen Autonomiebehörde werden sollte, lief Ramallah mit einem der Parlamente (das andere liegt in Gaza) und mehreren Ministerien so nahe bei Jerusalem der Stadt im Jordangraben schnell den Rang ab. Die ausländischen Vertretungen eröffneten hier ihre Büros, und auch die deutsche Vertretung zog bald von Jericho hierher. Arafat residierte von 1996-2004 in seinem Hauptquartier Muqata'a (knapp 1 km nörd-

Im Kubus von Arafats Mausoleum

lich des AlManara-Platzes Richtung Birzeit) im direkt angrenzenden, muslimischen Ort AlBireh. 2002 schossen die Israelis den Gebäudekomplex in der Annahme zusammen, dass Ramallah wichtigste Basis des Terrors sei, sodass Arafat bis zu seinem Tod 2004 quasi unter Hausarrest lebte. Von Präsident Abbas wiederaufgebaut, befindet sich Arafats Grab seit 2007 in einem Kubus gleich neben einer modernen Moschee.

Wer nach Ramallah kommt und den aktuellen Bauboom beobachtet, könnte denken, dass es den Palästinensern doch eigentlich ziemlich gut geht. Davon abgesehen, dass Ramallah die große Ausnahme in Palästina darstellt, geht es in den Wohnhäusern häufig weniger repräsentativ weiter, als man von außen gedacht hätte, und ein Hinweis auf die Infrastruktur sind die schwarzen Wassertanks auf den Dächern – im Gegensatz zu den Möglichkeiten jüdischer Siedlungen sind arabische Häuser kaum an Wasserleitungen angeschlossen und an den Wassertanks immer gut zu erkennen.

Der Bauboom Ramallahs hat außerdem mit dem Aufbau staatlicher Institutionen zu tun, denen sich der Ministerpräsident in der Westbank, Salam Fayyad, mit großem Engagement widmet. Als Politiker des Dritten Weges (weder Fatah noch Hamas) und international anerkannter Wirtschaftsfachmann will er zunächst die Voraussetzungen für einen funktionierenden Staat schaffen, indem er im so genannten Fayyadplan die drei Ziele verlässliche Sicherheit, gute Verwaltung und wirtschaftliche Möglichkeiten im Blick behält (siehe auch Kasten S. 147).

Dieser Aufbau ist schon recht weit gediehen. Man kann nie wissen: Vielleicht wird schon 2011 oder 2012 ein Staat daraus. Insofern fließen der-

Wandmalerei in der Altstadt: Kirche und Moschee friedlich nebeneinander

zeit Hilfsgelder, die sonst vielleicht nicht geflossen wären. Dass manches neue Gebäude auch eine Nummer kleiner hätte ausfallen können, steht auf einem anderen Blatt.

Den Besucher Ramallahs erwartet jedenfalls eine frisch renovierte *Main* bzw. *Rukab Street*, aber auch eine große Baustelle am *Clock* bzw. *Arafat Square* – auch die Straßennamen sind im Fluss. Genießen Sie die Aufbruchstimmung und eine nahezu weltläufige Leichtigkeit, die sonst kein Ort Palästinas zu bieten hat.

Der zentrale Platz im Zentrum der Stadt heißt *AlManara*, von dem sechs Straßen abgehen und dessen Verkehrsgewühl entsprechend ausfällt. Einen guten Überblick erhält man von einem der *Rooftop Restaurants* im Zentrum.

Man kann in Ramallah und Umgebung locker zwei, drei Tage verbringen. Von hier aus lässt sich in die palästinensischen Gebiete "hineinschnuppern" und das arabische Leben beobachten. Vielleicht gelingt das am besten kurz vor Einbruch der Dunkelheit, wenn man noch etwas vom Erscheinungsbild der Stadt sieht, anschließend gemütlich isst und sich dann im typisch arabischen Nachtleben – Bummeln, Einkaufen und Kaffee oder Tee trinken – treiben lässt. Zu dieser Zeit haben die Basaris der Jerusalemer Altstadt längst die Eisentüren ihrer Läden mit lautem Getöse zugeklappt. Wenn Sie auch durch die eigentliche Altstadt Ramallahs bummeln wollen, so müssen Sie die Main (Rukab) St bis zur Tankstelle gehen, dort etwa beginnt der ältere Teil der Stadt.

Über das Flanieren sollte das **kulturelle Angebot** Ramallahs nicht vergessen werden. Aktuelle Termine listet allmonatlich *This Week in Palestine*. Das Spektrum ist weit gefächert:

• das 2007 eröffnete Musikzentrum *AlKamandjati* (Unterricht und Konzerte) westlich der AlUmari-Moschee in der Altstadt,

• Kunstausstellungen im *Khalil Sakakini Cultural Centre* in der AlMuntasa St (www.sakakini. org),

• das Frauen-Filmfestival *Shashat* im November/Dezember (www.shashat.org),

• die Tanz-Kompanie *AlFunoun* aus AlBireh tritt in tollen Kostümen auf (www.el-funoun. org),

• das Zentrum für Theater, Film und Musik *AlQasaba* 200 m südlich von AlManara (www. alkasaba.org), hier bildet seit 2009 auch die von Deutschland geförderte *Drama Academy Ramallah* professionell aus,

• die NGO *Ashtar Theatre* im Sunrise Building in der Irsal St produziert Theaterstücke und gibt Jugendlichen Schauspielunterricht, interessierte Gäste sind jederzeit willkommen (Gästezimmer $ 50 pP), z.B. www.thegaza-monologues.com – Theater am Puls der Zeit: www.ashtar-theatre.org, Kontakt: Iman Aoun, Tel 2980037 oder 059 9434736,

• die *Society of Ina'ash AlUsra* in AlBireh, die Frauen im Gestalten traditioneller Textilien ausbildet, Ltzere zum Verkauf anbietet und ein Café betreibt (www.inash.org).

• die *Palästinische Zirkus-Schule* (www.palcircus.ps) sowie

• Großveranstaltungen dient der *Ramallah Cultural Palace*, zu Ehren des 2008 verstorbenen und in der Nähe begrabenen größten Dichters Palästinas, Mahmud Darwish, in *Darwish Cultural Center* umbenannt (vielleicht funktioniert deswegen www.ramallahculturalpalace. org nicht mehr), südöstlich des Industriegebiets an der Jaffa St.

• Für Familien mit kleinen Kindern könnte schließlich noch das *Mukhmas Fun Land* (im Industriegebiet am Ende der Jaffa St, www. mukhmas2000.com – arabisch) einen Ausflug

⛴ Hotels	🚌 Busverbindung	● Sonstiges		
1 AlWideh	a Richtung Birzeit	A Goethe-Institut	E Frischmarkt	H Rathaus
2 Merryland	b Richtung Nablus,	B AlManara Platz	F Clock/Jassir Arafat Sq.	I Dt. Vertretungs-
3 Royal Court	Jerusalem	C Rukab Eiscafé	G AlQasaba Theatre &	büro
Suites		D AlKamandjati	Cinematheque	J Ottoman Court

wert sein. Swimmingpool und mehrere Karussels warten auf Besucher.

• Wem es an Bewegung mangelt, sollte im Sportclub *Sarriye* nordwestlich der Altstadt im Stadtteil AtTire vorbeischauen. Hier kann man auch Schwimmen gehen. Der Club ist Teil des Angebots der First Ramallah Group (www.firstramallahgroup.com oder www.facebook.

AlManara, Ramallahs zentraler Platz mit Löwenstatuen

com/group.php?gid=5970109198), die aus Pfadfindergruppen aus den 1930er Jahren hervorgegangen ist, und außer diesen u.a. auch Konzerte, Volkstanz und ein Café organisiert.

Praktische Informationen

▶ Telefon-Vorwahl 02

• **Tourist Information** in der Stadtverwaltung Raja'a/Ecke AlAsdiqa St, www.ramallah.ps. Hier gibt es einen Stadtplan. In Kürze soll für die Information ein eigenes Gebäude schräg gegenüber bezogen werden.

• **Vertretungsbüro der Bundesrepublik Deutschland**, Berlin (früher: *AlHurrieh)* St, Tel 2977630, nur für Notfälle außerhalb der Dienstzeiten Tel 059 9656000, Fax 2984786, www.ramallah.diplo.de, Mo-Fr 9-12; Auskunft Visastelle Mo-Fr 12-13, Tel 2977655

• **Goethe-Institut Palästinensische Gebiete**, AsSalam St, im Deutsch-Französischen Kulturzentrum, Tel 2981922, www.goethe.de/ins/ps/ram, Mo-Do/Sa 9-19

Touren

▶ PACE – Palestinian Association for Cultural Exchange, AlBireh, gegenüber der Al'Ain-Moschee; seit 1996 erfahrener Anbieter von Touren durch die Westbank, sehr auf Sicherheit der Kunden bedacht, vermittelt Kontakte und Besichtigungsmöglichkeiten in einer Dichte, die man auf eigene Faust nicht so leicht hätte, außerdem auch ausgezeichnete Informationshefte auf Englisch und Deutsch, Tel 2407611 oder 059 9318267, Fax 02 2407610, pace.ramallah@gmail.com, www.pace.ps

▶ GREEN OLIVE TOURS, bis 2010 noch *ALTERNATIVE TOURS IN ENGLISH,* Tel 09 7770020 oder 054 6934433, www.toursinenglish.com; bietet Tages- und Mehrtagestouren in der Westbank und in Israel an, auch eine Tour in die Businesswelt von Ramallah, und inzwischen auch die Besichtigung einer jüdischen Siedlung

Internet

• In einigen Café-Restaurants (z.B. Ziryab oder Stones) und Hotellobbys kann man gratis einloggen

Verkehrsverbindungen

▶ Hauptverkehrsmittel sind Service Taxis, die von Ramallah in alle Himmelsrichtungen fahren. Der zentrale Stand befindet sich im Busbahnhof östlich vom AlManara-Platz. Nach Jerusalem fährt Bus 18 (Damaskustor). Die andere Buslinie bindet zusätzlich die Universität Birzeit an. Von Jerusalem nimmt man am besten ein Sammeltaxi am Damaskustor; bei der Rückfahrt muss man auf das gelbe Nummernschild achten, weil nur diese Taxis über die Grenze dürfen – vermutlich muss man jedoch mindestens am Qalandiya Checkpoint zu Fuß über die Grenze (kann über 1 Std. dauern) und auf der Jerusalemer Seite ein anderes Taxi nehmen.

Begegnungen mit Menschen

Oben in der Liste der Kulturinstitutionen findet man mühelos Ansprechpartner, die von kurzen Gesprächen bis zu Volontariaten eine Menge anbieten, um den eigenen Aufenthalt zu vertiefen. Weiter seien genannt:

• RIWAQ – Dokumentation, Rettung und Restauration alter Gebäude (siehe oben S. 23), es werden Touren erarbeitet und angeboten, Besuch des Zentrums: Nablus St in AshSharafe/AlBireh, Tel 2406887, www.riwaq.org; Riwaq konservierte auch das

• RAMALLAH CENTRE FOR HERITAGE AND CULTURE (Ottoman Court), östlich der Altstadt und südlich der Bukhari St; das durch Riwaq restaurierte Gerichtsgebäude aus dem 18. Jh dient seit 2003 dazu, Kinder sinnvoll zu beschäftigen: Bücherei, Computer, Musik, Spielplatz, Theater – ein kostenfreies Bildungspaket für die Kinder der Altstadt.

• DEUTSCHES HAUS (German House for Development Cooperation), Abdallah Judeh St nordöstlich der Muqata'a, vereinte GTZ und DED, als sie noch nicht zur GIZ vereint waren. Hier sind vor allem Gruppen willkommen, die sich über die Ausgabe deutscher Steuergelder informieren möchten: das beachtliche deutsche Engagement praktisch überall in Palästina dient vor allem dem Wasser- und

Abfallsystem, Förderung von Wirtschaft und Arbeitsmarkt und dem Aufbau staatlicher wie zivilgesellschaftlicher Institutionen, www.giz. de, www.gtz.de (Tel 2400740), www.ded.de (Tel 2403462).

• STERNBERG/STAR Mountain, www. starmountain.org, außerhalb (Adresse siehe unten bei den Übernachtungen), hier werden rund 300 behinderte Kinder und Jugendliche durch einen integrativen Kindergarten, eine Förderschule, Sozialarbeit in den umliegenden Dörfern und eine Berufsschule erreicht. Es gibt ein Gästehaus für Individualreisende und kleine Gruppen und viel Öffentlichkeitsarbeit.

Essen und Trinken

Die Liste an Restaurants und Bars in *This Week in Palestine* ist etwa doppelt so lang wie die in Ost-Jerusalem. Sie ballen sich in Ramallah vor allem um die Main St (auch *Rukab St)* und die Stadtverwaltung zwischen Jaffa und AlHurriye/ AlAsdiqa St. Mehrere Cafés laden südlich des Clock Square ein. Es ist eher die Ausnahme, wenn kein Alkohol ausgeschenkt wird. Fehlt es an Alkohol, ist man vermutlich im muslimischen AlBireh [C4] gelandet. Intensivste Party-Gelegenheit ist Donnerstag abends.

• **ANGELO'S,** Main St, gemütliches Lokal mit westlicher wie östlicher Küche, gegenüber

• **ANDAREEN,** Main St, Café, Snacks, Bar. Abends Live-Musik und Tanz, darunter

• **BALADNA,** Main St, das andere prima Eiscafé (siehe unten Rukab)

• **MESARIN,** Clock/Arafat Square beim großen Lipton-Schild, gute Falafeln und lange Öffnungszeiten

• **RUKAB,** Main St, die nach diesem Eiscafé auch Rukab St genannt wird – eine Institution also, Speiseeis hat in der arabischen Welt eine ähnlich lange Tradition wie in Italien und durch Mastix, arabisches Gummi, eine leicht zähe Konsistenz, unbedingt probieren

• **STARS & BUCKS,** AlManara-Platz, Eingang von der Main St, 1. Stock, Café, das auch kleine Snacks und Wasserpfeifen serviert

Wasserverkäufer mit Freisprech-Handy

• **ZIRYAB**, Main St im 1. Stock über dem BALADNA Eiscafé, ungewöhnliche Einrichtung mit Kunstgalerie, WLAN und bei Bedarf am Tisch flambierten Gerichten

• **ZAMAN PREMIUM CAFÉ**, Main St, schickes Café mit entsprechendem Publikum über zwei Etagen und Außenterrasse, gute Auswahl an Koffeinhaltigem

• **LA WEIN** (sprich: la uween – wohin?), Hippocrates (AlAhli Hospital)/Ecke Khalil Salah St, über dem AlQasaba-Theater & Cinematheque, entsprechend viel Künstlervolk unterwegs, donnerstags viel los, Restaurant und Bar, Alkoholika aller Art und Wasserpfeifen

• **LA VIE CAFÉ**, AlQastal St (Nebenstraße südlich des Clock/Arafat Square), ebenfalls vor allem donnerstags viele coole Leute, manchmal Konzerte, gemütlicher Garten

• **SANGRIA**, Jaffa St, gleich bei den Royal Court Suites (selbes Management), gemütliche Open Air Bar mit u.a. mexikanischer Küche

5

• **PRONTO**, Raja'a/Ecke AlMuntasa St (nahe Tourist Information), beste Pizza am Ort

• **KARAZ LOUNGE**, nördlich der Stadtverwaltung neben dem STONES, französische und italienische Küche, gute Bar, angenehme Atmosphäre – derselbe Betreiber wie das *Lemunah* in Jericho

• **AI ANISEE**, Khalil AsSakakini St bei der Lutherischen Kirche, angenehm wenig aufgetakelte Kneipe, ziemlich lang geöffnet

• **AZUR**, unweit des AlAnisee nördlich vom PLC am AshShabab Sq., die wohl besten Burger der Stadt

• **ORJUWAN**, ArRaja' St (vom Sakakini Centre aus weiter südlich, rechte Seite), Stadtteil AlMasyun, der Wohngegend entsprechender hipper Club für Reiche und Schöne – der Name bedeutet Purpur, interessante Getränkeauswahl, experimentelle Küche zwischen Orient und Okzident, also nicht billig, Eintritt bei Veranstaltungen NIS 80-120

• **SKY BAR**, im Obergeschoss der Ankars Suites (siehe unten), manchmal laut, aber toller Blick und die mutmaßlich beste Wasserpfeife der Stadt (einfach mal special bestellen)

• **MÖVENPICK**, Adresse siehe unten, Restaurants *ArRiwaq* und *Allegro* mit Themenabenden wie Mi Meeresfrüchte, Do Russisch, Fr Orientalisch $ 160 pP, Bar Sparkles öffnet in der Regel täglich 18-24, hier gibt's Zigarren

• **DARNA**, AsSahel St/Ecke Berlin (AlHurriye) St, nahe der Deutschen Vertretung, Tel 2950590 oder 059 9204499, www.darna.ps; exquisites Lokal, das häufig von der PA und ausländischen Vertretern angesteuert wird, was sich im Preis niederschlägt

Weg vom Zentrum:

• **SOHO**, beim Caesar Hotel (siehe unten), Ramallahs erstes Seafood-Lokal, in dem auch Sushi gereicht wird – es wird allerdings nicht verschenkt

• **TCHETCHE CAFE**, ebenfalls beim Caesar Hotel, eine flotte Kette aus Jordanien mit eher westlichen Snacks und guten Wasserpfeifen, www.tchetchecafe.com

• **AsSNUBAR**, Ein Sam'an St, vom Zentrum Richtung Norden, Wegweiser: Tel 2965571, die Snowbar hat weniger mit Schnee als mit einer Bar zu tun – das arabische Wort bedeutet Pinie; schöner Blick, Picknickplätze, Schwimmbecken (vor allem Familien, täglich 9-17), Grill-Restaurant täglich 12-24 (April-September), manchmal Livemusik von Jazz bis Rock

• **AIFELAHAH**, außerhalb: der Jaffa St folgen über Bitunya nach Ein Arik, nettes Gartenlokal mit

Übernachten

Fragen kostet nichts: Die meisten Hotels scheinen bei bloßem Nachfragen zu einem Preisnachlass bereit zu sein. Saison ist in Ramallah/AlBireh von April bis Dezember.

• **MÖVENPICK**, AnNahda Square, vom AlManara-Platz nach Süden im Stadtteil AlMasyun, Tel 2985888, Fax 2985333, hotel.ramallah@moevenpick.com, www.moevenpick-ramallah.com; das Fünf-Sterne-Haus wurde 2010 endlich eröffnet, Pool, Fitness, AC, TV, WLAN und Schweizer Luxus, Restaurant & Bar, mF ....E+B $ 185-220, D+B $ 205-240

• **GEMZO SUITES**, 11 AlMuba'din St (Richtung Birzeit, hinter Muqata'a rechts abbiegen), Tel 2409729, Fax 2409532, www.gemzosuites.net; eher für Dauerbewohner geeignet (Rabatt) – statt Kitchenette Küche mit Spülmaschine, also Frühstück selber machen..................E+B $ 165, D+B $ 250

• **ANKARS SUITES & HOTEL**, Ghazi St südlich der Stadtverwaltung, Tel 2952602, Fax 2952603, www.ankarsuiteshotel.ps; freundlich entgegenkommend, dem Preis entsprechende angenehme Einrichtung, Restaurant und Sky Bar (siehe unten) unterm Dach, mF........E+B $ 90-120, D+B $ 100-140

• **BEST EASTERN**, 138 Irsal St, vom AlManara-Platz Richtung Birzeit (linke Straßenseite), Tel 2960450, Fax 2958452, www.besteasternhotels.com; der Name ist origineller als die Zimmer, AC, TV, mF .... E+B $ 90, D+B $ 110-130, Suite $ 200

• **CAESAR HOTEL**, AlAmin Sq., im südlichen Stadtteil Masyun Heights, Tel 2979400, Fax 2979401, www.caesar-hotel.ps; freundlich und unaufdringlich, sauber, angenehme Einrichtung, im Keller der Bowling Club Quattro, mF...E+B NIS 350-420, D+B NIS 450-500

- **BEAUTY INN**, ArRaja' St neben der Lutherischen Kirche/schräg gegenüber dem Sakakini Center, Stadtteil AlMasyun, Tel 2966477, Fax 2966479, www.beautyinn.ps; freundlich und hilfsbereit, nett eingerichtet (von der Straße abgewandte Zimmer sind ruhiger), für ein kleines Hotel auffallend viel Wellness: Pool, Hamam, Sauna, Kosmetik- und Fitness-Studio im Preis inbegriffen (für Gäste von außen $ 50 pro Tag), Restaurant, mF....................................E+B $ 81-90, D+B $ 100-150, 3er $ 117-150
- **CITY INN PALACE**, Jerusalem St, von Süden rechte Straßenseite (AlBireh), Tel 2408080; sehr freundlich, elegant eingerichtet, kein Alkoholausschank, mF...................................E+B $ 70, D+B $ 100
- **ROYAL COURT SUITES**, Jaffa St Höhe Stadtverwaltung, Tel 2964040, Fax 2964047, www.rcshotel.com; sehr freundlich, sehr sauber, nicht in jeder Suite extra Schlafzimmer und Balkon, Parkplatz, Internet kostet, AC, TV, mF ....E+B NIS 270-430, D+B NIS 410-700
- **ALADIN**, Rawda St, unweit AlMuqata'a (AlBireh), Tel 2407689 oder 059 8308382, aladdinho-tel@ gmail.com; freundlich, gutes Preis-Leistungs-Verhältnis, mF ....E+B $ 50 70, D+B $ 60-90
- **HILAL AIAKHMAR SOCIETY** (Red Crescent/Roter Halbmond), AlBireh-Jerusalem/AlQuds St, gleich südlich des Flüchtlingslagers AlAm'ari, Tel 059 9424990, Übernachten in der Schwestergesellschaft des Roten Kreuzes, kein Luxus, aber interessante Ansprechpartner, mF........ E+B $ 45, D+B $ 65
- **ST. ANDREW'S GUESTHOUSE**, AtTire St auf halbem Weg von der Altstadt nach Nordwesten zum Zentrum von AtTire mit byzantinischer Kirche und Kreuzfahrerturm (12. Jh), Tel 2989172, Fax 2960907, www.etvtc.org; gehört zum Episcopal Center, einer Berufsschule, gut geeignet für Gruppenreisen (nur dann mF E $ 33, D $ 28 pP), auch Monatstarife, einfache Ausstattung, ruhige Lage, ...E $ 25, D $ 20 pP
- **AIWIDEH**, 26 AnNahdha St, Tel/Fax 2980412; www.alwehdehhotel.ws (ohne Infos); mittendrin, sauber, Einrichtung leicht angeschrammt, Frühstück + NIS 15......................E+B NIS 100, D+B NIS 120
- **MERRYLAND**, Martyr Nazeeh AlQourah St, Tel 2987176, Fax 2987074; unweit südlich des Clock Square, kein Traumhotel, aber freundlich und mittendrin, mF ....E+B NIS 80, D+B NIS 100

Dezentral und außerhalb

- **CITY INN**, Nablus St/AlBalu' Sq. in AlBireh, nahe dem Diplomaten-Checkpoint Bet El, Tel 2428081, Fax 2428086; freundlich, orientalische Atmosphäre, Raucher willkommen, Zimmer mit Balkon, Einrichtung manchmal leicht gealtert, wenig Parkplatz, mF ....E+B NIS 200, D+B NIS 300
- **KHOURIYA FAMILY**, in Jifna, 7 km nördlich von Ramallah, 2 km südöstlich von Birzeit, Tel 2811485 oder 059 9587476, rkhouriya@yahoo.com; sehr freundliche Familie, Appartments mit Küche, weitere Mahlzeiten für je $ 10, Tourangebote, mF ....E/D $ 35 pP
- **STAR MOUNTAIN GUESTHOUSE/STERNBERG**, vor Abu Qash rechts der Straße Richtung Birzeit auf der einzigen bewaldeten Kuppe weit und breit, Tel 2962707 oder 059 5226310, Fax 2962715, www.starmountain.org; Projekt der Herrnhuter Brüdergemeinde, mit dem Behindertenarbeit finanziert wird, einfache Unterkunft (es geht aber auch noch einfacher und günstiger als hier angegeben), angenehm ruhig, Gruppen bis 25 P., kleine Cottages D € 30-35 pP, 3er-6er € 15-20 pP, Kinder die Hälfte, WLAN gratis, mF am ersten Tag..E+B € 25-30, D+B € 15-20 pP

nur einem Gericht: Mussakhan, die Spezialität aus Jenin und Tulkarm. Die „Bäuerin" öffnet nach Bedarf: Tel 2905124 oder 059 9842042 Weiter über Ein Arik hinaus (siehe oben AlFalaha-Restaurant) kommt man 15 bzw. 20 km westlich von Ramallah zu den Orten

Bil'in und Ni'lin [B7]

Beide Dörfer, über 10 km voneinander entfernt, machen seit etwa 3 Jahren international von sich reden, da hier jeden Freitagmittag Friedensdemonstrationen stattfinden, die nicht immer friedlich ablaufen – es gab schon Verletzungen und Todesfälle. Urheber sind die Bauern vor Ort, die von israelischen und internationalen Friedensaktivisten unterstützt werden. Letzteres kompliziert das Vorgehen des Militärs. Ursache des Streits ist der dortige, größtenteils bereits umgesetzte Sperranlagenbau, der beide Ortschaften (mit je etwa 1500 Einwohnern) von beträchtlichen Partien ihrer überlebenswichtigen Olivenhaine und Äcker abschneidet. Wer noch wenig Erfahrung mit Tränengas und Gummigeschossen hat, kann sich an ruhigen Wochentagen ein Bild verschaffen, mit Leuten vor Ort sprechen, (jedoch nicht etwa Hülsen von Tränengasgeschossen sammeln!). Es scheint hier offenkundig, dass der Mauerverlauf weniger dem Sicherheitsbedürfnis der Siedler dient – dann könnte man ihn an den Siedlungen entlangführen – sondern primär dem Landgewinn Israels dienen soll. Nähere Infos auf www.bilinvillage.org und www.nilin-village.org.

Ni'lin liegt am Ausfluss des **Wadi AnNatuf**. Fährt man in den Norden dieses Wadi zum Dorf **Shuqba** [B7], kann man dort außerhalb des Ortes zu der Höhle klettern, in der in den 1920er Jahren erstmals Relikte der Mittleren Steinzeit (ca. 22000-9500 vC – noch vor den Ackerbau-Kulturen) gefunden wurden. Diese Kultur, die bis zum Euphrat verbreitet war, nennt sich nach dem ersten Fundort *Natufien*.

Die *Rozana Association* (siehe S. 23) widmete sich dem Wadi AnNatuf in ihrer Anfangszeit. Warum nicht mal eine Führung durch das Epipaläolithikum buchen?

Von hier könnte man weiter nach Norden zum Dorf Abud [B6] (siehe S. 158) und weiter nach Qalqiliya [A5] (siehe S. 164) fahren. Wir wählen jedoch die Strecke von Ramallah nach Norden über Birzeit.

Von Ramallah aus 3 km auf der Straße 466 bis

Bet-El/Beitin [C/D7]

Der Bet El [C7] Checkpoint ist Diplomaten vorbehalten, vermutlich kommen Sie hier trotz ausländischem Pass nicht durch und müssen einen Umweg fahren. Ein palästinensisches Taxi wird

Sie übrigens kaum bis zur Siedlung bringen; die Bewohner hier gehören eher zu den Hardlinern. Die stark befestigte jüdische Siedlung liegt rechts der Straße. Der doppelte Zaun gibt einen Eindruck vom Leben vor und hinter dem Stacheldraht. Unweit südöstlich erstreckt sich das historische Beitin (Bet-El oder Bethel bedeutet *Haus Gottes)*, wo Jakob einen Altar baute, nachdem er von einer Himmelsleiter geträumt hatte. In der Folgezeit entstand eine Siedlung, in der in byzantinischer Zeit Kirchen errichtet wurden. Die Moschee des Dorfes steht auf den Ruinen einer Kirche.

Es gibt auch noch Reste eines Turms – vielleicht wurde ja hier die Himmelsleiter geträumt. Beitin liegt zwar in Sichtweite, aber ohne direkte Straße müssen Sie rund 20 km fahren, um das Dorf zu erreichen: Finden Sie einen Weg zum Flüchtlingslager AlJalasun (Wohnungen dicht an dicht ohne nennenswerte Infrastruktur) und weiter nach **Jifna** [C7] (nette Restaurants und ein Gästehaus, siehe S. 155). Dort rechts halten und über Ein Sinya und Yabrud an der Straße 60 rechts herum fahren. Nach rund 5 km liegt Beitin rechts, also westlich der Straße. Wenn Sie schon einmal hier sind, gibt es noch eine andere Idee: Fahren an der Kreuzung mit der Straße 60 geradeaus weiter auf die Straße 449, die bis Jericho führt. Direkt von der Straße 60 geht die 449 ein Stückchen weiter südlich kurz vor der Siedlung Ofra [D7] ab (mit einer SPNI Field School aus den 1970er Jahren). Jedenfalls erreicht man es auf dieser Straße.

Die Straße nach Norden zieht sich durch eine – für die Verhältnisse Palästinas – recht einsame Karstlandschaft, die häufig terrassiert ist, um ihr wenigstens ein bisschen Nutzbares abzugewinnen. Die Strecke ist sehr gut ausgebaut und hat nur relativ wenig Verkehr zu bewältigen.

Taybeh [D7]

Hier, 10 km östlich von Ramallah, ist angeblich der einzige Ort in Palästina mit ausschließlich christlichen Einwohnern, sowie der einzige, an dem Bier gebraut wird. Ein Zusammenhang ist nicht auszuschließen. Taybeh Beer ist gleichzeitig die einzige Mikro-Brauerei im Nahen Osten. Die Biersorten schmecken ausgezeichnet (Golden 5%, Light 3,8%, Dark 6% Vol.), werden auch in hippen Tel Aviver Bars (Minzar) oder in Jerusalem (Sira, Jerusalem Hotel) ausgeschenkt und war auch schon mal in Deutschland erhältlich – der Export nach Europa ist tendenziell einfacher als in die südliche Westbank. Im Herbst steigt ein, ja richtig, Oktoberfest. Statt in Lederhosen wird jedoch in palästinensischer Tracht getanzt, und auch die "Zenzis"haben sich noch nicht durchsetzen können. Führungen Mo-Sa 8-16 oder nach Vereinbarung, Kontakt: Braumeister Nadim Khoury, Tel 02 2898868 oder 059 9371105, www.taybehbeer.com.

Das hübsch gelegene Taybeh besteht allerdings nicht nur aus der Brauerei, sondern aus gut 1500 Christinnen und Christen der griechischen Orthodoxie (www.saintgeorgetaybeh. org), griechischen Katholiken (Melkiten) und römischen Katholiken (mit kleinem Museum, hier auch Vermittlung von Guides zur Ortsbesichtigung, Tel 2898020, www.taybeh.info). Was unter Christen nicht immer klappt: In Taybeh sind die drei Denominationen in der Lage, zur Verbesserung ihrer wirtschaftlichen Lage zusammenzuarbeiten. Darin sind außerdem noch die schätzungsweise 7000 Auslands-Taybeher eingebunden (www.taybeh.org).

Man sieht sich in der Tradition des biblischen Efraim und führt das örtliche Christentum direkt auf Jesus zurück, der hier auf dem Weg nach Jericho eine Pause einlegt haben soll. Gezeigt werden die Reste einer Georgskirche, die vielleicht auf das 4. Jh zurückgehen, mit Mosaiken, eine traditionell arbeitende Olivenpresse und eine Keramikwerkstatt. Das Selbstbewusstsein der Christen hier äußert sich außerdem in einer seltenen Ikonendarstellung von Maria mit dem Kind und einem Granatapfel sowie interessanterweise ein Passah-Ritual mit Lammschlachtung und dem Anstreichen von Türpfosten, wie es die Bibel beim Auszug des Volkes Israel aus Ägypten berichtet.

▶ Pfarrer Raed (Tel. 02-289-8020) lädt ein zu Gesprächen über die Christenheit im Nahen Osten, die traditionelle Pflege der Beziehung zur muslimischen Mehrheit, und das Kairos-Palästina-Dokument.

Man kann die Westbank mit Gruppen bis rund 30 Personen auch von hier aus bereisen. Es gibt ein älteres Gästehaus (NIS 85 pP) und das gerade eröffnete

● CHARLES DE FOUCAULD CENTRE, Tel 2898161, Fax 2899364, scjtaybe@palnet.com, www.taybeh. info; freundlich, ansprechende Einrichtung, ruhig, Vollpension € 27, mF ....D+B NIS 100 pP

Falls Sie der Straße 449 weiter nach Jericho [E/F8] folgen, werden Sie mit einer der schönsten Strecken der ganzen Westbank belohnt. Am Wegesrand sind viele Beduinenlager zu sehen. Am Checkpoint AlAuja/Yitav halten Sie sich rechts und sind nach insgesamt rund 35 km in der Oase Jericho angelangt (siehe S. 178).

Zurück Richtung Birzeit.

Statt wie oben das Flüchtlingslager AlJalasun direkt nördlich von Ramallah anzusteuern halten Sie sich nordwestlich nach Surda auf der Straße 4566 – die Nummer wird niemandem geläufig sein, aber es ist die übliche Strecke zum Universitätsort. Auf dem Weg liegen der *Sternberg* und **Abu Qash** [C7] – ein Ort mit sehr repräsentativen Sommerhäusern, die mit dem Flüchtlingselend von AlJalasun in Sichtweite schwierig zusammenzubringen sind. Die Strecke ist gut ausgebaut und hat relativ wenig Verkehr zu bewältigen.

Tägliche Mühsal: lange Schlangen vor Checkpoints

2 km: **Abzweig**
Links führt eine Straße nach

Birzeit [C7]

Hier liegt die bekannteste Universität der Palästinenser, von Süden am Ortseingang gleich links hinter den schwarzen Toren. Während der Besatzungszeit wurde sie mehrfach und bis zu drei Jahren von den Israelis geschlossen. Auch heute spielt die Uni eine wichtige Rolle. Interessenten können sich Informationen über www.birzeit.edu holen. Von besonderem Interesse dürfte das *Edward Said National Conservatory of Music* sein, weil vielleicht gerade Konzerte gegeben werden, wenn man in der Region unterwegs ist: http://ncm.birzeit.edu. Sehenswert ist außerdem das kleine **Birzeit Museum**, (Mo-Do+Sa 10-14, http://virtualgallery.birzeit.edu/museum_homepage) mit einer Kunstsammlung, traditionellen palästinensischen Frauengewändern, einer Sammlung von Amuletten und archäologischen Tongefäßen.

Die Universität war die erste in der Westbank und entstand 1975 aus einer Grundschule. Das ursprüngliche Gebäude liegt im eigentlichen Ort nordöstlich des heutigen Universitäts-Campus aus den 1980er Jahren, für das man die Umgehungsstraße ein Stück weiterfährt und auf die nördliche Parallelstraße verlassen muss. Auf dieser Straße gelangt man in den alten Ortskern mit einem mamlukisch/osmanischen Khan, einem kleinen Restaurant mit Galerie sowie der sehr kompetenten **Rozana Association** (www.rozana.ps, siehe S. 23, vgl. dort auch Riwaq), die Sie (auch samt Gruppe) gern dabei unterstützt, die umliegenden Sehenswürdigkeiten zu erwandern. Rozana finden Sie von der Parallelstraße an der Stadtverwaltung (Municipality) vorbei und gleich links, dann wieder links in die Altstadt ,gleich bei der griechisch-orthodoxen Kirche das Haus mit dem roten Dach.

Reisende bezeichnen diese Wanderungen als den Höhepunkt ihres Westbank-Besuchs. Die Trips sind gut organisiert und werden für die verschiedensten Interessen angeboten, von Geschichte über Dorfstrukturen bis zu Naturerlebnissen. In diesem Zusammenhang sei auch auf die 12-tägige Wanderung auf dem Pilgerweg von Nazareth nach Bethlehem hingewiesen, die u.a. von Kultour-Service, Ludwigsburg, (siehe S. 23) angeboten werden soll.

Nördlich von Birzeit trifft man auf die Straße 465. Nach rechts gelangt man schnell wiederum auf die Straße 60, falls man eilig nach Nablus möchte. Hier könnte der Tel Shilo [D6] sein (zwischen dem Dorf Turmus Aya [D6] und der Siedlung Shilo) einen Zwischenstopp wert sein. Viel zu sehen ist nicht, aber mit seiner Ausgrabung in den 1980er Jahren und einem Survey des samarischen Berglands konnte der Archäologe Israel Finkelstein (siehe sein Buch auf S. 15) die These des Theologen Albrecht Alt (1883-1956) aus den 1920er Jahren archäologisch bestätigen, dass man sich die Landnahme der Israeliten ganz anders vorstellen muss als im Buch Josua berichtet: Das Volk Israel kam zum allergrößten Teil nicht aus Ägypten, sondern befand sich bereits im Land – als Nomaden, die man archäologisch praktisch kaum nachweisen kann. Die ersten kleinen Siedlungen ihrer Sesshaftwerdung weisen sowohl auf nomadische Herkunft als auch die Übernahme der Kultur des Landes Kanaan hin, ein friedlicher Prozess. Wie es dann später genau zu dem Zwölfer-Stämmeverbund, der Idee von dem einen Gott sowie zu der Vorstellung kam, man habe das Land im Sturm erobert, wird sich wohl nie ganz klären lassen.

Fährt man an der Straße 465 jedoch links, gelangt man (falls man in Khalamish nicht noch einen Abstecher ins ebenfalls hübsche, von dort 5 km nach Nordwesten gelegene Deir Ghassane [B6] macht) nach 16 km in das Dorf

Abud [B6]

In ziemlicher Randlage erwartet einen hier ein geradezu herausgeputzter Ort mit einer Abudiya genannten griechisch-orthodoxen Kirche, gewidmet der schlafenden Jungfrau Maria. Die Kirche stammt wohl aus dem 5. Jh, manche wünschen sie sich ins 4. Jh, erbaut von

Kaiserinmutter Helena. Jesus soll hier einige Zeit gelebt und gepredigt haben. Die Kirche wurde im 11. Jh teilzerstört und vermutlich von den Kreuzfahrern wiederaufgebaut. Neben der Kirche wurden bislang ungesicherte Mosaike ausgegraben.

Unweit westlich von Abud liegt eine Grotte der heiligen Barbara. Eine aus dem Frühmittelalter stammende Kirche darüber wurde 2002 von den IDF gesprengt. Am Jahrestag der heiligen Barbara am 4. Dezember kommen sowohl christliche als auch muslimische Pilger. Abud soll touristisch ausgebaut werden. Führungen in Abud bietet Ibrahim Sarur, Tel 059 9779932, an.

Ob man von hier aus weiter nach Norden fahren kann, wäre auszuprobieren. Laut Sperranlagenbau der Israelis ist der Weg irgendwann von den Siedlungsblöcken Ariel [C5] und Ma'ale Shomron [B/C5] abgeschnitten, die sehr weit in die Westbank hineinreichen. Die sachlichen Gründe aus israelischer Sicht sind der Schutz der Siedlerstraßen 5 und 55 zur Anbindung an das offizielle Staatsgebiet und der große Wasserbedarf dieser Siedlungen, der allein innerhalb der Westbank trotz Übervorteilung der palästinensischen Ortschaften nicht gedeckt werden kann. Im Zweifel müssen Sie zur weiteren Besichtigung der westlichen Westbank auf die Straße 60 zurück und um beide Siedlungsblöcke herumfahren.

Genau zwischen diesen Blöcken liegt das Dorf **Deir Istiya** [C5] mit mamlukischen Ursprüngen und osmanischen Anbauten, recht pittoresk. Hier hat sich der gewaltlos agierende *International Woman's Peace Service* (IWPS) niedergelassen, der insbesondere zur Olivenernte im Bezirk Salfit (außer in Deir Istiya auch

Wasser im Überfluss in AlBadan

in AnNabi Salih und Mas'ha) den Palästinenserinnen zur Seite steht. Weitere Anliegen sind die Einhaltung der Menschrechte, Unterstützung von Friedensgruppen auf beiden Seiten des Konflikts sowie Öffentlichkeitsarbeit. Engagierte Volontärinnen sind immer gern gesehen, aber man kann sicherlich auch Gesprächstermine mit vertiefenden Einblicken in das Problemgemenge vor Ort vereinbaren; Kontakt: Tel 09 2514644, http://iwps.info – ein Kontrastprogramm zu der Schießbahn in dem oben genannten „biblischen" Hotel in Ariel, siehe S. 24.

Zurück über die Straße 505 zur Straße 60. 4 km nach der Einmündung kann man beim Dorf Huwwara einen 8 km weiten Abstecher nach Osten zum bedrängten Dorf **Yanun** [D5] einlegen. Die Zeitschrift *Im Lande der Bibel* (siehe S. 18) berichtet in Ausgabe 1/2011: *„Yanun ist von drei Seiten von Outposts der israelisichen Siedlung Itamar [D5] umgeben, die sich seit 1996 immer weiter auf den Hügeln ausbreiten….Yanun hat nämlich (von den Israelis gesetzte) feste Grenzen, die auch wir nicht übertreten dürfen…Es sind jetzt fast 80% des Landes, das die Yanunis verloren haben, das sie vorher für Olivenbäume und als Weidefläche für ihre Schafe nutzten. Durch die (widerrechtlich erstellten) Outposts können die Schäfer nur noch wenige grüne Flächen erreichen und müssen Futter hinzukaufen… durch die internationale Präsenz, die seit 2003 von EAPPI gestellt wird, ist der Verbleib der restlichen 11 Familien hier möglich…"* Schon durch einen Besuch kann man die Dorfbewohner unterstützen und die Helfer für ihre Arbeit anerkennen. Anmeldung über die EAPPI-Zentrale in Jerusalem, siehe S. 137.

5

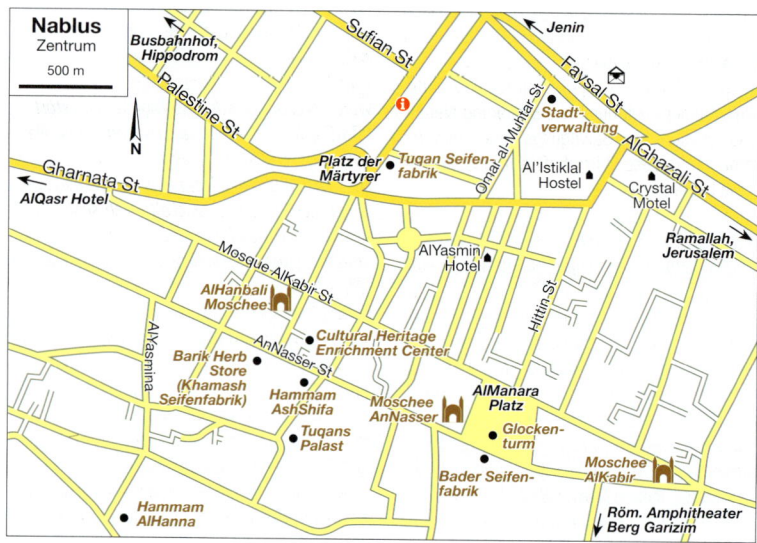

Nablus
Zentrum

500 m

Busbahnhof, Hippodrom

Sufian St

Jenin

Palestine St

Faysal St

Omar al-Muhtar St

AlGhazali St

Stadt-verwaltung

Gharnata St

Platz der Märtyrer

Tuqan Seifen-fabrik

Al'Istiklal Hostel

AlQasr Hotel

Crystal Motel

Ramallah, Jerusalem

Mosque AlKabir St

AlYasmin Hotel

Hittin St

AlHanbali Moschee

AlYasmina

AnNasser St

Cultural Heritage Enrichment Center

Barik Herb Store (Khamash Seifenfabrik)

Hammam AshShifa

Moschee AnNasser

AlManara Platz

Glocken-turm

Tuqans Palast

Moschee AlKabir

Bader Seifen-fabrik

Hammam AlHanna

Röm. Amphitheater Berg Garizim

Vom Checkpoint Huwwara sind es nur noch 6 km bis in die Innenstadt von

***Nablus / Shkhem [C/D4]

Die zweitgrößte Stadt im Westjordanland mit ca. 140 000 Einwohnern zwängt sich zwischen den 940 m hohen Berg Ebal im Norden und den mit 881 m nur unwesentlich niedriger geratenen Garizim im Süden, die beide grau-weiß-karstig ziemlich steil aufragen. Da im Tal zwischen den beiden Bergen nicht genug Platz ist, schwappen die Häuserzeilen wie Wildwasser die Hänge hinauf. Früher war die Stadt angeblich von Häusern aus grauem Stein mit bunten Fensterläden, roten Ziegeldächern und Patios mit Weinstauden geprägt, heute haben mehrstöckige Bauten diese Idylle weitgehend verdrängt.

Trotzdem erhielt sich die sehr lebendige Stadt einen eigenen Charme. Sie zählt andererseits zu den konservativen Plätzen, man sollte sich also bei der Kleidung entsprechend anpassen. Die Menschen von Nablus sind stolze Palästinenser, freundlich und Fremden gegenüber

aufgeschlossen. Dazu trägt sicherlich auch die größte palästinensische Universität bei: auf drei Campussen sind 17 000 Studierende unterwegs, es gibt bezahlbare Arabisch-Inten-

Eins von 18 Sheikh-Gräbern in der Altstadt

sivkurse für Ausländer; www.najah.edu. Auch wenn im Folgenden vor allem Historisches und die Altstadt AlQasaba besprochen wird: Nablus ist in der Moderne angekommen. Mögen die seit Sommer 2009 durch die Regierung Netanjahu zugestandene Bewegungsfreiheit und der damit verbundene Wirtschaftsaufschwung Bestand haben.

Geschichte: *Bereits im 19. Jh vC bestand am Schnittpunkt wichtiger Handelswege eine Siedlung namens Shekhem (Sichem). Abraham errichtete beim Zug aus Mesopotamien einen Altar, sein Enkel Jakob erwarb ein Grundstück und hob einen Brunnen aus. Im 13. Jh vC ließ Josua die Gebeine seines Vaters Joseph aus Ägypten holen und auf dem von Jakob erworbenen Grundstück bestatten. Im 10. Jh vC wurde Sichem Hauptstadt des Königreichs Israel, verlor aber später an Bedeutung, als König Omri Samaria zur Hauptstadt erkor. 350 vC*

wurde es Hauptort der **Samaritaner**, *die sich von der Hauptrichtung des Judentums gelöst hatten, weil sie nur die Tora, also die Fünf Bücher Mose, in ihrer Version anerkennen. 108 vC wurde Sichem von den Hasmonäern zerstört.*
72 nC gründete Titus die Siedlung Flavia Neapolis (aus Neapolis = Neustadt – wurde später bei den Arabern Nablus) in der Nähe des verfallenen Sichem. Sie entwickelte sich schnell und wurde 244 in den Rang einer römischen Colonia erhoben. Einen wesentlichen Bevölkerungsanteil stellten die Samaritaner, die 521 nC die Kirchen verwüsteten und den Bischof töteten. Daraufhin ließ Kaiser Justinian diejenigen Samaritaner, die nicht fliehen konnten, umbringen oder als Sklaven verkaufen. 636 nahmen die Araber die Stadt ein, im 12. Jh spielten die Kreuzfahrer eine Gastrolle. Im 16. Jh bestimmten die Osmanen Nablus zu einem ihrer vier palästinischen Verwaltungssitze. Bei der Proklamierung von Israel kam Nablus an das eher ungeliebte Jordanien, 1967 wur-

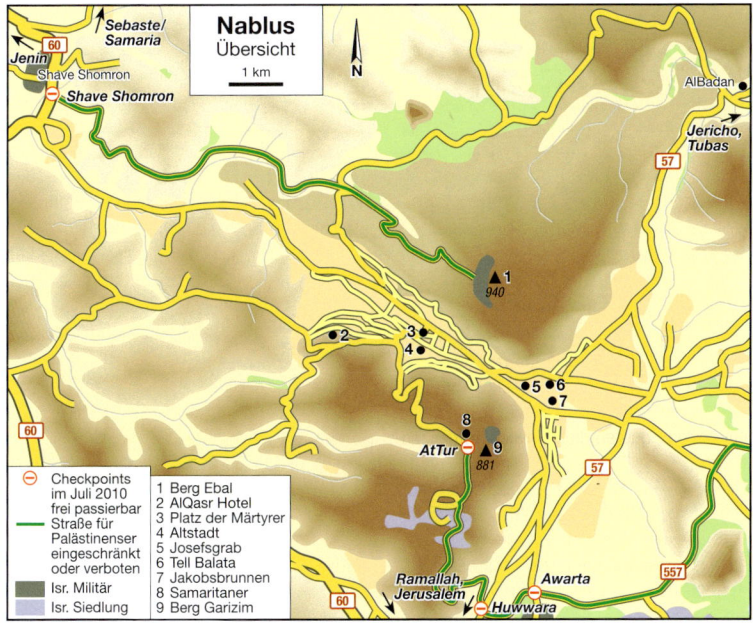

Nablus Übersicht — 1 km

- ⊖ Checkpoints im Juli 2010 frei passierbar
- — Straße für Palästinenser eingeschränkt oder verboten
- ■ Isr. Militär
- ■ Isr. Siedlung

1 Berg Ebal
2 AlQasr Hotel
3 Platz der Märtyrer
4 Altstadt
5 Josefsgrab
6 Tell Balata
7 Jakobsbrunnen
8 Samaritaner
9 Berg Garizim

Sebaste/Samaria · Jenin · Shave Shomron · Shave Shomron · AlBadan · Jericho, Tubas · 57 · ▲1 940 · 2 · 3 4 · 5 6 7 · 8 · AtTur · ▲9 881 · 57 · Ramallah Jerusalem · Huwwara · Awarta · 557 · 60

5

de es von Israel eingenommen, blieb aber seither eine Hochburg des arabischen Nationalismus.

Fahren Sie bis zum Zentrum. Mit eigenem Auto von Süden kommend zweigt man nach dem Checkpoint an der ersten großen T-Kreuzung links ab, und wenn danach rechts die roten Kuppeln des Jakobsbrunnens auftauchen, ist man richtig. Falls man das Zentrum mit dem Platz der Märtyrer nicht gleich findet, am besten Taxifahrer fragen. Parken geht am besten in einer Nebenstraße. Die Innenstadt wimmelt von Menschen, ganze Straßenzüge sind **Souks**; es scheint, als ob alle Waren dieser Welt feilgeboten würden. Am quirligsten geht es auf dem Hauptmarkt südlich des Zentrums zu. Ein Bummel kreuz und quer durch die Altstadt lohnt sich sehr. Sie kann auf gewisse Weise mit der Altstadt von Jerusalem mithalten, man trifft hier nicht ständig auf andere Touristen, entsprechenden Kitsch im Angebot und aufdringliche Händler. Nablus ist übrigens bekannt als Stadt der Seifenhersteller, und dies wiederum zeigt sich in den Auslagen der Läden.

Dabei ist die Produktion der hochwertigen **Olivenölseife** in den vergangenen zwei Jahrzehnten stark zurückgegangen, weil ein geregelter Vertrieb kaum noch möglich ist; in Nablus soll die Arbeitslosigkeit 40-60%, in der Altstadt gar 80% betragen. Zwei Fabriken, Tuqan und Bader, halten noch eine gedrosselte Produktion aufrecht. Nachvollziehen lässt sich der Produktionsprozess auch im *Cultural Heritage Enrichment Center (CHEC)* in der ehemaligen Arafat Seifenfabrik in der AsSalahi St, Sa-Do 8-14. Hier wird vor allem Kindern und Jugendlichen traditionelles Handwerk wie Weben, Töpfern und Seifenherstellung vermittelt, aber das Angebot richtet sich auch an Touristen, die mit dem Kauf der Produkte zum Erhalt des Zentrums beitragen; Kontakt: Naseer Arafat, Tel/Fax 2378275 oder mobil 059 9358576, www.amrarafat.net. tc. Arafat gibt als Architekt, der sich mit dem Denkmalschutz in der Altstadt von Nablus befasst, auch englischsprachige Führungen durch das meist ottomanische Häusermeer, Kondi-

tionen im Vorfeld am besten per Mail klären, arafatn24@yahoo.com. Ein anderes Beispiel für die Weiternutzung einer ehemaligen Seifenfabrik, hier der **Khamash Soap Factory**, ist der urige Heilpflanzenladen Barik, wenige Häuser westlich des türkischen Bades AshShifa in der AnNasser St.

Außer dem genannten **Hamam AshShifa** aus dem 17. Jh gibt es noch das **AlHanna** in der AlYasmina St. Beide sind von frühmorgens bis etwa Mitternacht geöffnet, Dienstag 8-17 ist jedoch Frauentag, im AshShifa auch sonntags; ungefähre Preise: Bad NIS 20, Massage NIS 10, Bad mit Kamelhaarbürste NIS 10 – zur Erholung sehr empfohlen. Es gibt zwei große **Moscheen**, AlNassar und AlKebir, welche die Silhouette des Zentrums bestimmen; beide können vermutlich nur von Muslimen besucht werden – anders der **Tuqan Palast** aus türkischer Zeit. Von einem römischen Theater blieb nur wenig, von einem römischen Amphitheater fast gar nichts erhalten. Im Westen des Zentrums liegt der Ortsteil *Haret AsSamira*, in dem rund 400 **Samaritaner** lebten, bis sie während der ersten Intifada in ein Dorf auf ihrem heiligen Berg Garizim auswichen.

Auf dem 881 m hohen Berg Garizim – der immerhin 500 m höher als Nablus ist – errichteten die Samaritaner bereits 350 vC ein Heiligtum, das häufig zerstört und wieder aufgebaut wurde. Nach samaritanischer Interpretation hatte Abraham seinen Sohn Isaak hier opfern wollen und dann angeordnet, auf dem Gipfel Dankopfer darzubringen. Heute noch feiern die Samaritaner dort Opferfeste nach mosaischen Vorschriften.

Hinauf auf den Berg führt eine schmale Asphaltstraße, die bald nach dem Zentrum (vor einem parkähnlichen Gelände) links von der Straße 55 abzweigt. Oben liegt ein kleines Dorf, und außer dem erwarteten weiten Ausblick – an klaren Tagen bis zum Mittelmeer – gibt es außerhalb der Opferzeit nur umzäunte, für den Laien wenig aussagefähige Mauerreste auf dem höher gelegenen Plateau zu sehen. Sie gehören zum Tell ArRas, einem Hügel auf dem

Berg, auf dem einst ein römischer Zeus Hypo-sistos Tempel und eine achteckige Kirche von Justinian stand. Es gibt ein kleines Museum der Samaritaner, So-Fr 8-14.

Am unteren Osthang des Garizim in Nablus, etwa 2 km südlich des Zentrums, liegen die Relikte des alten Sichem. Wie üblich finden sich auch hier Siedlungsschichten übereinan-der, die den heutigen Tell Balata erzeugten. Die 24 Schichten vor längerer Zeit archäologisch gründlich untersucht, nur ein Guide kann hier der Vorstellungskraft eines Laien auf die Sprün-ge helfen – die Mauerreste zeigen Stadttore und –mauer sowie ein Heiligtum für den Gott Baal. Etwa 100 m entfernt steht ein militärisch stark zerstörtes und bewachtes Kuppelgebäude, in dem sich das **Grab Josefs** befindet. Der auch für Juden heilige Platz wurde im Oslo-II-Abkom-men unter israelisch-palästinensische Gemein-schaftskontrolle gestellt, (das Josefsgrab im Hebroner Haram AlKhalil ist eine spätere christ-liche Tradition). Als es im September 1996 zu erheblichen Unruhen wegen der Öffnung des Western Wall Tunnels in Jerusalem kam (siehe S. 103), erschossen die Palästinenser fünf isra-elische Soldaten. Die Spannung ist nach wie vor vorhanden, daher kann man leicht vor – militä-risch – verschlossenen Türen stehen.

Weniger dramatisch geht es beim ein paar hundert Meter südlich gelegenen christlichen Gedenkplatz zu, dem **Jakobsbrunnen**. Hier begegnete Jesus der Samaritanerin. Bereits im 5. Jh nC stand eine Kirche an dieser Stelle. Die Perser zerstörten die Basilika, die Kreuzritter bauten eine neue, aber auch sie verfiel. 1860 kaufte die russisch-orthodoxe Kirche den Platz. Ihren Kirchenbau unterbrach die russische Re-volution, sodass nur die Wände ohne Dach den 36 m tiefen Brunnen schützen. Heute gehört die Anlage der griechisch-orthodoxen Kirche, die Besucher von 8-12 und 14-16 Uhr einlässt.

Praktische Informationen

▶ Telefon-Vorwahl 09
▶ Grundsätzliche Informationen erteilt die Stadtverwaltung; www.nablus.org. Nordöstlich

vom Märtyrerplatz, der gerade einen neuen Springbrunnen erhält, gibt es ein Tourist Office. Informationen und Arrangements vermittelt auch Latifa Kayed, dreamtours2000@gmail.com, www.dreamtours.ps.

Die frühere Unsicherheit, ob man von einem Stadtteil in den anderen fahren darf, hat sich entschärft, dennoch kann es nicht schaden, vor-her über die aktuelle Sicherheitslage Erkundi-gungen einzuholen (Taxifahrer!) (siehe S. 407).

Busverbindungen

▶ Von Jerusalem fährt man wie oben be-schrieben nach Ramallah, und von dort weiter im Service Taxi nach Nablus.

Essen und Trinken

Nablus ist bekannt für *Knafe*, eine sirupge-tränkte, übersüße Köstlichkeit, die es angeb-lich besser nirgendwo gibt – am besten warm genießen. In der Altstadt findet man überall Imbisse, die Felafel, Shauwarma, gegrilltes Huhn oder andere arabische Gerichte verkau-fen. Arabische Menüs mit allem Drum und Dran servieren

• SELIM EFENDI, beim Märtyrerplatz, Tel 2371332

• SAIT U SAATER *(Oliven & Thymian)*, das Restaurant im AlYasmin Hotel, Tel 2383164

Übernachten

Nightlife und Übernachtungstourismus sind in Nablus bisher kaum der Rede wert. Das liegt einerseits an der konservativ-muslimischen Ori-entierung der Bewohner, aber auch an der zer-störten Infrastruktur, seit Nablus während der ersten Intifada eine Hochburg des Widerstands war. Obwohl die Stadt vollständig der PA unter-steht, kann es noch vorkommen, dass die israe-lische Armee kurzfristig wieder Ausgangssper-ren verhängt oder abends in die Stadt eindringt, um gesuchte Personen festzunehmen. Trotzdem nehmen die Übernachtungsgelegenheiten zu, jetzt auch für Rucksackreisende.

• **AlQASR**, Rafidiya St, ca. 1 km außerhalb der Altstadt, Tel 2341444, Fax 2341944, www.alqa-serhotel.com; guter Ausblick, AC, TV, Internet, mF...............E+B $ 75, D+B $ 95, Suiten $ 120-200

• **AlYASMIN**, mitten in der Altstadt, Tel

5

● **Sonstiges**
A Markt, Post
Parkplatz, Info der
Stadtverwaltung

Checkpoint
Qalqiliya North

444

Zoo

Ibn Thimiya
Moschee

Sultan Muhammad
AlFateh Moschee

AsSuq
Moschee

Abu Bakr
Sidik Moschee

*nach
Nablus*

Die Alte
Moschee

Isphilia

Abu Obeida
Moschee

AsSalam

Middle East

Othman Ibn
Afan Moschee

Salah AdDin

AlWadi

AlWadi

Qalqiliya

500 m

Grüne Linie
1949

Tubas [D/E3], siehe S. 165,
und Jenin [D2], siehe S. 168),
danach weiter nach Osten ins
Jordantal;
● nach Nordwesten über Deir
Sharaf auf die Straße 60 – dort
linker Hand nach 2 km auf die
Straße 557 Richtung Tulkarm
[A/B3] (noch 15-20 km bis dorthin, siehe S. 167), oder an der
Straße 60 rechts herum nach
Samaria/Sebaste [C4] (siehe S.
167) und Jenin;
● nach Westen, sodass man
die Straße 60 kreuzt und auf
der Straße 55 nach insgesamt
rund 30 km Qalqiliya erreicht.

*Qalqiliya [A5]

Die   Zonenrandlage
Qalqiliyas   ist   mit   Worten
schwer   zu   beschreiben,
Sackgassensituationen   an
der   innerdeutschen   Grenze
an der Berliner Mauer oder
im   Westen   in   Tann   in   der
Rhön oder Hof in Bayern sind damit kaum zu
vergleichen. Man sollte es sich anschauen.
Die Stadt ist quasi ringsum eingemauert, das
15 km entfernte Mittelmeer ist bei klarer Sicht
zu sehen, aber für die etwa 45 000 Bewohner
unerreichbar.
Trotzdem tut sich etwas: Im Osten der Stadt
wurde der neuen Sultan Muhammad AlFateh
Moschee am 1. August 2010 eine goldene Kuppel aufgesetzt, die natürlich an den Jerusalemer Felsendom erinnern soll. Im kleinen Park
nebenan steht ein Märtyrerdenkmal.
Angesichts der Situation ist besonders erstaunlich, wie hier eigentlich der größte palästinensische Zoo betrieben werden kann, der
während der Zweiten Intifada schwer gelitten
hatte. Die Zäune mögen für mitteleuropäisches
Empfinden sehr engmaschig sein, aber es gibt
allerhand Löwen, zwei Bären, Rotwild, Eulen
und weitere Vögel sowie Kriechtiere. Die Be-

2333555, Fax 2333666, www.alyasmeen.com; erstes Haus am Platz, also internationales Publikum,
AC, TV, Internet, WLAN, ...E+B $ 60, D+B $ 75
● **CRYSTAL MOTEL**, AlGhasali St, Tel 2332485,
keine Traumunterkunft, aber nahe der Altstadt,
mF..E+B $ 45, D+B $ 60
● **INTERNATIONAL FRIENDS GUEST HOUSE**,
AnNajah AlQadim St, 10 min zu Fuß zur Innenstadt, Tel/Fax 2381064 oder 059 9048840,
ifriends.house@gmail.com, www.guesthouse.ps;
endlich ein Ort für Rucksackreisende in Nablus,
freundlich, sauber, Küche,
mF............................Dorm pP NIS 60, E/D NIS 180
● **AlISTIQLAL HOSTEL**, Hittin St, Tel 2383618,
einfache Ausstattung, nur für Männer, geteiltes
Bad, keine Kreditkarten – ziemlich arabisch, das
Unabhängigkeitshostel..................Dorm pP NIS 50
Es gibt drei Wege, Nablus wieder zu verlassen:
● die Straße 57 nach Norden führt nach AlBadan [C4] (siehe S. 165), dort Abzweig 588 nach

schriftung ist auf Arabisch. Restaurants bieten ihre Dienste an. Täglich 9-17, Eintritt NIS 5, Kinder 3. Auf dem Gelände gibt es für weitere NIS 2 ein sogenanntes kanaanäisches Dorf zu besichtigen, einst wohl als archäologische Bildungsstätte gemeint, inzwischen jedoch eine Art (nicht nur) naturwissenschaftliches Panoptikum.

Die Gesamtsituation hier lässt den Besucher nachdenklich werden: Der Ort Qalqilia liegt als Quasi-Gefängnis im großen Gefängnis Westbank, dessen Insassen (Quasi-Gefangene) gefangene Tiere bestaunen - und dennoch, die Begeisterung der Kinder in diesem eigenartigen Zoo ist ein herzbewegendes Erlebnis!

*AlBadan [C4]

Gäbe es im Nahen Osten genügend Wasser, gäbe es weniger Streit: In AlBadan gibt es Wasser ganzjährig im Überfluss – und man trifft ausschließlich entspannte Menschen. Wegen der Souvenirhändler an der Straße kann man es schlecht verfehlen.

▶ In einer Serpentinenkurve nutzt u.a. der Freizeitpark **Shallalat AlBadan** die starke Quelle des Wadi Badan und hat in die Schlucht mit ihren verschiedenen Flüsschen Tische z.T. direkt am Wasser aufgestellt, sodass man sich die Füße im Sitzen kühlen kann. Nischen für Gruppen sind vorhanden, es gibt Schwimmbecken – ein einsehbares für Männer und Kinder und ein sehr schönes aber sichtgeschütztes für Frauen und Mädchen ab 12 Jahren etwa. Für Essen und Trinken ist natürlich gesorgt. Täglich 8-19 (Winter), 8-1 oder 2 Uhr (April-November), Erwachsene NIS 20, Kinder 15 (als Familie oder Gruppe ab 15 P. NIS 15 bzw. 10).

▶ Der andere Betrieb an der Straße rechts neben dem Shallalat hat gar kein Schild. Es handelt sich um das Grill-Res-

taurant **Petra AlBadan** mit hohen Terrassen und schattigen Bäumen, täglich 6-0 Uhr.

▶ Gleich um die Ecke in AlBadan warten weitere z.T. gerade eröffnete Planschparks im Tal, die sich über die Restauration finanzieren (NIS 15 Eintritt, die man bei Verzehr zurückerhält). Geboten werden natürlich Schwimmbecken, und u.a. eine 40 m-Rutsche, verschiedene Karussels, eine größere Schiffsschaukel und Autoscooter, www.palestine-park.com, www.wahet-albadan.com. Wahet ist neueren Datums und scheint hygienisch anspruchsvoller zu sein.

Sie können von AlBadan jedoch auch über die Straße 57 und das Wadi Far'a in den Jordangraben gelangen und nach Jericho weiterfahren.

Von hier aus können Sie der Straße 588 nach **Tubas** [D/E3] folgen und über **Zababde**, dem einzigen Ort mit römisch katholischer Mehrheit in der Westbank, nach Jenin fahren. Tubas mit rund 20 000 Einwohnern wird eigentlich in keinem Reiseführer erwähnt. Am nördlichen Eingang des Ortes wird eine Felsennische gezeigt, in der die Türken bei ihrer Flucht vor den Briten angeblich kiloweise Gold versteckt hatten. Wenn Sie freundliche Menschen treffen wollen, dann suchen Sie die Kirche am Ort auf. Der griechisch-orthodoxe Priester hält den 55 Gemeindegliedern Freitagvormittag Gottesdienst, und wer sich dazugesellt, ist hoch willkommen.

Ungewohnte Farbtupfer im Dorf Saniriya bei Qalqiliya

Samaritaner

Etwa 600–700 Samaritaner leben in Israel und Palästina. Die Gemeinschaft hat sich im 20. Jh vergrößert, aber sie könnte auch eines Tages verschwunden sein, da man als Samaritaner nur geboren werden kann, und – inzwischen immerhin – lediglich Frauen in die kleine Gemeinschaft einheiraten können, wenn sie denn wollten. Vererbungslehre ist also ein Thema. Die Gemeinschaft lebt außerdem je etwa zur Hälfte in Nablus und in Kholon bei Tel Aviv (siehe Reise Know-How-Band Israel & Palästina). Die zweite Gruppe zog Anfang des 20. Jhs aus wirtschaftlichen Gründen nach Jaffa und bezog ab 1951 ein samaritanisches Viertel in Kholon, das auf Initiative des Arbeiterführers und späteren Präsidenten Yizhak Ben Zvi entstand. Hier hält man die israelische Staatsbürgerschaft und spricht meist Hebräisch, dort in Nablus herrscht trotz israelischem Pass Arabisch vor, und es bestehen gute Beziehungen zur PA. Aber sie sitzen zwischen den Stühlen: In der ersten Intifada zählten die Palästinenser sie als Juden, sodass die Gemeinschaft aus der Stadt in das Dorf Kiryat Lusa auf dem Berg Garizim, ihrem Heiligtum, zog, während sie von den jüdischen Siedlern zuweilen als vermeintliche Araber angegriffen werden.

Der Sonderweg der samaritanischen Gemeinschaft verdeutlicht manches im Judentum und Christentum. Das spannungsgeladene Verhältnis der drei Religionen zeigt, dass vieles auch völlig anders aussehen könnte, was heute als typisch jüdisch oder christlich beurteilt wird.

Der Arbeiter-Samariter-Bund beispielsweise ist ein neuzeitlicher Nachklang dessen, dass Jesus zum Zuspitzen seines Gleichnisses von der Nächstenliebe als Hauptfigur einen schlecht beleumundeten Samaritaner als Hauptfigur wählte – à la: Nehmt Euch ein Beispiel an der Barmherzigkeit von jemandem, den ihr als unrein verabscheut!

Die Samaritaner entstanden nach der Zerschlagung des Nordreichs Israel 722 vC vermutlich als Mischung zwischen nicht deportierten Israeliten und neu angesiedelten babylonischen Siedlern. Die Bibel berichtet dagegen im 2. Königsbuch 17 vor allem vom Anbeten heidnischer Götter. Die Samaritaner klinkten sich in verschiedener Hin-sicht aus der Entwicklung der Israeliten zum Judentum aus: Sie betrachten nur die Tora und das Josuabuch als Heilige Schrift (Prophetenbücher und weitere Schriften wurden erst in späteren Jhn zum TeNaKh verbunden), schreiben diese in samaritanischen Lettern (eine Weiterentwicklung des Althebräischen – das heutige „Hebräisch" ist eigentlich aramäische Quadratschrift), und wählten als Kultzentrum den Berg Garizim bei Nablus (und verunglimpften den Jerusalemer Tempelberg auch schon mal als „Misthaufen"). Mit dem heiligsten Ort der Welt, dem Garizim, verknüpfen die Samaritaner allerhand Traditionen: Adam wurde aus seiner Erde erschaffen, baute hier seinen ersten Altar, beging hier den Sündenfall; Noah baute hier den Altar nach der Sintflut; Abraham wurde hier (und nicht auf Jerusalems Tempelberg) davon abgehalten, seinen Sohn Isaak zu opfern, Josua baute hier nach dem Einzug ins verheißene Land den ersten Altar aus den zwölf Steinen, die er aus dem Jordan mitgenommen hatte. Bei Ausgrabungen erkennt man samaritanische Synagogen u.a. an der Schrift, an der fehlenden Ausrichtung nach Jerusalem und – wegen des Bilderverbots – an sehr viel weniger Bildern auf den Mosaiken, z.B. ein Vogelkäfig, jedoch ohne Vogel.

Von den Juden wurden Samaritaner meist als unrein verachtet, doch wegen gemeinsamer Feinde ließen die Auseinandersetzungen auch nach: Kaiser Hadrian verfolgte nach dem Bar-Kochba-Aufstand 135 nC beide Gruppen recht effizient, sodass ein Großteil der rund 1 Million Samaritaner um die Zeitenwende (auch in Ägypten und Syrien) abgeschlachtet wurde. Im 6. Jh gab es Aufstände der Samaritaner gegen Gesetze von Justinian – anfangs erfolgreich, sodass sie in Neapolis (heute Nablus) mehrere Kirchen und Priester verbrannten, später jedoch rund 20 000 Samaritaner ihr Leben verloren. Nach der arabischen Eroberung stieg der Druck, Arabisch zu sprechen, und z.B. wurden ähnlich wie in Moscheen auch in samaritanischen Synagogen Teppiche ausgelegt, die man nicht mit Schuhen betreten darf.

Bewahrt haben die Samaritaner zu ihrem Pessachfest, während dem sie in Zelten auf dem Garizim wohnen, in Erinnerung an den Auszug aus Ägypten ein Ritual, von dem man keine Vorstellung hat, wenn man in abstrahierter Form in der christlichen Abendmahlsliturgie Christe, Du Lamm Gottes singt. Auf dem Garizim werden nach langer althebräischer Liturgie des samaritanischen Hohepriesters für jede Familie der Gemeinschaft derzeit 51 Schafe geschlachtet, die natürlich vorher auf kultische Tauglichkeit untersucht wurden: Die ganz in Weiß gekleideten Männer setzen einen schnellen Schnitt durch die Halsschlagader, sodass sich das Blut in einer langen Ablaufrinne sammeln kann. Die Tötung wird von Jubel, Singen und Tanzen begleitet, und jedes Mitglied der Gemeinschaft bekommt ein Blutzeichen auf die Stirn. An einem großen Gerüst werden die Schafe aufgehängt, um sie zu häuten, auszunehmen, zu salzen und auf lange Spieße zu stecken. Die Felle und das Gekröse verdampfen über tiefen feurigen Gruben als Gabe für Gott. Danach werden – ähnlich wie in antiken Tempeln durch die Priesterschaft – die Schafe etwa vier Stunden lang in den abgedeckten Feuergruben geröstet und später gegen Mitternacht nach biblischer Vorschrift ohne Besteck verspeist. Reste werden auch wiederum Gott geopfert – ein archaischer Ritus, dessen Faszination auch aufgeklärte Abendländler schlecht ausweichen können.

Tulkarm [A/B3]

Von Nablus aus fährt man zur Straße 60 bei Shave Shomron, dort nach links, nach 2 km auf die Straße 557 Richtung Tulkarm abbiegen und die Stadt nach 15-20 km erreichen.

Über den 2 km südlich von Tulkarm gelegenen Checkpoint *Kafriat* kann man auf direktem Weg von Tel Aviv nach Jenin gelangen, allerdings mit Taxiwechsel am Checkpoint (siehe S. 25.)

Die rund 60 000 Einwohner von Tulkarm wohnen in ähnlich misslicher Lage wie in der Nachbarstadt Qalqiliya. Es gibt außer dieser Situation keine touristischen Highlights, die besichtigt werden müssten. Dafür ist vielleicht interessant zu wissen, dass das mittlerweile überall in Palästina erhältliche Mussakhan hier seinen Ursprung hat (siehe S. 42) und die Eltern einer prominenten Persönlichkeit aus dieser Stadt stammen: Königin Rania von Jordanien, starke Fürsprecherin der Palästinenser.

Samaria / Shomron / Sebastiye [C4]

Biegt man von Nablus kommend an der Straße 60 nicht links nach Tulkarm, sondern rechts ab, führt der zweite Abzweig nach rechts zu der gut ausgeschilderten jüdischen Siedlung Shave Shomron samt dem dortigen Checkpoint: Rechts zweigt ein schmales Sträßlein (an dem früher einmal ein Hinweisschild stand) ab, das durch Schafweiden den Berg hinaufführt,

an dessen Hang Ruinen zu erkennen sind. Sie gehören zu Samaria, ehemals Hauptstadt des Königreichs Israel.

Geschichte: König Omri vom Nordreich Israel gründete 880 vC Samaria als Hauptstadt. Innerhalb einer befestigten Mauer wurden von Omri und seinem Sohn Ahab Paläste und Tempel gebaut. 721 eroberten Assyrer Samaria, das Reich Israel fand sein Ende. Im Lauf der Jahrhunderte folgten Babylonier und Perser, ab dem 4. Jh Griechen. 107 vC eroberte der Hasmonäer Hyrkanos I. die Stadt, Herodes heiratete 38 vC die Hasmonäerprinzessin Mariamne, taufte die Stadt in Sebaste um (Kaiser Augustus zu Ehren – Augustus und griechisch Sebaste bedeutet „der Erhabene") und baute seiner Frau Paläste, in denen er später sie und ihre beiden Söhne umbringen ließ. 68 nC eroberte Vespasian die Festung und zerstörte sie. Sein Sohn Titus gründete in der Nähe Neapolis („Neustadt": Nablus!), womit Sebaste an Bedeutung verlor. Zwar gab es später noch eine christliche Gemeinde und einen Bischof in Samaria, aber der Niedergang der Stadt war nicht mehr aufzuhalten.

Das Sträßlein führt direkt zum Ruinengelände, das nicht besonders häufig aufgesucht wird. Offiziell gehört der Ort zu den israelischen Nationalparks, ist jedoch eigentlich geschlossen –

5

und somit wiederum jedermann offen. Auf der Höhe angekommen, durchquert man die Reste des **westlichen Stadttors** und fährt auf einer **Kolonnadenstraße** weiter, die noch von einer Reihe recht gut erhaltener Säulen gesäumt ist. Oberhalb der Säulen sind am Hang Ruinen einer kleineren byzantinischen **Kirche** zu sehen. An dieser Stelle soll das Haupt **Johannes des Täufers** aufgefunden worden sein, dessen Hinrichtung einer frühen Tradition zufolge hier geschehen sein soll (obwohl Flavius Josephus als Ort dafür, sicherlich richtiger, die Herodesfestung Machärus östlich des Toten Meers angibt). Am besten lässt man sich am nächsten Abzweig links, die Straße endet auf dem ehemaligen Forum vor den Resten der **Marktbasilika**. Von ihr künden noch einige Säulen und Mauerreste links der Straße. In der Nähe gibt es auch ein Wärterhäuschen. Von dort geht man auf einem Feldweg zur **Akropolis** hinauf. Oben stößt man links auf die Reste der monumentalen Freitreppe, auf der vor 2000 Jahren Gläubige in den herodianischen **Augustus-Tempel** schritten, von dem allerdings nur die aus den zeittypisch großen Steinblöcken errichteten Grundmauern erhalten blieben. Der Tempel war über dem verschütteten Palast der Könige Omri und Ahab errichtet worden. Bei Ausgrabungen wurden im links vom Tempel liegenden *Elfenbeinhaus* aus israelitischer Zeit Elfenbeinschnitzereien und 75 Tonkrüge mit Steuerlisten aus dem 8. Jh vC gefunden. Aus derselben Zeit stammen die Reste der mächtigen, auf der Südseite der Akropolis gut sichtbaren Befestigungsmauer. Geht man den Rundweg weiter nach Nordosten, gibt es noch einen hellenistischen Turm und ein **römisches Theater** zu sehen, bevor man wieder zum Forum gelangt. Am Ausgangs- und gleichzeitig Endpunkt des sehr schönen Rundweges durch die Ruinen laden zwei Restaurationen für eine Jause ein, auch größere Gruppen finden reichlich Platz, eine Bühne wahrscheinlich für Volklore- Vorführungen ist bereitet.

Statt direkt zur Straße 60 zurückzufahren, sollte man noch zum östlich des Ruinengeländes gleich anschließenden Dorf Sebastiye fahren und dabei die **Yahya Moschee** anschauen, Nachfahrin einer Kreuzfahrerkirche von 1160 bzw. einer byzantinischen Kirche aus dem 4. Jh. In dieser Moschee sollen die Überreste des Täufers (Yahya) als Reliquie begraben sein, sie ist daher Pilgerziel von Muslimen und Christen. 2009 wurden Teile und Mosaike des zugehörigen byzantinischen Klosters ausgegraben. Auch die alttestamentlichen Propheten werden im Islam geschätzt: Außer Johannes sollen hier auch Elia und Obadja begraben sein. Lohnend ist in Sebastiye auch das *Cultural Centre*, über das man Führungen in den antiken Ruinen und dem mittelalterlichen Dorf oder einen von vier Wanderwegen buchen kann und ein traditionelles Essen in einem der Esslokale vor Ort. Gleichzeitig dient das vor kurzem noch verschüttete Gebäude als

• **SEBASTIYE GUEST HOUSE**, Tel 09 2532545, afuno@alqudsnet.com; Unterkunft in einem mit italienischer Unterstützung archäologisch freigelegten Haus aus der Kreuzfahrerzeit (!), größere Gruppen bis 34 Personen werden außer hier in Familienunterkünften am Ort untergebracht, mF..........................D/3er/4er NIS 120 pP

Auf der Straße 60 noch 33 km bis

Jenin und Umgebung [D2]

Das Städtchen von etwa 44 000 Einwohnern liegt an der historischen Route von Jerusalem nach Haifa fast schon in der Jesreel-Ebene, dort, wo die Straße die Berge von Samarien verlässt. Nach der Rückeroberung der Kreuzfahrergebiete richteten die Araber hier einen Karawanenstützpunkt ein. Im Ersten Weltkrieg war eine deutsche Fliegerstaffel zur Unterstützung der Türken in Jenin stationiert, an die Gefallenen erinnert ein Denkmal, das vom westlichen Stadtrand inzwischen in die Innenstadt versetzt wurde.

Jenin war während der AlAqsa-Intifada gefürchtet als Hochburg von Selbstmordattentätern. Inzwischen änderte sich dies jedoch erheblich zum Guten; es gibt sogar ein touristisches *Joint Venture* mit den Israelis in der Gilboa-Region, die einen Naturpark mit an-

sprechenden Wanderwe-
gen jenseits der Grünen
Linie bereit hält. Das von
Usingen/Hochtaunuskreis
aus Deutschland als Drei-
Regionenpartnerschaft
unterstützte Projekt wirbt
mit professionellem tou-
ristischen Material. Auf
dem ehemaligen Flughafen
plant die Kreditanstalt für
Wiederaufbau einen Indus-
triepark, der ebenfalls in
Zusammenarbeit mit Israel
unter türkischer Beteiligung
Schwung in die Region
bringen soll.

Den Wandel von Stadt und
Umgebung dokumentieren
dazu folgende Projekte:

Kino in Jenin

Mit dem **Freedom Theatre** verbindet sich das
ambitionierte Vorhaben, Kinder und Jugendliche beiderlei Geschlechts aus dem Flüchtlingslager Jenin (im Westen beim alten Bahnhof) mit
gelebter, selbst gestalteter Kultur aufwachsen
zu lassen. Tel 04 2503345, www.thefreedom-
theatre.org, www.voices.ps. Das Theaterspiel
dient dazu, der Lebenssituation zwischen Trau-
mata, Gewalt und Perspektivlosigkeit aktiv zu
begegnen. Der mehrfach ausgezeichnete Do-
kumentarfilm von Juliano Mer Khamis „Arna's
Children" erzählt den Beginn dieses Theater-
projekts.

Durch französische Förderung entstand das
Jugendzentrum **Hakura**, das auf Ausbildung
im touristischen Bereich und auf nachhaltigen
Tourismus setzt. Man kann dort fair gehandelte
palästinensische Produkte erstehen. Außerdem
bietet Hakura eine Plattform für palästinensische Initiativen und vermittelt Übernachtungen
in Familien (€ 20 pP inklusive Halbpension);
Kontakt: Hanaa Hamdan, Nasra St (AsSalatin),
Tel/Fax 04 2504773 oder 059 8933822, www.
hakoura-jenin.ps.

Quasi aus dem Nichts entstand in den letzten
fünf Jahren das **Haddad Tourism Village**

(siehe weiter unten). Zunächst ein Pool, dann
ein selbst geschmiedeter und inzwischen er-
weiterter Vergnügungspark und ein Restaurant, danach Ferienhäuschen und inzwischen
ein Hotel, dazu ein Theater und ein Museum
der palästinensischen Kultur, demnächst auch
Wellness-Angebote… Eine Jobmaschine, von
der die Haddad-Familie selber überrascht ist.
Das Angebot wird vor allem von arabischen Israelis angenommen, die sich hier wohl fühlen,
weil Diskriminierung kein Thema ist. Vergnügungspark und Museum sind gratis, tagsüber
kommen Busse mit wuseligen Schulklassen.
Ausländische Gäste und Gruppen sind gern gesehen, die nördliche Westbank lässt sich von
hier aus gut erschließen, und nach Galiläa ist
es nur ein Katzensprung. Tourenvorschläge und
Begleitung sind ebenfalls möglich.

Eine aktuelle kulturelle Herausforderung ergab
sich durch den Film *Das Herz von Jenin* (Deutscher Filmpreis 2009, siehe S. 19): Es war
die Idee des Filmproduzenten Marcus Vetter,
der diesen bewegenden Film der Versöhnung
auch am Ort seines Geschehens und seiner
Darsteller zeigen wollte. Im seit der ersten Intifada verwüsteten, ehemals größten Kino der
Westbank mit 500 Plätzen wurde mit großem

5

Einsatz deutscher Freiwilliger und Unterstützung des Auswärtigen Amts und des Goethe Instituts in zweijährigem Ausbau ein hochmodernes Filmtheater geschaffen mit Workshops zur Ausbildung Jugendlicher in der Kunst der Filmbearbeitung.

Zusätzlich wurde im Garten des Cinema Jenin ein Open-Air-Kino eröffnet in dem sogar 1200 Leute Lichtspiele anschauen können (mit open air Café). Seit 2008 ist damit ein Kultur- und Bildungsprojekt entstanden, das aus der deutschen Initiative bald in palästinensische Hände übergehen soll. Im Sommer 2010 wurde das Kino wieder eröffnet; es bietet eine Plattform natürlich für Filmvorführungen, aber auch Konzerte, Theater, Ausstellungen sowie Vorträge und Workshops zum Thema Film. Gruppen können sich Pakete schnüren lassen mit Besichtigung von Jenin, Gesprächspartnern zu unterschiedlichsten Themen, Filmvorführung im Kino, Aufführung im Freedom The-

atre und dergleichen. Darüber hinaus entstand zunächst für Volontäre, nun zur Finanzierung des Kinos das

• **CINEMA JENIN GUESTHOUSE**, 1 AsSaytun St (Nähe Bushaltestelle), Tel 04 42502455 oder 059 9075778, www.cinemajenin.org, mittendrin, Dachterrasse, Gemeinschaftsküche, die Einkünfte finanzieren das Kino,

mF + NIS 10.................... Dorm NIS 75, D NIS 125

Etwa 3 km südöstlich Richtung Tubas steht das

• **HADDAD TOURISM VILLAGE**, Tel 04 2417010, Fax 04 2417013, haddadbooking@ymail.com, www.haddadtourismvillage. com; überraschend mondän, Pool, Restaurant, Einkaufsmöglichkeit, Theater, kleines Museum Freizeitpark; Sauna, Indoor-Pool und Fitnessgeräte sollen noch kommen, Kinder 4-7 J. NIS 50, 8-11 NIS 70, mF..... E+B NIS 260, D+B NIS 340, 3er NIS 440, 4er NIS 500

Jenin lässt sich auch auf übliche Weise besichtigen. Eine gute Ansprechpartnerin dafür wäre Vera Abdallah von Riviera Tours, Tel 04 2504140 oder 059 8990433, rivieratours@ hotmail.com. Den Souk in der Altstadt südlich des alten Schlosses sollte man nicht verpassen, in diesem Bereich befinden sich auch der Fair Trade-Handel Canaan und das Kamanjati-Musikzentrum. Nordwestlich davon steht die Große bzw. Fatima Khatun Moschee von 1564, die auf den Grundmauern von Vorgängerbauten entstand und nach der Gemahlin des damaligen Gouverneurs von Damaskus benannt ist. Besuchenswert ist außerdem das Flüchtlingslager im Westen, das 2002 völlig zusammengeschossen und inzwischen fast als Stadtteil wieder aufgebaut wurde.

Am südlichen Stadtrand an der Straße 60 Richtung Nablus kann man den **Bal'ama Tunnel** besichtigen, der angeblich bis ins mehrere Kilometer entfernte Burqin führt. Diese Wasserversorgung ist bisher jedoch nur etwa 150 m begehbar, am besten eine Taschenlampe mitnehmen. Folgt man der Straße weiter Richtung Nablus, erreicht man an der nächsten Kreuzung AshShuhada, wo es einen **Friedhof mit irakischen Gefallenen** von 1948 gibt.

Erinnerung an deutsche Gefallene: Im 1. Weltkrieg war eine deutsche Fliegerstaffel zur Unterstützung der Osmanen in Jenin stationiert.

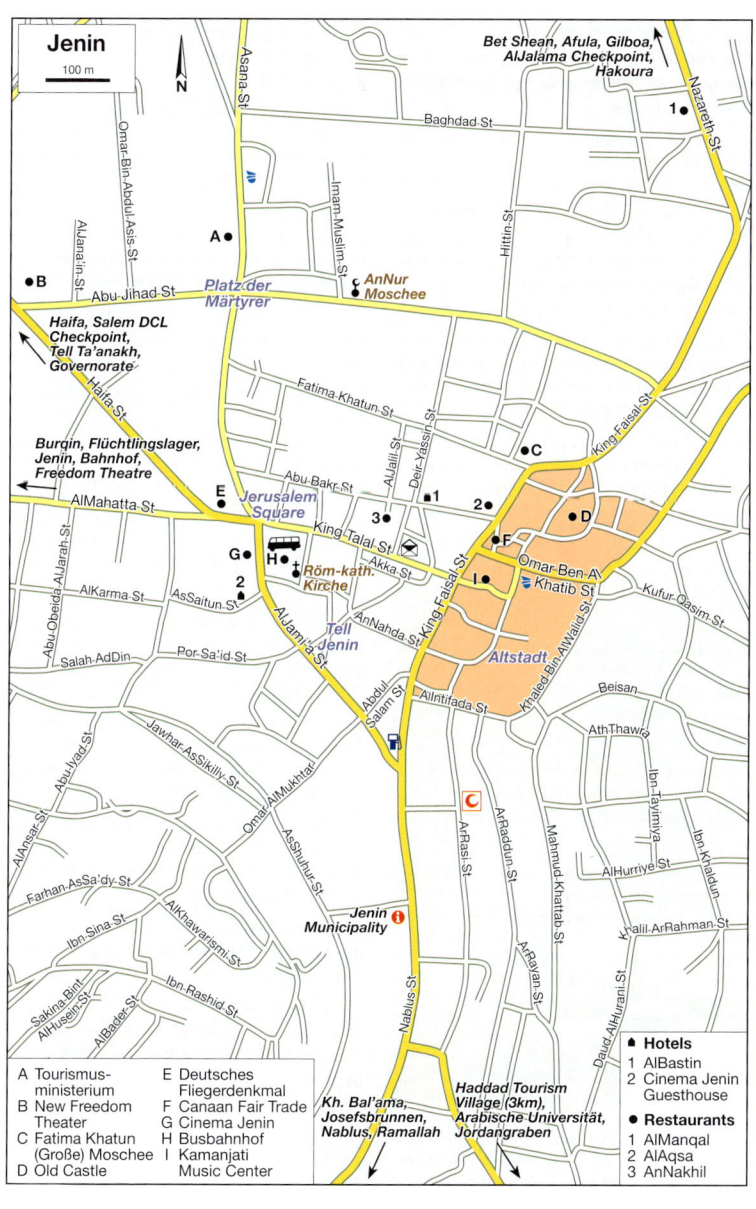

Jenin

100 m

N

Bet Shean, Afula, Gilboa,
AlJalama Checkpoint,
Hakoura

*AnNur
Moschee*

*Platz der
Märtyrer*

Haifa, Salem DCL
Checkpoint,
Tell Ta'anakh,
Governorate

Burqin, Flüchtlingslager,
Jenin, Bahnhof,
Freedom Theatre

*Jerusalem
Square*

*Röm-kath.
Kirche*

*Tell
Jenin*

Altstadt

Khatib St

Jenin
Municipality

Kh. Bal'ama,
Josefsbrunnen,
Nablus, Ramallah

Haddad Tourism
Village (3km),
Arabische Universität,
Jordangraben

A Tourismus-
   ministerium
B New Freedom
   Theater
C Fatima Khatun
   (Große) Moschee
D Old Castle

E Deutsches
   Fliegerdenkmal
F Canaan Fair Trade
G Cinema Jenin
H Busbahnhof
I Kamanjati
   Music Center

▲ Hotels
1 AlBastin
2 Cinema Jenin
  Guesthouse

● Restaurants
1 AlManqal
2 AlAqsa
3 AnNakhil

5

Fährt man Straße 60 noch etwa 5 km weiter nach Süden, führt die erste Straße links nach etwa 1 km zum **Tel Dotan** [C2] nördlich dieser Straße. Die einzige schriftliche Nachricht über diesen Ort steht im 1. Mosebuch 37, wo Josef von seinen missgünstigen Brüdern nach Ägypten verscherbelt wird. Folgerichtig wird hier im Bereich ein eingefriedetes Brunnenloch gezeigt, in dem Josef angeblich bis zum Verkauf gefangen gehalten wurde. Der **Josefsbrunnen** ist noch nicht ausgeschildert.

Zurück auf der Straße 60 zweigt wenige hundert Meter weiter Richtung Nablus nach rechts die Straße 585 ab. Links, also südlich dieser Straße liegt das Dorf **Araba** [C2], wo repräsentative Palazzi aus dem 19. Jh stehen. Wer noch Muße hat, kann auf der 585 weiter nach **Ya'bad** [C2] fahren, dazu nach 4 km rechts auf Straße 596 abbiegen. Hier ist ein in Europa einst gängiges Handwerk zu besichtigen: Seit Generationen wird dort Holzkohle erzeugt. Die Familienbetriebe schaffen mit ihrem Broterwerb jedoch ein Klima, das die anderen Talbewohner nur schwer ertragen können. Auch in Europa waren Köhler nur außerhalb von Ortschaften anzutreffen – Besucher sind willkommen.

Zurück nach Jenin könnte man nun so fahren, wie man gekommen ist. Für eine Rundfahrt könnte man aber den Weg über Nebenstraßen ins oben erwähnte **Burqin** [D2] finden. Hier, 3 km westlich von Jenin, steht mitten im Ort die griechisch-orthodoxe St.-Georg-Kirche (auch *Church of the Ten Lepers),* angeblich eine der ältesten Kirchen der Welt. Jesus heilte hier zehn Leprakranke. Es werden die Wohnhöhlen gezeigt, in denen die Aussätzigen gewohnt haben sollen. Falls Kaiser Konstantins Mutter Helena tatsächlich schon im 4. Jh eine Kirche hat bauen lassen, ist davon nicht mehr viel zu sehen, da die Kirche im 12. und 18. Jh nennenswert umgestaltet wurde. Ohne feste Öffnungszeiten ist die Kirche noch nicht auf Pilgerströme eingestellt. Am besten vorher telefonieren, um nicht vor verschlossenen Türen zu stehen: 059 7403190 (Abu Riyad, der alte Küster), 059 9805586 (Father Ilias, der Priester), 04 2505138 (Ortsverwaltung Burqin).

Schließlich noch eine ganz andere Sehenswürdigkeit Jenins: 2009 eröffnete das fünfstöckige Hirbawi Home Center in Jenin. Das Sortiment an ausländischen Luxusartikeln, im Vergleich zu Israel erschwinglichen Möbeln und aktueller Unterhaltungselektronik scheint nicht so recht in die Westbank zu passen, aber offenbar gibt es genügend Geld, das bislang nicht ausgegeben werden konnte. Weitere Center sollen in Ramallah, Hebron, Tulkarm und Nablus entstehen.

Von **Jenin** jenseits der Grünen Linie

Von Jenin aus fährt man nur 18 km bis Afula in der Jesre'el-Ebene – geografisch nah, aber der Checkpoint AlJalame ist in der Regel von 8-18 Uhr passierbar. Wie an anderen Checkpoints auch ist es meistens einfacher wieder hinein in die Westbank als herauszukommen.

Das Grüne Linie übergreifende Tourismus-Projekt steht noch in den Anfängen. Aber einen Hingucker gibt es bereits: Wenn Sie auf die Straße 675 treffen und rechts fahren, zweigt bald danach die sehr schöne Wegstrecke der Straße 667 ab. An dieser Straßenecke hat kürzlich das HaGilboa Gateway eröffnet – Restaurants, kleine Shops und: einen Hügel für Abfahrt-Ski. Mangels Schnee fährt man auf einem weißen Teppich, aber der Lift ist echt. Equipment kann man sich natürlich leihen.

Sie könnten die Bergstraße 667 abfahren und an entsprechenden Stellen zum Wandern einladen lassen. Der Weg durch die Föhrenwälder hier oben ist überaus erholsam.

In der Umgebung - außerhalb der Grünen Linie – liegen mehrere historische und landschaftliche Sehenswürdigkeiten, zu denen die Gilboa Berge, der Gan HaShlosha (Sakhne) Nationalpark, Bet Alfa, der Ma'ayan Harod Nationalpark und noch einiges mehr gehören. Ausführliche Beschreibungen finden Sie im Reise Know-How Führer *Israel und Palästina.*

Jericho, Jordangraben & Totes Meer

Jerusalem – Jericho

Vor Ihnen liegt eine Reise durch faszinierendes Land auf Straßen, die sich in vielen Windungen bis zum Jordantal hinunterschrauben. Bitte denken Sie daran, dass Sie in palästinensisches Gebiet fahren. Informieren Sie sich vor der Abfahrt (siehe S. 43). Allerdings gehört Jericho zu den ruhigeren Zonen.

Im Kidrontal, unterhalb der Altstadtmauer im Westen und dem Garten Gethsemane im Osten beginnt die Jericho (Yeriho) St, die nach einer Südschleife als Straße 417 auf die Hauptstraße 1 nach Jericho mündet. Nach etwa 5 km deutet links ein großer Parkplatz auf Touristisches, zumal dahinter ein Kirchturm hervorschaut. Sollten Sie jedoch am Checkpoint (der ausgerechnet Lazarus heißt) nicht durchgekommen sein, müssen Sie zurück und fahren auf der Tunnelstraße südlich der Hebräischen Universität auf dem Mount Scopus nach Osten, biegen aber kurz vor Ma'aleh Adummim auf die Straße 417 ab, und da die Mauer hier noch nicht fertig ist, fahren Sie zurück Richtung Südwesten nach

*AlAsariya (Bethanien) [D9]

Geschichte: *Am Osthang des Ölbergs liegt das kleine palästinensische Dorf, das man fast schon als Vorort von Jerusalem ansehen kann. Der Ort ist eng mit dem Wirken von Jesus verbunden, denn hier nahmen ihn die Schwestern Maria und Martha auf, hier erweckte er ihren toten Bruder Lazarus wieder zum Leben. Später, kurz vor der Passion, salbte Maria seine Füße. Anschließend ritt er nach Jerusalem, seiner Kreuzigung entgegen. Im 4. Jh wurde über der (vermuteten) Grabhöhle des Lazarus eine Kapelle errichtet, im 12. Jh renovierten die Kreuzritter die Kapelle und errichteten ein Kloster. Später funktionierten die Muslime die Kapelle*

Sehenswertes

****Jericho**, ältester Ort der Welt in grüner Oase gelegen, 10 000 Jahre alte Relikte menschlicher Besiedlung, schöner Hisham-Palast, S. 178

****Wadi Qelt mit Kloster St. Georg**, etwas wildromantisches Tal, malerisches Kloster am Felshang, S. 176

****Totes Meer**, tiefstgelegener See der Erde mit salzhaltigstem Wasser, S. 188

***Qumran**, Siedlung einer jüdischen Gemeinschaft aus der Zeitenwende, in den nahe gelegenen Höhlen wurden die berühmten Schriftrollen gefunden, S. 187

***En Gedi** [E12], Augenweide in Grün am Ufer des Toten Meers, interessante Wandermöglichkeiten, siehe Reise Know-How-Band *Israel und Palästina*

*Bethanien**, hier erweckte Jesus den Lazarus vom Tod; schöne Mosaike in der Lazaruskirche, siehe diese Seite

*Ma'ale Adummim mit Martyrius-Kloster**, Grundmauern und großer Mosaikboden eines Klosters in einer Retortenstadt mit schöner Aussicht, S. 174

*Museum of the Good Samaritan**, Mosaike und anderes aus Kirchen, jüdischen und samaritanischen Synagogen, S. 175

*Nabi Mussa**, einsamer Wüstenplatz mit, nach muslimischem Glauben, dem Grab Moses, S. 177

zur Moschee um und verschlossen den Eingang zum Grab. Im 17. Jh gruben die Christen einen eigenen Eingang zur Grabhöhle. 1954 errichte-

ten die Franziskaner neben der Moschee die Lazaruskirche.

Die wegen ihrer schönen Mosaike sehenswerte **Lazaruskirche** (8-11.45, 14-18, im Winter -17) steht in einem kleinen, sehr gepflegten Garten, im Vorhof sind noch ein paar Kreuzfahrerruinen und byzantinische Mosaike erhalten. Oberhalb der Kirche finden Sie den Eingang zur **Grabhöhle des Lazarus**, in die 26 Stufen hinunterführen und in der es herzlich wenig zu sehen gibt. Oberhalb der Grabhöhle steht eine griechisch-orthodoxe Kirche, die aber nur in der orthodoxen Osterzeit zugänglich ist. Am Weg zur Grabhöhle bietet ein Einheimischer das angeblich älteste Haus der Umgebung zur Besichtigung an. Obwohl die Gerüche dort nicht zu den angenehmsten zählen, lohnt ein Blick wegen der tiefen Zisterne, die typisch für alte Häuser sein soll.

Südlich von hier in Abu Dis liegt der größte Campus der *AlQuds University*. Dazu müssen sie weiter westlich fahren bis zur anderen Seite des erwähnten Lazarus-Checkpoints, und dann nach Südosten nach

Abu Dis [D9]

Im Neuen Testament heißt der Ort Betfage und wird bei Jesu Einzug in Jerusalem kurz erwähnt. Auch in den vergangen Jahren wurde er immer mal kurz erwähnt als künftige palästinensische Hauptstadt – fast wie Jerusalem, aber eben nicht ganz. Die **AlQuds Universität** (www.alquds.edu) hält hier jenseits der Sperranlage ihr größtes Angebot vor, damit die Studierenden aus der Westbank überhaupt kommen können. Nur mit Westbank-Ausweis wäre das Studium in Jerusalem jenseits der Mauer nicht möglich. Die Universität ist auch wegen ihres Präsidenten, dem Philosophen Sari Nusseibeh, prominent (siehe seine Autobiografie, S. 17).

Nusseibeh brachte 2002 während der Zweiten Intifada zusammen mit dem israelischen Admiral Ami Ayalon eine basisdemokratische Friedensinitiative in Gang, der in anderthalb Jahren rund 250 000 Israelis und 160 000 Palästinenser per Unterschrift zustimmten. Bemerkenswert daran vor allem: Palästina sollte die Hoheit über den Tempelplatz bekommen, palästinensische Flüchtlinge jedoch sollten nur nach Palästina zurückkehren dürfen. 2005 ging der Initiative bedauerlicherweise die Finanzierung aus, sodass die Politiker beider Seiten ohne diesen außerparlamentarischen Druck weitermachen konnten wie zuvor.

Die Universität ist auf jeden Fall einen Besuch wert. Interessante Institute sind z.B. das Higher Institute of Islamic Archaeology, aber für Nicht- und angehende WissenschaftlerInnen vor allem die Museen: Es gibt ein naturwissenschaftliches **Science Museum** (www.sep.alquds.edu), für Rechenmuffel ein **Mathematik-Museum** (www.meetmath.alquds.edu) sowie das **Abu Jihad Museum for the Palestinian Prisoner's Studies** – sicherlich sehr spannend, dieses Thema wissenschaftlich verantwortet aufbereitet zu sehen. Zur Besichtigung dieser dritten Ausstellung maile man an die Adresse fabualhaj@admin.alquds.edu.

Abu Dis grenzt an die große Siedlung Ma'ale Adummim. Am schnellsten geht es weiter Richtung Jericho, wenn man auf dem gekommen Weg zurück zur Straße 1 fährt. Wenn Sie jedoch die Siedlung und das Kloster anschauen wollen, sollten Sie darauf hoffen, dass auf der Straße 417 die südliche Zufahrt zum Ort geöffnet ist, weil Sie sonst zurück auf der 1 einen großen Umweg fahren müssen. Das ist natürlich Absicht.

*Ma'ale Adummim [D9]

Der 1976 laut Prospekt "als Teil des Sicherheitsgürtels um Jerusalem" gegründete Ort wurde vom ersten Haus an geplant und beherbergt heute etwa 35 000 Einwohner, deren Anzahl bis auf 50 000 steigen soll. Es ist sicher nicht uninteressant, einen solchen Retortenort zu besuchen, der außerdem immer wieder herrliche Ausblicke auf die Judäische Wüste preisgibt. Hier wohnen auch kaum militante Siedler als meist junge Familien, die sich die Mieten in Jerusalem nicht leisten können. Das Municipal Information Center, Tel 02 5355555, bietet geführte Touren durch die Stadt an; www.jr.co.il/ma.

Bei der Gelegenheit kann man auch den mitten in der Stadt zwischen modernen Wohnbauten eingekeilten Komplex des ***Martyriusklosters** anschauen, das der Mönch und spätere Patriarch von Jerusalem, Martyrius, im 5. Jh gründete. Von dem sehr großen Kloster (So-Do 8-16, Fr 8-13) sind hauptsächlich Mauerreste erhalten, die aber noch ein gutes Bild ergeben. Es glänzt mit schönen, farbenprächtigen Mosaikböden, der größte im Nahen Osten ist der vollständig erhaltene Boden des Refektoriums. Interessant ist auch das ausgeklügelte Wassersystem, das jeden möglichen Tropfen Wasser sammelte und Abwasser sinnvoll weiternutzte. Byzantinistik-Fans werden nicht den Umweg wenige Kilometer östlich auf der Straße 1 nach Mishor Adummim scheuen: Dort im Industriegebiet wurde das **Euthymiuskloster** [D8] ausgegraben. Es war vom 5. bis 12. Jh in Betrieb. Etwas kleiner und nicht so gut erhalten wie das Kloster seines Lehrers Martyrius, ist jedoch noch die Krypta mit dem Grab des heiligen Euthymius des Großen zu sehen.

Kurz nach der Rückkehr von Mishor Adummim auf die Straße 1 wird diese zweispurig, links zweigt die Straße 437 nach Anatot [D8] ab, dem Geburtsort des Propheten Jeremia. Nach 6 km zweigt man rechts ab, um das Dorf zu erreichen. Solang die Sperranlage um Jerusalem noch nicht fertig ist, gelangt man im Ort gleich Richtung Süden über einen Straßenfeldweg hinunter zum Nationalpark **Ein Fara** (hebr. *En Prat*, täglich 8-17, Okt.-März -16, NIS 27, Kinder 14). An dieser reizvollen Quelle mit sehenswerter Pflanzen- und Tierwelt beginnt außer dem Wadi Qelt (hebr. *Nakhal Prat)* mit dem heiligen Chariton in der 1. Hälfte des 4. Jhs auch das palästinensische Mönchtum. In der Antike hieß der Ort *Pharan.* Man kann außer dem sprudelnden Wasser auch das weißrussische Kloster über der Einsiedelei des Chariton, eine sogenannte *Laura*, und sein traditionelles Grab

besichtigen. Öffnungszeiten des Klosters Firan Mo-Sa 8-11/13-15, Spende erwünscht.

Sehr sehr früh muss aufstehen, wer von hier aus das ganze Wadi Qelt bis Jericho hinunterwandern möchte. Die Strecke ist für eine Tagestour auch für fitte Leute eigentlich zu lang, von hier aus ist auch eher eine geführte Wanderung angeraten.

Eine ebenfalls nicht gängige, etwa sechsstündige Wanderung zum Georgskloster (siehe S. 176) im Wadi Qelt kommt eher von Norden her und sollte ebenfalls nicht ohne fachkundige Begleitung unternommen werden. Wenden Sie sich an die z.B. auf S. 98 genannten Reiseführer aus Jerusalem oder dem Bereich Bethlehem, oder z.B. an Nicola Bishara (Tel 059 9293890 oder 02 2743192) oder Muhammad in der Abrahamsherberge Bet Jala (Tel 02 2742613). Der Einstieg erfolgt an der Bushal-

Beduine, der durchs Wadi Qelt führt

testelle „Karamello". Nach sechs Stunden am Kloster kann man sich abholen lassen. Kürzere Wanderrouten siehe unten.

8 km bis

***Museum of the Good Samaritan**

In dieser Gegend lässt Jesus sein Gleichnis vom barmherzigen Samaritaner spielen: Der Weg von Jerusalem nach Jericho war damals gefährlich, und hier am höchsten Punkt sind die Felsen rötlich gefärbt – Ma'ale Adummim heißt wörtlich Blutsteige. Der Name der Siedlung südwestlich von hier ist von diesem Ort übernommen. Rechts der Straße stand bis vor einigen Jahren ein Beduinen-Rasthaus, das auf eine türkische Karawanserei zurückging. Nun hat die israelische Antikenbehörde hier kürzlich ein sehenswertes Museum eingerichtet, das aufgrund der neutestamentlichen Tradition des Ortes den drei Gemeinschaften der Juden, Christen und Samaritaner gewidmet ist. Zu sehen sind oft aus der Westbank vor allem Mosaike aus Kirchen (Shilo, Martyrius Kloster) und jüdischen und samaritanischen Synagogen (Gaza, Na'aran). Noch ist der Eintritt frei: So-Do 8-15, Fr -13 Uhr, Tel 02 5417555.

****Wandern im Wadi Qelt** [E8]

Auf der anderen Straßenseite zweigt die Straße 458 (Alon Road) ab. Etwa 4 km nach dem Abzweig (vorbei am Abzweig zur Siedlung Alon) liegt rechts ein Parkplatz, von dem ein Weg zur Quelle Ein AlFawuar (hebr. *En Mabu'a*) führt. Man sieht das ehemalige Pumpenhaus, Eukalyptusbäume spenden Schatten. Je nach Jahreszeit entspringt der intermittierenden Quelle das Wasser in Intervallen – eine natürliche, unterirdische Siphon-Struktur macht es möglich. Oder ist es doch ein Dämon, der das Wasser sprudeln und wieder versiegen lässt? Die aus dem Wasser gespeisten Pools sind längstens bis Juni gefüllt.

Der Platz kann als Startpunkt für die beliebten **Wanderungen** durchs ****Wadi Qelt** (auch *Kelt*) nach Jericho dienen. Von hier bis Jericho ist es eine gute Tagestour, die man nicht unterschätzen sollte – stabiles Schuhwerk und genügend Trinkwasser sind in der Wüste Pflicht. Man kann sich jedoch auch bereits nach etwa fünf Stunden am *Kloster St. Georg abholen lassen. Um das Kloster besichtigen zu können, sollte man bei der Planung die Mittagspause dort einkalkulieren (Mo-Fr 7-13/15-17, Sa 7-14, Okt.-März erst ab 8). Möglichst früh aufbrechen ist wegen der Mittagshitze immer eine

gute Idee. In der winterlichen Regenzeit sollte man außerdem nicht ohne vorherige Beratung losziehen, denn wenn sich Wassermassen das Wadi hinunterwälzen, wird alles mitgerissen. Todesfälle in der Wüste haben häufiger Ertrinken als Verdursten zur Ursache.

Der Wanderweg ist nach internationalen Standards gut markiert. Nach etwa 3 Stunden erreicht man einen Damm mit kleinem Wasserfall, wo man sogar untertauchen kann. Trinken sollte man besser nichts. Bis zum Kloster sind es nach dieser Erfrischung nur noch 2 Stunden.

Die Klosteranlage entstand auf den Mauerresten eines 480 nC gegründeten Klosters, das 614 von Persern zerstört, 1173 von Kreuzrittern wieder aufgebaut worden war, dann zerfiel und 1878 von griechischen Mönchen wieder errichtet wurde; heute leben etwa ein Dutzend Mönche dort. Der Boden der St.-Georg-Kirche ist mit byzantinischen Mosaiken, die Wände sind mit Malereien und Ikonen geschmückt, ein Sarkophag wird als der des heiligen Georg vorgeführt. Dieser hier hat mit dem drachentötenden Namensvetter in Lod/Lydda nichts zu tun. Der hiesige heilige Georg von Choziba stammte aus Zypern und wirkte seine Wunder erst um die Wende vom 6. zum 7. Jh. In einer benachbarten Grotte werden Skelette von Mönchen gezeigt, die 614 von den Persern ermordet wurden. In einer weiteren Höhle soll der Prophet Elia von Raben gefüttert worden sein.

Vom Kloster aus sind es rund zwei Stunden bis Jericho. Man könnte eine Wanderung natürlich auch erst hier starten (siehe unten). Auf der Strecke begleitet einen der von Herodes angelegte und den Briten reparierte Aquädukt, der noch heute Wasser ins Tal fördert. Man könnte beim Austritt des Wadi aus der Schlucht noch gut zwei Kilometer bis ins Zentrum von Jericho weiterlaufen und auf dem Weg dorthin den Winterpalast von Herodes besichtigen (siehe S. 177). Oder man lässt sich abholen und steigt den ersten Pfad rechts die Böschung hinauf zum westlichen Ende des Flüchtlingslagers Aqbat Jaber, wo man sich von einem Taxi an einem kleinen verschrammten Gasthaus mit einer riesigen Kanne abholen lassen kann. Falls Sie selbst den Weg zu dieser Stelle per Auto finden wollen: Die südliche Zufahrt nach Jericho von der Almog Junction an der Straße 1 aus führt Sie nach 6 km zum beschilderten Abzweig der Wadi Qelt St nach links. Bis zum Treffpunkt an der Kanne sind es dann noch 2 km.

Den geringsten Aufwand für einen Eindruck vom Wadi und dem Georgskloster hat man von der alten Straße nach Jericho aus. Knapp 3 km östlich des Abzweigs der Straße 458 schlägt die Straße 1 eine weite Rechtskurve, und kurz vor der Siedlung Mizpe Yerikho zweigt das kurvige Sträßlein nach Norden ab mit Beschilderung zum Wadi Qelt. Nach gut 3 km erreicht man einen Parkplatz, danach ist die alte Straße gesperrt. Hier öffnet sich ein schöner Blick auf das malerisch an den steilen Fels gelehnte Gebäude. Durch einen kreuzbekrönten Rundbogen führt ein Fußweg in 15-20 min in den Talgrund zum Kloster. Der Rückweg dauert deutlich länger.

Zurück auf die Straße 1 nach

Mizpe Yerikho [E8]

Von hier aus ist ein Abstecher zu einem lohnenden Aussichtsplatz mit wunderschönem Fernblick über die judäische Wüste hinunter nach Jericho und hinauf nach Jerusalem sehr zu empfehlen. Den Bewohnern der Siedlung reichte die gute Aussicht (hebr. *Mizpa*) jedoch nicht, nach der sie ihren Ort benannten. Hier gehen noch ganz andere Dinge vor.

Weiter auf der Straße 1 von Mizpe Yerikho aus: Nach 2 km kann man rechts ausscheren, um den Marker für den Meeresspiegel (Sea Level) zu fotografieren, gegen Bakshish samt dem unvermeidlichen Kamel.

Nach 4 km: **Abzweig**

Rechts zweigt eine Straße ab (ausgeschildert *Nabi Musa*), die nach 2 km auf einem Hügel die mamlukische Moschee **Nabi Mussa* [E9] erreicht. Nach muslimischem Glauben liegt hier Moses beerdigt, dessen Grab der mamlukische Sultan Baibars 1269 mit einem Kuppelbau überwölben ließ und das ein Anziehungspunkt für Pilger wurde. Später kam ein Hospiz für Pilger hinzu. Wer bereits in Jordanien war, wird das Grab des Mose auf dem Berg Nebo kennen. Einer islamischen Legende zufolge sei ihm dort unter den anderen Leichen jedoch langweilig geworden, er sei unterirdisch weggekullert und habe sich so bis zum Nabi Mussa vorgearbeitet – auf die Jordanseite, die ihm doch eigentlich von Gott versagt war. Viele Muslime lassen sich in der Nähe dieses Moses-Grabes auf dem umliegenden Friedhof beerdigen. Außerhalb der Gebetszeiten kann die Grabmoschee besichtigt werden, Spende willkommen – denn hier läuft auch ein soziales Projekt: Die meisten jugendlichen Arbeiter sind hier zur Drogenrehabilitation.

Fährt man weiter in die Wüste hinein, sieht man sie überall zerschrammt von Quad-Fahrern: Es dauert viele Jahrzehnte, bis sich die Vegetationsdecke wieder erholt hat. Nach etwa 10 km beginnt rechts eine Stichstraße für Allradfahrzeuge, die nach 2 km auf die Hasmonäerburg und Herodesfestung *Hyrkania* führt. Die Hyrkania ließe sich auch von Westen her erwandern.

Zurück auf der Straße 1

3 km: **Almog Junction**

Links halten nach Jericho und in palästinensisches Gebiet hinter dem gleichnamigen Check-

Mamlukische Moschee Nabi Mussa

Mizpe Yerikho – das neue Jerusalem

Seit Ende 2009 schafft sich die **Jewish Temple School** in Mizpe Yerikho ihre Schulungsräume: Der **Dritte Tempel** wird probeweise errichtet. Warum sollen nicht auch künftige Tempelpriester und Leviten ähnlich wie die Armee den Ernstfall proben? Für den Übungs-Tempel wurde eine Fläche von 100 x 100 m planiert, Löcher für Trankopfer wurden gedrillt, bald soll der große Brandopferaltar stehen: 10 m Höhe auf 16 x 16 m Grundfläche. Das **Tempelinstitut** (www.templeinstitute. org) im Jerusalemer Jüdischen Viertel bevorratet schon die Utensilien für die Innenausstattung: Priesterkleidung, kultische Geräte, altertümliche Musikinstrumente.

Dann fehlt nur noch der „richtige" Tempel. Trotz Verbots des Oberrabbinats betreten Nationalreligiöse den Jerusalemer Tempelberg (siehe S. 105), versuchen immer wieder, dort zu beten und einen **Grundstein** für das neue Gebäude zu legen, nähere Informationen z.B. bei den Getreuen des Tempelbergs

um Gershon Salomon; www.templemountfaithful.org. Felsendom und AlAqsa Moschee müssten weg – beispielsweise durch Sprengung. Für orthodoxe Juden ohne nationalen Zug ist all das Gotteslästerung, da nur Gott selbst einen Dritten Tempel schaffen kann und dies sicherlich nicht aus Zerstörung, sondern aus dem Frieden heraus tun wird.

Leider ist das nicht nur ein innerjüdisches Thema. Fromme Christen vor allem in den USA sind begeistert und spenden freudig: Für sie ist die Errichtung des Dritten Tempels ein Zeichen der Endzeit. Muslime bangen zwar um Felsendom und AlAqsa, deren Zerstörung die islamische Welt zweifelsohne in größten Aufruhr brächte. Kein Problem für nationalreligiöse Juden und unkritisch fromme Christen: selbst die Endzeit und das (Wieder-)Kommen des Messias miterleben – tolle Sache! In der Apokalypse sind Kollateralschäden unvermeidlich, aber auch egal, Rücksicht und Realpolitik haben am Weltende ausgedient.

point. Geradeaus weiter ginge es zum Toten Meer und zur Jericho-Umgehungsstraße. 8 km bis

***Jericho** [E/F8]

Geschichte: *Die ersten Nomaden müssen etwa zwischen 8000 und 7000 vC angefangen haben, sich um ein Heiligtum anzusiedeln. Sie hatten ihr Jäger- und Sammlertum aufgegeben und sich mit Ackerbau und Viehzucht zu beschäftigen gelernt. Es entstand die arbeitsteilige Welt. Innerhalb von 1000 Jahren entwickelten die Bewohner eine Gemeinschaft, die offensichtlich strukturiert und organisiert gewesen sein muss, sonst hätte die imposante Mauer um die Siedlung nicht entstehen können. Ihr Totenkult bestand darin, die Köpfe der Verstorbenen lebensecht mit einer bemalten Tonschicht zu überziehen und unterhalb des gestampften Fußbodens ihrer Häuser beizusetzen (Beispiele im Rockefeller Museum Jerusalem).*

Im 6. Jahrtausend vC zerstörte ein Erdbeben oder ein Krieg den Ort, später besiedelte ein neuer Stamm den Platz. Diese Leute kannten bereits die Töpferei. Im 5. Jahrtausend wurden Häuser mit quadratischer Grundmauer gebaut, 3000 Jahre später brannten die Bewohner Tonkrüge mit menschlichen Gesichtern, im 18. Jh vC wurde eine neue Stadtmauer errichtet, um 1400 vC die Stadt zerstört. Ab etwa dem 13. Jh vC berichtet die Bibel über Jericho, aber ausgerechnet zu der Zeit, zu der Josuas Posaunen hätten erschallen müssen, gibt es in Jericho eine Besiedlungslücke. Im 9. Jh bauten die Israeliten unter König Ahab die Stadt wieder auf, im 5. Jh verließen die Bewohner diese Siedlung. Im 4. Jh entstand südlich ein hellenistisches Jericho, 161 vC eroberten die Makkabäer den Ort, Herodes baute ihn ab 30 vC zu seiner Winterresidenz aus. 70 nC zerstörten die Römer die Anlagen. Später wuchs eine neue Siedlung an der Stelle der heutigen Stadt, in der während der byzan-

tinischen Epoche einige Kirchen und eine Synagoge gebaut wurden. Nach der arabischen Eroberung errichteten die Omaijaden eine Festung und eine Moschee, der Kalif Hisham 724 den am Stadtrand liegenden Palast Khirbet Al-Mafjar („Hisham-Palast").

Doch langsam reduzierte sich Jericho zu einem unbedeutenden Dorf, das während der britischen Mandatszeit etwa 4000 Einwohner (heute gut 20 000) zählte. Nach der Proklamation Israels flohen viele Palästinenser nach Jericho, das Flüchtlingslager Aqbat Jaber war das größte seiner Art. Seit 1994 untersteht die Stadt – als die erste in Israel – palästinensischer Verwaltung und wäre fast das geworden, was Ramallah heute vorläufig ist: Hauptstadt des Staates Palästina. Auch wenn daraus nichts wurde, will Jericho nun mit seinem Alter punkten: Seit dem 10.10.2010 wird das 10 000-jährige Bestehen der Stadt mit vielen kulturellen Aktivitäten gefeiert – wer auch immer sich getraut hat, diesen Termin festzulegen.

Mit der Geburtstagsfeier soll natürlich auch der Tourismus angeschoben werden. Überall im Ort stehen nagelneue Hinweisschilder auf die Sehenswürdigkeiten, aber die oft beschriebenen Zuckermühlen sind z.B. noch in weniger vorzeigbarem Zustand als die Beschilderung. Es ist auch vieles auf einmal zu bewältigen: Im Sommer 2011 soll der Großteil der Stadt von den nicht immer tourismusförderlichen Sickergruben auf Kanalisation umgestellt werden.

Jericho ist eine der ältesten Städte der Welt. Wahrscheinlich hat die günstige Lage, nämlich an einer reichen Quelle in der Wüste mit im Winter guten klimatischen Bedingungen, dazu beigetragen, dass sich hier Menschen so früh ansiedelten und ihre Spuren sich rund 10 Jahrtausende zurückverfolgen lassen. Zeuge für diese lange Vergangenheit ist der *Tell As-*

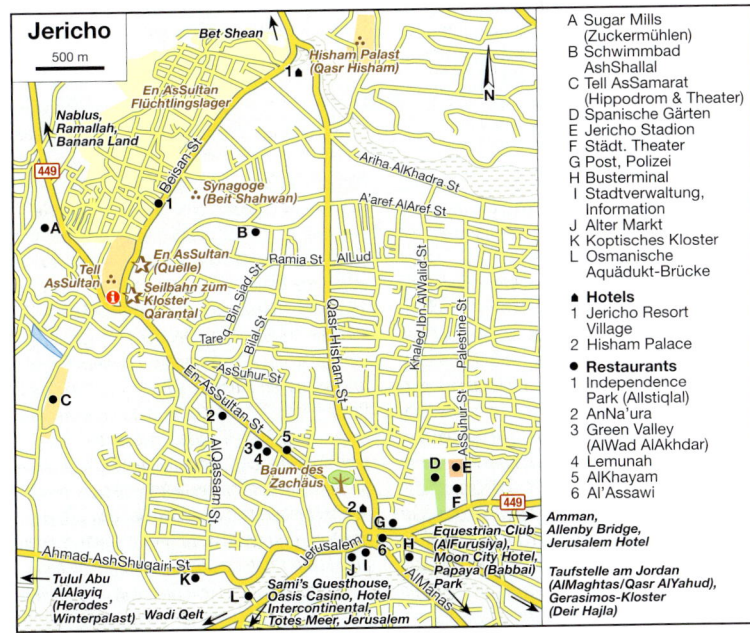

A Sugar Mills (Zuckermühlen)
B Schwimmbad AshShallal
C Tell AsSamarat (Hippodrom & Theater)
D Spanische Gärten
E Jericho Stadion
F Städt. Theater
G Post, Polizei
H Busterminal
I Stadtverwaltung, Information
J Alter Markt
K Koptisches Kloster
L Osmanische Aquädukt-Brücke

▲ Hotels
1 Jericho Resort Village
2 Hisham Palace

● Restaurants
1 Independence Park (Allstiqlal)
2 AnNa'ura
3 Green Valley (AlWad AlAkhdar)
4 Lemunah
5 AlKhayam
6 Al'Assawi

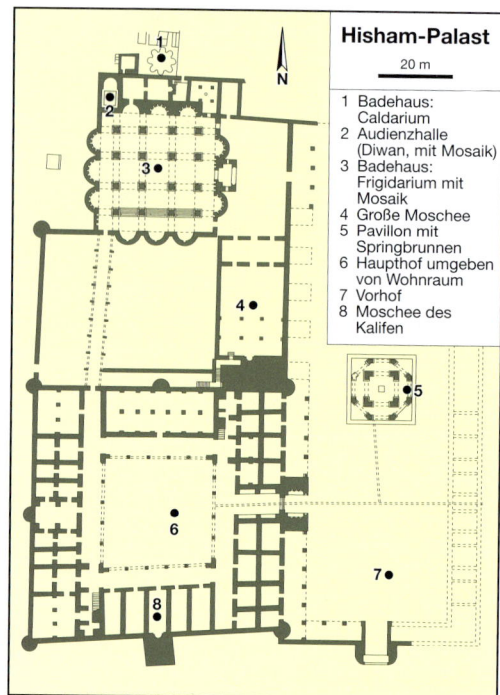

Hisham-Palast

20 m

1 Badehaus: Caldarium
2 Audienzhalle (Diwan, mit Mosaik)
3 Badehaus: Frigidarium mit Mosaik
4 Große Moschee
5 Pavillon mit Springbrunnen
6 Haupthof umgeben von Wohnraum
7 Vorhof
8 Moschee des Kalifen

nach der Kreuzung zum Stadtzentrum an der Straße Richtung Bet Shean und an der Kreuzung liegt, an der links die Straße 449 nach Ramallah abzweigt. Der hohe Hügel ist nicht zu übersehen. Fahren Sie zum Parken ca. 100 m in die Straße 449 hinein, dann liegt rechts die Einfahrt zum Parkplatz hinter den Häusern. Wenn Sie ungefähr 1 km weiterfahren, liegen linker Hand die erwähnten eher unscheinbaren **Zuckermühlen**, teils aus Stein, teils aus Lehmziegeln gemauert, die mit Wasser aus dem Wadi betrieben wurden und bisher verdreckt und unerschlossen nur bei einer Führung sinnvoll eingeordnet werden können. Der Betrieb geht auf die Zeit der Omaijaden zurück und lebte unter den Kreuzfahrern wieder auf, die den Zucker sogar nach Europa exportierten. Hier auch heute Zucker erwerben zu können, wäre eine gute Idee. Zurück zur ältesten Stadt der Welt.

Sultan (hebr. *Tel Yerikho)*, in dessen Erde sich diverse übereinander lagernde Schichten von Siedlungen seit der Jungsteinzeit unterscheiden ließen.

Im großen Neubaukomplex rechts der Straße beim Hotel Intercontinental entstand das **Oasis Spielkasino**, das für die Israelis gedacht ist, die zum Spielen ins Ausland fliegen müssen. Allerdings versuchten manche Rabbis, auch über diesen Ort des Lasters ihren Bann zu legen und kreierten einen weiteren Zankapfel zwischen Israel und den Palästinensern. – Dieser Oase der Reicheren und Schöneren liegt auf der westlichen Straßenseite das Flüchtlingslager Aqbat Jaber gegenüber.

Die interessanten Besichtigungsplätze Jerichos sind einfach zu finden. Beginnen wir mit dem **Tell AsSultan**, der unübersehbar etwa 2 km

Der Tell (8-17; NIS 10, Kinder 5; lieber vorher auf Toilette gehen) bietet im Grunde für den Normaltouristen nicht viel. Da ist der Graben durch den Hügel, den die Archäologin Kathleen Kenyon (1906-1978) zog, um die Schichten der Besiedlungen zu untersuchen. Ihre Ausgrabungen in den 1950er Jahren revolutionierten die archäologischen Methoden weg von der Schatzgräberei zur eher naturwissenschaftlichen Erschließung von Funden, für deren Interpretation keine Texte zur Verfügung stehen. Ein Teil der 9000-jährigen **Stadtmauer** und der 9 m hohe **runde Turm** sind für den Laien das Interessante (und im Übrigen die ältesten bisher bekannten Steinbauwerke der Welt). Doch das Bewusstsein, in der ersten bekannten menschlichen Siedlung zu stehen und Jahrtausende an

Geschichte vorbeiziehen zu lassen, das macht das eigentliche Erlebnis aus. Viele Einzelfunde aus Jericho sind im Jerusalemer Rockefeller Museum ausgestellt, siehe S. 129.

Schauen Sie vom Tell aus nach Westen auf die steil emporwachsenden Berge. Vermutlich werden Sie auf den ersten Blick gar nicht das griechisch-orthodoxe **Kloster der Versuchung Jesu** erkennen, das auf halber Höhe am senkrecht abfallenden Berg klebt. Der Berg heißt arabisch *Qarantal*, das Kloster *Deir AlQarantal* oder griechisch *Sarandion*. In der **Kirche der Versuchung** führt eine Treppe in die *Kapelle der Ersten Versuchung* mit einem Stein, auf dem Jesus während der Versuchung durch den Teufel gesessen haben soll. Auch die Höhle des Teufels wird gezeigt. Die Mönche führen durch die Anlage und schalten gegen Spende Licht ein, Mo-Fr 9-13/15-16, Sa 9-14.

In der Nähe des Tell bzw. der En AsSultan liegt die Talstation einer jüngst gebauten Drahtseilbahn, die den Besucher in fünf Minuten auf den Berg der Versuchung hinaufbringt, Retour-Ticket NIS 55, www.jericho-cablecar.com. Oben angekommen, kann man sich zunächst in einem Spezialitätenrestaurant stärken.

Von der Straße 449 zweigt kurz hinter Jericho ein Weg Richtung Kloster ab, von dessen Ende noch einmal 30 Minuten Fußmarsch zum Gipfel angesagt sind, die, wie so oft im Nahen Osten, mit herrlichem Ausblick belohnt werden. Oben stehen die Reste einer Kapelle aus dem 4. Jh nC und einer Hasmonäerburg namens Dok.

Gegenüber dem Tel AsSultan, auf der anderen Straßenseite, entspringt die zum Stadtjubiläum stilvoll neu gefasste Quelle **En AsSultan** mit kleinem, nettem Pool, die vermutlich Ursprung der Siedlung war und seit 9000 Jahren die Oase speist oder wesentlich dazu beiträgt.

Zum Besuch des Hisham-Palastes fährt man auf der Hauptstraße nach Norden Richtung Tiberias/Beth Shean. Nach etwa 2 km weist ein Schild rechts auf die Ruinen einer **Synagoge** (8-16; NIS 10), die ein sehr gut erhaltenes und sehenswertes Bodenmosaik besitzt: In einem Kreis sind die Menora, ein Widderhorn (*Schofar*) und ein Palmwedel (*Lulav*) mit der Inschrift „Friede über Israel" dargestellt.

Ein kurzes Stück später weist ein weiteres Schild nach rechts zum **Hisham-Palast**, arabisch *Khirbet AlMafjar* (8-17, NIS 10), nach der Wadidurchquerung erneut links abzweigen. Der Palast ist ein kleines Prachtstück, er gehört zur Serie von über 20 arabischen Wüstenschlössern, von denen die meisten in Syrien, Libanon und Jordanien stehen. Das 724 vom Kalifen Hisham (oder dessen Bruder Walid II.) in Auftrag gegebene Schlösschen wurde auf das Badehaus nie fertiggestellt, schlimmer noch, bereits 746 zerstörte ein Erdbeben die vorhandenen Bauten. Bald waren sie von Wüstensand überweht und vergessen. In den 1930er Jahren gruben britische Archäologen die heutigen Ruinen aus einem über tausendjährigen Dornröschenschlaf aus. Mittlerweile soll das Badehaus sogar wieder aufgebaut werden.

Links vom Eingang stößt man, nach einem Vorhof, auf den eigentlichen **Palast**, der aus vier um einen Innenhof angelegten Gebäudeteilen

Mosaik im Hisham-Palast

besteht, die von ihren Grundmauern her noch gut erkennbar sind. Im Süden des Hofes (Mitte) stand eine kleine Moschee, im Westen führen Stufen in eine Badehalle mit sehenswerten Mosaiken. Vom Innenhof führt links ein Weg nach Norden zum Badehaus, der vermutlich dem Kalifen vorbehalten war. Rechts von diesem Weg stand eine Moschee.

Die Außenmauern des 40 x 40 m großen Badehauses sind durch Nischen aufgelockert, in denen sich einst männliche mit weiblichen Figuren abwechselten. Einen Eindruck von der Innenausstattung vermittelt ein Extraraum im Rockefellermuseum in Jerusalem, siehe S. 129. Etwa im mittleren Bereich befand sich der große Swimmingpool, in der Nordwestecke ein Diwan (Empfangsraum). Die Mosaike des Badehauses sind auch zum 10 000 Jahre Stadtjubiläum leider nicht gesichert worden und daher noch verdeckt. Östlich vom Badehaus sind allerdings Modelle vom ursprünglichen Zustand dieses Prachtbaus (auf Stelzen, man kann für einen Raumeindruck von unten halb hineinkriechen) und von der künftigen modernen Dachkonstruktion.

Das schönste (und berühmte) **Mosaik** finden Sie auf dem Boden im Diwan: Unter einem großen Orangenbaum blicken drei Gazellen nach oben, eine wird von einem Löwen angegriffen. Wenn man um das Gebäude herumgeht, gelangt man über eine Treppe in einen höher gelegenen Raum, von dem aus der beste Blick auf das Bodenmosaik möglich ist. Zurück geht es an den Resten der Moschee und, östlich davon, einem großen Wasserbecken vorbei, das einst von einem oktogonalen Pavillon überdeckt war.

Praktische Informationen

▶ Telefon-Vorwahl 02
• Grundsätzliche Informationen erteilt die Stadtverwaltung an der Südseite des Palestine Square, Tel 2322417, Fax 2322604, www.jericho-city.org. Auch das *Sultan Tourist Center* an der Talstation der Seilbahn kann weiterhelfen, Tel 2321590. Touristen-Polizei Tel 2324011.

Verkehrsverbindungen

Jericho ist mit arabischem Mietwagen in der Regel problemlos erreichbar. Auch mit israelischen Firmen gibt es angeblich kein Problem, vorsichtigerweise kann man jedoch auf dem bewachten Parkplatz des Intercontinental Hotels parken und mit dem Taxi weiterfahren.
▶ Es gibt keine direkten Busse nach Jericho. Nach Jerusalem oder Bethlehem gelangt man per arabischem Bus, indem man in Abu Dis umsteigt. Eine übliche Verbindung nach Jerusalem läuft sonst per Sammeltaxi nach Bait Hanina und dann per arabischem Bus 36 zum Damaskustor – entsprechend auch in umgekehrter Richtung.
▶ Ansonsten bringen die Service Taxis einen überall hin: zum Jerusalemer Damaskustor (etwa gegenüber Salomos Steinbruch) oder zu allen großen Checkpoints bei Ramallah, Bethlehem oder Nablus
▶ Eine Tour zum Toten Meer kostet z.B. hin und zurück um NIS 120.
▶ Im Zentrum Jerichos kann man sich in *Zakr's Bike Shop* oder bei *Abu Sama'an* ein Fahrrad (ca. NIS 10) mieten.
▶ Man kann auch per Pferd die Westbank erkunden, mit dem Reitclub Nadi *Al-Furusiya/ Palestinian Equestrian Club* im Südosten der Stadt, es gibt auch Reitunterricht und nebenan einen Freizeitpark und das Moon City Hotel, 30 Pferde, monatliches Pferderennen und zweimal jährlich Pferdewettbewerb, Kontakt: Hassan Baslamit, Tel 2325007 oder 059 9264790.

Begegnungen mit Menschen

• Die Initiative **Together To One,** www.together21.org, gegründet 2005 in der Schweiz, nimmt Jericho als Ausgangspunkt zur nachhaltigen Veränderung der Welt. Nach Renovierung des Hisham Palace Hotels für die arabischen Eigner gibt es mehrere Projekte für Jerichos Bewohner, z.B. Computer für Kinder, oder die Initiative, eine Dattelpalme zu spenden, www.adoptapalm.com. Die fair gehandelten Bio-Datteln gibt es auch zu kaufen. Kontakt: Susanne Triner (nicht immer

Übernachten

• **INTERCONTINENTAL**, an der Straße 90, 2 km südlich des Stadtzentrums beim Spielcasino, Tel 2311200, Fax 2311222, www.ichotelsgroup.com; kürzlich renoviert, leider wenige Gäste, prima Restaurant, Luxus mit Fitnessraum, Tennis, Squash, Sauna, Hamam, Pools (auch mit Wasser aus dem Toten Meer, Tageskarte für Nicht-Hotelgäste NIS 120), AC, TV, WLAN, mF...E+B NIS 600, D+B NIS 700

• **JERICHO RESORT VILLAGE,** an der Straße 90 westlich des Hisham Palasts, Tel 2321255, Fax 2322189, www.jerichoresorts.com; angenehme Anlage mit Bungalows und üblichen Hotelzim- mern, Raucher willkommen, viel arabisches Publikum, Pool, Tennis, AC, TV, WLAN, Zimmer mit Pool(=Jordangraben)-Blick sind teurer, mF...E+B $ 100-120, D+B $ 120-140, 2er Bungalow $ 180, 4er $ 250

• **JERUSALEM/ALQUDS**, AlFurat St, rechts von der Amman St Richtung Allenby Bridge, mit Tore- infahrt, Tel 2322444, www.jerusalemhotel-jericho.com; das Haus ist mit seinem Besitzer in die Jahre gekommen und stark renovierungsbedürftig, sehr freundlich, z.T. kleine Zimmer, z.T. völlig verdreckt, AC, TV, Dinner $ 25, mF .... E+B $ 75, D+B $ 100

• **JERICHO INN**, Vered Jericho, westlich der Straße 90 noch auf israelischem Gebiet vor dem südli- chen Checkpoint, Tel 052 8600969, www.hostels-israel.com; freundliches Haus des unabhängigen Hostelverbands, Abholservice, WLAN..Dorm pP NIS 100, E/D+B NIS 350-400

• **MOON CITY**, AlFurusiya St, 3 km nach Südosten zwischen Papaya Park und Reitclub, Tel 2327291 oder 054 2614601, Fax 2326844, moon_city_hotel@yahoo.com, www.mooncityhotel.com; sehr freundlich, sehr ruhig, jede Menge Freizeitbetätigung: Reiten, Schwimmen (25 m-Becken), Vögel beobachten, eigener Garten für Bio-Verpflegung, freitags oft Live Musik, Fahrrad-Service, Halb- und Vollpension möglich, mF ....E+B NIS 170, D+B NIS 250, 3er NIS 330

• **SAMI YOUTH HOSTEL**, im Aqbat Jaber Flüchtlingslager schräg gegenüber dem Interconti, Tel 2324220, www.samihostel.com; freundlich und unaufdringlich, große Lobby, keine Schließzeiten, Zimmer und Bäder gut, WLAN gratis, Safe, AC, Abhol-Service, mF........................ E/D/3er NIS 120 pP

• **HISHAM PALACE**, En AsSultan St nahe Palestine Square, das Haus steht in zweiter Reihe hinter einer Toreinfahrt (mittendrin und trotzdem ruhig), Tel 2322414, Fax 2323109, www.hisham- palacehotel.com; Anklänge an die Kolonialzeit, Baujahr 1935, Familienbetrieb, wird gerade rundum renoviert, Wiedereröffnung ab Juli 2011?, TV, AC................. Dorm NIS 19, E+B NIS 100, D+B NIS 200

6

vor Ort), Tel 2320730 oder 059 8345687, st@ together21.org, En AsSultan St/AlHusseini 1. Stock. Einzelreisende und Gruppen bis 25 Personen willkommen. Wer möchte, kann Jerichos Hinterhöfe kennenlernen oder einen Tag mit Beduinen ziehen.

• Hier sei noch mal auf das **Jordan Rift Val- ley Center for Environmental Education & Ecotourism Development** nördlich von Jericho verwiesen, siehe oben S. 186.

• Schließlich ist es sicherlich ein Gewinn, die Bewahrer eines antiken Handwerks ken- nenzulernen: Im **Mosaic Centre** führt man die Kunst fort, aus vielen kleinen Steinpixeln

Bilder und Teppiche zu legen. Ein Großteil der Arbeit hat mit Restaurierungsprojekten zu tun; Tel 2326342, mosaiccentre@yahoo.com, öst- lich der Jerusalem St südlich des Wadi Qelt.

Essen und Trinken

Nightlife braucht man in Jericho nicht zu su- chen, aber es ist bekannt für seine **Cafés** und **Restaurants**, deren Angebote aus den lokalen landwirtschaftlichen Erzeugnissen stammen. Sehr gut sind frisch gepresste Fruchtsäfte und saisonales Gemüse. Seit der zweiten Intifada sind jedoch selbst die Restaurants leicht aus- gebremst, aber jetzt geht es wieder aufwärts..

• Im Zentrum am Palestine Square, Ecke Amman St, zieht das **AIASSAWI RESTAURANT** vor allem einheimisches Publikum mit gutem Essen und schönem Blick vom Dach an, Tel 059 9797665.

• Wenige Meter entfernt in die En AsSultan St hinein bietet **ABU OMAR** vor allem Fleischgerichte an.

An der langen En AsSultan St, etwa auf halbem Weg (gut 1 km) vom Zentrum zum Tell, gibt es gleich mehrere Anbieter.

• Das **AIKHAYAM** wirkt schläfrig, und im etwas abgelebten Beduinenzelt **AnNA'URA** ist nur Mi/Fr/Sa ab 17 Uhr geöffnet (Gruppen auch anders nach Absprache, Tel 059 7307981), aber Stau gibt es vor allem im brandneuen **LEMONAH** (früher Seven Trees Garden), das schon mit einem überzeugenden Eiscafé und schönem Garten täglich 10-0 Uhr aufwartet. Hier hat man auch noch einiges vor: Dachterrasse, Kindervergnügen, donnerstags regelmäßig Musik, vielleicht 2012 ein Hostel, Tel 2312977.

• Da muss sich direkt nebenan der **GREEN VALLEY PARK** etwas einfallen lassen, um mitzuhalten, was mit Lemonahs Vorgänger kein Problem war, neben bewährt gutem Essen sind die Toiletten soeben frisch umgebaut; täglich 8-0 Uhr, Tel 059 9365704.

• Gut palästinensisch sind außerdem die Freizeitparks mit Catering, z.B. **BABBAI** (PAPAYA) im Südwesten beim Reitclub, oder im En AsSultan Flüchtlingslager der **INDEPENDENCE PARK** (mit gestutztem Märtyrer-Obelisken am westlichen Parkende).

• Westlich-konventioneller aber wohl auch gehobener sind die vier Lokale mit Poolblick im **JERICHO RESORT VILLAGE**.

• Neben gutem Essen die sicherlich spektakulärste Aussicht bietet **JABAL QURUNTUL** auf halber Höhe des Jordan-Grabenbruchs beim Kloster der Versuchung, Tel 2322614, per Seilbahn zu erreichen.

Um Jericho herum und nach Norden

Hier im Norden Jerichos beim Hisham-Palast angekommen, umrunden wir die Stadt mit einem Absticher nach Norden in den Jordangraben auf der im Osten verlaufenden Straße 90. Zunächst muss man jedoch aus der Stadt heraus. Der Hisham-Palast liegt der Straße 90 eigentlich sehr nahe, aber um an diese nächste Stelle zu kommen, braucht es 16 km Umweg.

Zurück vom Hisham-Palast auf der Straße 449 Richtung Ramallah liegt etwas nördlich der Einmündung auf der anderen Straßenseite die Kh. **Na'aran** [E7], auf deren Synagoge aus dem 6. Jh nC eine türkische Granate des 1. Weltkriegs aufmerksam machte. Sollten sich die Mosaike noch hier vor Ort befinden, erwarten einen ungewöhnlich modern gestaltete Menorot. Weiter geht es nach Norden zum Checkpoint Yitav. Hier, am Checkpoint, knickt die neue Umgehung der 449 nach Norden ab, statt wie bisher durch Jericho zu führen, und trifft dann bei Niran auf die Straße 90.

Sollten Sie gut einen halben Tag Zeit haben, könnte sich hier aus unterschiedlichen Gründen ein Absticher nach Norden lohnen. Fahren Sie rund 20 km bis zur Adam Junction. Hier kommt die Straße 57 von Nablus und Tubas das Wadi Far'a hinunter und kreuzt die Straße 90 zum 4 km entfernten Jordan mit der Adam Bridge [F5], die bisher nur für Güterverkehr nach Jordanien zugelassen ist.

Nur wenige Kilometer ins Wadi Far'a hinein kommt man zum zersiedelten Gebiet des Ortes **Jiftlik** [F5] – zersiedelt in zweifacher Hinsicht: Erstens ist die Bewohnerschaft sehr zusammengewürfelt und ihre notgedrungen ohne Baugenehmigung errichteten Wohnstätten sind immer vom Abriss bedroht. Zweitens arbeiten die jüdischen Siedlungen im Umkreis daran, diesen Ort im wahrsten Sinne des Wortes zu zersiedeln: Deren Weingärten auf dem Gebiet von Jiftlik beispielsweise sind mit Stromzäunen umgeben. Von Hauszerstörungen und Vertreibungen berichtet die Palästina Initiative Hannover (www.palaestina-initiative.net), die sich dort mit Medico International (www.medico.de) sowie der Union of Agricultural Work Committees (UAWC, www.uawc-pal.org) aus Ramallah engagiert. Wenn man vom Jordangraben

Hauszerstörungen

Würde gleiches Recht für alle gelten, müssten alle widerrechtlich erbauten Häuser in den palästinensischen Gebieten zerstört werden, sowohl die der israelischen Siedler als auch ohne Baugenehmigung errichtete Gebäude der Palästinenser. Die Siedler bauen weiter, obwohl dies gegen die auch von Israel unterzeichnete Genfer Konvention (Artikel 53) verstößt.

Weil die Familien wachsen, bauen auch die Palästinenser weiter. In der sogenannten Zone C (siehe Karte S. 73) – die größte im Westjordanland und unter israelischer Verwaltung stehend – benötigen sie für einen Neu- oder Umbau eine Baugenehmigung der Israeli Civil Administration (ICA). Und die gibt es nur extrem selten. Daher greifen sie in der Not zum „Schwarzbau" und errichten Häuser oder Werkstätten auf eigenem Grund, aber ohne behördliche Erlaubnis. Alle diese Schwarzbauten sind vom Abriss bedroht; allerdings trifft es meist Eigentümer, die der ICA missliebig als z.B. Menschrechtsvertreter aufgefallen sind.

Diese für die betroffenen Familien so tragischen Gewaltmaßnahmen wollten engagierte Israelis nicht länger mit ansehen. Sie gründeten das „Israelische Komitee gegen Hauszerstörung" (www.icahd.org). Diese private

Organisation versucht, Hauszerstörungen zu verhindern oder Häuser wieder aufzubauen - häufig genug erfolgt erneut die Zerstörung, manchmal sogar mehrfach. ICAHD gibt an, dass seit dem Beginn der Besetzung des Westjordanlandes (1967) etwa 18 000 Häuser abgerissen wurden. Bis 2005 waren nahezu automatisch auch die Häuser palästinensischer Attentäter als Abschreckungsmaßnahme an der Reihe. Dann setzte sich die Erkenntnis durch, dass diese brutale Maßnahme eher neue Attentäter mobilisiert als sie abschreckt, und die Strafexpeditionen gingen auf ein Minimum zurück.

Laut einem Bericht von UNITED NATIONS Office for the Coordination of Humanitarian Affairs wurden z.B. 2009 in der Zone C 180 Gebäude zerstört und damit 319 Palästinenser obdachlos. Im selben Jahr erhielten über 1000 Eigentümer Abrissbescheide, die jederzeit mit Vorwarnzeiten von ca. 1 - 2 Stunden in die Tat umgesetzt werden können. Die Empfänger der Hiobsbotschaft leben im ständigen Stress, dass ihr mühselig aufgebautes Haus oder eine Werkstatt plötzlich dem Erdboden gleichgemacht wird. Die betroffenen Familien stehen dann nicht nur obdachlos auf der Straße – sie müssen auch noch die Abrisskosten aufbringen.

---

kommt, liegt rechter Hand bald eine kleine Tankstelle mit Laden, dort findet man leicht erste Gesprächspartner.

Aber es gibt hier auch antike Sehenswürdigkeiten. Etwas südlich der Straße 57 kann man den **Tell AlMasar** [F5] liegen sehen. Er ist mit Tonscherben verschiedener Jahrtausende übersät. Bisher wurden nur die imposanten Grundmauern eines Festungswerks ausgegraben. Um die Trümmerstätte zu erreichen, muss man etwas über das freie Feld, wird jedoch mit einem Rundblick belohnt, der keine Frage offen lässt, warum sich an dieser Stelle Siedlungsschicht über Siedlungsschicht türmt.

Schwieriger zu erreichen dürfte das im Süden gut sichtbare **Alexandreion** (Sartaba) [E5] sein. Der fast spitz zulaufende Berg liegt vom Tell nur wenige Kilometer aber auch 700 Höhenmeter entfernt. Für den Zuweg sollte man sich im Vorfeld bei einem fachkundigen Führer schlau machen, ob das Militär und/oder die Siedlungen geneigt wären, die Tore der Zufahrten zu öffnen. Es ist wenig ausgegraben, aber die Hauptsache auf dieser ehemaligen Hasmonäer- und später Herodesburg ist natürlich der atemberaubende Rundblick.

Wer von hier aus noch weiter in den Norden möchte, erreicht nach 35 km den häufig anstrengenden Checkpoint Beisan/Bet Shean an der Grünen Linie.

Fährt man an der Straße 90 rechts, erreicht man bald den Ort **Awja AtTahta** [F7] oder steht schon mittendrin, falls die Umgebung noch nicht fertig ist. Hier haben die *Friends of the Earth – Middle East* (FoEME), ein Verein aus jordanischen, palästinensischen und israelischen Umweltschützern, im Oktober 2010 ein Zentrum eröffnet, das seit neuestem auch ein Gästehaus unterhält, das *Jordan Rift Valley Center for Environmental Education & Ecotourism Development.* Es sollen vor allem palästinensische Jugendliche für Umweltschutz interessiert und begeistert werden. Aber auch Erwachsenenbildung mit Umweltpfaden ist im Blick, und das Ganze soll schließlich vorleben, wie Ökotourismus funktionieren kann: Tel 2310424 oder 059 5293007, fadi25@foeme. org, www.jvec.ps. Da ist der Preis in den Dormitories doch fast egal: Hinfahren!

Weiter auf der Straße 90 nach Süden

Wenige Kilometer weiter scheint sich 2009 irgendwo die Lage eines biblischen Ortes durch einen Fund bestätigt zu haben: Eine israelische Grabung der Universität Haifa entdeckte 4 km nördlich von Jericho die größte von Menschenhand geschaffene Höhle Israels (ca. 40 x 100 x 3 m), die von der Zeitenwende bis zum Ausklang der byzantinischen Zeit für Jahrhunderte als Steinbruch, dann wohl als Kloster diente. Steine mühsam unterirdisch zu brechen, könnte mit der Heiligkeit des Ortes zusammenhängen: In dieser Gegend wurde schon immer der Ort **Gilgal** vermutet, an dem das Volk Israel unter Josua ins verheißene Land einzog. Die Höhle ist noch nicht zu besichtigen.

Nach einer Doppelkurve kreuzt die 90 irgendwann die Zufahrt zur **Allenby Bridge** [F8], die der wichtigste Grenzübergang für Palästinenser nach Jordanien ist. Ähnlich wie beim Jordan wundert man sich bei dieser oft genannten Brücke, wie klein und unspektakulär sie wirkt. Es sind nur ausländische Fußgänger; aber keine mit Autos, erlaubt.

Der nächste Abzweig von der 90 zum Jordan führt zu der Stelle, an der Johannes der Täu-fer mit höherer Wahrscheinlichkeit Jesus im Jordan getauft haben wird als an der israelischen Ersatz-Taufstelle Yardenit gleich südlich des Sees Genezareth. Folgen Sie dem Schild zum **Qasr AlYahud** [F8]. Der schon den antiken Christen wichtige Platz liegt zwar im militärischen Sperrgebiet, auf das man nach 1,5 km trifft. Aber die israelische National Parks Authority ist dabei, die Zugänglichkeit drastisch zu erhöhen. Gruppen können sich Mo/Mi/Fr/Sa anmelden, und Einzelreisende können herausfinden, ob sie sich einer Gruppe anschließen dürfen; Eintritt frei, Tel 057 7766648, saark@npa.org.il. Außer der eigentlichen Taufstelle sollen künftig auch die umliegenden Kirchen und Klöster renoviert werden.

Genau gegenüber auf der anderen Jordanseite entdeckten die Jordanier Relikte, die von Archäologen als die Johannes-Taufstelle lokalisiert und unter dem Namen *Bethanien* touristisch ausgebaut wurden. Wie der Zufall spielt: Bald danach wurden die israelischen Anlagen groß und mächtig erweitert.

Wenig weiter die 90 hinunter steht links ein Wegweiser zum **Gerasimoskloster/Deir Hijla** [F8]. In diesem aktiven griechisch-orthoxen Kloster lohnt eine Besichtigung: eine schöne Kirche mit Ikonensammlung und Mosaiken im Klostergarten. Gerasimos (Todesjahr 475) gründete das erste Kloster im Jordantal und hat das palästinische Mönchtum stark geprägt. Das Kloster führt ein Restaurant und auch das *AsSaituna Guest House*. Hier hat man wirklich seine Ruhe, Tel 9943038 oder 050 5348892, Fax 2742016.

3 km weiter an der Bet HaArava Junction ginge es links zur geschlossenen König-Abdallah-Brücke geradeaus die Straße 90 weiter am Toten Meer entlang, und rechts wieder zur südlichen Einfahrt nach Jericho, an der Almog Junction nach rechts.

Wer noch Zeit hat, könnte nach der Überquerung des Wadi Qelt scharf links zu den **Tulul Abu AlAlayiq** fahren und Reste von Hasmonäer- und Herodes-Palästen anschauen. Am Schluss sind sie nicht mehr ausgeschildert, sind am Wadirand aber nicht zu verfehlen. Die eher spärlichen und vor Ort nicht erläuterten Ruinen zeichnen ein Bild der damaligen Prachtbauten nach. Zu sehen sind u.a. die Reste einer großen Empfangshalle, einige Räume, deren Wände mit Fresken geschmückt waren, rituelle Bäder und mehrere große Schwimmbecken. Sogar an den Grundmauern kann man noch erkennen, dass Herodes beim Bau seines Winterpalastes nicht gespart hat.

Etwa 1 km nördlich ist der gut ausgeschilderte Tell AsSamarat zu finden. Auch hier sind Galopprennbahn und Theater nur bei genauerem Hinschauen zu erkennen. Auf dem Gelände wird außerdem gebaut. Aber auch hier machen historische Nachrichten die Sache spannender: Herodes der Große, dem natürlich bekannt war, dass die Juden ihn schon wegen seiner Herkunft aus dem Ostjordanland nicht schätzten, soll wenige Tage vor seinem Tod veranlasst haben, 3000 Leute im Hippodrom gefangen zu setzen und diese Untertanen an seinem Todestag ermorden zu lassen, damit jede jüdische Familie zwar nicht um ihn trauern würde, aber dennoch Tränen zu vergießen hätte. Dieser Befehl sei dann aber nicht ausgeführt worden.

Merkwürdig, dass sich nationalreligiöse Juden heutzutage zum Nachbau des Tempels dieses Mannes einsetzen (siehe S. 178).

Totes Meer

Diese Route führt bis kurz vor En Gedi eigentlich durch palästinensisches Gebiet. Sie ist zwar eine der Standardstrecken ans Tote Meer, dennoch sollten Sie sich über die Argumente auf Seite 407 Gedanken machen.

Es gibt nur zwei **öffentliche Strände** mit Süßwasserduschen (ohne Dusche hinterher geht es nicht!) und freiem Eintritt am **Toten Meer**: En Gedi und En Boqeq. Strände mit Eintrittsgebühr und mit Duschen finden Sie in En Feshkha und Neve Zohar. Hotels in En Boqeq unterhalten Privatstrände.

Wegen des sinkenden Wasserspiegels ist **dringend davor zu warnen**, außerhalb öffentlicher Bereiche am Toten Meer **zu wan-**

dern! Es besteht die Gefahr, in 8-10 m **tiefe Höhlungen** durchzubrechen, deren Entstehung unbekannt ist und aus denen man schlecht entkommen kann.

Busverbindungen

▶ Die folgenden Busse fahren von Jerusalem am Toten Meer entlang: Busse 421, 486, 487 bis Neve Zohar mit Stopps in Qumran, En Feshkha, En Gedi und Massada; Bus 444 nach Elat (Qumran, En Feshkha, En Gedi, Massada und Neve Zohar).

Von Jerusalem aus erfolgt die Anfahrt wie bei der Route nach Jericho (siehe „Jerusalem – Jericho" auf Seite 173), jedoch an der Almog Junction (von der aus die nächste Kilometerangabe zählt) geradeaus weiter.

10 km von der Almog Junction bis

Qalya/Kalya Beach

Badestrand mit Süßwasserduschen und Caféteria, ₪ 35, Kinder 25.
3 km bis

***Qumran [F9]

Weltweit bekannt wurde Qumran, als in Höhlen des Steilabfalls der Judäischen Berge Schriftrollen des Alten Testaments gefunden wurden, die um die Zeitenwende geschrieben worden waren – rund 1000 Jahre älter als die bis dahin bekannten Schriftrollen. Bei der weiteren Suche wurde oberhalb der Höhlen die Siedlung einer jüdischen Gemeinschaft ausgegraben, über deren selbst auferlegte Regeln durch die eigenen Schriften viel bekannt ist, die sich jedoch keiner bis dahin bekannten jüdischen Gruppe klar zuordnen lassen.

Geschichte: Etwa 150 vC entstanden unterschiedliche jüdische Gemeinschaften wie Essener, Sadduzäer und Pharisäer als Protest gegen die lockeren Sitten ihrer Glaubensgenossen, vor allem gegen die zu jener Zeit praktizierten Tempelriten und den hellenistischen Einfluss. In der kleinen Siedlung Qumran mit etwa 200 bis 500 Einwohnern lebten „Extremisten", die den Tempelkult in Jerusalem so

6

****Das Tote Meer

Obwohl es sich eigentlich als das ungastlichste Gewässer auf Erden ausgibt, geht vom Toten Meer doch ein ganz eigener Reiz aus.

Es liegt immerhin 410 m unter dem Meeresspiegel und hat selbst noch einmal eine Tiefe von 390 m. Im südlichen Teil schiebt sich die jordanische Halbinsel Lisan (Zunge) weit nach Westen in den See; von dort bis zum südlichen Ende erreicht die Wassertiefe nur noch 9-12 m. Je nach Wasserstand dehnt sich das Tote Meer 75–80 km von Nord nach Süd und bis zu 17 km von West nach Ost aus. Lisan wie auch der westlich des Sees gelegene Mount Sedom entstanden, weil sich Felsen und Steine auf dem Meeresboden absetzten und schließlich das dort eingelagerte Salz empordrückten.

Das Tote Meer verdankt dem ostafrikanischen Grabenbruch seine Existenz. Er bildet hier einen Felsenkessel mit ziemlich steilen Flanken zwischen den bis zu 1014 m hohen judäischen Bergen im Westen und den bis zu 1285 m hohen moabitischen Gebirgszügen im Osten. Vom südlichen Ufer aus steigt die Senke des Grabenbruchs langsam im Wadi Arava an, um nach ca. 130 km wieder Meereshöhe zu erreichen.

Das hauptsächlich vom Jordan einfließende Wasser verdunstete früher in einer Menge, die den Wasserspiegel im Jahresmittel konstant hielt. Heute wird vom Jordan so viel Wasser abgezweigt, dass wegen der geringeren Zuflussmengen der Wasserspiegel stetig sinkt, inzwischen um bis zu 1 m jährlich. Etwa ein Drittel des Sees ist bereits verlandet. 1976 tauchte dadurch aus dem Wasser eine Erhebung auf, die den südlichen Teil des Sees abtrennte. Um das Südbecken überhaupt nass zu halten, musste auf israelischer Seite vom nördlichen Teil ein Kanal gebaggert werden, der den Zufluss sicherstellte.

Vor etwa 100 000 Jahren war der gesamte Jordangraben bis zum heutigen Tiberias hinauf vom Indischen Ozean angefüllt, dessen Wasseroberfläche damals 200 m höher als

heute lag. Nach Abfallen des Wasserspiegels vor 50 000 Jahren blieben nur der See Genezareth und das Tote Meer als Wasserbecken übrig. Dessen Salzkonzentration steigt kontinuierlich an. Zur Zeitenwende lag sie bei etwa 8 Prozent, gute 1000 Jahre später trafen die Kreuzfahrer schon auf 15 Prozent, ab 1967 nahm sie wegen der immer geringeren Süßwassereinspeisung des Jordans von 30 auf die heutigen 33 Prozent zu.

Diese Konzentration ist eine für alle Lebewesen todbringende Brühe – nomen est omen. Dennoch konnte ein Ökosystem aus Mikroorganismen und Algen bis Mitte der 1970er Jahre existieren, dann hatte der Salzgehalt dermaßen zugenommen, dass auch diese hartgesottenen Organismen aufgaben, das ökologische Gleichgewicht des Sees kippte um; seither trifft der Name auch unter dem Mikroskop zu – es ist alles tot.

Für den Menschen hat der Mineralgehalt den Vorteil, dass der Körper nicht untergehen kann. Doch laugt das Wasser die Haut aus, daher muss man sich unbedingt nach einem Salzbad mit Süßwasser abduschen. Neben Salz sind Mineralien wie Magnesium, Kalzium, Brom, Kalium und Schwefel im Wasser gelöst, von denen jedes heilende Kräfte für den Menschen aufweist. Bekannt ist die Heilwirkung für z.B. Rheumakranke oder bei bestimmten Hautkrankheiten wie Schuppenflechte. Die Luft ist außerdem stark mit Bromin angereichert, das zur Entspannung des Nervensystems verhilft. Auch der schwarze Uferschlamm tut der Gesundheit gut, indem man sich, durchaus vergnüglich, damit einreibt und ihn nach dem Antrocknen abduscht. Die tiefe Lage und der damit verbundene 10 Prozent höhere Sauerstoffanteil sowie die Verdunstung des Wassers wirken als starke UV-Filter – man bekommt nicht so leicht einen Sonnenbrand, sollte sich aber dennoch gegen die immer noch vorhandene Strahlung schützen.

Im Altertum gab das Tote Meer den Menschen viele Rätsel auf, zumal auch noch aus unterirdischen "Lecks" Erdöl als Teer nach oben stieg. Dieses relativ seltene Material, damals Erdpech genannt, sammelten die Anrainer. Unter anderen waren die Nabatäer dafür bekannt, die es mit viel Gewinn zum Abdichten von Booten, zur Einbalsamierung von Mumien nach Ägypten und als Heilmittel verkauften. Die Römer nannten das Tote Meer sogar lacus asphaltitis, Asphaltsee.

Dass der hohe Salzgehalt auch mit allerlei Übersinnlichem verbunden war, geht aus der Bibel hervor: Das Weib von Lot erstarrte hier zur Salzsäule. Daher nennen die Araber die Salzbrühe Bahr Lut, See des Lot.

weit ablehnten, dass sie sogar einen eigenen Hohepriester hatten und eine eigene Kalenderzählung führten. 31 vC zerstörte ein Erdbeben den Ort, er wurde aber wieder aufgebaut und schließlich 68 nC während des Jüdischen Krieges von römischen Truppen erobert und zerstört. Zuvor hatten die Einwohner ihre Bibliothek und andere Wertgegenstände in den natürlichen Höhlen der Umgebung versteckt.

Knapp 2000 Jahre später wurden die Schriftrollen von einem Beduinenjungen entdeckt, dessen Ziege sich in eine Höhle verirrt hatte. Er trug die Rollen wochenlang mit sich herum, versuchte sie zu verkaufen, wurde sie aber erst in Jerusalem über einen Antiquitätenhändler an den Metropoliten des syrischen Markusklosters und an Professor Sukenik von der Hebräischen Universität los. Der Metropolit nahm die Rollen mit in die USA und verkaufte sie dort über Umwege an den israelischen General und Archäologen Yigael Yadin, Sohn des Professors Sukenik, der sie zurück nach Israel brachte. Heute werden die meisten Schriftstücke in Jerusalem im eigens errichteten „Schrein des Buches" des Israel-Museums aufbewahrt und ausgestellt (siehe S. 172). Zwei Rollen sind im Museum von Amman zu sehen.

Ab 1952 wurden Qumran und seine Umgebung systematisch erforscht. Insgesamt kamen über 900 Handschriften zum Vorschein, die meisten in speziellen Tonkrügen mit Deckeln untergebracht. Es sind die ältesten Bibeltexte, die meisten auf Hebräisch verfasst, aber auch aramäische, nabatäische, griechische und lateinische Texte. Alle Bücher der Hebräischen Bibel wurden zumindest in Bruchstücken gefunden, in noch dazu erstaunlicher Übereinstimmung mit den bis dahin bekannten, viel später geschriebenen Texten: Das System, Abschriften u.a. durch Kontrollzählungen einzelner Worte und sogar Buchstaben zu überprüfen, hat qualitätvollere Kopien produziert als ein Fotokopiergerät sie herstellen könnte. Darüber hinaus beinhalten die Rollen die Regeln, nach denen die Gemeinschaft in Qumran miteinander lebte; z.B. beschreibt die sog. Kriegsrolle, mit welcher Kriegsstrategie und Waffentaktik sich die Essener als „Söhne des Lichts" bei der bald bevorstehenden Ankunft des Messias und dem damit verbundenen Weltuntergang gegen die „Söhne der Finsternis" aufzustellen hätten, die sie selbstverständlich besiegen würden. Aber wir wissen auch Alltäglicheres, etwa wie die Mahlzeiten abliefen, wer wann in den Versammlungen das Wort ergreifen durfte und wie viele Tauchbäder täglich zu absolvieren waren, was entfernt an christliche Mönchsregeln erinnert.

Das Ruinengelände (8-17, im Winter -16; ⛶ 21, mit En Feshkha, s.u., ⛶ 36) liegt etwa 100 m oberhalb der Straße. Schilder innerhalb der Anlage weisen auf die wichtigsten Gebäudekomplexe hin. Der weitläufige Souvenirladen hätte den Qumran-Einsiedlern nicht gefallen. Am Eingang gibt es einen guten Plan der Anlage, und auch der angebotene Film ist zur Einstimmung geeignet. Nach dem Film sollte man zunächst auf den ehemaligen Wachtturm steigen, um die Häuser der Gemeinschaft zu überblicken.

Besonders auffallend sind die vielen Wassergräben und Zisternen, denn die Bewohner Qumrans benötigten nicht nur Trinkwasser, sondern vor allem Badewasser für ihr tägliches rituelles

Bad. Über einen Aquädukt wurde das Wasser vom Wadi Qumran hergeleitet, in einem großen Klärbecken (ganz im Nordwesten) abgeklärt und dann zu Verbrauchern bzw. verschiedenen Zisternen geleitet. Links hinter dem Turm lag die **Gemeinschaftsküche**, an die sich Vorratsräume anschlossen, gegenüber (südlich) dem Hauptgebäude. Historisch interessant ist der lange Schreibraum mit Bänken und Tischen, auf denen noch einige Tintenfässer mit ausgetrockneter Tinte standen; hier wurden sicherlich viele der Schriftrollen angefertigt. Südlich davon liegt der große Versammlungssaal, in dem wohl auch rituelle Mahlzeiten eingenommen wurden.

Wenn Sie über Zeit und eine gute Wanderkondition verfügen, können Sie in einige Höhlen klettern, die oberhalb Qumrans liegen. Zuvor sollten Sie sich erkundigen, welche überhaupt zugänglich und wie erreichbar sind.

Übernachten

• **KALIA**, Kibbuz-Gästehaus (nördlich neben Qumran), Tel 02 9942833, Fax 02 9942710; hinter Stacheldrahtzäunen und bewachtem Eisentor verbirgt sich eine kleine Oase in Grün mit hübsch angelegten Gästehäusern, auch Zelten möglich, sehr sauber, AC, TV, Kühlschrank, WLAN, mF..E+B $ 123, D+B $ 136
• **JERICHO INN**, Vered Jericho, siehe S. 183
3 km bis

En Feshkha/Enot Zukim Nature Reserve [E9]

Eine Reihe von Quellen speisen einen Bach, der durch Schilffelder ins Tote Meer fließt. Hier wird die Spannung zwischen Leben und Tod drastisch vor Augen geführt: auf der einen Seite noch üppig lebendige Natur, dann der abrupte Übergang zum absolut toten See. Das recht große Gelände der Nature Reserve beherbergt

auch Wild und ein paar Ruinen. Die unansehnlichen Mauerreste gehörten vielleicht zu Gebäuden, die die Leute aus Qumran zum Gerben des Pergaments für ihre Schriftrollen benötigten.
▶ Es gibt eine Bademöglichkeit (Apr-Okt 8-17, Nov-März 16, Fr eine Stunde früher Schluss, ₪ 27, Kinder 14, Kombiticket mit Qumran ₪ 36/18): zwei große, vom Bach gefüllte Süßwasserbadebecken, jedoch kein Zugang zum Toten Meer, Umkleidekabinen und Duschen.

14 km: **Mezoke Dragot Junction**
Hier, kurz vor Mizpe Shalem, wäre die Straße dicht, wenn der Checkpoint aktiv wäre. Rechts führt eine Straße nach 2 km bergauf zur

Mezoke Dragot und HaHeteqim Nature Reserve [E11]

mit dem **Mezoke Dragot International Center for Desert Tourism**. Hier werden Abenteuer in den judäischen Bergen/Kliffs arrangiert. Im Wesentlichen handelt es sich um Wander- und Klettertouren durch schwieriges, aber faszinierendes Gelände, die nahezu alle geführt werden müssen.

Auch wenn Sie sich nicht in Abenteuer stürzen wollen, so lohnt für Autofahrer der Abstecher wegen des Panorama-Ausblicks auf das Tote Meer. Es gibt ein
• **Guest House**, Tel 02 9944777, Fax 02 9944333, www.metzoke.co.il (hebräisch); einfache Zimmer, schattenspendende Bäume mit Hängematten, für Shabbat vorbuchen, um den vielen Familien zuvorzukommen, prima Abendessen ₪ 80,..................................D+B ₪ 360-400
3 km:

Der Strand **Mineral Beach** lädt zum Baden ein, ₪ 45, www.dead-sea.co.il (hebräisch).
Nach 13 km erreicht man die Oase ***En Gedi** [E12] mit Gratis-Badestelle, Wandermöglichkeiten im Naturpark und Unterkünften, siehe Reise Know-How-Band *Israel & Palästina*.

Südliche Westbank

Jerusalem – Bethlehem – Hebron

Die Straße 60 verläuft von Jerusalem durch palästinensisches Gebiet über Hebron nach Süden. Man findet sie am besten, wenn man etwa unterhalb des Mount Zion – entweder vom Jaffator oder vom Dungtor kommend – von der Yerushalayim St nach Süden auf die Hevron St abzweigt. Informieren Sie sich bitte vor der Reise über die aktuelle politische Situation (siehe S.43).

Die Straße führt an Har Homa vorbei, einer der umstrittenen neueren jüdischen Siedlungen im palästinensischen Gebiet. Der Berg, arabisch *Jebel Abu Ghneim*, wurde abgeholzt, um den jüdischen Siedlern Platz zu schaffen. Sonst ist man in Israel eigentlich um Aufforstung bemüht.

Etwa auf halbem Weg nach Bethlehem fanden israelische Archäologen 1992/97 in der Nähe des Klosters Mar Elias die **Kathismakirche** [C9], die Ruinen einer ehemals bekannten Anlage aus dem 5. Jh, die um den sog. Sitzstein Ma-

Sehenswertes

****Bethlehem**, hübsch gelegene, freundliche Stadt, Geburtsort von Jesus mit interessanter Geburtskirche, Altstadt mit Atmosphäre, Hirten-Felder, S. 192

***Herodeion**, Wüsten-Prachtpalast und Mausoleum des Herodes, fantastische Lage mit weitem Blick, luxuriös eingerichtet, S. 202

***Hebron**, der Haram AlKhalil, die Grabstätte Abrahams, ist der Anziehungspunkt dieser wegen vieler Unruhen bekannten Stadt, S. 208

Mar Saba, pittoreskes Wüstenkloster in der Judäischen Wüste, gut gelegen, S. 201

rias gebaut worden war – hier hatte sich Maria auf dem Weg nach Bethlehem ausgeruht. Von der oktogonalen, und deshalb wohl sehr bedeutsamen Kirche blieben neben dem Sitzstein im Wesentlichen nur schöne Bodenmosaike übrig. Die Stätte ist touristisch nicht zugänglich gemacht, aber da sich niemand kümmert, ist höchstens ein schütterer Zaun zu überwinden. Die Mosaike liegen geschützt unter Sand – wer sie anschaut, muss hinterher wieder mit Sand zudecken.

Kurz vor der Stadt, aber im Grunde direkt auf der Grenze, steht rechts der Straße – inzwischen jedoch komplett von der israelischen Mauer umschlungen

Rahels Grabmal [C9]

(Rakhel's Tomb; immer geöffnet außer So-Do 22.30-1.30 und außer Sa und feiertags, www.keverrachel.com), nach Jerusalem und Hebron die wohl drittheiligste Stätte des Judentums, aber auch im Islam und Christentum von Bedeutung. 2010 ernannte die israelische Regierung das Grab zu nationalem Erbe (wie auch den Heiligen Bezirk in Hebron), was die UNESCO nicht gelten lassen will, weil sie beide Stätten zum palästinensischen Gebiet zählt. Jakobs Lieblingsfrau Rahel starb hier bei der Geburt Benjamins. Früher gehörte das Bild dieses Grabes – eine Kuppel auf vier Rundbögen – zu den typischen Ansichten Israels. Nach der Intifada und einigen palästinensischen Übergriffen entschloss man sich, die Anlage besser zu schützen und ringsum schusssicher zu verbauen; so entstand eher ein Festungsbauwerk, das nicht jedermanns Andacht fördert. Im Innern gibt es außer dem verhängten Grabmal und eifrig betenden Gläubigen nicht viel zu sehen. Ein Vorhang trennt den Bereich der Frauen ab, die hier um Fruchtbarkeit und leichte Geburt beten. Durch die Betonmauer ist die Stätte nur noch von Jeru-

7

salem aus zugänglich, und es kann immer wieder vorkommen, dass nicht-jüdische Besucher außen vor bleiben müssen. Fußgänger werden zur Sicherheit nicht durchgelassen. Per Auto oder Touristenbus gibt es dagegen kein Problem; wem beides fehlt, nehme den Egged Bus 163 von der Jerusalemer CBS.

Es ist die Frage, ob Sie per Auto hier den Gilo bzw. Rahel Checkpoint passieren dürfen. Wenn nicht, schickt man Sie vermutlich auf einige Kilometer Umweg zum Checkpoint Bet Jala, von dem aus Sie sich nach Osten über den Berg durchfinden müssen. Wer mit dem Bus oder Taxi kam, wird am Fußgänger-Checkpoint sicherlich durchgelassen – auf der anderen Seite warten Taxis in die Innenstadt – und steht hinter der Mauer direkt in

****Bethlehem / Beit Lakhm [C9]

Die Geburtsstadt Jesu, die eine lange biblische Geschichte hat (u.a. wurde David hier zum künftigen König bestimmt), zählt zu den wichtigsten christlichen Städten Israels – die vielen Reisebusse mit den Touristenströmen verdeutlichen es nur allzu sehr. Doch Bethlehem besteht nicht nur aus christlich geprägten Bauten, sondern

aus der historischen Altstadt, die sich auf einem quasi abgeflachten Hügel ausdehnte, dessen teilweise steile Flanken möglichen Feinden die Eroberung erschwerten wie auch Kakteen-Zäune, enge Treppen etc. Die Geburtskirche – am Manger Square (Krippenplatz) – erhebt sich am Südostende des Hügels. Die alten Zugangsstraßen führten vom flacheren Norden durch die Altstadt zur Kirche, während die von den Engländern gebaute Manger St die Kirche und den gleichnamigen Platz unter Umgehung der etwas engen Altstadt erschließt.

Konzentrierte sich die Aufmerksamkeit der Besucher bisher allein auf christliche Objekte, so wurde mit der Totalrenovierung von Bethlehems Altstadt aus Anlass der 2000-Jahrfeiern auch die sehenswerte Altstadt einbezogen. Aus ihr wurde der Autoverkehr verbannt, sodass die Touristen prinzipiell am Nordrand aus den Bussen steigen und bequem durch die historische Stadt zur Geburtskirche am Manger Square schlendern und währenddessen Geld ausgeben *könnten*. Wäre da nicht die Zweite Intifada gewesen: Die Busse halten seitdem in der Regel 20 Minuten an der Geburtskirche und eine Stunde an ausgesuchten Souvenirshops,

Großzügig: Statt das Haus wegzubaggern, zog man die Sperrmauer U-förmig um Claire Anastas' Familienpension herum; der Blick auf das Rahelgrab nebenan ist seither verbaut

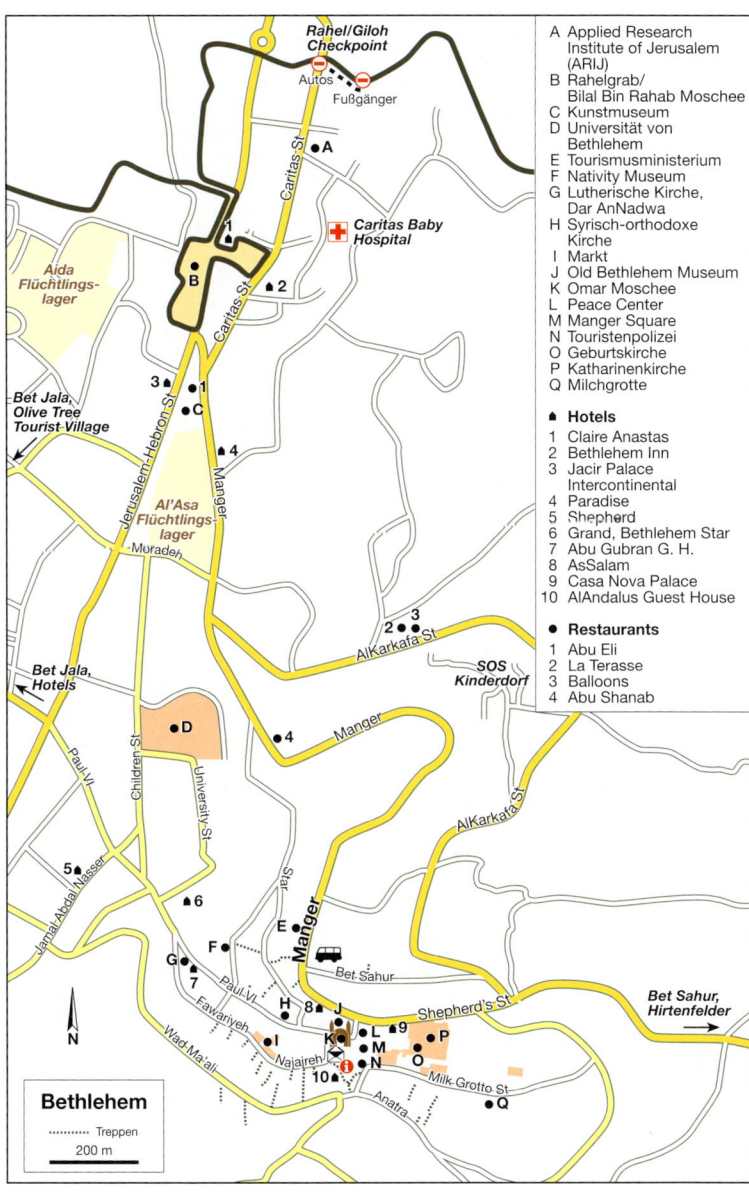

Bethlehem

········· Treppen

200 m

A Applied Research
  Institute of Jerusalem
  (ARIJ)
B Rahelgrab/
  Bilal Bin Rahab Moschee
C Kunstmuseum
D Universität von
  Bethlehem
E Tourismusministerium
F Nativity Museum
G Lutherische Kirche,
  Dar AnNadwa
H Syrisch-orthodoxe
  Kirche
I Markt
J Old Bethlehem Museum
K Omar Moschee
L Peace Center
M Manger Square
N Touristenpolizei
O Geburtskirche
P Katharinenkirche
Q Milchgrotte

♠ **Hotels**

1 Claire Anastas
2 Bethlehem Inn
3 Jacir Palace
  Intercontinental
4 Paradise
5 Shepherd
6 Grand, Bethlehem Star
7 Abu Gubran G. H.
8 AsSalam
9 Casa Nova Palace
10 AlAndalus Guest House

● **Restaurants**

1 Abu Eli
2 La Terasse
3 Balloons
4 Abu Shanab

7

sofern noch welche existieren, und fahren wieder weg. Jeder Besuch, der länger bleibt und sich selbst ein Bild machen möchte, ist hoch willkommen.

Geschichte: *Die nachweisbare Geschichte der Stadt beginnt mit Kaiser Hadrian, der 135 nC ein Adonisheiligtum über der Grotte bauen ließ, von der es hieß, dass dort Jesus geboren worden sei. 325 wurde unter Kaiser Konstantin anstelle des Heiligtums eine Basilika errichtet. Durch eine Öffnung im Boden konnten die Pilger in die Grotte hinabschauen. 529 zerstörten Samaritaner diesen Bau. Zwei Jahre später ließ Justinian die Basilika weitgehend dem alten*

Weihnachten in Bethlehem

Viele Christen rund um den Globus träumen vom Weihnachtsfest in Bethlehem. Abgesehen von einer weiten Anreise können sich politische Hindernisse in den Weg stellen. Man sollte sich zuvor z.B. beim Christlichen Informationszentrum in Jerusalem am Jaffator (Tel 02 6272692) nach der aktuellen Lage erkundigen. Dort wird auch das Ticket verkauft, ohne das es keinen Einlass zur Mitternachtsmesse gibt.

Nach der Teilnahme an der Mitternachtsmesse kann man von speziellen Telefonzellen nach Hause anrufen und das Glockengeläut live in die Heimat übertragen, anschließend in einem der die ganze Nacht über geöffneten Restaurants dinieren, sich danach einen speziellen Stempel in den Pass drücken lassen und besondere Weihnachtsbriefmarken auf der Post kaufen.

Zur Freude der Geschäftsleute Bethlehems findet Weihnachten aufgrund unterschiedlicher Kalender, dreimal statt: Am 24./25. Dezember für Katholiken und Protestanten, am 6./7. Januar für die orthodoxen Christen und am 19. Januar für die Armenier, wobei die letzteren Feste die farbenfreudigeren sind.

Bauwerk ähnlich wieder errichten. Diese heute älteste erhaltene Kirche hat erstaunlicherweise alle Wirren der Jahrhunderte überstanden: Die Perser ließen sie 614 ungeschoren, ebenso die bald folgenden Muslime. Die Kreuzfahrer renovierten die Basilika, selbst die Mamluken machten halt vor ihr. Später allerdings verfiel sie, die Türken demontierten die Marmorverkleidungen für Bauten in Jerusalem. Schließlich erhielt 1670 die griechisch-orthodoxe Kirche die Erlaubnis, die Basilika wiederherzustellen. In den folgenden Jahrhunderten neideten die anderen christlichen Glaubensrichtungen den Orthodoxen das Kirchenprivileg. Es kam zu tätlichen Auseinandersetzungen, die schließlich von der Hohen Pforte durch eine noch heute gültige Eigentumsregelung beruhigt wurden.

Das Jahr-2000-Projekt brachte 200 Millionen Dollar aus verschiedenen Ländern, um aus Bethlehem und seinen Nachbarstädten Bet Jala im Westen und Bet Sahur im Osten eine der ersten touristischen Adressen im Nahen Osten zu machen – inklusive umfassender Renovierung der Infrastruktur. Die Jahrtausendwende brachte jedoch auch die AlAqsa-Intifada, im Frühjahr 2002 verschanzten sich etwa 200 Palästinenser in der Geburtskirche, die von der israelischen Armee belagert und beschossen wurde – ein bis dahin nicht vorstellbares Geschehen. Wenig später wurde Bethlehem mit der Betonmauer eingekreist. Dieses acht Meter hohe Ungetüm wird zwar laufend verschönert, u.a. von Robert „Banksy" Banks aus London, dem besten Sprayer der Welt (siehe einige seiner sehenswerten Bethlehemer Beiträge auf www.santasghetto. com), aber der Tourismus ist noch lange nicht wieder in Gang gekommen.

Der Manger Square zählte noch bis 1998 zu den verkehrsreichsten Plätzen der Region, Busse luden ihre Gäste aus, Polizeiautos rasten mit Sirenengetöse zur Polizeistation auf der Nordseite. Die Initiative Bethlehem 2000 hat den Platz total umgekrempelt, er stellt sich jetzt als eine autofreie Zone mit Schatten spendenden Bäumen dar, die Polizeistation wurde abgerissen und an ihrer Stelle das **Peace Center** errichtet mit der Touristen-Information, Buchladen, Ausstellungsräumen, Toilettenanlagen etc.; www.peacenter.org.

Auf den Manger Square schaut die Christenheit an Weihnachten, hier steht die Hauptattraktion von Bethlehem, die **Geburtskirche** (*Basilika of the Nativity;* 6.30-19.30; im Winter 5.30-17, Geburtsgrotte So vormittags geschlossen), die festungsgleich den Platz dominiert und von außen nicht gerade attraktiv aussieht. Ihrem alten Gemäuer sieht man zweifelsohne die Jahrhunderte an. Das ursprüngliche Portal wurde von den Kreuzfahrern verkleinert, später ganz zugemauert. Geöffnet ist nur ein so niedriger Seiteneingang, dass die Mamluken nicht auf dem Pferd in die Kirche reiten konnten und heutige Touristen Schlange stehen müssen, um gebückt durch das schmale Tor hinein- oder herauszukommen.

Das Innere der Basilika wirkt monumental, erstrahlt aber nicht gerade in Schönheit. Die Säulen mit korinthischen Kapitellen haben ihre Vergoldung verloren und scheinen eine Art dunkelbrauner Patina angesetzt zu haben. Die

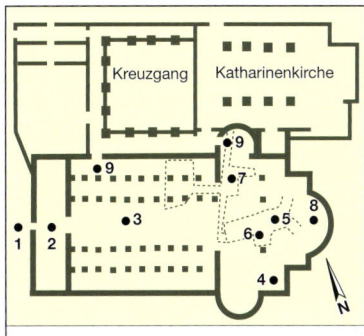

Geburts- und Katharinenkirche

1 Eingang	6 Krippenaltar
2 Narthex	7 Grotte der unschul-
3 Mosaike	digen Kinder
4 Altar der Beschneidung	8 Hauptaltar
5 Geburtsgrotte	9 Zur Katharinenkirche

ebenfalls dunkelbraune Holzdachkonstruktion bietet sich unverkleidet dem Auge dar. Doch gerade diese eher brachiale und fast schon morbide Schönheit des Mittelschiffs gibt der Basilika einen unvergleichlichen Charakter und macht sie – für uns – zu der eindrucks- und

Geburtsgrotte – hier kam Bethlehems prominentester Sohn zur Welt

stimmungsvollsten Palästinas. Durch zwei Öffnungen im Fußboden des Mittelschiffs, deren Holzabdeckungen eher wie auf einer Baustelle herumliegen, kann man Mosaike der Kirche aus dem 4. Jh bewundern.

An der südlichen (rechten) Wand steht ein Taufbecken aus Justinians Zeiten. Der **Altar der Beschneidung** auf dieser Seite gehört ebenso wie der Hauptaltar (hinter der Ikonenwand) den Griechisch-Orthodoxen, die beiden Altäre im Nordteil den Armeniern.

Vom südlichen Querhaus geht man über eine Treppe zur nur 40 Quadratmeter großen **Geburtsgrotte**. Ein Stern aus Silber bezeichnet die Stelle, an der Jesus das Licht der Welt erblickt haben soll. Darüber steht ein Altar aus dem 12. Jh. Drei Stufen tiefer liegen die Krippenkapelle mit der Krippe und der Altar der Heiligen Drei Könige. Der Ausgang der Grotte geht zur Nordseite.

Nördlich, d.h. rechts der Kirche, erhebt sich die 1881 von den Franziskanern erbaute **Katharinenkirche** (6-19.30 außer So vormittags, im Winter 5.30-17). In ihrem Vorhof steht ein Standbild des Heiligen Hieronymus, der hier lebte und die Bibel ins Lateinische übersetzte. Aus der Katharinenkirche wird die weihnachtliche Mitternachtsmesse in alle Welt übertragen. Unterhalb des Altars liegt die Kapelle der Unschuldigen, die an die Kinder erinnert, die Herodes getötet haben soll. Von der Kirche aus führt ein Kreuzgang wieder auf den Manger Platz. Wenn Sie, aus der Geburtskirche kommend, sich links halten und in die erste Straße links, die Milk Grotto St, einbiegen, ist die **Milchgrotte** (8-17, So 8-12/14-17) nur etwa 200 m entfernt und an einer kleinen Kapelle mit griechisch-orthodoxem Kreuz erkennbar. Es handelt sich um eine Höhle, in der sich die Heilige Familie vor der Flucht nach Ägypten verborgen haben soll und in der Maria einen Tropfen Muttermilch auf die Erde fallen ließ; Pilgerinnen beten hier um Fruchtbarkeit.

Gehen Sie zurück zum Manger Square. Links und rechts der Straße werden einzelne Olivenholzschnitzereien noch geöffnet haben,

vielleicht finden Sie ein passendes Souvenir. Westlich vom Square warten lohnende Entdeckungen und Eindrücke auf Sie, kreuz und quer durch die lebendige Altstadt. Man sollte unbedingt genug Zeit einplanen, um nicht nur die Geburtskirche, sondern auch das heutige Bethlehem zu erleben.

Häufig führt diese Entdeckungswanderung vom Manger Square in die Najajra St mit ihren kleinen Seitengassen, steilen Treppen und alten Häusern, zum Obst- und Gemüsemarkt, der den täglichen Bedarf der Bevölkerung deckt, an vielen Shops und Cafés vorbei bis zur Lutherischen Weihnachtskirche und dann wieder mit entsprechenden Abstechern durch die Paul VI St zurück. Das südlich angrenzende, zur Weihnachtskirche gehörige und maßgeblich vom in Deutschland promovierten Pfarrer Dr. Mitri Raheb initiierte Begegnungszentrum **Dar AnNadwa**, zu dem mehrere soziale (Bildungs-)Einrichtungen und auch das *Abu Jubran Guesthouse* gehören (Info auf www.diyar.ps), sollte man zumindest nicht ohne einen Blick in *The Cave* passieren. Wer für die attraktive Auswahl an Kunsthandwerk in der Einkaufs"höhle" zu wenig Platz im Gepäck hat, kann auch von zuhause ordern: http://cave.annadwa.org. Wer eine Pause benötigt, könnte im *AlKuz Café* verweilen.

Man kann sich hier jedoch auch zur Vertiefung der Reiseeindrücke an das hier ansässige **International Center of Bethlehem** wenden (109 Paul VI St, Tel 2770047, www.annadwa. org), das sich die Begegnung zwischen Besuchern und christlichen Palästinensern zur Aufgabe gemacht hat. Private Begegnungen und Gottesdienste mit palästinensischen Christen, Frauenbegegnungen, Jugendaustausch und Reisen mit palästinensischen Bussen durch die Westbank bis nach Nablus werden organisiert. Auch wenn in erster Linie an Gruppen gedacht ist, so bieten sich sicher auch für Individualreisende Gelegenheiten zum Mitmachen.

Einen Abstecher wert ist auf dem Weg zurück zur Geburtskirche die erste Straße links, Salesian St 48, wo im Namen gebenden Konvent der Salesianer Ende 2010 das **International**

Nativity Museum wiedereröffnet wurde (tägl. 16-22, nach Vereinbarung auch ab 8, Eintritt NIS 20/15, Tel 059 8911511, www.internationalnativity-museum.com): Mehr als 200 Krippen aus aller Welt sind in den Kloster-gewölben zu besichtigen. Weiter in der Paul VI St kann man neben der syrisch-orthodoxen Kirche auch das **Old Bethlehem Museum** (Mo-Sa 8-12, 14-17, Do nur vormittags; NIS 8) besuchen, das palästinensische Hand-arbeiten, Trachten und eine Hausein-richtung aus dem 19. Jh ausstellt.

Bet Jala [C9] und
Bet Sahur [D9]

Blick von Bethlehem zwischen unvollendetem Hochhaus und traditionelleren Gebäuden auf die schöne neue Welt jüdischer Siedlungen

Bethlehem ist mit seinen beiden Nachbarn so eng zusammengewachsen, dass es in der Antike vermutlich in Tripolis (Drei-stadt) umbenannt worden wäre.

In **Bet Jala** geht es im wahrsten Sinne des Wor-tes meist bergauf. In diesem noch mehrheitlich christlichen Ort gibt es vor allem irchliches anzu-steuern: Die griechisch-orthodoxe Nikolauskir-che soll recht alt sein, möglicherweise aus dem 4./5. Jh stammen. Der Moderne zugewandt ist die Lutherische Kirche links der Straße, die auf den Berg führt. Mit der **Abrahamsherberge** steht hier nicht nur eine prima Unterkunft (siehe unten), sondern auch ein Begegnungszentrum für alle Religionen. Das bemerkenswerteste Projekt des in Deutschland studierten Pfarrers Jadallah Shehadeh ist das **Abrahamszelt**: Die Gemeinde schlägt auf Einladung in muslimi-schen Orten der Westbank für 1-2 Jahre ein Zelt auf und zeigt ihr Verständnis von Christentum: vorbehalt- und kostenlos Kinder armer Familien speisen, bei den Hausaufgaben helfen, Freizeit-angebote machen und zu verstehen geben, dass das Glück des einen vom Glück des anderen ab-hängt. Die muslimischen Gastgeber müssen le-diglich für Wasser und Strom sorgen. Das lohnt sich kennenzulernen.

Oben auf dem Berg geht es links auf der **Talitha Kumi** St zur gleichnamigen ersten evangelischen Schule im Heiligen Land, die 1851 in Jerusalem gegründet wurde – eine Denkmal-Gebäudefront steht Ecke King George/ Ben Yehuda St. Der aramäische Name bedeu-tet: „Mädchen, steh auf!" und wurde und wird hier wörtlich verstanden. Aber auch Jungs können unter den inzwischen über 600 christ-lichen und muslimischen Kindern die Chance wahrnehmen, hier vom Kindergarten bis zum deutschen Abitur und vielleicht in der Hotel-fachschule ausgebildet zu werden. Zu der Bil-dungsstätte gehören auch ein Mädcheninter-nat und ein Gästehaus (www.talithakumi.org, siehe weiter unten).

Nach **Bet Sahur** kommt man vom Manger Platz aus mit einem etwa 2 km weiten Abste-cher zum südöstlichen Stadtrand. Hier gibt es den höchsten christlichen Bevölkerungsanteil der Tripolis (um 80 %) und auch hier wartet biblische Historie. Neben dem Feld, das Boas gehörte und auf dem das Buch Ruth geschrie-ben worden sein soll, wird zweimal das **Feld der Hirten** *(Shepherd's Field)* gezeigt, auf dem sich Hirten befanden, denen eine himmlische Erscheinung die Geburt des Heilands ankündig-te. Im 4. Jh pilgerten Christen zu einem Feld, von dem sie annahmen, es sei das der Hirten gewesen. Im Laufe der Zeit kamen die römisch-

7

katholische und die griechisch-orthodoxe Kirche zu konkurrierenden Ansichten über das echte Feld. So gilt es heute zwei Felder zu besuchen. Am besinnlichsten ist jedoch die Weihnachtsveranstaltung des eher protestantischen YMCA in einer dritten Felsgrotte – wenn zwei sich streiten…

Von der Manger St zweigt die Bet Sahur St nach Südosten ab, der man folgt. Unterwegs weisen Straßenzeichen zu beiden Hirtenfeldern. Das etwas nördlicher gelegene **Roman Catholic Field** (8-17, So 8-12/14-17; arabisch *Deir AsSiyar*) weist die Ruinen einer Kirche aus dem 4. oder 5. Jh auf, die später zu einem Kloster erweitert wurde. Die moderne Kirche, deren Gestaltung nicht jedermann überzeugt, stammt aus dem Jahr 1954. Sie überbaut eine Höhle, in der die Hirten gelebt haben sollen.

Das **griechisch-orthodoxe Feld** (8-11, 13-17; arabisch *Deir ArRawat)* erreicht man am besten von der südlicheren, zum Herodeion führenden Straße. Angeblich hatten die Hirten bestimmt, auf dem Feld der Erscheinung begraben zu werden. Über die Grabhöhle baute Kaiserin Helena eine Basilika und ein Nonnenkloster. Nur die Krypta der Basilika mit den Gräbern von drei Hirten ist noch vorhanden. Der teilweise erhaltene Mosaikboden zählt zu den ältesten christlichen Kirchenböden in Palästina. 1972 wurde eine moderne Kirche errichtet, die ebenfalls sehenswert ist.

Praktische Informationen

▶ Telefon-Vorwahl 02

• Die Tourist Information befindet sich im Peace Center am Manger Square, täglich 9-18, Tel 2766677, es gibt allerhand Karten und Literatur, z.B. den auch auf Deutsch erhältlichen akribischen, aber in die Jahre gekommenen Stadtführer *Bethlehem 2000* – empfehlenswert auch für die Umgebung, falls Sie länger bleiben möchten.

▶ Empfohlen seien außerdem die Websites der Stadtverwaltung www.bethlehem-city. org und die der touristischer orientierten Organisation http://openbethlehem.org. Ebenfalls lohnt ein Blick auf das private, nicht immer aktuelle Branchenverzeichnis www. whatsinbethlehem.com. Bet Jala informiert auf www.beitjala-city.org, Bet Sahur auf www. beitsahourmunicipality.com.

▶ Nicht zu vergessen: Die **Alternative Tourism Group** steht mit Rat und Tat zur Seite, vermittelt Bed & Breakfast und hat ihren Sitz in Bet Sahur, 74 Star St, Tel 2772151, www.atg.ps.

Verkehrsverbindungen

Falls Sie mit eigenem Fahrzeug gekommen sind: Die vielen Einbahnstraßen in Bethlehem können einem die Unabhängigkeit etwas vergällen. Für 15-25 NIS pro Fahrt kommt man mit dem Taxi in der Dreistadt vermutlich schneller überall hin.

Begegnungen mit Menschen

Oben wurden bereits einige Institutionen erwähnt, die sich anzusteuern lohnen. Hier werden weitere aus der erstaunlichen Vielzahl an NGOs im Bereich der Tripolis in alphabetischer Reihenfolge kurz genannt.

• **Alternative Tourism Group**, www.atg.ps (bereits öfter erwähnt, siehe S. 22), arbeitet eng mit dem **YMCA Bet Sahur** (www.jai-pal. org) zusammen

• **Caritas Baby Hospital**, unweit vom Rahelgrab/Gilo Checkpoint – nach wie vor das einzige auf Säuglinge und Kleinkinder spezialisierte Krankenhaus in Palästina mit 3000 kleinen Patienten pro Jahr, www.heilig-land-verein.de/ Partner/Caritas_Baby_Hospital/caritas_baby_ hospital.html

• **Holy Land Trust**, www.holylandtrust.org, Expertise in gewaltlosem Widerstand, bietet Reiseprogramme und Begegnungsmöglichkeiten an

• **Oasis** in Bet Sahur betreibt Werkstätten für Behinderte, in denen Kunsthandwerk entsteht

• **Parent's Circle Families Forum**, www. theparentscircle.org, hier vernetzen sich rund 500 palästinensische und israelische Familien, die ein Familienmitglied im Nahostkonflikt

Übernachten

Die Übernachtung in Bethlehem, Bet Jala und Bet Sahur ist eine gute Alternative zu Jerusalem, wenn man dort nichts findet oder die preiswertere Unterkunft hier vorzieht. Sie ist geradezu geboten, wenn man von Bethlehem aus Abstecher in die Umgebung plant und auch Hebron und den Süden erkunden will. Neben den hier aufgeführten Häusern gibt es weitere christliche Hospize, die auch das Tourist Office oder das Jerusalemer Christian Information Center vermittelt, sowie B & B über die Alternative Tourism Group für $ 30 pP, Tel 2772151, www.atg.ps; Stadtplan siehe S. ???.

BETHLEHEM

• **INTERCONTINENTAL**, Straße 60 von Jerusalem nach Hebron, Tel 2766777, in Deutschland 0800 1816068, Fax 2766770, www.ichotelsgroup.com; im traumhaften Jacir Palace von 1910, frisch renoviert, alle Annehmlichkeiten, Internet einmalig $ 5, mF ....E+B $ 180-200; D+B $ 210-220

• **SHEPHERD**, [1] Jamal Abd AnNasser St, Tel 2740656, Fax 2744888, www.shepherdbethlehem. com (das neue SHEPHERD PLAZA gehört auch dazu); Familienbetrieb, nette Lobby, sehr gut eingerichtet, recht große Räume, AC, TV, WLAN frei, mF ....E+B $ 45-60, D+B $ 60-100

• **GRAND**, [2] Paul VI St, Tel 2741602 oder 2741440, Fax 2741604, www.grandhotelbethlehem.com; wird sukzessive renoviert: nach neuen Räumen fragen, sauber, arabisch-mexikanisches Restaurant, Bar mit Beduinenzelt, mF ....E+B $ 45-60, D+B $ 80-90

• **BETHLEHEM STAR**, [2] Frères St, Tel 2743249 oder 2770284, Fax 2741494, htstar@palnet.com, www.star-inn-hotels.com (gehört als Familienbetrieb zusammen mit dem BETHLEHEM INN in der Nähe des Checkpoints); relativ große Räume, gut eingerichtet, sauber, noch nicht so nachmodernisiert wie das Grand, schöner Blick vom Dachrestaurant, AC, TV, mF .... E+B $ 55, D+B $ 70

• **ABU JUBRAN GUEST HOUSE**, [3] dem International Center of Bethlehem angeschlossen, Tel 2770047, www.annadwa.org; hübsche Einrichtung, original arabische Verpflegung, AC, TV, Internet, mF .... E+B $ 65, D+B $ 90

• **CASA NOVA PALACE**, [6] Manger Square, Tel 2743981, Fax 2743540, www.casanovapalace. com; direkter Zugang zur Geburtskirche, solide und gut eingerichtet, Internetzugang, Preise in der Hochsaison + 10%, AC, mF... E+B $ 45, D+B pP $ 30

• **CLAIRE ANASTAS**, unweit des Caritas Baby Hospitals, von drei Seiten eingemauert, Tel 2741740 oder 054 6989412, claireanastas@hotmail.com, www.anastas-bethlehem.com; ein arabisches Bed & Breakfast, vorher anrufen, recht modernes Haus mit Einzel- und Mehrfachzimmern (insgesamt bis zu 20 Personen) und Souvenirladen im absoluten „Zonenrandgebiet", hausgemachtes Frühstück + 40 NIS, Dinner + 50 NIS... E/D/3er pP NIS 60

BET JALA

• **ANGEL**, Südseite der Main St, Tel 2766880, Fax 2766884, www.angelhotel.ps; nennt sich 4*+, sauber, stilvoll, sehr freundlich, AC, TV, WLAN überall gratis, Bar mit Public Viewing, mF..E+B NIS 200-250, D+B NIS 300-350, 3er NIS 350-400

• **LA FONTANA DE MARIA**, Südseite Main St unweit der Einmündung in die Jerusalem-Hebron St zwischen Bethlehem und Bet Jala, Tel 2755251, Fax 2755250, www.lafontanagroup.com; soeben eröffnet, sehr freundlich, gut eingerichtet, AC, TV, WLAN überall, Restaurant, Café, Bar, Fitnessstudio, Shopping, mF..E+B $ 45-80, D+B $ 40-60 pP

• **NATIVITY**, im Tal südlich der Main St, Tel 2770650, Fax 2744083, www.nativityhotel.com; nennt sich nach Renovierung 4*+, freundlich, sauber, Pool, AC, TV, WLAN gratis, Dinner $ 10, mF...E+B $ 45-60, D+B $ 75-100

• **EVEREST**, oben auf dem Berg (930 m) vor der neuen Mauer von Har Gilo, Tel 2742604 oder 052 2878940, Fax 9934946; höchstes Hotel und Restaurant der Stadt, guter Blick vom Dach, mit der neuen

7

Mauer nebenan geht die Laufkundschaft zurück, Baujahr 1945, aber o.k., König Hussein war auch schon da, mF .... E+B $ 45, D+B $ 55

• **BEIT IBRAHIM GUESTHOUSE/ABRAHAMS HERBERGE**, Bet Jala, Tel 2742613, Fax 2744250, www.abrahams-herberge.com, Buchung auch über Deutschland 07474 2737, Fax 07474 8007; mit vor allem deutschen Spenden errichtetes Gästehaus der arabischen ev.-luth. Reformationsgemeinde, mitten in der Stadt, stilvoll und qualitativ hochwertig eingerichtet, Hostel sehr geräumig, AC, mF .... Hostel pP € 23, E+B € 45, D+B pP € 37

• **TALITHA KUMI GÄSTEHAUS**, Talitha Kumi St, Tel 2741247 > für Deutsch die 8 wählen > Durch-wahl zum Gästehaus 220, Fax 2741847, www.talithakumi.org; oben auf dem Berg bei der deutschen Schule mit 900 Schülern, guter Standard, TV & Kühlschrank gemeinsam, AC, WLAN, mF .... E+B € 32, D+B € 42, 3er € 57, 4er € 68

• **BETHLEHEM BIBLE COLLEGE**, Jerusalem St Nähe Interconti, Tel 2741190 oder 054 5531575, Fax 2743278, www.bethbc.org; einfach, aber nett, liegt im 3. Stock ohne Fahrstuhl mF .... E+B $ 40, D+B $ 60, 3er $ 75

• **OLIVE TREE TOURIST VILLAGE (AsSAITUNA)**, AlAmayer St, Tel 2764660, Fax 2750090, www. olivetreeresort.com; Hotel 2010 eröffnet, z.T. orientalisch prunkvoll, Freizeitangebot für Kinder mit Pool, für große Kinder Disco Layal (Do-So), Restaurant, Parkplatz, nach Suiten mit Jacuzzi fragen, AC, TV, WLAN in der Lobby, mF .... E+B $ 20-40, D+B $ 30-50

• **BET SAHUR**

Eine ungewöhnliche Idee, die auch auf die Infrastruktur der Westbank schließen lässt: Im GOLDEN PARK RESORT kann man sich während seines Aufenthalts von der Zahnklinik im Hause behandeln lassen.

• **MURAD TOURIST RESORT**, 3 km außerhalb auf der Bet Sahur St, Tel 2759880 o. 052 2705695, Fax 2759881, www.murad.ps; freundliche Räume, hängende Gärten, Pools und unterirdisches türkisches Bad, Abwechslung für Kinder, mF .... E+B $ 55, D+B $ 70 (+ Kind 4–12 J.: $ 22)

• **EL BEIT GUEST HOUSE**, Tel 2775857 oder 059 8563341, http://elbeit.org; kleines Gästehaus zur Finanzierung der Frauenaktivitäten der www.arabwomenunion.org, wird auch von Siraj (s.o.) unter-stützt, einfache, angenehme Einrichtung, frisch restauriert, weitere Mahlzeit $ 10, mF .... E+B $ 35, D+B $ 50, 3er $ 70

• **BUSTAN QARA'AQA PERMACULTURE FARM**, Wadi Hana Sa'ad, Bet Sahur (5 min per Auto von Bethlehem), reservieren unter www.toursinenglish.com > guest houses; charmantes altes Bauern-haus, WLAN, mF .... Dorm pP NIS 100

verloren haben – sie rufen nach Versöhnung statt Vergeltung. Schwerpunkt Jugendarbeit, Gespräche mit Reisegruppen kosten € 300, Tel 03 5355089

• **Siraj Center For Holy Land Studies**, www.sirajcenter.org, versucht das weltöffent-liche Bild von Palästina durch alternative Rei-seangebote zu beeinflussen wie zum Beispiel: wohnen in Familien (mF $ 30 pP), Fahrradtou-ren, thematische Wanderungen, politisch ori-entierte Programme, ganze Reiseorganisation, Kontakt: Iliana Awwad, programs@sirajcen-ter.org

Essen und Trinken

▶ Am Manger Square offerieren eine Reihe von Restaurants – die zum Teil auch auf die Abfertigung von Bus-Touristen eingerichtet sind – ihre Dienste. Dazu gehören **AL ANDALUS** mit westlicher und arabischer Küche (mittlere Preise) ebenso wie **ST. GEORGE**, das recht gutes gegrilltes Huhn und arabische Gerichte anbietet. Preiswerter kann man im **AFTEEM** am Manger Square essen, einem Felafel-Spezialis-ten. Die Imbisse in der Altstadt sind vielleicht noch günstiger. Hochpreisigeres findet man am einfachsten in den fünf Bars und Restaurants im

Hotel Intercontinental: feine Speisen im **BAI-DAR** (westlich) oder **AsSAYTUNA** (nahöstlich), Party feiern in der **COSMOS** Bar (tägl. 17-2, besonders samstags) oder So/Mo Live-Musik im **AIMAQHAN**.

▶ Auf dem Hirtenfeld in Bet Sahur kann man im **THE TENT** in einem Beduinenzelt speisen, abends eventuell auch mit Musik. In Bet Jala findet man unten im Tal gleich bei Bethlehem das kleine, durchaus coole Restaurant-Café **TABOO** (täglich 13-2) mit eher jungem Volk und manchmal echt lauter Musik.

▶ Ansonsten bietet fast jedes Hotel auch ein Restaurant, aber den allerbesten Blick über die Tripolis, Siedlungen, Autotunnel und Sperranlagen bietet ganz oben auf dem Berg das **BARBRA** Restaurant mit guter Cocktailauswahl und Wasserpfeifen, sonntags manchmal Live Musik (Arab Society St, Tel 059 9818461).

Abstecher von Bethlehem aus

Nordwestlich von Bet Jala liegt das Salesianer-Kloster **Cremisan**, das für seine Weine bekannt ist. Man kann sich über die Weinherstellung informieren und von der besonderen Situation erfahren, dass die israelische Mauer mitten durch das Klostergelände läuft. Spezialität des Hauses ist (von den Weinen einmal abgesehen) ein 20 Jahre im Eichenfass gelagerter Brandy. Vertrieben wird auch bis zu viermal (!) gebrannter jordanischer Arrak, Tel 2744826, www.cremisan.org; bequem in Deutschland ordern: www.cremisan.de.

Östlich von Bethlehem liegen zwei sehr lohnende Besuchsziele. Das zweite, das Kloster ****Mar Saba**, ließe sich bereits von Jerusalem aus über die Straße 356 und den Checkpoint Har Homa/AnNu'man oder auch von Bethanien aus ansteuern. Auf jeden Fall müssen Sie Ubeidiya (Abu Diya) erreichen, was jedoch von Bethlehem aus weniger kompliziert ist. Wenn Sie kein Auto zur Verfügung haben, müssten Sie von Bethlehem aus ein Taxi nehmen, das hin und zurück nach Mar Saba etwa NIS 120 kosten wird.

Von Bethlehem aus führt die nördliche Durchgangsstraße von Bet Sahur Richtung Straße 356/398, die Sie weiter Richtung Osten und den genannten Ort Ubeidiya unterqueren müssen. Haben Sie Geduld, wenn Sie es nicht gleich finden. Zunächst liegt nach 7 km links das **Theodosiuskloster** [D9], das von dem hl. Theodosius gegründet worden war, 614 von den Persern zerstört und um 1900 von griechisch-orthodoxen Mönchen wieder aufgebaut wurde. Dabei scheinen Gebeine von Mönchen gefunden worden zu sein, die in einer Höhle im zentralen Bereich, fein säuberlich aufgeschichtet, gezeigt werden, täglich 8-15.

Etwa 1 km nach dem Kloster liegt rechts Ubeidiya, durch das man sich hindurchfragen muss. Von hier fährt man 6 km weiter Richtung Osten bis

****Mar Saba** [D9]

Geschichte: Die steilen Felswände der Kidronschlucht lockten schon relativ frühzeitig eine Reihe christlicher Eremiten an, die sich in Höhlen niederließen. 478 nC ging St. Sabas in die Schlucht und gründete 492 auf dem Hang gegenüber seiner Höhle ein Kloster, das wegen des Ansehens seines Gründers berühmt und nach seinem Tod zum Wallfahrtsort wurde. 712 zog sich Johannes von Damaskus in das Kloster zurück und verfasste wichtige Schriften der Ostkirche. Im 12. Jh brachten die Kreuzritter die Gebeine St. Sabas nach Venedig, im 19. Jh die Russen die von Johannes nach Moskau. Papst Paul VI. gab 1965 die Gebeine von St. Sabas zurück an das Kloster.

Das **Kloster** (8-17) schmiegt sich sehr pittoresk über mehrere Etagen an den Felsen, von hohen Mauern umgeben. Es ist offiziell nur Männern zugänglich, Frauen dürfen immerhin von einem gegenüberstehenden Turm auf die Kuppeln des Klosters schauen. Ein Mönch führt die Besucher durch die stimmungsvoll verwinkelte Klosteranlage mit ihrer alten Basilika. Dort ruht in einem gläsernen Sarg die gut erhaltene Mumie St. Sabas', eines zierlichen, kleinen Menschen. Schließlich kann man einen Blick in das 180 m tiefer liegende Kidrontal mit seinen nahezu senkrechten Wänden werfen. Das Kloster scheint so einsam zu sein, sodass die Mönche hierhin angeblich strafversetzt werden, wenn sie sich nennenswert nicht an alle Regeln gehalten haben.

Unten schäumt, im wörtlichen Sinn, der Bach dem Toten Meer entgegen, denn er ist heute eher eine offene Kanalisation der an ihm liegenden Dörfer, dem sämtliche Abwässer mit auf den Weg gegeben werden. So bilden sich an jeder Verwirbelung hohe Schaumkronen, als ob der Bach nur noch aus Waschlauge bestünde. Zur gegenüberliegenden Seite des Kidrontals führen Pisten von weit her, die gern von Wüstensafaris benutzt werden, damit die Fahrgäste von dort aus einen Blick auf die Klostermauern werfen können – sicher ein aussichtsreicher Rastplatz.

Abstecher zum

***Herodeion [D10]

Vom Südosten Bethlehems trifft man, auf der südlicheren Tangente durch Bet Sahur fahrend, auf die Straße 356/398 nach Sa'tara und ca. 3 km weiter auf dem Abzweig zum Har Hordos, dem Berg, auf dem Herodes sein prächtiges **Herodeion** errichtete. Vom Manger Square gibt es auch ziemlich direkt eine Straße Richtung Südosten, und von Jerusalem folgt man einfach der Straße 356/398, die von der Straße 60 zwischen Ramat Rakhel und Kloster Mar Elias links abbiegt über den Checkpoint AnNu'man/Har Homa direkt bis zum israelischen Nationalpark – einer der wenigen verbliebenen in der Westbank. Deshalb fährt von Jerusalem auch ein Bus, Nr. 166.

Geschichte: Bereits um 40 vC hatte sich Herodes auf den kegelförmigen Berg zurückgezogen, als er von Antigones bedrängt wurde. Nach seinem Sieg über den Widersacher ließ er ab 37 vC die Bergkuppe abtragen und auf dem kreisrunden Platz eine ebensolche Festung anlegen, mit hoher Doppelmauer und vier Halbrundtür-

men verstärkt. Im Inneren gab es Paläste, die allen Luxus boten. Wasser wurde von den Teichen Salomos mit Eseln (!) herbeigeschafft und in riesigen Zisternen gesammelt. Am Fuß des Berges entstand gleichzeitig das Untere Herodeion mit einem sehr großen Pool und schön dekoriertem Badehaus.

Herodes hatte die Festung als sein Mausoleum bestimmt, und 2007, nach 35 Jahren Suche, wurde es mit imposantem Sarkophag auf halber Höhe der Nordostseite des Berges entdeckt, es ist Besuchern zugänglich. Später, während des zweiten jüdischen Aufstands 132-135 nC gegen die Römer, diente die Festung den Juden als Hauptquartier bzw. Zufluchttunnel. Es gibt daher imposante Fluchttunnel. Vom 5.-7. Jh lebten byzantinische Mönche im Herodeion und bauten einige heute zerstörte Kirchen.

Zur Festung (8-17, im Winter -16; NIS 25, http://tekoa.org.il/herodion) führt vom Parkplatz aus ein Fußweg hinauf. Oben wird Sie zunächst der Ausblick auf Jerusalem bzw. den Ölberg, Bethlehem und das 1150 m tiefer liegende Tote Meer begeistern. Neben dem heutigen Eingang führte einst eine Marmorprachttreppe in den Palast. Deutlich zu erkennen sind die Reste der beiden Mauern um die Anlage mit den drei Halbrundtürmen und dem runden, einst sehr mächtigen Ostturm. Auf tiefer liegendem Niveau erstreckten sich die Palastanlagen im Westen und ein großer Lustgarten im Osten mit Nischen (Exedrae) im Norden und Süden. In der Nordostecke wurde während des ersten jüdischen Aufstands ein Eingang zu einem Fluchttunnel angelegt. Die Palastseite im Westen bestand aus verschiedenen einstöckigen Gebäuden. Im nördlichen Teil lagen die Thermen mit einem Umkleideraum (schöner Mosaikboden), einem Kalt-, Warm- und Heißraum. In der byzantinischen Zeit lebten hier die Mönche, die in der Nähe eine kleine Kapelle erbauten. Im Süden lag der große Speisesaal (Triclinium), der später in eine Synagoge umgewandelt wurde. Wer diese verschwenderische Palastanlage hoch auf dem Berg mit ihren Badehäusern oder dem riesigen Pool im Unteren Herodeion besucht, muss sich immer wieder wundern, wie man damals eine derartig aufwendige Anlage mitten in der Wüste bauen und später auch betreiben konnte..

Zurück auf der Straße 356 biegt nach etwa 6 km eine Straße nach Süden zur Kh. Tuqu', dem alttestamentlichen **Tekoa** [C10] ab. Hier soll der Prophet Amos herstammen. Bis vor kurzem sollen hier noch Reste einer byzantinischen Kirche und ein Mosaik zu sehen gewesen sein. Hier scheinen Raubgrabungen stattgefunden zu haben, aber der Blick in die judäische Wüste ist geblieben. Zurück auf der pittoresken Straße 356 könnte man weiter nach Süden durch unbewohnte Landschaft bis nach Halhul und Hebron fahren.

Von Bethlehem direkt nach Hebron

fährt man in der Regel auf der Straße 60. Auch auf dieser Strecke gibt es interessante Stopps. Zunächst muss man jedoch erst dorthin gelangen. Man könnte über den Berg von Bet Jala zum großen Tunnel-Checkpoint fahren und dort auf die 60.

Oder man fährt auf der alten Trasse der 60 aus Bethlehem/Bet Jala ab, der Jerusalem-Hebron St. Dann gelangt man nach wenigen Kilometern rechter Hand an das steinerne Tor der Stadt **AlKhader** [C9/10]. Der Name der Stadt ist auch eine Bezeichnung des heiligen Georg, dem Drachentöter aus Lydda/Lod aus dem 3. Jh, der später zum Schutzpatron der Engländer wurde. Hier im Ort gibt es ein griechisch-orthodoxes Kloster St. Georg. Es gibt zwar keine Mönchsgemeinschaft dort, aber man kann es besichtigen oder einen Gottesdienst mitfeiern. Georg soll an diesem Ort eine Zeit lang gewohnt haben. Es werden ein paar alte Säulen und Ikonen aus dem 18. Jh gezeigt. Die Christen dort fühlen sich von den Muslimen bedrängt. Kontakt: Father Ananias, Tel 2743233 oder 052 8658828, ananias_revelakis@yahoo.gr.

Von AlKhader geht es noch weiter nach Norden nach **Batir** [C9]. Dieses alte arabische Dorf liegt sehr nah an der israelischen Sperranlage.

Die dortige Landwirtschaft soll in dem Tourismusprojekt *Batir Landscape Ecomuseum* zur Geltung kommen. Im wasserreich-fruchtbaren Wadi Makhrur gedeiht eine typische Auberginenart besonders gut. Außer einer Ausstellung und einem Restaurant im alten Ortskern soll es Lehrpfade zu Umweltschutzthemen und zu archäologischen Stätten wie einer alten Römerstraße geben. Ein Gästehaus ist in Planung, aber man kann bei Familien unterkommen für € 25/Kinder 15 mF; Tel 2763509, bleproj.office@gmail.com.

Wieder zurück auf der Straße 60 sind es rund 2 km bis zur Abfahrt links nach **Dheishe** [C10], eines der ältesten palästinensischen Flüchtlingslager mit rund 12 000 Bewohnern auf etwa einem Quadratkilometer. Hier fällt das Kennenlernen leicht: An Versöhnungsarbeit Interessierte können sich an das Center for Conflict Resolution & Reconciliation (CCRR) wenden (Tel 2767745, www.ccrr-pal.org), oder man steuert einfach das *Ibda' Cultural Center* an. Von Bethlehem aus gelangt man leicht per Sammeltaxi dorthin (von der Kreuzung der Paul VI St mit der Straße 60 bzw. Hebron St – Bab isQaq genannt –, NIS 3, oder mit normalem Taxi für NIS 15-20).

Ibda' bedeutet Einfallsreichtum: Unten eine Bibliothek, oben ein Restaurant, zwischendrin ein Guest House, kümmert sich das Cultural Center vor allem um Jugendliche und Frauen, die zu künstlerischem Ausdruck, traditionellem Handwerk, Tanz von Reigen bis Breakdance sowie Sport zusammenkommen – nicht zu vergessen Ausbildung in den Bereichen Medien und Handel. Für eine Führung durch das Lager ist eine Spende gern gesehen, auch Volontäre sind immer gefragt, am besten anmelden unter Tel 2776444 oder info@ibdaa194.org.

• IBDA' CULTURAL CENTER GUEST HOUSE,

zentral im Dheishe Camp, Tel 2776444, sicherlich unlangweiliges Publikum in 4er-Zimmern mit Bad, freundlich, einfach, WLAN, keine Kreditkarten...... Dorm NIS 50

Vom Dheishe Camp muss man vielleicht gar nicht ganz zurück auf die Straße 60, um ein

7

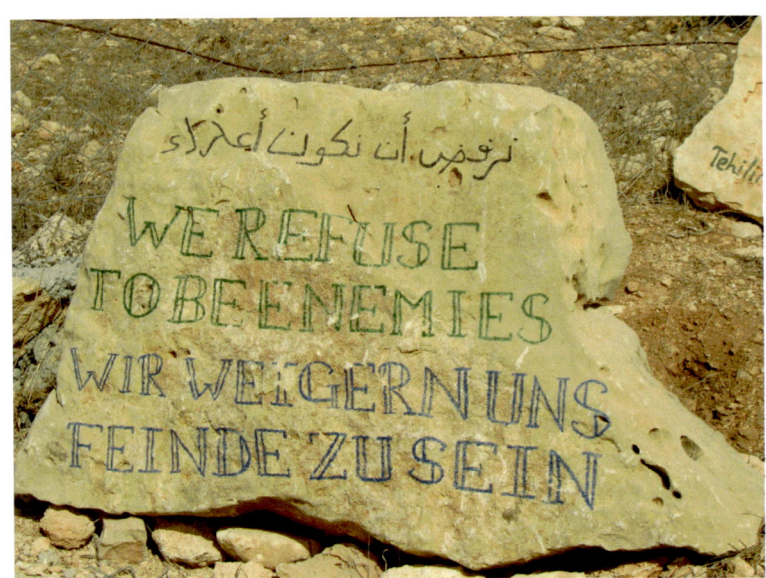

نرفض أن نكون أعداء

WE REFUSE
TO BE ENEMIES
WIR WEIGERN UNS
FEINDE ZU SEIN

Trotz aller Anfeindungen durch Siedler proklamiert Familie Nasser am Eingang zu ihrem Grundstück: „Wir weigern uns, Feinde zu sein!"

Stück weiter südlich zu den **Teichen Salomos** und danach ein Stück weiter östlich ins fruchtbare Tal des Dorfes **Artas** [C10] zu gelangen. Bei *Salomon's Pools* handelt es sich um drei riesige Zisternen, die angeblich Salomo für die Wasserversorgung von Jerusalem anlegte – Fassungsvermögen knapp 300 000 m^3. Historisch gesichert ist, dass Herodes von hier aus einen Aquädukt nach Jerusalem bauen ließ, im 2. Jh nC folgten die Römer mit einen weiteren Aquädukt, der Jerusalem bis ins 20. Jh versorgte. Das hiesige Kongresszentrum nördlich der Teiche wurde bisher nur einmal für eine Bethlehem2000-Veranstaltung genutzt und wird zusammen mit dem osmanischen Khan momentan zu einer Touristenattraktion umgewidmet.

Bei Artas gedeiht Romana-Salat so hervorragend, dass ihm jährlich im März/April ein Festival mit Musik und Tanz gewidmet wird. Der Name des Dorfes ist Programm: In Artas steckt lateinisch *hortus* (Garten). Manche vermuten in dieser Gegend den Anlass der Rede vom verschlossenen Garten im Hohelied Salomos. Folgerichtig gibt es hier auch ein schön gelegenes katholisches Kloster zum *Verschlossenen Garten/Hortus Conclusus* mit guter Aussicht, täglich 8-17. Die Nonnen hier bevorzugen vermutlich die geistig orientierte Auslegung des Hoheliedes. Ein kleines Gästehaus als Ausgangspunkt von Wanderungen ist geplant, Tel 02 2742427, suoredellorto@hotmail.com.

Zurück auf die Straße 60.

Nach etwa 3 km geht es gleich rechts nach der Zufahrt zur jüdischen Siedlung Neve Daniel zu **Daher's Vineyard**, ein Stück Land, das bisher noch nicht zum Siedlungsbau übereignet werden konnte, aber inmitten von vier interessierten jüdischen Siedlungen liegt. Die Familie Nasser, der das Land seit 1924 gehört, hat dort mangels Baugenehmigung Zelte aufgestellt sowie Höhlen gegraben und bietet international regelmäßig Volontariate zum Pflanzen und Ern-

Hass auf allen Seiten

Im Zuge der jüdischen Besiedlung Palästinas zogen Siedler auch nach Hebron. Bei landesweiten arabischen Unruhen 1929 wurden 67 jüdische Bewohner der Stadt von ihren arabischen Nachbarn umgebracht; ein Trauma, das bis heute wachgehalten wird. Die britische Verwaltung siedelte danach die Juden aus Hebron aus. 1942 bauten jüdische Siedler den Kibbuz Kfar Etzion zwischen Bethlehem und Hebron auf, der im Unabhängigkeitskrieg 1947 von arabischen Truppen erobert und dem Erdboden gleichgemacht wurde. Viele Juden wurden umgebracht. Nach der Eroberung der Westbank 1967 achtete die israelische Regierung streng darauf, dass sich Juden nicht wieder in Hebron ansiedelten und neue Unruhen provozierten. Doch ein gewisser Rabbi Levinger unterlief mit 32 Glaubensgenossen diese Politik, indem er 1968 das Park Hotel im Stadtzentrum zunächst für das Passah-Fest, dann „bis zur Ankunft des Messias" komplett mietete. Die Regierung gab schließlich nach und erlaubte den Bau einer stadtnahen Siedlung, deren Aufbau 1970 unter dem Namen Kiryat Arba auf zuvor konfisziertem Land begann.

1979 besetzte die Frau des Rabbi mit 40 Frauen und Kindern die leer stehende ehemalige jüdische Klinik. Seither lebt eine jüdische Gemeinschaft im Herzen der Stadt, die ständigen Anfeindungen ausgesetzt ist und daher dauernd bewacht werden muss. 1980 kam es zu schweren Zusammenstößen zwischen Muslimen und Juden, als Rabbi Levinger durch Luftschüsse Jugendliche vertreiben wollte, dann aber in einen Laden schoss und den Besitzer tötete. 1994 schoss der jüdische Arzt Dr. Baruch Goldstein in der Ibrahim-Moschee des Haram AlKhalil auf betende Muslime, tötete 29 Menschen und verletzte 150 zum Teil schwer, bevor er selbst am Tatort ge-

lyncht wurde. In den folgenden landesweiten Unruhen kamen insgesamt 30 Palästinenser um. Die laut Oslo-II-Abkommen 1996 fällige Übergabe der Stadt an die PA verhandelte die Regierung Netanjahu neu, sodass sich der Truppenabzug um 10 Monate verzögerte, aber 1000 Soldaten zur Sicherung des Haram und der 500 Juden in der Stadt blieben.

Die Absurditäten sind seitdem nicht weniger geworden, insbesondere Siedlungen in den oberen Stockwerken (!) arabischer Altstadtgebäude, die eine der wichtigsten Basarstraßen Hebrons verödet haben, sind für vernunftbegabte Menschen nicht nachvollziehbar. Die eigene Regierung muss Gewalt gegen diese Siedler, die eigenen Landsleute, anwenden – 2008 etwa bei der Räumung eines Hauses in der Altstadt. Und für die israelischen Soldaten ist es sicherlich auch ein unangenehmer Job, solche Gewalttreiber beschützen zu müssen. Veteranen, die zum Umgang der Armee mit den Palästinensern nicht mehr schweigen können, haben sich 2004 zur Organisation *Breaking the Silence* zusammengeschlossen, www.shovrimshtika.org/index_e.asp.

Die jüngere Geschichte dieser Stadt ist eine Kette von Hass erzeugenden Demütigungen, Intoleranz, religiös-blindem Fanatismus und Mord. Wer immer der Mächtigere hier war, unterdrückte den Schwächeren. Das ist nichts Neues in der Geschichte. Nazi-Deutschland, Vietnam, Ex-Jugoslawien sind nur ein paar Beispiele für ziemlich aktuellen Machtmissbrauch. Vom weit entfernten Schreibtisch aus lässt sich leicht der richtige Weg aufzeigen. Aber die Beteiligten vor Ort schleppen Historie mit sich herum, die rationale Überlegungen durch Emotionen ersetzt, Vernunft und Toleranz bleiben auf der Strecke.

ten an. Auch sonst gibt es immer genügend zu tun – alles jedoch immer nach dem Motto: „Wir weigern uns, Feinde zu sein!" Besucher sind

gern gesehen, denn so kann eine Enteignung verhindert werden. Genaueres, auch wie man zum Weinberg gelangt, auf der Website.

Übernachten ist natürlich auch möglich:
• **TENT OF NATIONS,** Bethlehemer Büro:
17 AlAtan St, nordöstlich der Geburtskirche,
Tel 02 2743071 oder 052 2975985, www.
tentofnations.org; beduinenartige Unterkunft
mit Halbpension pP .... NIS 100
Wieder auf der Straße 60 erreicht man nach
gut 6 km
Beit Umar [B/C10]. Auch dieser Ort ist umringt
von jüdischen Siedlungen, deren Bewohner Beit
Umar gern von der Landkarte verschwinden lassen würden. Olivenbaumpflanzungen werden
wieder zerstört oder ganze Haine abgefackelt.
Es wird auch versucht, die Ernte zu verhindern,
und es drohen Hauszerstörungen. All das fällt
den Siedlern jedoch schwerer, wenn ausländische Besucher vor Ort sind, jeden Samstag wird
gewaltfrei demonstriert.
Eine Initiative am Ort versucht, der Bedrohung
kreativ zu begegnen: Das *Palestine Solidarity
Project* (www.palestinesolidarityproject.org)
des *Center for Freedom and Justice* (www.
center4freedom.org) engagiert sich für Frie-
denserziehung der Kinder und Sommercamps
in einem kleinen Vergnügungspark. Kontakt:
Mussa Abu Maria, 059 8139590, 054 2037539,
mousamarya@gmail.com. Wer etwas länger
bleiben will findet Unterkunft im
• **BEIT UMAR HOSTEL,** zu buchen über www.
toursinenglish.com > guest houses, mF ..... $ 25 pP,
jede weitere Mahlzeit + $ 10.
Zurück auf die Straße 60
Will man Hebron von Norden anfahren, muss
man die Straße 60 schon nach 2 km wieder verlassen und in Halhul Nord abfahren.
Wer Zeit hat, kann auch in **Halhul** [B/C11]
einen Stopp auf der höchsten Erhebung der
Westbank einlegen – immerhin 1030 m. Das
einstige Dorf hat seine Einwohnerzahl in den
letzten 50 Jahren auf rund 22 000 vervierfacht
und ist mit Hebron im Grunde zusammengewachsen.
Etwa 2 km nach dem Abzweig steht links der
Straße eine kleine Moschee mit einem um-
zäunten, recht verdreckten Brunnen. In besseren Zeiten ließ sich leichter erkennen, dass die

Christenheit hier an der Straße von Jerusalem
nach Gaza sich der ersten Heidentaufe erin-
nerte: Am Philippusbrunnen soll der gleichnamige Apostel dem Kämmerer der äthiopischen Königin das Jesajabuch erklärt und
ihn auf dessen Wunsch dann getauft haben.
Der Effekt: Der Kämmerer „zog seine Straße
fröhlich". Ein weiterer Heidenmissionar wird
in Halhul gewürdigt: Die alte Moschee mit einem Minarett von 1226, möglicherweise auf
einer byzantinischen Basilika errichtet, birgt
ein Grab, das spätestens seit dem Mittelalter
dem Propheten Jona zugeschrieben wird. Von
der Bedeutung Jonas auch im Islam zeugt darüber hinaus der Name des höchstens Berges
der Westbank, auf dem Halhul liegt: Djebel
Nabi Yunis.
Die Gegend ist für ihre aromatischen Weintrau-
ben berühmt. Was machen aber Muslime daraus, wo Weintrinken verboten ist? Hier lautet
eine Antwort: die Halhuler Spezialität *Melban*.
Dabei handelt es sich um ein flach ausgewalz-
tes Früchtebrot aus Trauben unter anderen mit
Pinienkernen gewürzt. Für eine arabische Le-
ckerei ist es nicht sehr süß.
Schließlich gibt es in Halhul die weit bekannte
Salah AdDin Basic School for Boys. Der Me-
dizintechniker Ahmed Muhammad Milhem
wurde dort aus Arbeitslosigkeit Lehrer für
Naturwissenschaft. Als er feststellte, dass
man den Kindern nichts beibringen kann z.B.
nach langer Ausgangssperre ohne Schulun-
terricht oder dem Tod von Klassenkameraden,
fing er an, Schule und Straße miteinander zu
verknüpfen, indem die Schüler Theaterstücke schreiben sollten. Diese Methode wurde
ein großer Erfolg und lässt sich sowohl zum
Vermitteln auch abstrakter Unterrichtsinhalte
wie auch zur Verarbeitung eigener Erlebnis-
se nutzen. Man kann die Schule besichtigen,
sich ein Theaterstück anschauen und sich von
Herrn Milhem seine Vorgehensweise erläutern lassen; Tel 059 9130790, dramahmed71@
yahoo.com.
Hebron beginnt südlich der Straße 35. Da man
von der 35 auch nicht abfahren kann, durchfährt

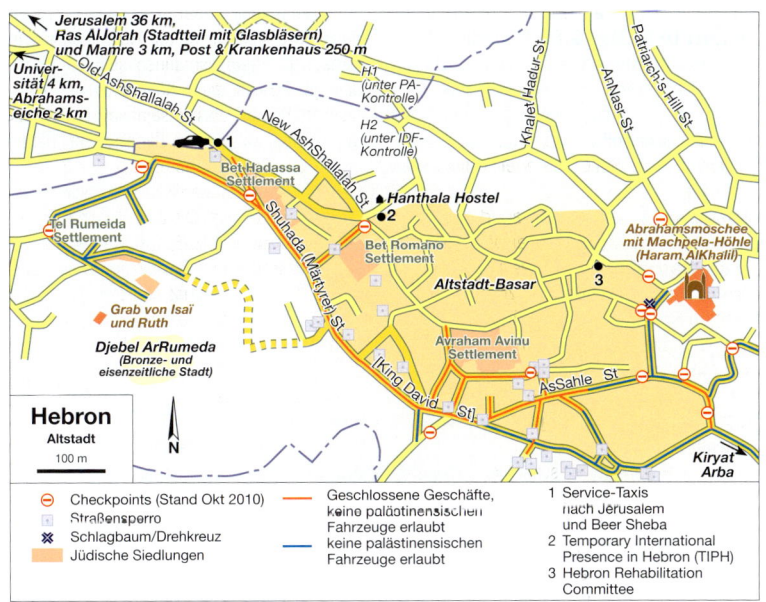

Jerusalem 36 km,
Ras AlJorah (Stadtteil mit Glasbläsern)
und Mamre 3 km, Post & Krankenhaus 250 m

Univer-
sität 4 km,
Abrahams-
eiche 2 km

Old AshShallalah St.

New AshShallalah St.

H1
(unter PA-
Kontrolle)

H2
(unter IDF-
Kontrolle)

Khalet Hadur St.

Patriarch's Hill St.

AnNasr St.

Bet Hadassa
Settlement

Shuhada (Martyrer) St.

Hanthala Hostel
●2

Tel Rumeida
Settlement

Bet Romano
Settlement

Altstadt-Basar

Abrahamsmoschee
mit Machpela-Höhle
(Haram AlKhalil)

3

Grab von Isaï
und Ruth

Djebel ArRumeda
(Bronze- und
eisenzeitliche Stadt)

Avraham Avinu
Settlement

(King David St.)

AsSahle St.

St.

Hebron
Altstadt
100 m

N

Kiryat
Arba

⊖ Checkpoints (Stand Okt 2010)
□ Straßensperre
�֎ Schlagbaum/Drehkreuz
▨ Jüdische Siedlungen

— Geschlossene Geschäfte,
keine palästinensischen
Fahrzeuge erlaubt
— keine palästinensischen
Fahrzeuge erlaubt

1 Service-Taxis
nach Jerusalem
und Beer Sheba
2 Temporary International
Presence in Hebron (TIPH)
3 Hebron Rehabilitation
Committee

man weiter Richtung Süden. Von der obigen Abfahrt Halhul (Nord) bis zur Unterquerung der Straße 35 sind es 5 km

***Hebron / Khevron / AlKhalil [B/C11]

Das 930 m hoch gelegene Hebron zählt nach wie vor zu den eher explosiven Orten in der Auseinandersetzung zwischen Palästinensern und vor allem ultraorthodoxen Juden und renitent nationalreligiösen Siedlern. Die Bewohner Hebrons genießen in Palästina einen Ruf ähnlich dem der Ostfriesen in Deutschland, aber viel zu lachen gibt es seit Jahrzehnten nicht. Erkunden Sie vor einem Besuch die aktuelle Situation (siehe S. 43). Wenn tatsächlich mal wieder Eruptionen anstehen oder jeden Augenblick zu befürchten sind, sollten Sie besser nicht fahren. Zu allen anderen Zeiten lohnt es sich sehr wohl, Hebron zu besuchen, obwohl die relativ lang gestreckte, etwas heruntergekommene Stadt nicht zu den attraktivsten im Land gehört.

Derzeit leben in der größten Stadt der Westbank etwa 170 000 Palästinenser (nach anderen Schätzungen 200 oder sogar 230 000). Im engeren Stadtgebiet haben sich ca. 500 und im Siedlervorort Kiryat Arba etwa 7000 Juden niedergelassen. Übrigens bedeutet *Hebron/AlKhalil* sowohl arabisch wie hebräisch *Freund* – von „Freund Gottes", einem Beinamen des gemeinsamen Stammvaters Abraham.

Geschichte: *Abraham erwarb die Höhle Machpela in Hebron, die er zum Erb-Begräbnisplatz bestimmte. Das Alte Testament berichtet, dass hier ganze Generationenfolgen beigesetzt wurden. Im 11. Jh vC ließ sich – nach dem Tod von König Saul – David in Hebron zum König salben. Als im 6. Jh vC die Juden in babylonische Gefangenschaft gezwungen wurden, besetzten Edomiter die nun freie Gegend. Erst Judas Makkabäus eroberte die Stadt zurück, Herodes baute sie auf und errichtete über der Höhle Machpela ein erstes Gebäude. Nach dem* *zweiten jüdischen Aufstand im 2. Jh nC wurden die Juden auch aus Hebron vertrieben. Kaiser Justinian ließ im 6. Jh auf der herodianischen Basis eine Basilika errichten. Als die Muslime im 7. Jh einrückten, wandelten sie die Kirche in eine Moschee um, Juden konnten sich wieder in Hebron niederlassen. Die Kreuzritter bauten die Moschee in eine Kirche zurück, nach der Rückeroberung konvertierten die Mamluken 1267 erneut die Kirche zur Moschee. Die Mamluken verboten den Christen und Juden das Betreten des heiligen Bezirks. Erst nach der israelischen Eroberung 1967 wurden die religiösen Stätten auch Nichtmuslimen wieder geöffnet.*

Ein Stück weiter südlich der Straße 35 im Viertel Ras AlJorah kann man Glasbläsereien besichtigen, für die Hebron berühmt ist. Hier kauft man auch günstiger als in der Jerusalemer Altstadt. Nach zwei Tankstellen befindet sich vor dem Kreisel auf der rechten Straßenseite z.B. die *Hebron Glass & Ceramics Factory* der muslimischen Familie Natsheh, Tel 059 9212238, keine Kreditkarten. Falls Sie von der Altstadt aus hierherkommen möchten, sollte man per Taxi etwa NIS 10 erwarten.

Biegt man nach den Glasbläsern im Kreisel links auf die Qaisun ArRama St ab, so stößt man nach ca. 500 m linker Hand auf das bibli-

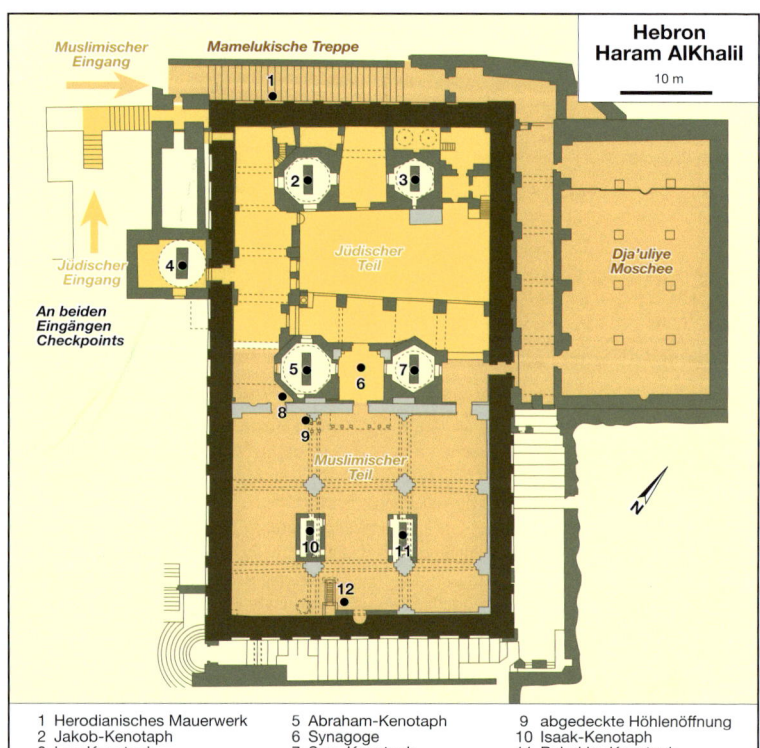

1 Herodianisches Mauerwerk	5 Abraham-Kenotaph
2 Jakob-Kenotaph	6 Synagoge
3 Lea-Kenotaph	7 Sara-Kenotaph
4 Josephsgrab	8 Nische mit Fußabdruck Adams (neuere muslim. Version: Mohammeds)

9 abgedeckte Höhlenöffnung	
10 Isaak-Kenotaph	
11 Rebekka-Kenotaph	
12 Gebetsnische (Mihrab) und Kanzel (Minbar)	

sche **Mamre**, wo Abraham auf die Verheißung von Nachkommen hin einen Altar gebaut haben soll. Eine 2 m dicke Steinmauer aus herodianischer Zeit umgibt den Platz. Der Brunnen in der Südwestecke heißt **Abraham's Well**, weil er vom Stammvater gegraben worden sein soll. Tatsächlich stammt er aus der Zeit, in der auch die Außenmauer gebaut wurde.

Zurück zum Kreisel und wiederum links, sind es noch etwa 3 km bis zur Altstadt. Wer sich für den einzigen christlichen Ort in Hebron interessiert, könnte sich zwei Kreisel weiter nach rechts halten und am nächsten Kreisel sofort wieder rechts abbiegen. Hier auf der King Hussein St sind es dann noch etwa 1,5 km und ein Kreisel weiter, bis rechts ein Stahltor zu einer russisch-orthodoxen Kirche von 1871 samt Kloster führt: **AlMosqobiye**, Tel 050 5351837. Speziell zu sehen ist nichts außer der recht neuen Kirche und einem verkohlten Baumstumpf, der wohl ebenfalls mal als das Baumheiligtum von Mamre gegolten hat. Immerhin kann man an dieser Abrahamseiche auch muslimische

Tschetschenen treffen. Kein typisches Hebron-Erlebnis.

Hält man sich, statt zum orthodoxen Mamre zu fahren, an dem entsprechenden Kreisel links, landet man irgendwann an einem Punkt außerhalb der Altstadt, an dem man nicht mehr weiterfahren kann. Ein Parkplatz sollte zu finden sein. Hebrons heiliger Bezirk liegt von hier aus östlich durch die Altstadt hindurch.

Der **Haram AlKhalil**, jüdische Website: www.machpela.com/english, der große Gebäudekomplex über der Höhle Machpela, liegt im Südosten der Stadt, er ist streckenweise mit *Machpela* ausgeschildert. Mit seinen wuchtigen, sorgsam zusammengefügten festungsartigen Mauern zählt er zu den vollendetsten Bauwerken der Antike Israels, die heute noch erhalten sind. Herodes ließ ihn als eine Art rechteckige Plattform von 34 x 59 m (Abweichung maximal 4 mm) mit einer 2,65 m dicken Umfassungsmauer bauen, die bis auf die Mauerkrone noch voll erhalten ist. So ähnlich hat die Umfassungsmauer des Tempels in Jeru-

Ehemalige Marktstraße in Hebron: Hier blühte einst buntes Treiben. Heute schützt das Gitter über der Straße vor Launen der militanten jüdischen „Mitbewohner" im oberen Stock

*Jedes Steinchen auf dem **Grab des Massen-
mörders Goldstein** (s. „Hass auf allen Seiten"
auf S. 205) steht für einen der bedrückend
vielen Sympathisanten seiner Tat*

salem auch einmal ausgesehen. Aus der ein-
heitlichen Neigung der Bodenplatten zu einem
Ablauf hin geht hervor, dass der herodianische
Komplex ursprünglich nach oben offen war und
die Einbauten erst später erfolgten. Die eigent-
lichen Grabstellen befinden sich in der seit den
Kreuzrittern nicht mehr zugänglichen Machpe-
la-Höhle, genau über ihnen stehen Kenotaphe
(Scheingräber). Neben der fünften Stufe der
Nordtreppe befindet sich ein Loch in der Mauer,
von dem die Juden glauben, es stünde mit den
Gräbern in Verbindung. Bis 1967 durften sie nur
bis hierher gehen und beten.
Bereits die Jordanier ließen in den 1960er
Jahren einen Teil der Häuser am Haram ent-
fernen, die Israelis legten einen großen freien
Platz vor dem historischen Gebäude an. Die
Ibrahim-Moschee über den Höhlen unterteil-
ten die Israelis so, dass im nördlichen Teil eine
Synagoge geschaffen werden konnte und der
südliche Teil als Moschee weiterhin zur Verfügung steht. Nach dem Massaker des Dr. Goldstein 1994 trennten sie außerdem die Eingän-
ge für Muslime (So-Do 7-19, Sa 11.30-19) und
für Juden (So-Do 8-16). Der muslimische Teil
ist an islamischen Feiertagen geschlossen, der

jüdische zusätzlich an jüdischen Feiertagen.
Man wird Sie fragen, welchem Glauben Sie
angehören. Wenn Sie „Christentum" antworten, dürfen Sie beide Teile des Harams besichtigen. Sagen Sie besser nicht z.B. „weiß nicht"
oder „Atheismus", auch wenn es der Wahrheit
entsprechen sollte – es würde im Nahen Osten kaum verstanden werden, und am Checkpoint schon gar nicht. Die Durchsuchungen
sind recht genau, jedes Taschenmesser muss
draußen bleiben
Folgt man dem muslimischen Zugang über die
lange Treppe auf der Nordwestseite, so führt
der Weg zunächst durch einen Gang, dann
rechts zwischen der Haram-Mauer und der
Dja'uliye Moschee entlang zum Portal in den
Innenraum des Haram. Dort links weiter durch
das sog. Basilikator kommt man in die ehemalige Kreuzritterkirche, die heutige Ibrahim-
Moschee. Nicht zu übersehen sind die beiden
Kenotaphe von **Rebekka** (links) und **Isaak**, die
wie kleine Hütten aussehen, aus rot-weißem
Mauerwerk mit grünem Dach. Dahinter, an der
Südostwand, der Mihrab und ein Zedernholz-
Minbar der Moschee; rechts neben dem Minbar
ein Baldachin, unter dem in der Kreuzfahrerzeit
eine Treppe in die Höhle hinunterführte.
Der nebenan liegende jüdische Sektor beherbergt in der Nähe der Nordwestwand die
Kenotaphe von **Jakob** und nordöstlich davon
von **Lea**, gegenüber, an der Trennwand zur Moschee, den von **Sara** und **Abraham**. Zwischen
den beiden Letzteren wurde eine Synagoge
eingerichtet, zwischen südwestlicher Außenwand und Abrahams Kenotaph eine Frauen-
moschee. An diese Außenwand wurde im 10.
Jh das Grabgebäude für Joseph angebaut, in
das man durch eine Gitteröffnung in der Mauer
sehen kann.
Hebron besteht nicht allein aus dem Haram.
Es ist eine äußerst lebendige orientalische
Stadt mit einem großen **Souk** (auch *Qasbah*
genannt), auch wenn dieser durch die Siedlungen in der Altstadt stark verkleinert ist. Hier
werden unter anderem auch die blaugrünen
Produkte der Glasbläser aus dem Norden der

Stadt verkauft sowie Schmuck und Gebrauchsgegenstände. Falls traditionelle Kleidung und Stickerei für Sie interessant sind, wäre der Laden von Jamal und Suher Maraga in der Al-Qasaba St unterhalb der Abraham Avinu-Siedlung eine gute Adresse, Tel 2299841. Wenn Sie sich im Souk umsehen – was sich sehr lohnt – sollten Sie deutlich den Touristenstatus zeigen, z.B. fotografieren und sich viel unterhalten, damit die Umstehenden merken, dass Sie nicht hebräisch sprechen.

Nordöstlich des Zentrums liegt die jüdische Siedlung **Kiryat Arba** mit ihren weiten und baumbestandenen Straßen, von hohen Stacheldrahtzäunen gegen Angriffe der Palästinenser geschützt. Heute leben etwa 7000 Menschen in dem modernen Viertel; für ihre Nachbarn jenseits des Stacheldrahts eine ständige Provokation. Nicht zuletzt durch das Grab des Haram-Mörders Goldstein, das im Meir-Kahane-Park angelegt wurde und auf dessen Grabplatte seine Bewunderer u.a. einmeißeln ließen: „Er hat sein Leben gegeben für sein Volk Israel, die Tora und das Land. Er starb als Märtyrer…" – nachdem er 29 muslimische Betende heimtückisch erschossen und noch viele mehr schwer verletzt hatte.

Wenn Sie von Hebron auf der Straße 60 nach Beer Sheba weiterfahren wollen, so müssen Sie für die insgesamt 50 km mit vielen Straßensperren und zeitraubend-frustrierender Fahrt rechnen oder sogar mit der Möglichkeit, dass Sie an einer der Sperren scheitern. Informationen zu Ber Sheba finden Sie im Reise Know-How-Band *Israel und Palästina.*

Praktische Informationen

▶ Die Stadtverwaltung im Internet: www.hebron-city.ps, eine Tourist Information ist nicht vorhanden. Die Bilder der Powerpoint-Präsentation sind ganz interessant.

Verkehrsverbindungen

▶ Von Jerusalem fährt der arabische Bus Nr. 124 nordöstlich des Damaskustors nach Hebron, NIS 6. Die ständig zwischen Jerusalem und Hebron pendelnden Service-Taxis sind das flottere Verkehrsmittel und kosten nicht viel mehr.

▶ Autovermietung in Hebron: HOLY LAND, Tel 2220811, Richtung Nordwesten bei der Universität.

Begegnungen mit Menschen

● **Library On Wheels For Nonviolence and Peace** (LOWNP), www.lownp.com, versorgt Kinder ohne Zugang zu Büchern mit ihrer mobilen Bibliothek. Lesefähigkeit und -lust wie auch die Offenheit für neue Gedanken sollen gefördert werden, um die nächste Generation einem Frieden näher zu bringen; Kontakt: Nafis Asseily, Tel 2299707 oder 052 2229897, lownp@palnet.com

● **Hebron University,** www.hebron.edu, verfolgt Ziele wie andere Universitäten auch: qualitätvolle Ausbildung und Forschung, zur Weiterentwicklung der Gesellschaft beitragen und auch benachteiligten Studierenden eine Hochschulausbildung zu ermöglichen. Wie

Haram: einzige Durchsicht vom muslimischen zum jüdischen Teil, vorbei am Kenotaph Abrahams

7

das unter besonderen Bedingungen möglich ist, zeigt der Anglist Nimer Abusahra, PhD, Tel 2220995 oder 059 9914594, nabuzahra@hebron.edu

• **Temporary International Presence in Hebron** (TIPH), www.tiph.org, wurde drei Jahre nach dem Moscheen-Massaker von 1994 installiert. Die zivile Organisation mit Mitarbeitern aus Dänemark, Italien, Norwegen, Schweden, der Schweiz und der Türkei beobachtet die aktuelle Lage zwischen den verschiedenen Gruppen in Hebron, schreibt Reporte und Empfehlungen an alle Seiten und informiert vor allem Journalisten und Diplomaten. Für Auskünfte über die aktuelle Situation wird natürlich keine Gewähr übernommen. Es gibt ein Büro in Dahiyyet ArRame und ein Kontaktbüro in der Salah AddDin St, So-Mi 9-12, Tel 2224445 oder 059 9202828.

• **Christian Peacemaker Team** (CPT), www.cpt.org, Tel 059 8104549, entsendet seit 1995 ausgebildete Friedensarbeiterinnen in Konfliktregionen wie Hebron. Dokumentation und Veröffentlichung von Menschenrechtsverletzungen ist ein wichtiger Teil der Arbeit. Darüber hinaus setzen sie sich aktiv auch in den Konfliktregionen südlich von Hebron für Deeskalation in brenzligen Situationen ein. Bemerkenswerte GesprächspartnerInnen , guter Blick vom Dach; Tel 2228485.

• **Hebron Rehabilitation Committee** (HRC), www.hebronrc.org, zeigt auf seiner Website, wie die schwierige Situation in der Stadt entstanden ist und was von palästinensischer Seite aus konstruktiv geleistet wird: z.B. die Erhaltung der traditioneller Architektur von Hebron durch das HRC. Renovierte Häuser und Straßen in der Altstadt sollen die Bewohner dazu bringen, ihren Stadtteil nicht zu verlassen; Kontakt: Walid S. Abu AlHalaweh, Tel 2226993 oder 059 9801118.

• **Breaking the Silence/Shovrim Shtika,** www.shovrimshtika.org/tours_e.asp, verschafft tiefen Einblick in die vertrackte Lage in Hebron und Umgebung: ehemalige israelische Soldaten, die den Umgang der IDF mit den

Palästinensern als nachteilig für Israel beurteilen, machen Führungen. Die Touren beginnen um 8.30 und enden 14.30 Uhr an der Jerusalemer Stadthalle Binyane HaUma gegenüber der CBS, Treffpunkte in Hebron nachfragen. Sie als Gast sind auf der Führung durch Hebron oder durch das Hügelland südlich davon natürlich sicher, werden aber ebenso sicher von nationalreligiösen Siedlern angefeindet werden. Aus deren Sicht handelt es sich bei den Aktivisten von *Breaking the Silence* um Verräter. Daher erfährt man keine Telefonnummern.

Essen und Trinken

Hebron hat auch touristisch unter den Wirren der letzten Jahrzehnte sehr gelitten. Hungrige Besucher müssen mit dem vorlieb nehmen, was die arabischen Restaurants vor allem der Altstadt zu bieten haben, was aber ebenso schmackhaft und gut ist wie anderswo. Die Stadt ist bekannt für ihre Kamel-Metzgereien und dementsprechend für Kamelfleischgerichte, eine gute Gelegenheit, einmal etwas anderes zu probieren. Etwas gediegener geht es am nördlichen Stadteingang zu.

• **AIWAHID** (auch: QAFISHA), Stadtteil Bab AsSawwiye (westlicher Zugang zur Altstadt), Tel 059 9114818; *Our Motto Is Cleanliness,* gute, bezahlbare arabische Küche, wird auch von offiziellen Delegationen angesteuert

• **AIQUDS** (Tel 2297773) und HEBRON (Tel 2227772, hebron_rest@hotmail.com), beide am nördlichen Stadteingang südlich des AlQuds-Kreisels, gute Aussicht, überzeugende Vorspeisen, traditionelle Küche reichlich und preiswert

Übernachten

Hebrons Hotelkapazitäten sind übersichtlich. Konnte man früher immer noch das REGENCY im Norden unweit der Glasbläser listen, beherbergt es heute NGO-Mitarbeiter statt Touristen. Platz hätten vielleicht die Unterkünfte der verbohrtesten Siedler in der Westbank: Gefahrensucher könnten sich in der krassen Avraham-Avinu-Siedlung mitten in der Altstadt einmieten (Betar Hotel, Tel 9960660 oder 052 8693872) oder in der Hebron benachbarten Siedlung Kiryat Arba (Midreshet Hebron Field School, 9961311 oder 9961710). Danach wäre allerdings bewaffneter Geleitschutz freundlicher Siedler zu empfehlen, wenn Sie die palästinensische Stadt besichtigen wollen. Also lieber ins

• **HEBRON TOURIST HOTEL**, King Faisal St (Eingang von der westlichen Parallelstraße Ajin Sarah), Tel 2254240/1, Fax 2226760, hebron_hotel@hotmail.com; freundlich, sauber, Zimmer unterschiedlich gut eingerichtet, vorher anschauen, AC, TV, Internet, mF....................E+B $ 40, D+B $ 50, 3er+B $ 60
• **ROYAL SUITES HOTEL**, Stadtteil Ras AlJorah (von Norden kommend am 2. Kreisel links, dann rechte Straßenseite nach gut 300 m), Tel 2224080 oder 059 8176303; etwas merkwürdige Apartments, leicht angeschrammt, vielleicht für NGO-Mitarbeiter? mF....................E $ 15, D $ 30
• **HANTHALA HOSTEL**, Salah AdDin St/Bab AlBaladiye Sq. in der Altstadt nahe der TIPH (Zufahrt mit Auto möglich), Tel 059 9271190,

h_sharabati@hotmail.com, www.hanthalahostel.com; kleine, saubere Unterkunft zu unschlagbarem Preis in Dreierzimmern, auch Unterkunft bei Gastfamilien möglich, Gemeinschaftsküche, Tourangebote zur Situation zwischen Palästinensern und jüdischen Siedlern, WLAN gratis, keine Kreditkarten 3er NIS 50 pP

Ausflug in die Hügel südlich von Hebron

Südlich von Hebron gehen Dinge vor, die nicht zu der eindrucksvoll-schönen Landschaft passen. Militante jüdische Siedler belästigen palästinensische Kinder auf ihren Schulwegen, sodass diese nur in Begleitung internationaler Friedensaktivisten gehen können, Fellachen werden enteignet und versuchen die Ansprüche auf ihr Land zu wahren, indem sie in Hütten, Zelten und Höhlen vor Ort wohnen bleiben und es bewirtschaften, weil es sonst nach ein paar Jahren an den Staat Israel fällt und daraufhin erfreuten Siedlern zur Verfügung gestellt werden würde.

Es ist schon aus sprachlichen Gründen zweckmäßig, sich diesen Bereich nicht ohne ortskun-

Früh übt sich – Gewürze und anderes in Hebron

dige Begleitung zu erschließen. Die rabiaten Siedler wohnen gehäuft in dem Gebiet südöstlich von **Yatta**, in dem mehrere Synagogen ausgegraben wurden: Susya, Ma'on und Karmel [C12/13]. Aber auch hier lassen sich nicht alle Bewohner über einen Kamm scheren: Ein jüdischer Siedler, der immerhin im extremen Kiryat Arba bei Hebron wohnt, klagte, dass er sehr dumm gewesen sei, vor zwanzig Jahren aus Weißrussland hierher zu kommen, weil für ihn die rassistische Aggressivität seiner Leute schlimmer sei als alles bisher Erlebte.

Ein prominentes Beispiel ist das genannte **Susya** [C13]. Es gibt drei Orte dieses Namens: Die jüdische Siedlung, die weitläufige antike Ausgrabungsstätte mit einem sehr schönen Synagogen-Mosaik (und der Vermutung, dass dieses Gebäude in einer späteren Phase gemeinsam als Synagoge und als Moschee benutzt worden ist. Die antike Stätte wird gerade touristisch ausgebaut; www.susya.org.il [hebräisch]) und in Sichtweite zwischen beidem etwa 120 Fellachen, die nach ihren Angaben das Gelände vor seiner Ausgrabung bewohnten und nun in der Nähe seit rund 25 Jahren in Zelten und Hütten ausharren um ihre Besitzansprüche nicht zu verlieren.

Man kann diese Menschen besuchen und sich die Situation schildern lassen (auf Englisch nur bedingt), ihre Produkte kaufen (z.B. Stickereien, Käse und Eier) und auf Vorbestellung ein arabisches Essen bekommen. Kürzlich sind zwei Dokumentarfilme über das arabische Susya entstanden: der gleichnamige 15-minütige Kurzfilm, der auf der Berlinale 2011 lief (siehe S. 19) und *HaTurbina Halnoshet* – Die menschliche Windmühle, über ein nachhaltiges israelisches Energieversorgungsprojekt, das den Palästinensern Licht im Zelt verschafft (54 min., ISR 2010, R: D. Verete; Ausschnitt auf www.ruthfilms.com/the-humane-turbine.html). Diese außergewöhnliche Form israelisch-palästinensischer Verständigung und Zusammenarbeit wird vom deutschen Auswärtigen Amt gefördert. Weitere Informationen über die Art der Energiegewinnung auf der Website von *Community, Energy and Technology in the Middle East* www.comet-me.org.

Spezialisiert auf Susya ist die hebräisch-, deutsch- und arabischsprachige Aktivistin Alla Dvorkin Tel 02 6560787, alla.dvorkin@gmail.com, vergleiche auch www.taayush.org. Unter anderen führen in der Landschaft südlich von Hebron Tamar Avraham (spricht Deutsch und Hebräisch, siehe S. 25) Breaking the Silence (siehe S. 212), ICAHD (siehe S. 98), RHR (siehe S. 98), EAPPI (siehe S. 137) sowie die Betreiber des Hanthala Hostel in Hebron.

Gaza

Überblick

Manche Leute fragen sich, was denn Informationen über den Gazastreifen sollen, in den derzeit kaum ein normal Sterblicher einreisen kann, obwohl die Infrastruktur dafür vorhanden wäre – wir schreiben darüber, weil wir hoffen, dass sich die Situation so bald wie möglich positiv ändert und Sie als Leser bei einer Einreise wenigstens Basisinformationen an die Hand bekommen.

Hintergrund: Der 45 km lange, zwischen 6 und 14 km breite (360 qkm, weniger als die Fläche von Bremen) Gazastreifen erwarb in den vergangenen Jahrzehnten traurige Berühmtheit. Er ist keine geografisch abgegrenzte Zone, sondern er entstand als ein Gebiet, das die ägyptische Armee während und nach dem Unabhängigkeitskrieg Israels noch besetzt hielt. Aus dem südlichen Palästina waren etwa 170 000 Bewohner zu den 60 000 Menschen geflohen, die hier bereits lebten. Die Flüchtlinge wurden in acht großen Lagern untergebracht, die zunächst aus Zelten bestanden, inzwischen – eng und schmal – sozusagen in Beton gegossen wurden. Das seit über 60 Jahren existierende Provisorium hält an, ein Ende ist nicht abzusehen. Seither kümmert sich die UNRWA um die Versorgung der Menschen, siehe Kasten.

Beim Suez-Krieg 1956 marschierten die Israelis kurzfristig ein, überließen bald das Gebiet wieder den Ägyptern, um es ihnen erneut und endgültig beim Sechstagekrieg 1967 abzunehmen. Schon bald entstanden jüdische Siedlungen für schließlich 8000 Menschen auf rund 30 Prozent der Gaza-Fläche, die 2005 von der Regierung Sharon aufgegeben wurden; die israelischen Siedler mussten z.T. mit Gewalt umgesiedelt werden. Die meisten Gebäude und Einrichtungen wurden von der israelischen Armee zerstört.Armee zerstört.

Sehenswertes

Der Gazastreifen hat praktisch keine touristischen Höhepunkte zu bieten, sondern bereits vor dem Gazakrieg 2008/2009 sehr viel menschlich Deprimierendes. Ein Besuch macht mit einer ganz anderen Wirklichkeit bekannt.

Seither untersteht das Gebiet „innenpolitisch" komplett den Palästinensern. Nach blutigen Auseinandersetzungen zwischen Hamas und Fatah vor allem im Jahr 2007 regiert es de facto die 2006 demokratisch gewählte Hamas. Gaza City ist die provisorische Hauptstadt. Da Israel die Hamas als Terrororganisation einstuft, erklärte es im September 2007 Gaza zum „feindlichen Gebiet" und schloß die Grenzen weitgehend. Die USA und die EU traten dem Wirtschaftsboykott bei.
Die Hamas wehrte sich mit Raketenbeschuss des israelischen Grenzbereichs gegen die

UNRWA

Die UNITED NATIONS RELIEF AND WORKS AGENCY, Gamal Abdul Nasser St (gegenüber der Islamischen Universität), Tel 6777333 oder 2887333, www.un.org/unrwa. Die Flüchtlings-Hilfsorganisation wurde 1949 zunächst mit einem dreijährigen Mandat gegründet, das seither in steter Regelmäßigkeit verlängert wird. Sie wuchs zur größten UN-Organisation mit heute 24 000 Mitarbeitern und einem Etat von $ 542 Millionen (2008) aus.

Die Zeiten der Lebensmittelverteilung sind vorbei, heute beschäftigt sich die Organisation hauptsächlich mit schulischer Erziehung – immerhin sind 30 Prozent der Mitarbeiter Lehrer – und medizinischer Unterstützung.

Menschen in größter Not helfen

Gaza ist nicht nur einer der dicht besiedelten Landstriche der Erde, es wurde auch die ärmste Region an Nahrungsmitteln. Laut UN liegt die Unterernährung der Bevölkerung auf dem Niveau der ärmsten Länder der südlichen Sahara - über 50% der Familien müssen mit nur einer Mahlzeit täglich auskommen. Die im Krieg zerstörten Häuser können wegen fehlenden Baumaterials nicht aufgebaut werden, es herrscht Mangel an allem, von Medizin über Elektrizität bis zu sauberem Trinkwasser.

Aufgrund dieser verheerenden Zustände gründete sich die internationale Free-Gaza-Bewegung (www.freegaza.org/de), die seit 2008 u.a. versucht, den eingeschlossenen Menschen Hilfsgüter über See zu liefern, zeitweise mit Erfolg. Doch Ende Mai 2010 endete die Fahrt eines Konvois aus sechs Schiffen mit rund 700 Passagieren in einer Katastrophe. Israelische Soldaten griffen in internationalen Gewässern Passagiere des Führungsschiffes *Mavi Marmara* an, töteten 9 türkische Staatsangehörige und verwundeten etwa 40. Der Konvoi wurde gezwungen, den Hafen von Ashdod anzulaufen, die Passagiere wurden interniert und später abgeschoben.

Dieser Akt der Piraterie führte zu einem Aufschrei der Weltöffentlichkeit, den Israel schließlich mit einem Angebot zur Lockerung der Abriegelungspolitik beantwortete. Eine Lockerung fand zwar zögernd, aber tatsächlich statt – doch von einer Grenzöffnung kann keine Rede sein.

Unterdrückung. Israel überzog nach mehreren Warnungen Gaza vom 28.12.2008 bis 01.02.2009 mit einem gnadenlosen Krieg, u.a. mit Phosphorbombenabwürfen jenseits der Genfer Konventionen. Über 1400 Palästinenser verloren ihr Leben, 14 Prozent der Häuser und ein großer Teil der Infrastruktur wurden zerstört. Dieser Krieg wird übrigens offiziell „Is-

raelische Militäroffensive gegen den Gazastreifen" genannt, weil man bei einem Krieg davon ausgeht, dass sich mindestens zwei annähernd gewachsene Parteien gegenüberstehen.

Bei einem Geburtenüberschuss von aktuell rund 4 Prozent pro Jahr leben derzeit etwa 1,5 Millionen Menschen in Gaza. Die Bevölkerungsdichte dieses Landstrichs wird nur von den Staaten Monaco, Singapur und Gibraltar übertroffen. Leider kann sich Gaza ökonomisch nicht mit ihnen messen – das geschätzte Pro-Kopf-Einkommen liegt bei $ 250 pro Monat (in Israel beim Zehnfachen). Die Angaben über die Arbeitslosenquote variieren zwischen 60 und 80 Prozent. Etwa 50 Prozent der Bewohner sind jünger als 15 Jahre. Arbeitslosigkeit, Armutssituation und Ausweglosigkeit bilden neben anderen Faktoren den typischen Nährboden für die Entwicklung von Terrororganisationen. Man kann nur von einem Wunder sprechen, dass dieses Pulverfass nicht schon längst explodiert ist.

Durch die Grenzaussperrungen der letzten Jahre (siehe nebenstehenden Kasten) hat sich die wirtschaftliche Situation entschieden verschlechtert, einige Kritiker sprechen von Dedevelopment. Es gibt praktisch keine Industrie mehr und daher keine Arbeit in diesem Sektor. Als die UNRWA vor einigen Jahren acht Müllarbeiter suchte, bewarben sich 11 655 Männer.

Quer durch den Gazastreifen zieht sich die Verlängerung der israelischen Küstenstraße 4, die quasi der uralten Via Maris der Römer folgt. Sie mündet in den einzigen für Ausländer benutzbaren Grenzübergang namens **Eres**. Jedoch muss man schon Diplomat oder Journalist sein, um eventuell ein Permit für den **Grenzübertritt** zu bekommen; normale Touristen haben keine Chance für einen Besuch.

Seit der Autonomie lassen die israelischen Checkpoints keine Autos mit gelben Nummernschildern einreisen; innerhalb des Gazastreifens ist man auf Taxis oder öffentliche Verkehrsmittel angewiesen.

Der Grenzübergang erinnert ältere West-deutsche ziemlich direkt an die ähnliche Situation mit der ehemaligen DDR. Als Tourist geht man vom Parkplatz aus zum VIP-Schalter und liefert seinen Pass ab, der für 15 bis 20 Minuten in den Netzen der Büro-kratie verschwindet – ein unangenehmes Gefühl. Dann muss man bis zum etwa 600 m entfernten palästinensischen Taxistand mar-schieren.

Der Besuch von Gaza kann Risiken mit sich brin-gen. Wenn Sie das Leben in diesem Provisori-um mit eigenen Augen sehen und beurteilen wollen, informieren Sie sich über die aktuelle Situation, siehe S. 43.

Gaza City

Geschichte*: Der Ort Gaza gehört – wie so viele andere an dieser Küste – zu den ganz al-ten Städten der Welt, er taucht wegen seiner Lage an der alten Handelsstraße von Ägyp-ten nach Syrien und Mesopotamien bereits in ägyptisch-pharaonischen Texten auf, z.B. nahm ihn Pharao Thutmosis III. im 15. Jh vC ein. Der Kraftprotz Simson aus der Bibel riss hier den Dagontempel ein und kam nebst vielen Philistern selbst in den Trümmern um. Ähnlich wie in Ashkelon lösten die Eroberer einander ab: Israeli-ten, Philister, Perser, Griechen, Römer, Araber, Kreuzfahrer, Mamluken, Türken, Franzosen, im Ersten Weltkrieg dann die Briten, schließlich die Ägypter, und seit 1967 die Israelis. Die Autonomiever-handlungen legten seit 1995 einen großen Teil der po-litischen Verantwor-tung zurück in die Hände der Palästi-nenser. Zu besseren*

Zeiten wurde Gaza 1998 Partnerstadt von Bar-celona und – Tel Aviv. Die zu dritt angestreb-ten Projekte dieser Städte liegen seit länge-rem wieder auf Eis.

Vorbemerkung: Die folgende Beschreibung stammt aus der Zeit vor dem wochenlangen Bombardement 2008/9; bis Redaktionsschluss war Ausländern der Zugang zum Gaza-Streifen nicht erlaubt. Es kann durchaus sein, dass wir hier stellenweise eine Art „heile Welt" be-

Trübe Aussicht nach Gaza-Stadt von der israelischen Grenzstraße 232 aus

8

schreiben, die derzeit unter Trümmern begraben liegt.

Gaza City hat aus der langen Vergangenheit nicht viel zu bieten, zumal in jüngster Zeit die Augen mehr aufs tägliche Überleben als auf Archäologisches gerichtet waren und bei der planlosen Bauerei in der Stadt die allerletzten Relikte zerstört wurden. Etwas Abhilfe schafft seit Herbst 2008 jedoch das **Archäologische Museum AlMathaf** in Gaza-Sodaniye im nördlichen Gazastreifen. Hier stellt der Bauunternehmer Jawdat Khudary fast alle Funde aus (die Aphrodite-Statue wurde von der Hamas zensiert), die er seinen Arbeitern bei Straßenbaumaßnahmen abgekauft hat; mit Restaurant und Garten, Beach St, Tel 2858444, www.al-mathaf.ps.

Ursprünglich lag Gaza City etwa 3 km von der Küste entfernt, wie die Altstadt zeigt. Sie entwickelte sich dann an zwei etwa parallel verlaufenden Straßen zum Mittelmeer hin. Mit der Ankunft der Flüchtlinge dehnte sie sich nach Norden und Süden aus, wobei sie im Norden direkt in das Flüchtlingslager Beach Camp übergeht. Heute breitet sich ein eher unübersichtlicher Häuserbrei im Norden des Gazastreifens bis weit südlich des Stadtzentrums aus. Besonders an der Peripherie fallen dem Besucher unzählige viertel- oder halbfertige Betonbauten auf, die manchmal noch nicht oder nur in ein, zwei Zimmern bewohnbar sind. Sie wurden offenbar willkürlich und nicht nach stadtplanerischen Vorstellungen in die Landschaft gestellt.

Beginnt man mit dem Kennenlernen am Ende der Parallelstraßen Umar AlMukhtar St und der südlicheren AlWahda St am östlichen Midan (Platz) Shayaria, so kann man sich beruhigt hier vom Taxi absetzen lassen und sich zur Küste hin „vorarbeiten". Bald sieht man rechts der Umar AlMukhtar St ein gedrungenes Minarett, das hinter den Häusern der Straßenfront steht. Es gehört zur **Großen Moschee** – Djami'a AlAkbar –, einer ursprünglich von den Kreuzrittern gebauten Kirche für Johannes den Täufer, die später in eine Moschee umfunktioniert wurde.

Bemerkenswert ist eine Säule mit einer Menora, die aus einer Synagoge des 3. Jhs stammt. Gehen Sie auf der Mukhtar St quasi an der einen Block versetzt liegenden Moschee vorbei und dann rechts. Dort muss man fast schon genau hinsehen, um die von Häusern eingezwängte Moschee zu erkennen.

An ihrem Westtor beginnt ein sehr sympathischer Souk, an dessen Anfang sich einige Goldhändler ein Stück überdachter Fläche teilen, der dann aber in eher kunterbunte Allweltsgeschäfte übergeht. Fischhändler betreiben ihr schmales Geschäft neben Haushaltswaren, Gewürzhändlern oder einem Schneider. Die Menschen sind freundlich, nehmen das Fotografiertwerden gern auf sich und lassen ansonsten den Fremden tun und lassen, was er will. Die von anderen arabischen Ländern gewohnte Anmache findet hier praktisch nicht statt. Unsere Soukstraße mündet quasi in den Palestine Platz ein, von dem aus die Busse und Minibusse nach Osten fahren.

Vom Palestine Square führt die Umar AlMukhtar St als eine Hauptverkehrsader in ziemlich gerader Richtung zum Strand. Unterwegs kommt man am AlJundi Square, dem Platz des Unbekannten Soldaten mit einem kleinen Park, vorbei. Südlich davon liegt die Islamische Universität und das Büro der **UNRWA**. Am Strand angekommen, kann man nach Süden abbiegen und der Rashid/Orabi St folgen. Hier liegen einige neu gebaute Hotels und die besten Restaurants der Stadt. Aber nur wenige Schritte nördlich beginnt direkt an der Küste das Beach Camp, ein Flüchtlingslager, das sich als Riegel grauer, unverputzter Häuser weit nach Osten zieht. Hier kann der Besucher die Realität hautnah erleben, die Flüchtlingsschicksal heißt.

In der Nähe des Hafens weist ein Schild auf den UN-Club, etwas weiter wird man gestoppt, weil der einstige Palast Arafatsim im Weg liegt. Der Strand selbst macht nicht gerade den besten Eindruck, baden sollte man hier ohnehin nicht, sondern sich dieses Vergnügen für israelische Strände aufheben.

Keine unwichtige Erfahrung nimmt ein Besucher der palästinensischen Gebiete beim **Besuch eines Flüchtlingslagers** mit nach Hause. Wenn man rechtzeitig das UNRWA-Büro kontaktiert, wird höchstwahrscheinlich eine Tour mit Begegnungen organisiert. Prinzipiell stellt es überhaupt kein Problem dar, selbst in eins der Camps zu gehen; vermutlich wird sich bald jemand anbieten, den Besucher herumzuführen. Gleich nördlich der Stadt zieht sich das *Jabaliya Camp*, das größte in Gaza, bis zum israelischen Erez Checkpoint.

Von Gaza City verläuft die ehemalige Via Maris weiter nach Süden. Unterwegs streift sie **Khan Yunis**, die zweitgrößte Stadt im Gazastreifen, trifft in Raffah auf die ägyptische Grenze, um dann über El Arish ins Niltal zu führen.

Der südliche Teil des Gazastreifens bietet touristisch nichts weiter Interessantes. Es sei denn, man würde den **GAZA INTERNATIONAL AIRPORT** besuchen wollen oder können, der ganz im Südosten nahe der ägyptischen Grenze liegt. Das 250-Millionen-Dollar-Objekt stand 20 Monate fertig herum, bis es nach intensivem Tauziehen zwischen den Parteien im November 1998 eröffnet wurde, aber nur halbherzig. Denn es mangelte aus politischen Gründen an technischem Gerät wie Funkanlagen und Anflugbefeuerung, um den Flugverkehr abzuwickeln. Inzwischen ist die Anlage und mit ihr viele Millionen europäischer Steuergelder von israelischen Bombern zerstört worden.

Praktische Informationen

▶ Telefon-Vorwahl 08

• Eine Information gibt es bei der Stadtverwaltung (Municipality) in der Nähe des Palestine Square im Nordwesten der Altstadt; arabische Website: www.mogaza.org. Der unregelmäßige Nachrichtenstrom aus Gaza ist durch das Internet stetiger geworden, siehe in der Bloggosphäre z.B. http://ingaza.wordpress.com.

Verkehrsverbindungen

▶ Mit öffentlichen Verkehrsmitteln nach Gaza zu kommen, ist etwas schwierig, weil man eigentlich immer gegen den Strom schwimmt. Wenn die Grenze offen ist, fahren morgens alle Minibusse und Sammeltaxis nach Israel, abends zurück. Wer am Damaskustor in Jerusalem in einen Minibus steigt, muss eventuell lange warten, bis alle Plätze besetzt sind (und umgekehrt in Gaza Richtung Jerusalem). Ähnlich sieht die Situation in Tel Aviv aus. Eine mögliche Alternative besteht darin, dass man von Ashkelon oder Yad Mordekhai ein Taxi zur Grenze nimmt und von dort aus dann weiter nach Gaza zu kommen versucht.

Essen und Trinken

• Am Palestine Square und in der Altstadt gibt es beliebig Felafel, Shauwarma und sonstige arabische Köstlichkeiten. In der ArRashid St am Strand liegen die besseren/teureren Lokale, z.B. in den dort sich drängenden Hotels. LA MIRAGE, Tel 2865128, und AL ANDALUS, Tel 2821272, sind Fischrestaurants in der Nähe des Hafens.

Übernachten

Die meisten – der wohl kaum von Gazabewohnern bezahlbaren – Hotels befinden sich am Strand an der ArRashid St (manchmal auch Ahmad Orabi St genannt), zwischen der Einmündung der Djamal Abdul Nasser St im Süden und der Umar AlMukhtar St im Süden.

• **AdDEIRA**, ArRashid St, Tel 2838100, Fax 2838400, adeira@p-i-s.com; schön eingerichtete, großzügige Zimmer, gute Aussicht vom Balkon, AC, TV, WLAN,
mF.......................E+B 115-135, D+B $ 135-155

• **COMMODORE GAZA**, ArRashid St, Tel 2834400, Fax 2822623, www.commodoregaza.ps; nah am Meer, hübsche nicht übermäßig große Zimmer, AC, TV, Internet,
mF..................................... E+B $ 60, D+B $ 80

• **PALESTINE**, ArRashid St, Tel/Fax 2823355, ammar_bak@hotmail.com; direkt am Strand, südlicher Zimmer kein Strandblick, sehr sauber, gut eingerichtet,
mF...................................... E+B $ 50, D+B $ 60

Schatten und Licht

(1)
Frage

Dir erzähle ich meine Geschichte
und du kannst es nicht ertragen
dir das Geschehene anzuhören
bedenke
wie es mir dabei gehen soll
da ich das Ganze
an Leib und Seele
erfahren habe

(2)
Bekenntnis

Anstrengungen im Sinne der Befreiung,
Gerechtigkeit und Vernunft
auch wenn das Ganze
allgemein als Sisyphusarbeit erachtet wird
sind mir tausend Mal lieber
als die Rechtfertigungsversuche,
Spekulationen und Wortspielereien
der sich an die Herrschenden verkaufenden,
sich und ihre Mitmenschen irre führenden Zeitgenossen

(3)
Mitten im Leben

Die belebende Brise brachte die frohe Botschaft
das Gezwitscher der erregten Sperlinge durchbrach die Stille
im Fieber der Sehnsucht zitterte der Weiher
und geriet durch den Kuss des ersten Regentropfens in Ekstase
ein kleiner Ring erschien auf der Wasseroberfläche
gefolgt von tausend Kreisen sich wellenförmig ausbreitend
der Samt des Regens bedeckte bald die Wiese
und kurz darauf verzauberten die Tropfen
aufspringend und sich drehend tanzend
das Herz und die Augen
zum krönenden Abschluss dieses prächtigen Festes
bespannte das Spiel des Wassers und des Lichtes
das Himmelszelt mit einem seidenen Bogen

Afsane Bahar, 15.2.2011, für Ellen Rohlfs, Gabriele Weber, Vera Macht
und ihre bekannten und namenlosen Verbündeten

Anhang

Glossar

Ashkenasim – mittel- und osteuropäische Juden und ihre Nachkommen

Bab – arab.: Stadttor

Bar/BaT Mizwa – hebr.: Sohn/Tochter der Pflicht, ähnlich einer Konfirmationsfeier

B.C.E. – *before common era*, vor unserer Zeitrechnung

Bet Knesset – hebräisch für Synagoge

C.E. – *common era*, unsere Zeitrechnung, häufig in Museen für: nach Christus

Chassidim – hebr.: Fromme; streng orthodoxe Juden

Djami'a – große Freitagsmoschee

Gemara – Auslegung der Mishna, Teil des Talmud

glatt kosher – kosher auch im Sinne der strengeren sefardischen Regeln

halal – arab.: rein, erlaubt, v.a. den islamischen Speisevorschriften in Koran und Sunna genügend

Haram – arab.: (im Islam) verboten; daher auch: heilige Bezirke (Jerusalem und Hebron)

Haredim – hebr.: Gottesfürchtige, Selbstbezeichnung der ultraorthodoxen Juden

Kabbala – wörtl.: Überlieferung, mystische Tradition des Judentums, das die direkte Offenbarung Gottes z.B. in Buchstaben-Zahlen-Kombinationen sucht

Kashrut – Vorschriften der koscheren Küche, was zum Genuss erlaubt ist

Kenotaph – griech.: Schein- bzw. Schaugrab ohne Beisetzung, zum Gedenken

Khanqa – klosterähnliches Gebäude muslimischer Bruderschaften

Kibbuz/Kibbuzim – hebr.: Gemeinschaftssiedlung/en

Kikar – hebr.: Platz

Kippa – kleines Käppchen für Männer, in der Synagoge Vorschrift, von orthodoxen Juden auch ganztags getragen

Klesmer – Musik der ashkenasischen Juden

Kopten – ägyptische Christen, deren Kirche sich seit dem 5. Jh eigenständig entwickelt

kosher – den jüdischen Speisegeboten genügende Lebensmittel und Küchengeräte

Koran – arab.: heiliges Buch der Muslime

Kotel – West- bzw. Klagemauer, heiligste Stätte der Juden

Liwan – arab.: nur zum Innenhof hin geöffnete Halle

Madrasa – Hochschule für religiöses islamisches Recht

Masdjid – Moschee

Mashrabiya – gedrechseltes Holzgitter, ineinander verzapft

Mehadrin – bezeichnet besonders strikte Kashrut-Regeln für Ultra-Orthodoxe

Menora – siebenarmiger Leuchter, Symbol des Staates Israel

Merkas – hebr.: Zentrum

Midrasch – hebr.: Auslegung, rabbinischer Bibelkommentar

Minarett – Moscheen-Turm für den Muezzin

Mihrab – Gebetsnische in einer Moschee, Richtung Mekka ausgerichtet

Minbar – Predigtkanzel in einer Moschee

Mishna – anfangs mündliche Auslegung der Tora, Grundlage des Talmud

Mitnagdim – hebr.: Gegner (der Chassidim); streng orthodoxe Juden

Muezzin – arab.: Gebetsrufer

Nakba – arab.: Katastrophe; Flucht und Vertreibung der Palästinenser nach der Unabhängigkeitserklärung Israels 1948, Gedenktag 15. Mai

Peijes/Peijot – Schläfenlocken der streng orthodoxen Juden

Rabbi – jüdischer Tora-Gelehrter mit leitenden Aufgaben in der Synagoge

Sabra – Kaktusfrucht, außen stachlig, innen süß, auch Bezeichnung für im Land geborene Israelis

Sefardim – spanische und nordafrikanische Juden und ihre Nachkommen

Service – arab.: Sammeltaxi (sprich: *ßerwieß*)

Sherut – hebr.: Sammeltaxi

Shia – arab.: Partei; Muslime, die Mohammeds Schwiegersohn Ali als dessen rechtmäßigen Nachfolger ansehen

Shiit – Anhänger der Shia (ca. 15% der Muslime)

Shoá – hebr.: der Völkermord an den Juden im Dritten Reich

Shofar – Widderhorn, wird an manchen jüdischen Festen geblasen

Souk – arab.: Markt, Basar (hebr.: Shuk)

Streimel – pelzbesetzter Hut ultraorthodoxer Juden

Yeshiva – Tora-Schule

Sunna – arab.: Tradition, Überlieferungen aus dem Leben Mohammeds

Sunnit – Anhänger der Sunna (85% der Muslime)

Synagoge – griech.: Versammlungshaus oder -raum, heute fast ausschließlich für jüdische Gottesdiensthäuser verwendet

Tallit – jüdischer Gebetsschal

Talmud – hebr.: Lehre, Zusammenfassung von Mishna, Gemara und rabbinischen Kommentaren

Tel, **Tell** – hebr. u. arab. für Ruinenhügel einer antiken Siedlung

Tenakh – von Christen Altes Testament genannt, bezeichnet das Akronym **T**ora, **N**evi'im und **K**etuvim

Tora – hebr.: Gesetz, Bezeichnung der ersten fünf Bücher der Bibel

Wakala – Handelshaus, Karawanserei

Zizit – quastenartige Schaufäden am Tallit, von Ultraorthodoxen auch unter Alltagskleidung getragen

Minilexikon

Die folgende Wortliste könnte Ihnen auf Ihrer Reise nützlich sein. Zur Aussprache: fast alle Buchstaben wie im Deutschen, außer

kh – wie ch in acht; gh – wie ein am Gaumen gerolltes R; w – wie ein englisches „Dabbelju"; dj – wie das französische j in Journal.

DEUTSCH	ARABISCH	HEBRÄISCH
Wichtige allgemeine Ausdrücke		
ja / nein	aíwa, eh / la	ken / lo
bitte	min fádlak	bewakashá
zu einer Frau:	min fádlik	
bitteschön	tafáddal	bewakashá
zu einer Frau:	tafáddali	
danke (viel)	shukrán ktir	todá (rabá)
gern geschehen	áfwan; áhlan	ejn dawár
guten Tag	ßalám, markhabá	shalóm
guten Morgen	sabáh al-kher	bóker tov
Antwort:	sabáh an-nur	
guten Abend	mása al-kher	érev tov

Antwort:	mása an-nur	
gute Nacht	láyla táyiban	laila tóv
wie geht es?	kaif al-khál?	ma nishmá?
auf Wiedersehen	ma'a ßaláma	lehitra'ót
entschuldigen Sie	áfwan	slikhá
Entschuldigung!	áfwan; äßif!	slikhá!
Macht nichts	ma'alésh	en dawár
Hilfe!	an-nájde!	hazílu!
jetzt	hallá'	akhsháv
schlecht	sáiyye	ra'
(alles) o.k.	tammám	(kol) beßéder
es gibt/gibt es?	fi	jesh
es gibt nicht	má fi	en
Moment, langsam!	Shuwáiye	réga
Wichtige allgemeine Wörter		
Apotheke	saidalíya	bet merkáchat
Arzt	duktúr	rofé
Brief	rißála, máktub	michtáv
Briefmarke	tábi'	bul
Frau	ßitt	ishá
Geld	fulús	kéßef
gestern	imbaríkh	etmól
groß	kibír	gadól
gut	kuwájis	tov
heute	aj-jám	hajóm
jetzt	hallá'	akhsháv
kalt	bárid	kar
klein	ßeghír	katán
Krankenhaus	mustashfá	bet kholím
Mann	rádjul	ish
morgen	búkra	machár
Polizei	bulíß	mishtára
Post	bósta	doar
Schmerzen	wadjá'	ké'evim
Telefon	telfón	telefon
Unfall	hádis	te'urá
viel	kitír	harbé
warm	sekhn	cham
wenig	schuwáiye	kzat
Zoll	jamárik	mécheß
Fragen		
wer?	min?	mi?
wo?	uwén?	éfo?
wohin?	la-uwén?	le'an?
was?	shu?	ma?
warum?	lesh?	láma?

wann?	imta?	mataj?
wie?	kif?	ekh?
wie teuer?	bi kam?	ekh jakar?
wieviel?	kam? qaddesh?	kama?
ist es möglich?	mumkin...?	efschári?

Persönliches

ich	ána	aní
du (mask.)	ínte	atá
du (fem.)	ínti	at
er	húwa	hu
sie	híja	hi
wir	néhna	anákhnu
ihr	íntu	atém (f. atén)
sie	hénne	hem (f. hen)

Reisen

Auto	sayyára	mechonít, otó
Bus	bas	ótobuß
Deutschland	almániya	germanía
Taxi	táksi	táksi
Sammeltaxi	ßerwíeß	sherút
Ermäßigung	khasm	hanachá
Fahrkarte	táskara	kartís neßia
Fahrpreis	ídjra	mekhír neßia
Fahrrad	bißiklít	ofanájim
Flughafen	matár	nemal te'ufá
Flugzeug	tajjára	matóß
Minute(n)	daqíqa, daqá'iq	daká, dakót
Österreich	nímßa	óstrija
Schweiz	ßwísra	swíß
Stadt	medína	medína
Straße	schári'a	rekhóv

Ortsbestimmung

geradeaus	dúghri	jaschár
links	jaßár	ßmol
rechts	jamín	jamín
nach	íla	acharéj
hier	hon	po
dort	heník	sham
Norden	shemál	zafón
Osten	sharq	misrákh
Süden	janúb	daróm
Westen	gharb	ma'aráv
Berg	djébal	har
Haus	beit	bet

Restaurant/Hotel

Doppelzimmer	ghúrfa bi-srirén	khéder sugi

Essen	akl	okhel
Fisch	ßámak	dag
Fleisch	lakhm	baßár
Gemüse	chudar	jerakót
Hotel	fúnduq, otél	bet malón
Huhn	dajaj	tarnegól
Kaffee	(q)áhwa	kaffé
Frühstück	fetúr	arukhat bóker
Tee	shaj	te
Toilette	hammám	sherutím
Damen	saidát	gvarót; nashím
Herren	asjád	gvarím
trinken (ich)	áshrab	lischtót
Wasser	may	mayim
Zucker	sekkár	ßukár
guten Appetit	bil-hanna washífa	beté avón
Prost	ßákha	lekhájim
Antwort:	ßakhtéyn	

Markt/Einkaufen

Apfel	tefákh	tapúakh
Brot	khubs	lékhem
Eier	bed	bejza
Fruchtsaft	'asír	miez
Kartoffeln	batáta	tapuchéj adamá
Markt	ßuq	shuq
Milch	lában	chaláv
Orange	burtqán	tapusím
teuer	gháli	jakár

Zahlen

	ostarab. Ziffern	arabisch	hebräisch
0	٠	ßifr	éfeß
1	١	uwahid	akhát
2	٢	itnén	shtájim
3	٣	tláte	shalósh
4	٤	árba'a	árba
5	٥	khámße	khamésh
6	٦	ßítte	shesh
7	٧	ßáb'a	shéva'
8	٨	temánje	shmoné
9	٩	tís'a	tésh'a
10	١٠	'áshara	éßer
20	٢٠	'ishrín	eßrím
100	١٠٠	míya	méa
1000	١٠٠٠	alf	éle

9

www.reise-know-how.de

REISE Know-How online

9

Bibelstellenverzeichnis

Pilgern und religiös Interessierten sollen die beiden folgenden Tabellen dienen, d.h. die Gegenwart mit den **in der Bibel erwähnten Orten veknüpfen**. *Tabelle 1* nennt zu jedem erwähnten biblischen Ort dieses Führers die entsprechende Bibelstelle.
Umgekehrt hilft *Tabelle 2*, Orte der Bibel im Buch zu finden.

Bibelstellenverzeichnis, Tabelle 1: Sortierung nach Orten

Ort	Geschehen	Bibelstelle	Seite
Anatot	Geburtsort des Propheten Jeremia	Jeremiabuch 1,1	175
Artas	ein verschlossener Garten als Symbol für eine Braut	Hohelied Salomos 4,12	204
Betfage	Jesus lässt den Esel für den Einzug nach Jerusalem finden	Markusevangelium 11,1–6	174
Bethanien	Auferweckung des Lazarus	Johannesevangelium 11,1–45	173
Bethanien	Maria und Marta	Lukasevangelium 10,38–42	173
Bethanien	Salbung Jesu durch Maria	Johannesevangelium 12,1–9	173
Bethel	Goldenes Kalb und warnende Propheten	1. Königebuch 12,28–13,32	156
Bethel	Jakobs Traum von der Himmelsleiter	1. Mosebuch 28,10–22; 35	156
Bethlehem	Rahels Grab	1. Mosebuch 35,19–20; 48,7	191
Bethlehem	Ruth aus der Fremde wird Stammmutter Davids	Ruthbuch	197
Bethlehem	Samuel salbt David zum König	1. Samuelbuch 16,1–13	192
Bethlehem	Geburt Jesu, Hirten	Lukasevangelium 2,4–20	192
Bethlehem	Geburt Jesu, Herodes' Kindermord	Matthäusevangelium 2,2–16	192
Bet Sahur	Hirten auf dem Feld	Lukasevangelium 2,8–20	197
Burqin	Jesus heilt zehn Aussätzige	Lukasevangelium 17,11–19	172
Dotan, Josefsbrunnen	Josef von seinen Brüdern nach Ägypten verkauft	1. Mosebuch 37,12–36	172
Ebal (Berg)	s. Garizim		
Emmaus/Nikopolis	Emmausgeschichte	Lukasevangelium 24,13–35	130
Garizim (Berg)	Segen auf dem Garizim, Fluch auf dem Ebal	5. Mosebuch 11,29–30; Josuabuch 8,33–34	160
Garizim (Berg)	Gipfel-Tempel wird Zeus Xenios geweiht	2. Makkabäerbuch 6,2	160
Gaza	Simson bringt den Dagontempel zum Einsturz	Richterbuch 16,21–30	217
Gaza	Simson trägt das Stadttor bis Hebron	Richterbuch 16,1–3	217
Gilgal	Volk Israel zieht über den Jordan	Josuabuch 3–4	186
Halhul	Grab des Propheten Jona	Jonabuch	206
Halhul, Philippusbrunnen	Philippus unterrichtet und tauft den äthiopischen Kämmerer	Apostelgeschichte 8,26–39	206
Hebron	Abraham erwirbt Höhle Makhpela als Grabstätte	1. Mosebuch 23; 25,8–10	207
Hebron	David wird König	2. Samuelbuch 5,1–5	207

Ort	Geschehen	Bibelstelle	Seite
Jericho	von Josua ausgekundschaftet und zerstört	Josuabuch 2 u. 6	178
Jericho	Elia fährt zum Himmel, Elisa reinigt Quelle	2. Königebuch 2,4–22	178
Jericho	Blindenheilung und Zachäusgeschichte	Lukasevangelium 18,35–19,10	178
Jerusalem	Melchizedeq, Priesterkönig von Salem	1. Mosebuch 14,18	90
Jerusalem	von David erobert	2. Samuelbuch 5,6–13	90
Jerusalem	David holt die Bundeslade	2. Samuelbuch 6	90
Jerusalem	von Nebukadnezar erobert u. zerstört	2. Königebuch 25	90
Jerusalem	Klage über Zerstörung	Psalm 79,1–4	90
Jerusalem	Erinnerung im Exil	Psalm 137	90
Jerusalem	Segen für die Stadt	Psalm 122	85
Jerusalem	unter Gottes Schutz	Psalm 147	85
Jerusalem	Frieden für alle Völker	Jesajabuch 2,1–5	85
Jerusalem	herrliche Zukunft	Jesajabuch 60; 62	85
Jerusalem	Stadtmauer wieder aufgebaut	Nehemiabuch 3	90
Jerusalem	Jesus sagt Zerstörung voraus	Lukasevangelium 21,20–24	90
Jerusalem	Vision der himmlischen Stadt	Johannesoffenbarung 21	85
Jer., Altstadt	Heilung am Teich Bethesda	Johannesevangelium 5,1–18	109
Jer., Altstadt	Richtplatz Golgatha nahe bei der Stadt, Grab Jesu nahebei	Johannesevangelium 19,17.20.42	113
Jer., Davidsstadt	Wasserleitung vor dem Bau des Hiskia-Tunnels	Jesajabuch 8,6	125
Jer., Davidsstadt	Hiskia baut Wasserversorgung	2. Königebuch 20,20	125
Jer., Davidsstadt	Hiskia-Tunnel	Sirachbuch 48,19	125
Jer., Davidsstadt	ein Turm am Siloa-Teich ist eingestürzt, 18 Tote	Lukasevangelium 13,4	125
Jer., Davidsstadt	Heilung am Siloa-Teich	Johannesevangelium 9	125
Jer., Ölberg	David verlässt die Stadt und weint	2. Samuelbuch 15,30–32	94
Jer., Ölberg	Salomos Götzendienst	1. Königebuch 11,7–8	94
Jer., Ölberg	Gottes Herrlichkeit verlässt die Stadt	Hesekielbuch 11,23	94
Jer., Ölberg	Jesus zieht in Jerusalem ein	Matthäusevangelium 21,1–11	94
Jer., Ölberg	Gebet u. Gefangennahme Jesu in Gethsemane	Matthäusevang. 26,36–56	97
Jer., Ölberg	Jesus fährt zum Himmel	Lukasevangelium 24,50–51; Apostelgeschichte 1,9–12	94
Jer., Tempelberg	Abraham soll Isaak opfern	1. Mosebuch 22,2	105
Jer., Tempelberg	David plant Tempel	2. Samuelbuch 7,1–16	105
Jer., Tempelberg	Tempel von Salomo erbaut und eingeweiht	1. Königebuch 7–8	105

9

Ort	Geschehen	Bibelstelle	Seite
Jer., Tempel-berg	Jeremia im Tempel über Verfehlungen Israels	Jeremiabuch 7	105
Jer., Tempelb.	König Josia findet Gesetzbuch	2. Königebuch 22	106
Jer., Tempelb.	Tempel von Nebusaradan zerstört	2. Königebuch 25,8–21	106
Jer., Tempelb.	Vision des künftigen Tempels	Hesekielbuch 40–44,3	106
Jer., Tempelb.	Tempel wieder errichtet unter den Persern	Esrabuch 3–6	106
Jer., Tempelb.	von Antiochus IV. entweiht	1. Makkabäerbuch 1,21–42	106
Jer., Tempelb.	von Judas Makkabäus wieder eingeweiht	1. Makkabäerbuch 4,36–61	106
Jer., Tempelb.	Jesus dargestellt & als 12-Jähriger im Tempel	Lukasevangelium 2,22–52	106
Jer., Tempelb.	Jesus wird auf der Tempelzinne versucht	Lukasevangelium 4,9–13	106
Jer., Tempelb.	Jesus vertreibt Händler und Wechsler	Johannesevangelium 2,13–22	106
Jer., Zionsberg	Jesus beim letzten Abendmahl	Lukasevangelium 22,7–23	123
Jer., Zionsberg	Verleugnung des Petrus	Johannesevangelium 18,15–27	126
Jer., Zionsberg	Pfingstwunder	Apostelgeschichte 2,1–4	123
Jordan (Fluss)	Johannes tauft	Johannesevangelium 1,19–34	186
Kiryat Arba	s. Hebron		
Ma'ale Adum-mim	Gleichnis vom barmherzigen Samaritaner	Lukasevangelium 10,25–37	175
Mamre	Abram baut Altar, Abraham werden Nachkom-men verheißen	1. Mosebuch 13,18 u. 18,1–15	208
Nablus	s. Sichem		
Nebi Samwil	Samuel stirbt, Begräbnis in Rama	1. Samuelbuch 25,1	148
Qarantal (Berg)	Jesus wird versucht	Matthäusevangelium 4,1–11	181
Qasr AlYahud	Jesus wird im Jordan getauft	Markusevangelium 1,9–11	186
Samaria	v. Omri als Hauptstadt d. Nordreichs gegründet	1. Königebuch 16,24	167
Samaria	Residenz Ahabs mit Baaltempel	1. Königebuch 16,29–33	167
Samaria	von Assyrern erobert	2. Königebuch 17,5–6	167
Samaria	Johannes der Täufer angeblich hier enthauptet	Markusevangelium 6,17–29	168
Samaria	Mission und Zauberer Simon	Apostelgeschichte 8,5–25	167
Sebaste	s. Samaria		
Sichem	Jakob wohnt bei Sichem, Blutrache wegen Vergewaltigung seiner Tochter	1. Mosebuch 33,17–34,31	161
Sichem	Abimelekh, König von Sichem	Richterbuch 9	161
Sichem	Entstehung der Samaritaner	2. Königebuch 17,24–41	161
Sichem	Jesus und Samaritanerin am Jakobsbrunnen	Johannesevangelium 4,1–42	163
Sichem	Jacofs Gebeine aus Ägypten überführt und in Sichem begraben	Josuabuch 24,32	163
Tekoa	Amos unter den Schafzüchtern von Tekoa	Amosbuch 1,1	203

Bibelstellenverzeichnis, Tabelle 2: Sortierung nach Bibelstellen

Bibelstelle	Ort	Geschehen	Seite
1. Königsbuch 7–8	Jer., Tempelberg	Tempel von Salomo erbaut und eingeweiht	105
1. Königsbuch 11,7–8	Jer., Ölberg	Salomos Götzendienst	94
1. Königeb. 12,28–13,32	Bethel	Goldenes Kalb und warnende Propheten	156
1. Königsbuch 16,24	Samaria	von Omri als Hauptstadt des Nordreichs gegründet	167
1. Königsbuch 16,29–33	Samaria	Residenz Ahabs mit Baaltempel	167
1. Makkabäerb.1,21–42	Jer., Tempelberg	von Antiochus IV. entweiht	106
1.Makkabäerb. 4,36–61	Jer., Tempelberg	von Judas Makkabäus wieder eingeweiht	106
1. Moseb.13,18 u. 18,1–15	Mamre	Abram baut Altar, Verheißung von Nachkommen	208
1. Mosebuch 14,18	Jerusalem	Melchizedeq, Priesterkönig von Salem	90
1. Mosebuch 22,2	Jer., Tempelberg	Abraham soll Isaak opfern	105
1.Moseb. 23; 25,8–10	Hebron	Abraham erwirbt die Höhle Makhpela als Grab	207
1.Moseb. 28,10–22; 35	Bethel	Jakobs Traum von der Himmelsleiter	156
1.Moseb. 33,17–34,31	Sichem	Jakob wohnt bei Sichem, Blutrache wegen Vergewaltigung seiner Tochter	161
1.Moseb. 35,19–20; 48,7	Bethlehem	Rahels Grab	191
1. Mosebuch 37,12–36	Dotan, Josefs-brunnen	Josef von seinen Brüdern nach Ägypten verkauft	172
1. Samuelbuch 16,1–13	Bethlehem	Samuel salbt David zum König	192
1. Samuelbuch 25,1	Nebi Samwil	Samuel stirbt, Begräbnis in Rama	148
2. Königsbuch 2,4–22	Jericho	Elia fährt zum Himmel, Elisa reinigt eine Quelle	178
2. Königsbuch 17,5–6	Samaria	von Assyrern erobert	167
2. Königsbuch 17,24–41	Sichem	Entstehung der Samaritaner	161
2. Königsbuch 20,20	Jer., Davidsstadt	Hiskia baut Wasserversorgung	125
2. Königsbuch 25	Jerusalem	von Nebukadnezar erobert u. zerstört	90
2. Königsbuch 25,8–21	Jer., Tempelberg	Tempel von Nebusaradan zerstört	106
2. Makkabäerbuch 6,2	Garizim (Berg)	Gipfel-Tempel wird Zeus Xenios geweiht	163
2. Samuelbuch 5,1–5	Hebron	David wird König	207
2. Samuelbuch 5,6–13	Jerusalem	von David erobert	90
2. Samuelbuch 6	Jerusalem	David holt die Bundeslade	90
2. Samuelbuch 7,1–16	Jer., Tempelberg	David plant Tempel	105
2. Samuelbuch 15,30–32	Jer., Ölberg	David verlässt die Stadt und weint	94
5. Mosebuch 11,29–30	Garizim (Berg)	Segen auf dem Garizim, Fluch auf dem Ebal	162
Amosbuch 1,1	Tekoa	Amos unter den Schafzüchtern von Tekoa	203
Apostelgesch. 1,9–12	Jer., Ölberg	Jesus fährt zum Himmel	94
Apostelgesch. 2,1–4	Jer., Zionsberg	Pfingstwunder	123
Apostelgesch. 8,5–25	Samaria	Mission und Zauberer Simon	167
Apostelgesch. 8,26–39	Halhul, Philip-pusbrunnen	Philippus unterrichtet und tauft den äthiopischen Kämmerer	206
Esrabuch 3–6	Jer., Tempelberg	Tempel wieder errichtet unter den Persern	106

9

Bibelstelle	Ort	Geschehen	Seite
Hesekielbuch 11,23	Jer., Ölberg	Gottes Herrlichkeit verlässt die Stadt	94
Hesekielbuch 40–44,3	Jer., Tempelberg	Vision des künftigen Tempels	106
Hohelied Salomos 4,12	Artas	ein verschlossener Garten als Symbol für eine Braut	204
Jeremiabuch 1,1	Anatot	Geburtsort des Propheten Jeremia	175
Jeremiabuch 7	Jer., Tempelberg	Jeremia im Tempel über Verfehlungen Israels	105
Jesajabuch 2,1–5	Jerusalem	Frieden für alle Völker	85
Jesajabuch 8,6	Jer., Davidsstadt	Wasserleitung vor dem Bau des Hiskia-Tunnels	125
Jesajabuch 60; 62	Jerusalem	herrliche Zukunft	85
Johannesevang. 1,19–34	Jordan (Fluss)	Johannes tauft	186
Johannesevang. 2,13–22	Jer., Tempelberg	Jesus vertreibt Händler und Wechsler	106
Johannesevang. 4,1–42	Sichem	Jesus und Samaritanerin am Jakobsbrunnen	163
Johannesevang. 5,1–18	Jer., Altstadt	Heilung am Teich Bethesda	109
Johannesevangelium 9	Jer., Davidsstadt	Heilung am Siloa-Teich	125
Johannesevang. 11,1–45	Bethanien	Auferweckung des Lazarus	173
Johannesevang. 12,1–9	Bethanien	Salbung Jesu durch Maria	173
Johannesevang. 18,15–27	Jer., Zionsberg	Verleugnung des Petrus	126
Johannesevangelium 19,17.20.42	Jer., Altstadt	Richtplatz Golgatha nahe bei der Stadt, Grab Jesu nahebei	113
Johannesoffenbarung 21	Jerusalem	Vision der himmlischen Stadt	85
Jonabuch	Halhul	Grab des Propheten Jona	206
Josuabuch 2 u. 6	Jericho	von Josua ausgekundschaftet und zerstört	178
Josuabuch 3–4	Gilgal	Volk Israel zieht über den Jordan	186
Josuabuch 8,33–34	Garizim (Berg)	Segen auf dem Garizim, Fluch auf dem Ebal	162
Lukasevangelium 2,4–20	Bethlehem	Geburt Jesu, Hirten	192
Lukasevangelium 2,8–20	Bet Sahur	Hirten auf dem Feld	197
Lukasevang. 2,22–52	Jer., Tempelberg	Jesus wird dargestellt; als 12-jähriger im Tempel	106
Lukasevangelium 4,9–13	Jer., Tempelberg	Jesus wird auf der Tempelzinne versucht	106
Lukasevang. 10,25–37	Ma'ale Adum-mim	Gleichnis vom barmherzigen Samaritaner	175
Lukasevang. 10,38–42	Bethanien	Maria und Marta	173
Lukasevangelium 13,4	Jer., Davidsstadt	ein Turm am Siloa-Teich ist eingestürzt, 18 Tote	125
Lukasevangelium 17,11–19	Burqin	Jesus heilt zehn Aussätzige	172
Lukasevangelium 18,35–19,10	Jericho	Blindenheilung und Zachäusgeschichte	178
Lukasevangelium 21,20–24	Jerusalem	Jesus sagt Zerstörung voraus	90
Lukasevang. 22,7–23	Jer., Zionsberg	Jesus beim letzten Abendmahl	123
Lukasevangelium 24,13–35	Emmaus/ Nikopolis	Emmausgeschichte	130

Bibelstelle	Ort	Geschehen	Seite
Lukasevang. 24,50–51	Jer., Ölberg	Jesus fährt zum Himmel	94
Markusevangelium 1,9–11	Qasr AlYahud	Jesus wird im Jordan getauft	186
Markusevangelium 6,17–29	Sebaste	Johannes der Täufer angeblich hier enthauptet	168
Markusevangelium 11,1–6	Betfage	Jesus lässt den Esel für den Einzug nach Jerusalem finden	174
Matthäusevang. 2,2–16	Bethlehem	Geburt Jesu, Herodes' Kindermord	192
Matthäusevang. 4,1–11	Qarantal (Berg)	Jesus wird versucht	181
Matthäusevang. 21,1–11	Jer., Ölberg	Jesus zieht in Jerusalem ein	94
Matthäusevang. 26,36–56	Jer., Ölberg	Gebet u. Gefangennahme Jesu in Gethsemane	97
Nehemiabuch 3	Jerusalem	Stadtmauer wieder aufgebaut	90
Psalm 79,1–4	Jerusalem	Klage über Zerstörung	90
Psalm 122	Jerusalem	Segen für die Stadt	85
Psalm 137	Jerusalem	Erinnerung im Exil	90
Psalm 147	Jerusalem	unter Gottes Schutz	85
Richterbuch 9	Sichem	Abimelekh, König von Sichem	161
Richterbuch 16,1–3	Gaza	Simson trägt das Stadttor bis Hebron	217
Richterbuch 16,21–30	Gaza	Simson bringt den Dagontempel zum Einsturz und viele Philister um	217
Ruthbuch	Bethlehem	Ruth aus der Fremde wird Stammmutter Davids	197
Sirachbuch 48,19	Jer., Davidsstadt	Hiskia-Tunnel	125

Verzeichnis von Nahost-Institutionen und -Organisationen

Wer sich in das Dickicht internationaler NGOs begibt, wird schnell feststellen, dass Abkürzungen dort zur Alltagssprache gehören. Da ist der Nahe Osten keine Ausnahme. Als Erste Hilfe listen wir hier Organisationen und Institutionen, die im Reiseführer vorkommen samt ein paar anderen, denen man auf Reisen begegnen könnte. Umfassenden Durchblick erhält man mit dem fast unverzichtbaren Jahrbuch von PASSIA (auch eine Abk. *www.passia.org)* mit Institutionen, Adressen und eben auch Abkürzungen zu fast allem in Palästina.

9

Schreiben Sie uns bitte,

falls Sie neue und/oder bessere Informationen haben und solange diese Infos wirklich noch aktuell sind (also möglichst gleich nach der Rückkehr schreiben). Am einfachsten für Sie und uns sind Emails, natürlich werten wir auch ganz normale Briefe sorgfältig aus.

Wenn wir Ihre Zuschrift verwerten können, schicken wir Ihnen ein Freiexemplar von einem der unten aufgeführten Titel aus unserer Verlagsproduktion (von anderen Reise Know-How-Verlagen ist das leider nicht möglich):

(__)   ISRAEL UND PALÄSTINA
(__)   ÄGYPTEN INDIVIDUELL
(__)   ÄGYPTEN - Das Niltal von Kairo bis Abu Simbel
(__)   JORDANIEN
(__)   Exemplar der nächsten Auflage dieses Buches

Wir freuen uns sehr, wenn Sie Ihre Infos als Email oder gut leserlich per Post schicken. Bei Email vergessen Sie bitte nicht, auch Ihre Postanschrift anzugeben.

Unsere Anschrift:
Reise Know-How Verlag Tondok
Nadistr. 18, D-80809 München
neues@tondok-verlag.de

Ihre Anschrift:

Besuchszeit:

Besuchte Gegend:

Erfahrungen:

Index

9

K

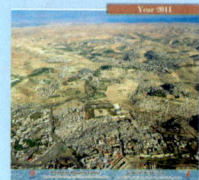

Die Pläne auf S. 164, 171,193 stützen sich mit freundlicher Genehmigung auf Kartenmaterial von PalMap

Reise Know-How Verlag Tondok

Zuverlässige Informationen gehören zu den "Essentials" beim Reisen. Diese und noch viel mehr erfahren Sie aus unseren Reiseführern.

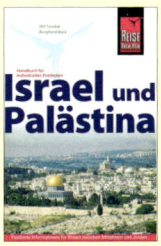

ISRAEL und PALÄSTINA
Erleben und Verstehen von Gestern und Heute

Zwischen Rotem, Totem und Mittel-Meer, zwischen Klagemauer, Grabeskirche und Felsendom, zwischen sattgrünen Feldern und Steinwüste – Israel und Palästina haben viel zu bieten. Dieser Führer zeigt die richtige Auswahl und die besten Wege.

3. Auflage 2010, 480 Seiten, 54 Karten, 180 Fotos, komplett in Farbe, ISBN 978-3-89662-482-6, € 21,50

ÄGYPTEN INDIVIDUELL
Ein Reisehandbuch zum Erleben, Erkennen und Verstehen eines fantastischen Landes

Der Reiseführer für ganz Ägypten, der wegen seiner umfassenden und zuverlässigen Informationen zum ständigen Begleiter der meisten Individualreisenden wurde. 18 Auflagen in 28 Jahren - was spricht mehr für die Aktualität

18. Auflage, ISBN 3-89662-476-5, 744 Seiten, 112 Pläne und Karten 270 Fotos, 800 Index-Einträge, komplett in Farbe, € 24,90

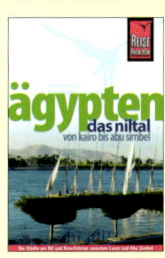

ÄGYPTEN - DAS NILTAL von Kairo bis Abu Simbel

Seit Jahrtausenden pulsierendes Leben am Nil – heute touristisches Ziel von Weltrang. Dieser Führer konzentriert sich kenntnisreich auf alle Belange einer Nilreise, auf Nilkreuzfahrten, auf die Reisepraxis und den kulturellen Hintergrund.

3. Auflage 2009; ISBN 3-89662-464-2, 480 Seiten, komplett in Farbe, 70 Pläne und Karten, Niltal-Atlas, 110 Fotos, € 16,90

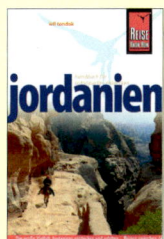

JORDANIEN
Reisen zwischen Jordan, Wüste und Rotem Meer

Alles über das attraktive Land zwischen Jordan und Wüste. Tipps und fundierte Empfehlungen zum täglichen Reiseleben, detaillierte Beschreibungen der vielen Sehenswürdigkeiten, wie z.B. Petra, Jehrash, Wadi Rum oder Aqaba.

5. Auflage, ISBN 978-3-89662-457-4, 372 Seiten, 50 Karten, 130 Fotos, 8seitiger Atlas, komplett in Farbe, € 20,90